NOTRE DAME de la GARDE

L'apparition des navires à vapeur, au début du XIXe siècle, inaugure une nouvelle ère maritime : le trafic, enfin régulier et désormais rapide, prend un essor considérable à Marseille, que favorisent ses liens avec les colonies africaines. En 1844, de nouveaux bassins, à la Joliette, complètent les infrastructures du Vieux-Port, devenues obsolètes.

Au cours de la
ferrade, le jeune
taureau est marqué
à la cuisse de
l'emblème de la
manade, c'est-à-dire
du troupeau.
Si la ferrade est
une des opérations
les plus importantes
qu'effectue l'éleveur
(avec le sevrage
et la castration),
elle est aussi une
occasion très
attendue de fêtes
et de rassemblements.
Les gardians y sont
encore présents,
tout comme en 1920.

Le sel fut exploité dès l'Antiquité ; l'industrie chimique est aujourd'hui son principal débouché. Au début du XXe siècle, le criblage du sel à Berre était encore une opération artisanale.

Aujourd'hui comme en 1920, la jument se capture toujours de la même façon en Camargue (ici, au domaine du Petit Badon).

Bien que des fouilles aient été entreprises dès 1921, l'histoire du site de Glanum est encore mal connue ; seules les réalisations de l'époque d'Auguste sont datées avec certitude.

L'abbaye de Montmajour connut une période tragique d'abandon et de dégradation entre 1789 et la première moitié du XIXe siècle. Passant aux mains de différents propriétaires, elle fut restaurée à partir de 1862. Des touristes pouvaient ainsi déjà s'y promener en 1908.

De nombreuses personnalités universitaires ou locales ont collaboré à ce guide. Toutes les informations contenues dans cet ouvrage ont été soumises à leur approbation.

Guides Gallimard
Direction :
Pierre Marchand
Assisté de :
Hedwige Pasquet
Ghislain de Compreignac
Rédaction en chef :
Marie-Noëlle Fustec
Nicole Jusserand
Assistées de : Catherine Bourrabier
Coordination :
Graphisme : Élizabeth Cohat
Cartographie : Vincent Brunot
Architecture : Bruno Lenormand, Jean-Philippe Chabot
Nature : Philippe J Dubois, Frédéric Bony
Informations pratiques : Jean-Pierre Girard
Photographie : Éric Guillemot
Assisté de : Patrick Léger

Les Bouches-du-Rhône :
Coordination : Clotilde Lefebvre
Édition : Anne Cauquetoux, Marie-Hélène Albertini-Viennot et Liesel Couvreur-Schieffer (généralités), Benoît Laudier (littérature), Odile Simon (nature)
Cahier pratique : Sybille d'Oiron, Philippe Gallois, Sabine Rousselet
Maquette : Béatrice Desrousseaux, Isabelle Roller (cahier pratique), Olivier Brunot (carnet d'adresses)
Iconographie : Danielle Gillot

Des clefs pour comprendre :
Nature : Michel Albarède, Michel Arnaud, Gilles Cheylan, Gilles Cotin, Josette Déjean, Philippe J. Dubois, Henri Farrugio, Nadine Gomez, Valérie Jacq, Georges Olioso, Marie-Hélène Sibille, René Volot
Histoire et langue : Noël Coulet, Claude Mauron
Art de vivre : Régis Bertrand, Mireille Bosqui, Évelyne Duret, André Gabriel, Michel Lamy, Claude Martel, Danielle Maternati-Baldouy
Architecture : Gaëtan Congès, Jean-Luc Massot, Gérard Sauzade
Le pays vu par les peintres : François Bazzoli
Le pays vu par les écrivains : Claude Mauron

Itinéraires dans le département :
Aix et ses environs : Jean Boyer, Gilles Cheylan, Gaëtan Congès, Patrick Devys, Thierry Durousseau, Bruno Ély, Philippe Leveau, Nicole Martin-Vignes, Claude Massu, Myriam Morel, Danielle Oppetit, Bernard Terlay, Martine Vasselin,
Arles et ses environs : Maurice Contestin, Éric Coulet, Laurence Fumey, Corinne Frayssinet-Savy, Alain Fretay, Dominique Serena-Allier, Marie-Hélène Sibille, Claude Sintès
Marseille et ses environs : François Bazzoli, Georges Berni, Sophie Biass, Gilles Cheylan, Gaëtan Congès, Olivier Cousinou, Pierre Échinard, Annie Tarin, Émile Témimes, Marie-Paule Vial
Salon et ses environs : Jean Boyer, Jean Delrieux, Marguerite-Marie Delrieux, Patrick Devys, Jean-Paul Jacob, Marie-Christine Roquette, Dominique Serena-Allier
Informations pratiques : Régis Bertrand, Laurence Espagnol, Pierre Léonforté

Illustrations :
Nature : Frédéric Bony, Jean Chevallier, Gismonde Curiace, François Desbordes, Bernard Duhem, Claire Felloni, Catherine Lachaud, Alban Larousse, Bruce Pearson, François Place, Pascal Robin
Architecture : Denis Brumaud, Nicolette Castle, Sandra Doyle, Jean-Benoît Héron, Trevor Hill, Roger Hutchins, Pavel Kostel, Ruth Lindsay, Arthur Phillips, Christian Rivière, Michel Simier
Itinéraires : Vincent Brunot, Jean Chevalier, Claire Felloni, Jean-Benoît Héron, Véronique Marchand
Informations pratiques : Maurice Pommier
Cartographie : Vincent Brunot, Éric Gillion, Stéphane Girel
Mise en couleurs : Isabelle-Anne Chatelard
Infographie : Paul Coulbois, Aubin Leray, Kristof Chemineau, Patrick Mérienne
Correspondant en Provence :
Michel Lamy
Photographes :
Jean Bernard, Michel Delgado, Daniel Faure, Yves Gallois, Laurent Giraudou, Léonard de Selva, Emmanuel Chaspoul

Nous remercions pour leur aide précieuse M. Ricou, Éric Coulet, Mme Pellet, la Direction régionale des Affaires culturelles, Jean Calderon, Olivier Pineau et la Station biologique de la Tour du Valat.

TOUR DU VALAT
STATION BIOLOGIQUE

1er dépôt légal : février 1994 Dépôt légal : mai 1994 Numéro d'édition : 69077. ISBN 2-7424-0211-X
Impression : Hérissey à Evreux Reliure : Brun à Malesherbes
Mai 1994

PROVENCE
CÔTE D'AZUR

BOUCHES-DU-RHÔNE

GUIDES GALLIMARD

SOMMAIRE
DES CLÉS POUR COMPRENDRE

NATURE, *15*

HISTOIRE ET LANGUE, *51*

ART DE VIVRE, *67*

ARCHITECTURE, *97*

Sommaire
Itinéraires dans les Bouches-du-Rhône

▲ Bouches-du-Rhône

1 Saintes-Maries-de-la-Mer
2 Nîmes
3 Étang de Vaccarès
4 Arles
5 Salin-de-Giraud
6 Tarascon
7 Baux-de-Provence
8 Plaine de la Crau
9 Saint-Rémy-de-Provence
10 Avignon
11 Cavaillon
12 Salon-de-Provence

13 Étang de Berre
14 Martigues
15 Marignane
16 Ventoux
17 Lubéron
18 Aix-en-Provence
19 Marseille
20 Calanques
21 Cassis
22 Manosque
23 Sainte-Victoire
24 La Ciotat
25 Sainte-Baume

Comment utiliser ce guide

(Page extraite du guide «Finistère Nord»)

En haut de page, les symboles annoncent les différentes parties du guide.

■ Nature
● Des clefs pour comprendre
▲ Itinéraires
◆ Informations pratiques

La carte-itinéraire présente les principaux points d'intérêt du parcours et permet de se reporter à une carte routière.

La mini-carte situe l'itinéraire à l'intérieur de la zone couverte par le guide.

♥ Le coup de cœur de l'éditeur pour un site dont la beauté, l'atmosphère ou l'intérêt culturel séduiront particulièrement le visiteur.

■ ● ▲ ◆
Les symboles, en titre ou à l'intérieur du texte, renvoient à un lieu ou à un thème traité ailleurs dans le guide.

Au début de chaque itinéraire, les modes de déplacement possible le kilométrage et la dur sont signalés sous les cartes :

- En voiture
- En bateau
- A pied
- A bicyclette
- Durée

Le kilométrage indiqué ne tient pas compte des détours proposés.

La coiffe ● *64*
C'est un assemblage de quatre éléments. Sur le bonnet de toile, noire

Ouessant et les iles ♥

■ *46*

Situées à l'extrême ouest du territoire français métropolitain, à la rencontre de l'océan Atlantique et de la Manche, sur l'un des passages maritimes les plus fréquentés du monde, les îles d'Ouessant, de Molène,de Béniguet, de Quéménès ● *78* ou

Nature

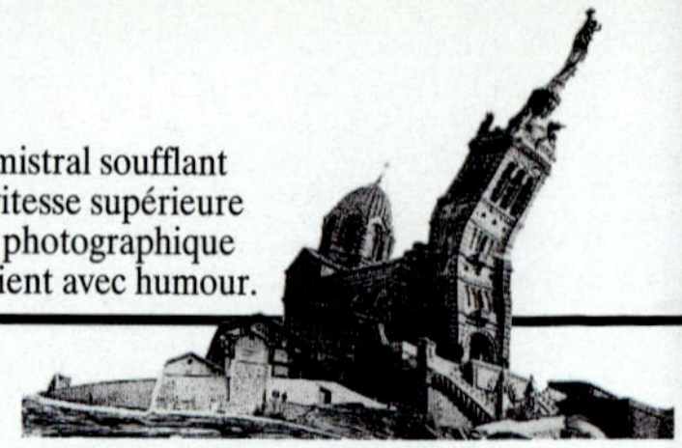

Il est difficile de figer le mistral soufflant parfois en rafales d'une vitesse supérieure à 100 km/h. Un montage photographique du début du siècle y parvient avec humour.

Le climat provençal se caractérise par un ensoleillement remarquable et des étés secs. Une bonne part de son originalité est due à la présence du fameux mistral, vent fort soufflant en rafales, venant du nord et tributaire du relief très varié. C'est l'ensoleillement très généreux qui fait l'unité climatique des Bouches-du-Rhône, entraînant des températures très agréables. La diversité géographique du département implique toutefois des différences importantes au niveau des températures entre la côte, tempérée par la Méditerranée, et le nord-est du département, plus continental, qui annonce déjà les Alpes du Sud.

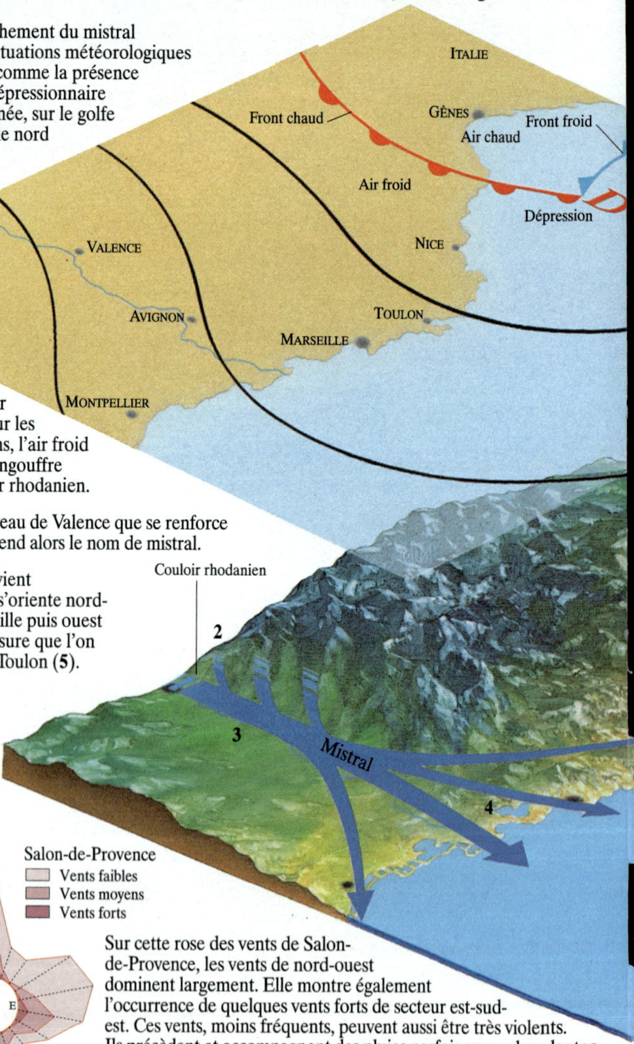

1. Le déclenchement du mistral est lié à des situations météorologiques particulières comme la présence d'un centre dépressionnaire en Méditerranée, sur le golfe de Gênes ou le nord de l'Italie.

2. Refroidi par son passage sur les sommets alpins, l'air froid descend et s'engouffre dans le couloir rhodanien.

3. C'est au niveau de Valence que se renforce ce vent, qui prend alors le nom de mistral.

4. Le mistral vient du nord mais s'oriente nord-ouest à Marseille puis ouest au fur et à mesure que l'on se dirige vers Toulon (**5**).

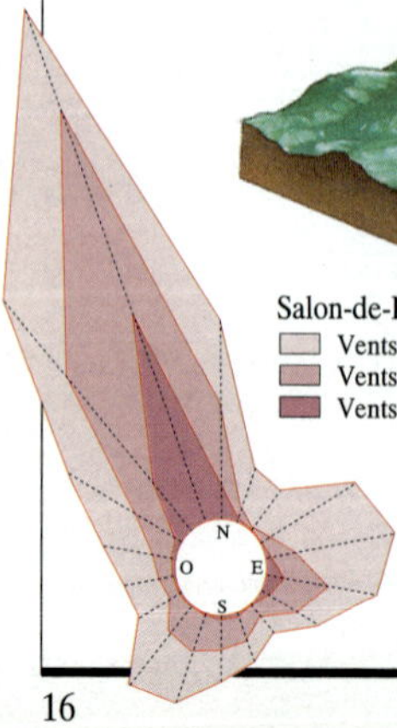

Sur cette rose des vents de Salon-de-Provence, les vents de nord-ouest dominent largement. Elle montre également l'occurrence de quelques vents forts de secteur est-sud-est. Ces vents, moins fréquents, peuvent aussi être très violents. Ils précèdent et accompagnent des pluies parfois assez abondantes.

Les gelées sont plus fréquentes dès que l'on s'éloigne du littoral. De plus, l'absence de nuages favorise le rayonnement du sol et la baisse des températures nocturnes. La neige en Camargue, avec des oiseaux pris dans les étangs gelés, reste heureusement un spectacle rare et peu durable.

Les tempêtes en Méditerranée sont de véritables bourrasques. De nombreux ex-voto évoquent ces petits ouragans, coups de vent soufflant en rafales, doublés d'averses.

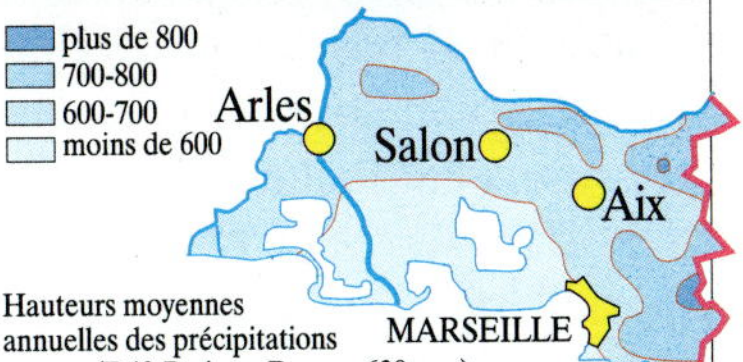

Hauteurs moyennes annuelles des précipitations en mm (Réf. Paris ou Rennes 630 mm).

Les précipitations peuvent apporter d'importantes quantités d'eau sur de très courtes durées. Une bonne partie de ces pluies ruisselle, provoquant parfois de lourds dégâts. C'est en automne, après un été relativement sec, que l'on constate les plus fortes précipitations.

La fréquence du mistral est variable ; c'est en février, mars et avril qu'on l'observe le plus, et en juillet-août, mais avec des vitesses moins fortes. L'été, il accélère la propagation des incendies de forêt.

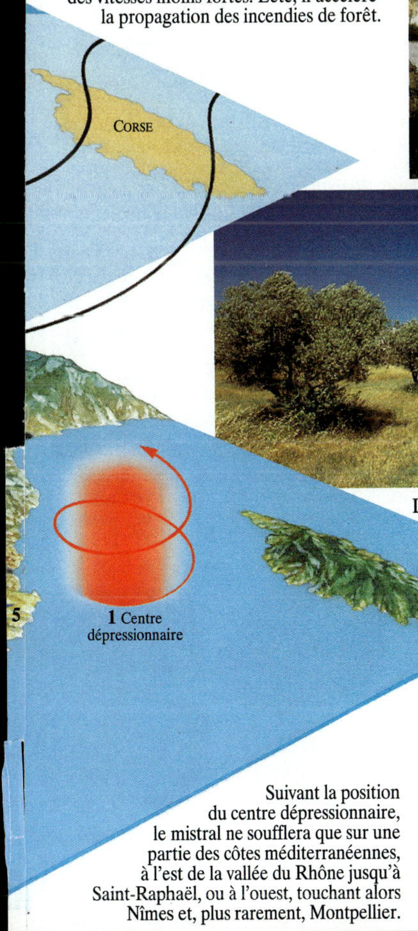

Le mistral s'accompagne généralement d'un temps ensoleillé. La visibilité devient extraordinaire et le ciel d'un bleu intense.

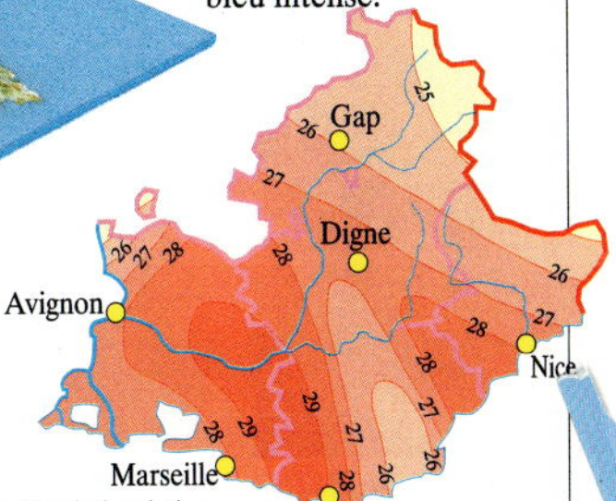

Lignes d'égale-insolation en centaines d'heures.

Le soleil brille très généreusement sur le département, de 2 700 à 2 900 heures par an.

Suivant la position du centre dépressionnaire, le mistral ne soufflera que sur une partie des côtes méditerranéennes, à l'est de la vallée du Rhône jusqu'à Saint-Raphaël, ou à l'ouest, touchant alors Nîmes et, plus rarement, Montpellier.

GÉOLOGIE

- Quaternaire
- Miocène Oligocène
- Éocène
- Crétacé supérieur
- Crétacé inférieur
- Jurassique supérieur
- Jurassique inférieur
- Trias inférieur
- Failles

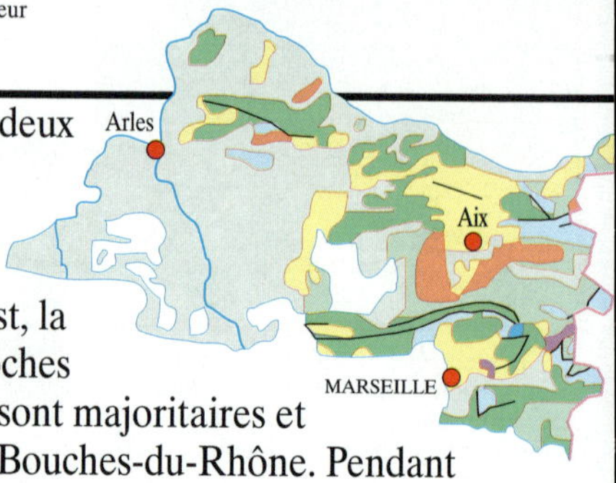

La Provence est divisée en deux domaines : l'un, à l'est, la Provence cristalline, où dominent les roches cristallines ; l'autre, à l'ouest, la Provence calcaire, où les roches sédimentaires carbonatées sont majoritaires et à laquelle se rattachent les Bouches-du-Rhône. Pendant tout le Secondaire, le socle cristallin de la Provence est recouvert par la mer ; des sédiments (pierre de Cassis) s'y déposent. Après un épisode continental, la mer revient partiellement au Tertiaire. Elle y dépose alors la pierre du Midi.

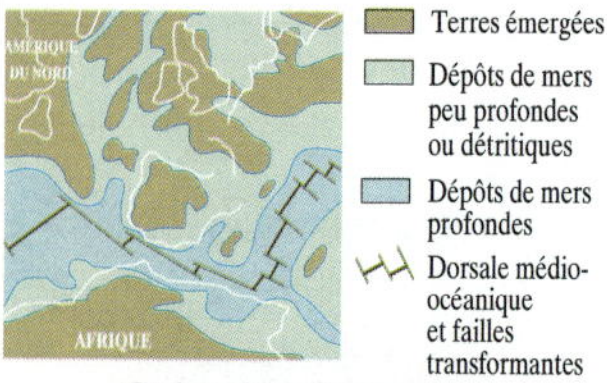

CRÉTACÉ INFÉRIEUR
La mer recouvre la Provence. Le continent émergé est alors à la place de la Méditerranée, et la Corse et la Sardaigne en face de Nice et de Marseille.

PIERRE DE CASSIS
Calcaire blanc du Crétacé. Forme les falaises découpées de la côte entre Marseille et Cassis.

BRÈCHE DU THOLONET
Crétacé supérieur. La brèche est un assemblage de fragments de roches calcaires noyés dans un ciment.

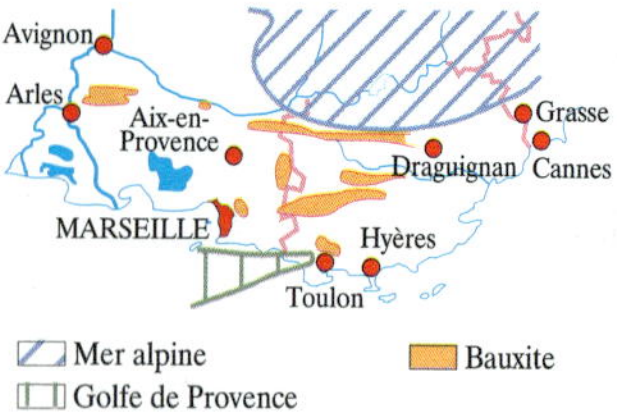

FIN DU CRÉTACÉ INFÉRIEUR
Des zones émergent ; les bauxites, qu'on peut comparer aux latérites actuelles, s'y déposent.

LE GRAND ESCALIER DE LA GARE SAINT-CHARLES
Marseille a beaucoup utilisé la pierre de Cassis, au très beau poli, comme calcaire marbrier (escaliers, bordures de trottoirs, éviers, dalles).

PIERRE DU MIDI. Calcaire (Tertiaire). Inclut la pierre de la Couronne, de couleur jaunâtre-rosé, la pierre de Bibémus et celle des Baux (à gauche), blanche, au grain fin. Utilisée dans la plupart des monuments antiques de la région.

BAUXITE
Minerai d'alumine (Crétacé inférieur), découvert aux Baux-de-Provence.

GYPSE. Exploité à partir d'assises triasiques ou oligocènes. Utilisé sous le nom de plâtre.

Gardanne. L'exploitation de lignite du bassin d'Aix prit un caractère industriel à partir de 1810, avec l'apparition des concessions minières.

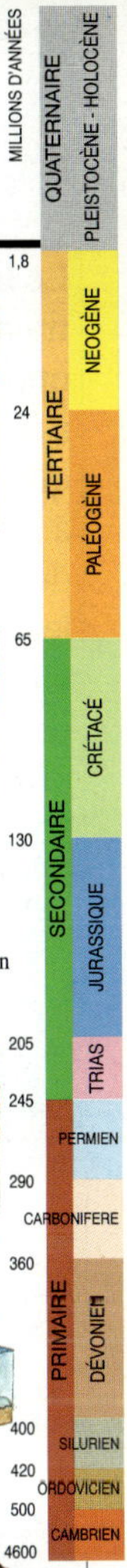

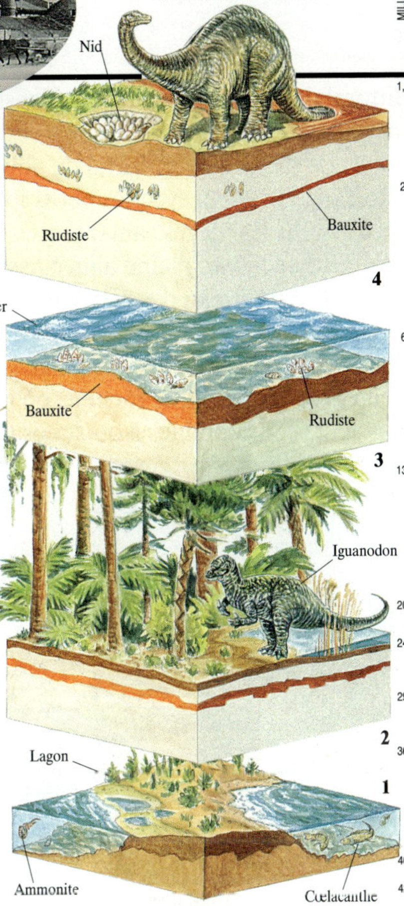

4. Fin du Crétacé supérieur
La Provence redevient, pour une très longue période, un continent émergé que peuplent de très grands reptiles. Dans les lacs se déposent des couches de charbon.

3. Crétacé supérieur
La Provence est de nouveau envahie par la mer. Dans ces mers au climat chaud, les rudistes (lamellibranches fixés à coquille épaisse) abondent. Vers le nord, la profondeur des mers augmente, les dépôts changent (calcaires argileux et marnes). Dans ces bancs, les fossiles sont surtout des ammonites.

2. Fin du Crétacé inférieur
Après 130 millions d'années de vie marine, une émersion quasi générale s'opère sur le continent, dans un contexte climatique de type tropical. Des phénomènes d'altération de matériaux engendrent la création de sables ocreux en bord de mer (ocres d'Apt) et surtout de bauxite.

1. Jurassique-Crétacé. La mer recouvre la Provence. Peu profonde en Provence méridionale, elle offre vers le nord des faciès marins nettement plus profonds. Elle est surtout peuplée d'ammonites.

La Crau. C'est l'ancien delta quaternaire de la Durance avant qu'elle ne devienne un affluent du Rhône.

Variolite des galets de la Crau. Charriée depuis le mont Genèvre (Alpes).

Calcaire lacustre à corbicules (lamellibranches) Crétacé supérieur.

Galet de la Crau Quartzite d'origine alpine, entraîné par l'ancien cours de la Durance.

Lignite. Charbon de la fin des temps crétacés (gisements de Fuveau et de Gardanne).

Oursin irrégulier (toxaster) Animal benthique du Crétacé (Barrémien).

Œuf de dinosaure Fin du Crétacé supérieur. On ignore pourquoi ces œufs n'ont pas éclos.

BALANES Accrochées à la coque des navires, elles peuvent parcourir des distances considérables.

Le littoral des Bouches-du-Rhône constitue une zone de transition entre deux types de côtes et de fonds diamétralement opposés. Le plateau continental du golfe du Lion vient mourir à l'ouest de Marseille, avec ses petits fonds sableux et vaseux qui prolongent les plages camarguaises et le delta du Rhône, à l'origine d'une vaste plaine alluviale sous-marine. Mais à l'est de Marseille, au niveau des calanques escarpées qui marquent les contreforts des Préalpes provençales, la côte s'élève en falaises très découpées et se prolonge par des fonds accidentés parsemés d'énormes blocs rocheux où l'on atteint des profondeurs considérables à quelques milles du rivage.

MÉROU Poisson symbole de la Méditerranée, sa protection a permis de sauver l'espèce, depuis 1980. Présent aujourd'hui sur certains fonds rocheux.

MURÈNE. Redoutée à tort à cause de sa silhouette serpentiforme, elle était pourtant prisée depuis la plus Haute Antiquité par les Grecs et les Romains qui les conservaient en vivier.

ÉPONGE TUBULAIRE Elle vit accrochée sur le rocher.

MURÈNE Elle passe la plus grande partie de son temps cachée sous un rocher, seule la tête dépassant.

LIMACES-DE-MER Appelées aussi nudibranches, ces gastéropodes ont des couleurs superbes.

GIRELLE PAON MÂLE

GIRELLE COMMUNE MÂLE

GIRELLE COMMUNE FEMELLE

GIRELLES Ces poissons, parmi les plus colorés, ont la particularité d'être transsexuels : d'abord femelles, ils se transforment en mâles avec l'âge. Littoraux en été, ils vivent en profondeur l'hiver.

MÉROU

CORAIL ROUGE. Polypes vivant en colonies. Recherché pour la fabrication de bijoux.

Balanes et chthamales
Ces crustacés primitifs, qui ressemblent à des coquillages, vivent en colonies dans la zone couverte et découverte par les vagues.

Méduse
Gracieuse et phosphorescente, elle agite des tentacules dont le contact peut provoquer de graves brûlures.

Oursin comestible
C'est un redoutable brouteur d'algues dont on apprécie la saveur iodée.

Poulpe
Mollusque vivant dans les anfractuosités rocheuses où il se protège avec de petits murs de cailloux qu'il déplace.

Cigale de mer
Crustacé massif habitant les grottes. En voie de disparition.

Ascidie «Ciona»

Anémone «Aiplasia»

CALENS
Utilisé par les pêcheurs camarguais et par ceux de Martigues, dans les chenaux entre mer et étangs, *lou calen* est un immense carrelet actionné par des tourniquets. Il sert essentiellement à la capture des muges (mulets).

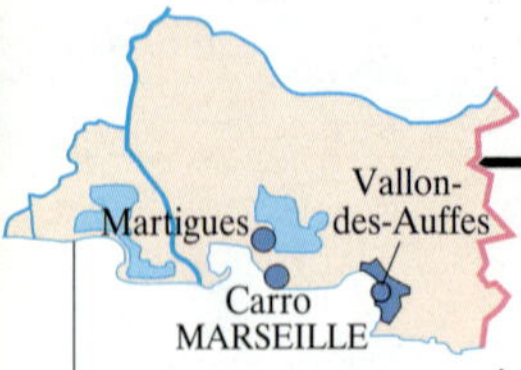

On trouve encore sur les côtes des Bouches-du-Rhône une activité chalutière assez importante orientée vers la capture des poissons de fond. À La Ciotat, une flottille de «lamparos» pratique encore traditionnellement la pêche au feu des «poissons bleus» (sardines et anchois). Zone de transition entre la plate-forme et les fonds rocheux, les Bouches-du-Rhône abritent aussi ces petites embarcations appelées pointus – spécialistes de la pêche à la bouillabaisse. Le port de Carro abrite des vedettes rapides qui exploitent le merlu au moyen de filets maillants en bordure du plateau, au niveau des canyons sous-marins qui précèdent les grandes fosses.

PÊCHE À PIED
Les tellines, qui font l'objet d'une spécialité culinaire saintoise, sont parfois pêchées à pied par des professionnels ou des amateurs.

TELLINES ET PALOURDES
Ces mollusques bivalves, proches parents des moules et des huîtres, vivent enfouis dans le sable et respirent au moyen de longs siphons.

SARDINE. Elle vit en bancs près des côtes et jusqu'à plus de 200 m de profondeur. Elle migre en fonction des saisons et se capture au chalut ou au lamparo.

TELLINIER. Avec ce grand râteau équipé d'une cage grillagée ouverte à l'avant et à l'arrière, le pêcheur racle le sable et récupère les tellines dans le filet.

BETTE DE MARTIGUES. À bord de cette embarcation, imaginée en 1849, on pratiquait la «pêche aux bœufs» (chalut tiré simultanément par deux bateaux) dans le golfe de Fos.

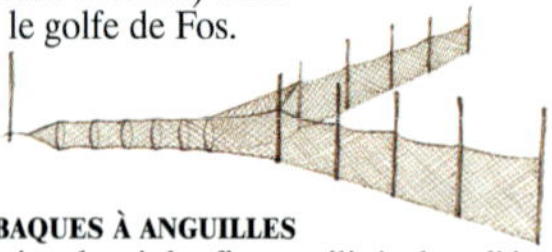

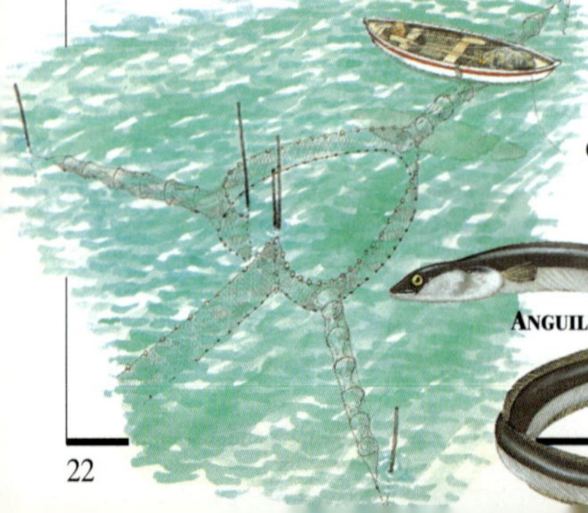

ANGUILLE

TRABAQUES À ANGUILLES
Ces engins de pêche fixes, utilisés dans l'étang de Berre, sont des pièges comportant des nappes de filets verticaux qui forment barrage et qui conduisant les anguilles et les poissons au fond de nasses cylindriques. Les nasses sont visitées tous les jours par les pêcheurs qui récupèrent les anguilles. Celles-ci sont ensuite stockées dans des viviers avant d'être vendues.

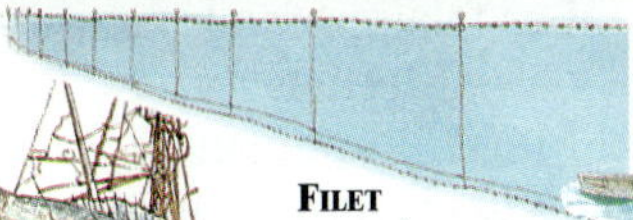

Filet droit à merlu
Ces filets maillants calés sur le fond ont une hauteur de 7 à 8 m et leur longueur peut atteindre 5 km ou plus.

Tartane. Cette embarcation traditionnelle de 10 à 16 m de long était destinée à la pêche au chalut pratiquée au début du siècle à l'ouest de Marseille.

Filets trémails ou maillants
Formés de trois nappes de filets juxtaposés, déposés verticalement au contact du fond, ils permettent la capture des poissons et crustacés de passage qui s'y «emmaillent».

Pointu. Cette embarcation effilée de 6 à 8 m de longeur, large et peu profonde, est pontée ou semi-pontée. Ces bateaux servent essentiellement à la pêche côtière au filet trémail ou à la palangre.

Anchois
Vit en bancs. Fréquente aussi les eaux presque douces. Se pêche au chalut et au lamparo

Lamparo
Au moyen d'un «filet tournant», un bateau mère encercle les bancs de poissons attirés par des embarcations annexes équipées d'un foyer lumineux.

Grondin
Il vit sur les fonds vaso-sableux où il se nourrit de crustacés et de poissons. On le pêche au trémail ou à la palangre, et il se consomme dans la bouillabaisse, ou simplement grillé ou boulli.

Muge ou Mulet. Pêchée par petits fonds, dans les étangs ou les secteurs battus par la houle, cette espèce fournit des œufs avec lesquels on fabrique une spécialité régionale, la poutargue.

Rascasse. Sédentaire et solitaire, elle vit dans les eaux littorales parmi les rochers et les algues. Indispensable dans la bouillabaisse.

Merlu
Cette espèce côtière très féconde vit en bancs sur les fonds vaso-sableux. Sa pêche au chalutier et au filet maillant est très active.

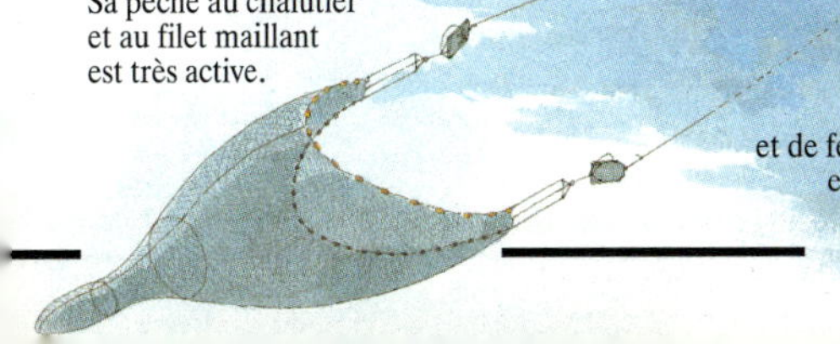

Chalutier
Le filet balaie les profondeurs (parfois 700 ou 800 m), tandis que deux pièces de bois et de fer le tiennent ouvert. Les poissons, effrayés par le câble qui frôle le sol, se réfugient dans la poche arrière.

CALANQUES

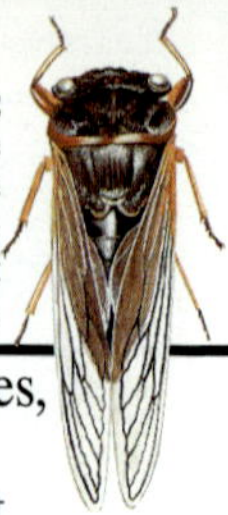

CIGALE
Après quatre années de vie souterraine, la larve de la cigale plébéienne se transforme en adulte et meurt au bout d'un mois et demi.

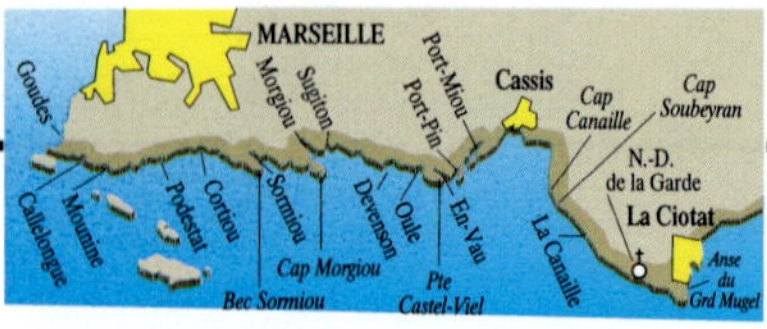

Les falaises, modestes, entre Martigues et Marseille, atteignent entre Marseille et La Ciotat des hauteurs records, notamment au cap Canaille, la plus haute falaise maritime d'Europe (394 m). Cette côte est entaillée de nombreuses baies profondes appelées calanques – en provencal, *calo* signifie crique profonde – qui étaient, à l'origine, d'anciennes vallées fluviales. Sous ce climat remarquablement aride, la végétation rare est dominée par le pin d'Alep, dont les peuplements ont été détruits par les incendies de ces dernières années.

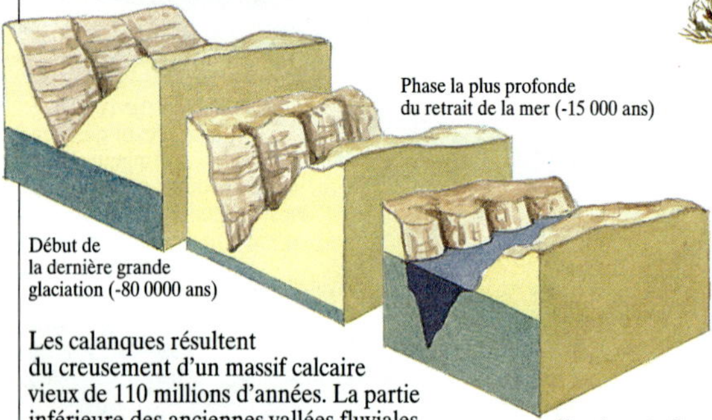

Début de la dernière grande glaciation (-80 0000 ans)

Phase la plus profonde du retrait de la mer (-15 000 ans)

Situation actuelle

Les calanques résultent du creusement d'un massif calcaire vieux de 110 millions d'années. La partie inférieure des anciennes vallées fluviales fut noyée au cours de l'élévation du niveau de la mer (lors du réchauffement climatique), il y a 12 000 ans.

PIN D'ALEP
Il résiste à la sécheresse grâce à l'humidité que les racines capturent dans des poches d'argile piégées dans le karst.

GRAND-DUC D'EUROPE
Quelques couples ont choisi les calanques pour habitat.

MERLE BLEU
Cet oiseau solitaire est le plus beau passereau des falaises maritimes.

TARENTE
Ce petit gecko nocturne vit dans les fissures du calcaire.

LES MARTINETS
Ils font entendre leurs trilles perçants lors de leurs vols acrobatiques.

MOLOSSE DE CESTONI
C'est la plus grande chauve-souris d'Europe. Elle loge dans les fissures des falaises maritimes.

FAUVETTE PITCHOU
Elle abonde dans la garrigue incendiée où retentit son cri râpeux.

Olivier

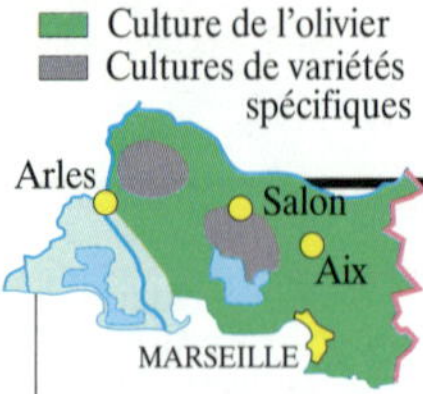

L'olivier, bien adapté au climat chaud et sec, est l'arbre typique des paysages méditerranéens. Il fut introduit en Provence, il y a près de trois mille ans, par les Grecs, qui estimaient que sa culture marquait la frontière entre civilisés et barbares ! Dans les Bouches-du-Rhône, la production est nettement orientée vers la transformation en huile (80%) ; les principales variétés cultivées sont la picholine, qui bénéficie du label «olive du pays» (500 t par an), et la salonenque, dite aussi olive cassée de la vallée des Baux.

Aglandau. Olive à huile, cultivée dans les Bouches-du-Rhône et les Alpes-de-Haute-Provence.

Cailletier ou olive de Nice. Olive de table très savoureuse, conservée en saumure et consommée noire (Alpes-Maritimes).

Grossanne. Olive de table de la vallée des Baux ▲ *284*, réputée pour sa chair pulpeuse. Préparée en verte et en noire.

Tanche. Olive à la pulpe onctueuse, plongée dans la saumure et piquée au sel (Vaucluse).

Salonenque. Olive de table (Bouches-du-Rhône), préparée en verte ou en olives cassées.

Picholine. Olive de table cultivée dans les Bouches-du-Rhône et le Var. Se déguste en verte et saumurée.

Olivier. Productif tous les deux ans dès l'âge de quatre ans, l'olivier peut devenir plusieurs fois centenaire. Il peut atteindre 10 m de haut.

Vergers de la vallée des Baux. L'olivier s'épanouit sur pente modérée, orientée au sud et protégée des vents.

FLORAISON
Feuilles et jeunes rameaux poussent en mars. La floraison a lieu en avril-juin.

RÉCOLTE
La cueillette se fait encore à la main pour les olives de table. L'époque varie, selon les régions, de septembre à février.

MATURATION
5 % seulement des fleurs donnent des fruits. Les premières olives apparaissent en juin ; le fruit est mature en octobre.

MEULE

SCOURTINS

L'HUILE D'OLIVE
Il faut 5 à 6 kg d'olives pour obtenir 1 l d'huile. L'huile d'olive vierge est un pur jus de fruit obtenu sans aucun mélange.

On distingue l'huile d'olive vierge extra (taux d'acidité < 1%), la fine (taux d'acidité < 1,5 %) et la semi-fine (taux d'acidité < 3,3%). L'huile plus acide est appelée huile d'olive pure.

1. Les olives sont tout d'abord lavées à l'eau froide puis écrasées par meule de granit, ce qui permet l'obtention d'une pâte onctueuse, affinée par malaxage puis pressurée.

2. On répartit la pâte déjà malaxée par paquets de 2 à 5 kg sur des scourtins, petits plateaux ronds, autrefois en osier, et aujourd'hui en nylon. Les scourtins sont ensuite empilés par 25 ou 30 pour être pressés (pression hydraulique).

3. L'élément liquide (mélange d'huile et d'eau) s'écoule. On fait ensuite décanter pour séparer l'huile de l'eau. La centrifugation est également utilisée au niveau industriel.

Les vignobles plantés en terrasses sont à l'abri du vent grâce à des palissades d'arbres.

Produits depuis 2 600 ans, les vins de Provence sont, pour beaucoup, synonymes de vins rosés. S'ils représentent, en effet, une part importante de la production (65%), on trouve également des vins rouges (30%) et des vins blancs (5%). Le climat méditerranéen, tempéré par la proximité du littoral et de l'altitude, mais aussi la diversité des sols et l'assemblage des cépages expliquent la diversité et la qualité des vins. Grâce aux progrès accomplis, la région produit une large palette de vins de qualité, du rosé de saignée à boire dans l'année jusqu'à d'excellents vins rouges de garde, en passant par les vins blancs aromatiques.

CINSAULT
Cépage assez vigoureux, le cinsault exige de la chaleur. Troisième cépage de la région, il apporte des arômes élégants et fruités.

UGNI BLANC
Ce cépage apporte de la structure dans les assemblages avec d'autres cépages plus aromatiques.

SYRAH
Cet excellent mais fragile cépage de complément, aux arômes de framboise et de violette, exige des conditions de production attentive.

TAILLE GOBELET Taille courte (plusieurs rameaux à deux bourgeons), présente dans les zones traditionnelles.

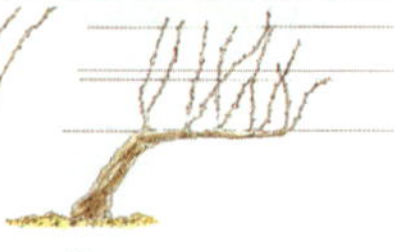

TAILLE EN CORDON ROYAT. Taille courte (plusieurs rameaux à deux bourgeons sur un bras), la plus fréquente en A.O.C.

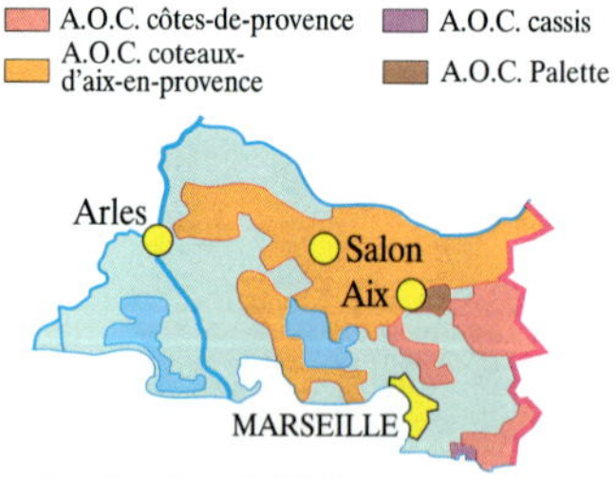

Les Bouches-du-Rhône ne comptent pas moins de quatre appellations d'origine contrôlée : les côtes-de-provence représentent 16 500 ha, soit environ 700 000 hl de vin (75 % de rosés). L'appellation coteaux-d'aix-en-provence est la plus récente (15 000 hl). L'appellation cassis doit sa renommée à son vin blanc sec, capiteux et parfumé. Les vins rouges de Palette, au parfum de violette et de résine de pin, sont produits presque en totalité par un seul domaine, celui de Château-Simone.

Grenache noir
C'est le cépage de base de tous les vins rouges de la vallée du Rhône. Très vigoureux, il est implanté sur des terrains de coteaux secs et caillouteux. Il apporte degré alcoolique et moelleux.

Cabernet-sauvignon
Il s'est facilement adapté à la région méridionale. Il permet d'obtenir des vins de garde, mais son utilisation est limitée.

Vinification des rouges

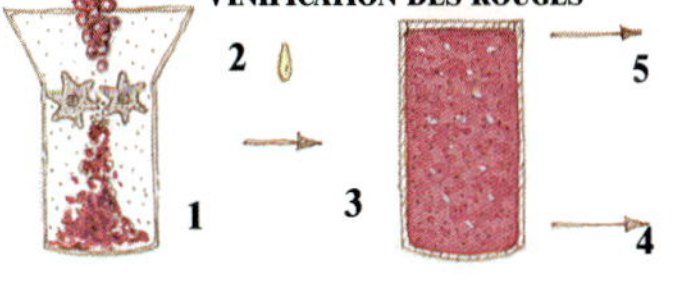

Vinification des rosés

Les baies sont brisées par foulage puis envoyées en fermentation (1, 2). la peau et le jus sont en contact pendant une semaine pour un rouge de goutte (vin léger à boire dans les 2 à 3 ans), et 2 ou 3 semaines pour un vin de garde pressé (5, 5').

Après une nuit de contact entre la peau et le jus des vendanges destinées aux rosés, le vigneron retire le premier jus de raisin, qui rejoint une cuve de fermentation. Le raisin doit être à maturité pour obtenir le maximum de saveur.

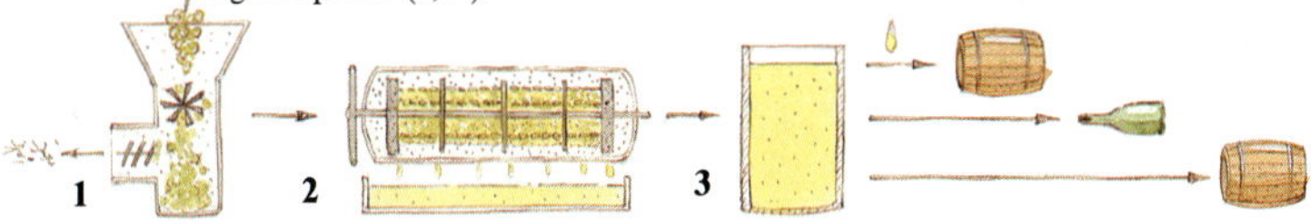

Vinification des blancs

Les côtes-de-provence blancs sont des blancs de blancs, c'est-à-dire vinifiés uniquement à partir de cépages blancs. Les raisins blancs sont pressés dès leur arrivée en cave (1) puis débarrassés de leurs impuretés par précipitation à froid (2). Le jus de raisin fermentera en cuve ou dans des foudres de chêne (3). On dit que leur robe est dorée.

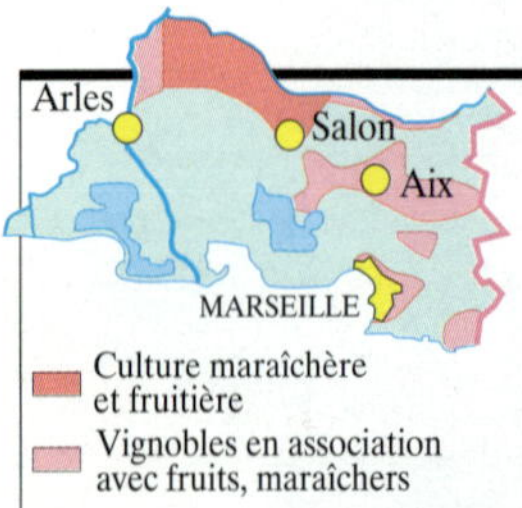

Les cultures maraîchères de la région de Châteaurenard se sont développées au Moyen Âge, lorsque furent réalisés les premiers travaux d'irrigation (1235). D'abord localisées dans la plaine du Comtat, elles se sont peu à peu étendues aux principales vallées fluviales de Provence (Rhône, basse Durance) et gagnent aujourd'hui des régions comme la Crau, entraînant une sévère réduction de ce milieu exceptionnel. Les productions, enfin, se sont accrues depuis l'apparition, au début des années 1960, des cultures sous serre.

BASILIC. Cette plante aromatique, très utilisée dans la cuisine provençale, se sème en pleine terre en mars ou, sous abri, en avril.

FENOUIL. C'est une plante frileuse qui craint les gelées. On en consomme le cœur, cuit ou cru, en salade.

ASPERGES. Plantées en mars, elles ne sont récoltées qu'au printemps suivant. Chaque pied produit pendant cinq ans.

CAROTTE. Plante bisannuelle poussant spontanément dans les zones tempérées. En Provence, cultivée en plein champ.

CHOU-FLEUR. Il est cultivé en plein champ. Se multiplie par semis et nécessite une terre riche en potasse et azote.

SALADE. Les variétés cultivées ici sont la laitue – toute l'année sur le marché –, et la chicorée, récoltée l'hiver.

TOMATES. La région en est le premier producteur français. On y cultive les variétés de table et de conserve.

ARTICHAUT VIOLET Récolte précoce possible au printemps. Culture de plein champ.

OIGNONS. Oignons blonds. Cultivés en grande quantité, en plein champ. Aiment les terres profondes et bien drainées.

AIL. Variétés blanche et rose. Vivace devenue annuelle par le rythme des cultures. Ingrédient important de la cuisine provençale (aïoli).

L'aubergine et la courgette, cultivées depuis très longtemps en Provence, tiennent une place de choix dans les mets traditionnels.

L'AMANDIER, arbre à floraison précoce, a trouvé en Provence des conditions optimales de développement. La culture des amandes de Provence, à valeur gustative exceptionnelle, est cependant en régression à cause du coût élevé de production.

Melrose Reine des reinettes Golden

POMMES. Pommes de table uniquement. Les pommeraies couvrent des centaines d'hectares, et les producteurs sont confrontés à des difficultés d'écoulement.

FRAISES. Cultivées désormais sous serre pour leur assurer une arrivée précoce sur le marché.

FIGUES. Originaires d'Orient. Le «fruit» est en fait une inflorescence. Peu de culture industrielle.

LA CULTURE DU MELON. Les graines sont semées dès le début du printemps en plein champ, parfois plus tôt sous serre. La récolte commence trois mois plus tard. Les principales variétés sont les charentais et les précoces du Roc.

MELON. Les melons de Cavaillon, connus bien au-delà de nos frontières, font la réputation de la région.

William Passe-crassane

Vergers d'anciennes (william) et de nouvelles variétés (passe-crassane).

Nectarine Pêche blanche Pêche jaune

PÊCHE. Elle affectionne la chaleur et craint les gelées tardives. Les fruits à chair jaune ont peu à peu remplacé ceux à chair blanche ou rosée, plus fragiles.

HARICOTS VERTS Cultivés en plein champ sur de petites surfaces. Craignent le froid et l'humidité excessive.

BUSARD DES ROSEAUX Le rapace le plus abondant en Camargue. Environ 70 couples y nichent chaque année.

La Camargue est sans nul doute le site le plus remarquable de France pour sa diversité avifaunistique. Plus de 365 espèces d'oiseaux y ont été observées ainsi que dans la Crau voisine. Zone d'hivernage européenne majeure pour les canards, la Camargue héberge au printemps de grandes colonies de plusieurs espèces de hérons ainsi que des mouettes et des sternes. C'est également le seul lieu de France (et l'un des très rares de la Méditerranée) où niche le flamant rose, mais aussi des espèces comme le goéland railleur, la sterne hansel ou la glaréole à collier, très localisées en Europe. Mammifères, reptiles et amphibiens sont aussi très communs dans certains milieux favorables.

AVOCETTE ÉLÉGANTE Niche dans les salines où sa population peut atteindre 600 couples.

ÉCHASSE BLANCHE Éclectique dans ses choix, elle affectionne aussi bien les milieux salés que les marais doux ou les rizières.

GRAVELOT À COLLIER INTERROMPU Espèce liée surtout aux salines. La Camargue héberge plus de 300 couples.

GOÉLAND LEUCOPHÉE Omniprésent. Sur les salines et les étangs, plusieurs milliers nichent aujourd'hui en Camargue.

FLAMANT ROSE. Espèce emblématique de Camargue, il niche sur un seul étang saumâtre, où sa population peut atteindre jusqu'à 20 000 couples. Son bec particulier lui permet d'aspirer l'eau puis de l'évacuer par un système filtrant de lamelles pour ne conserver que le plancton dont il se nourrit. Il construit un nid de boue surélevé.

Aigrettes et hérons nichent fréquemment en colonies arboricoles mixtes dans les endroits les plus tranquilles.

Héron pourpré
Ce héron a connu récemment un déclin significatif de ses effectifs aussi bien en Camargue qu'ailleurs en France.

Héron gardebœufs
Installé en Camargue depuis peu. Plus de 1 000 couples y nichent à présent, en colonies arboricoles. On les voit souvent près des taureaux.

Héron cendré
Le plus commun des hérons français a reniché en Camargue à partir de 1964, après une longue absence peut-être due à sa non-protection.

Grande aigrette
Jusqu'à 150 oiseaux passent l'hiver ici, venus sans doute d'Europe de l'Est où ils nichent.

Aigrette garzette
Sa gracieuse silhouette anime les zones humides de Camargue, où elle est très commune.

Crabier chevelu
Ce petit héron discret n'est guère commun. Il fréquente les marais d'eau douce, jamais loin de la végétation.

Grand butor
Son chant étrange rappelle le bruit que produit de l'air soufflé dans un goulot de bouteille.

Bihoreau gris
Crépusculaire. Peu fréquent. Le soir, il survole les marais en poussant des «ouak!» sonores.

Rémiz penduline
C'est une nicheuse rare, mais, en hiver, elle fréquente les roselières en grand nombre.

Panure à moustaches
Elle niche dans les grandes roselières, par exemple dans celles qui ceinturent le Vaccarès.

Lusciniole à moustaches
Dès la fin de l'hiver, son chant plutôt varié résonne dans les roselières où elle niche. Cette espèce est sédentaire.

Bouscarle de Cetti
Son «ti! tipitipitipi» explosif est typique, mais on voit rarement ce chanteur furtif.

Guifette moustac
Cette sterne d'eau douce niche (irrégulièrement) dans les marais et fait son nid sur la végétation flottante.

Sterne caugek
Niche dans les salines de Camargue, sur des îlots tranquilles.

Goéland railleur
La Camargue est le seul site de France où se reproduit ce goéland, originaire du pourtour méditerranéen.

Mouette mélanocéphale
Nicheuse depuis peu, cette mouette hiverne en nombre le long des côtes de Camargue et des environs.

Chevalier arlequin
En été, plusieurs centaines transitent par la Camargue, en route vers l'Afrique.

Chevalier gambette
Quelques dizaines de couples nichent chaque année sur les îlots des lagunes.

Rollier d'Europe
Une petite population nicheuse se maintient bon an mal an en Grande Camargue.

Guêpier d'Europe
Ce visiteur d'été, venu d'Afrique tropicale, est un grand consommateur de libellules.

Fauvette à lunettes
Elle fréquente les «sansouires», dans lesquelles elle mène une existence secrète.

Cisticole des joncs
Elle chante en vol en lançant son «tsip! tsip! tsip!» lancinant.

Tadorne de Belon
Ce beau canard niche à présent communément sur les milieux saumâtres. Les jeunes se regoupent en «crêche».

Foulque macroule
Hivernante abondante sur le Vaccarès, où ses effectifs peuvent atteindre plus de 40 000 oiseaux.

Fuligule milouin
Hivernant non nicheur, ce canard est parfois très abondant, principalement sur les plans d'eau non salée (jusqu'à 21 000 individus).

Sarcelle d'hiver
Venu de la Sibérie occidentale, ce canard hiverne en grand nombre en Camargue.

Rainette méridionale
Omniprésente dans les roselières, où elle passe la journée plaquée contre une feuille de roseau.

Grenouille verte
Elle peut ici fréquenter des milieux légèrement saumâtres.

Sanglier d'Europe
Commun, on peut le voir en plein jour.

Ragondin
Lié aux zones humides, il apprécie les «roubines» qui parsèment la Camargue.

Renard roux
Dans le bois des Rièges notamment, il joue un rôle important en éliminant les animaux malades.

Lapin de garenne
Il est très régulièrement victime d'épidémies de myxomatose.

Nette rousse
Nicheuse en petit nombre. En hiver des oiseaux viennent d'Europe centrale. À cette saison on en compte près de 5 000. Ils apprécient le marais du Saint-Seren.

Couleuvre à échelons
C'est le plus souvent sur les «montilles» que l'on rencontre cette couleuvre.

Couleuvre à collier
Ce serpent, commun en Camargue, est très lié aux milieux aquatiques.

Gobie noir (1) et gambusie (2)
Le premier est un poisson du littoral, tandis que le second, inféodé aux eaux douces, a été importé d'Amérique du Nord et abonde à présent.

L'étang du Vaccarès est entouré d'une large ceinture de phragmites communs – le «roseau» – qui abrite une quantité d'oiseaux nicheurs (hérons, canards, busards, passereaux paludicoles), de mammifères et d'amphibiens.

Au cours des siècles l'homme a profondément modifié le paysage camarguais. La saliculture et la riziculture ont contribué notamment à modeler de nouveaux milieux. De même des marais de chasse ont été transformés par la main humaine.

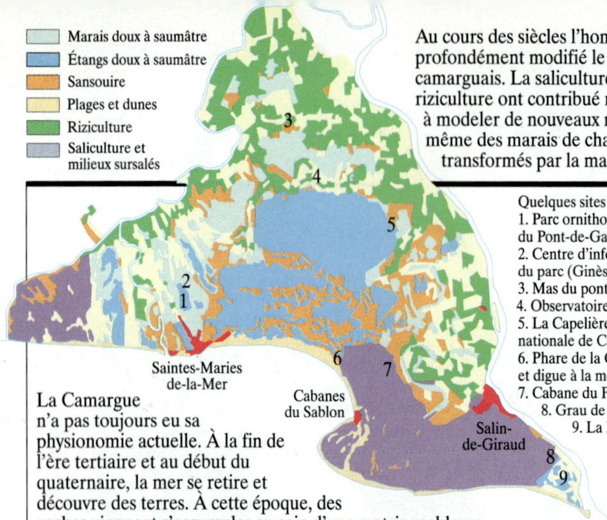

La Camargue n'a pas toujours eu sa physionomie actuelle. À la fin de l'ère tertiaire et au début du quaternaire, la mer se retire et découvre des terres. À cette époque, des roches viennent s'accumuler au sein d'une matrice sableuse.
La transgression marine (flandrienne) provoquera une montée des eaux qui sera contenue par le changement de régime du Rhône.
Il s'établit alors un équilibre entre l'érosion marine et les alluvions du fleuve. Enfin, la mer reculera peu à peu devant l'amoncellement des formations laguno-lacustres.

L'oyat fixe le sable des premières dunes (mobiles), tandis que les deux autres plantes se trouvent aussi sur les dunes fixées, plus anciennes.

Orchis de Robert
Plante précoce, cette très grande orchidée s'observe facilement au début du printemps.

Faux-Indigotier
Arbustre originaire d'Amérique du Nord, très commun en bordure du Rhône et des roubines.

Tamaris de France
Bien adapté au vent et aux embruns, il supporte les sols légèrement salés.

Phyllaire à feuilles étroites
Arbuste, commun sur les dunes et en bordure des roubines.

Inule faux-crithmum
De la famille des marguerites, présente sur sols salés.

Les îlots de végétation des lagunes constituent autant de sites favorables pour la nidification d'oiseaux, notamment les sternes, les mouettes, les goélands et parfois la nette rousse.

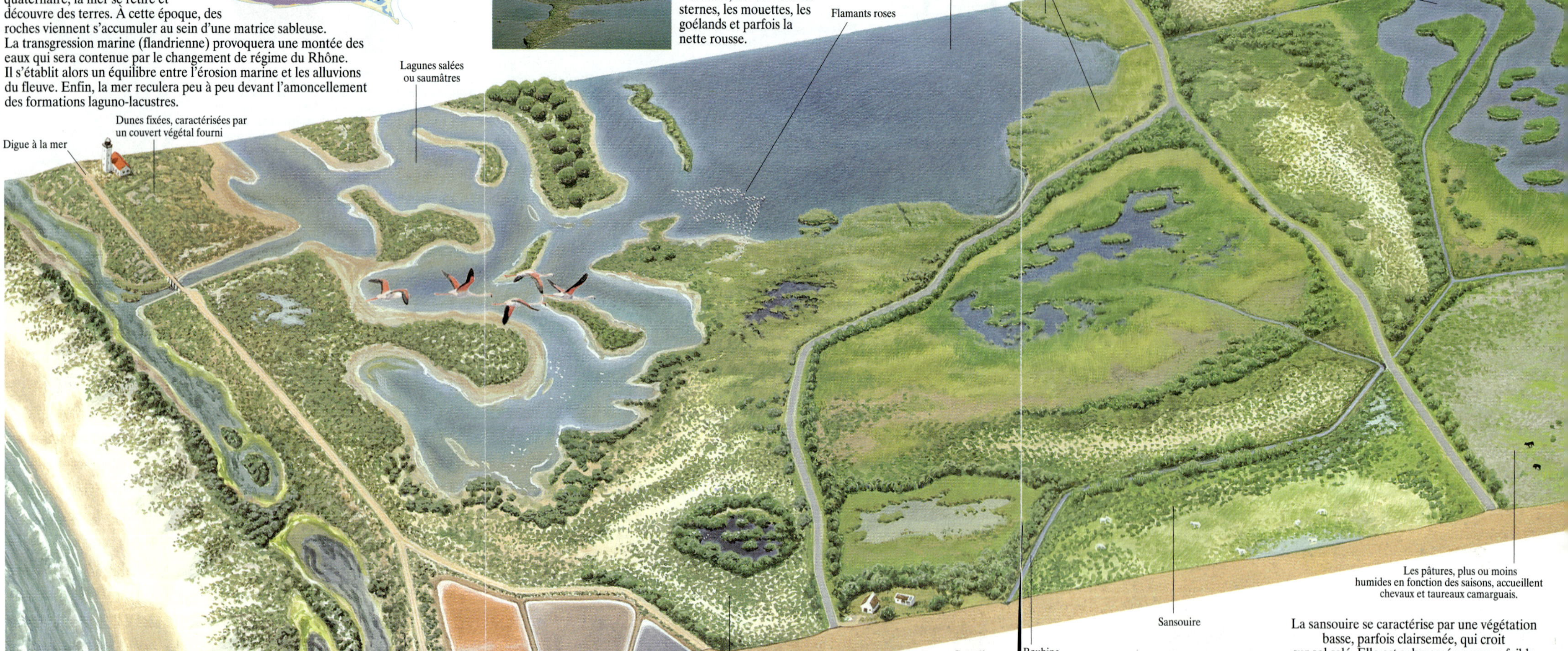

«Camelles» de sel près de Salins-de-Giraud

Présente depuis l'Antiquité, la saliculture camarguaise est devenue industrielle au début du siècle. Elle couvre aujourd'hui 14 000 ha pour une production d'un million de tonnes par an.

Roubine est le nom local des canaux creusés pour permettre la régulation et la circulation des eaux (irrigation, drainage).

La sansouire se caractérise par une végétation basse, parfois clairsemée, qui croît sur sol salé. Elle est submergée par une faible hauteur d'eau en hiver.

La riziculture s'est développée principalement depuis 1945 et a engendré de profondes modifications dans le système d'irrigation de la Camargue.

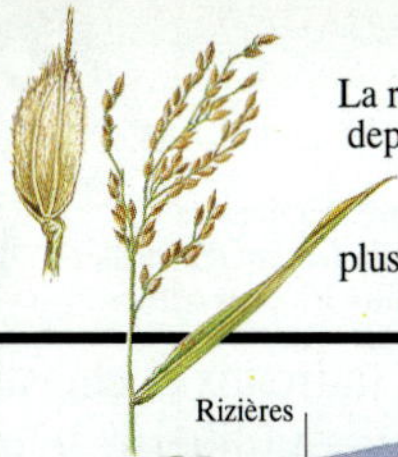

La riziculture, qui existe depuis le XVIe siècle, est aujourd'hui une activité qui couvre plus de 40% (20 000 ha) des terres agricoles.

Les espèces principales des sansouires sont les salicornes ou «enganes».

Les marais de chasse ont été aménagés par l'homme, mais leur intérêt écologique est important.

Bloc-diagramme d'une sansouire.

Bloc-diagramme de la végétation rase en bordure de lagune salée.

CHEVAUX ET TAUREAUX

COURSE À LA COCARDE. Équipés du crochet, les «razeteurs» tentent d'arracher les attributs fixés entre les deux cornes.

En Camargue, taureaux et chevaux vivent dans une semi-liberté, le plus souvent en troupeaux distincts, les «manades», que les gardians surveillent à cheval. La raison d'être de l'élevage des taureaux reste le spectacle taurin, et la sélection des futurs cocardiers se fait sur des critères stricts de combativité et d'intelligence. Les animaux non sélectionnés sont envoyés à la boucherie. Les meilleurs des chevaux camarguais, bêtes de selle rustiques, sont réservés au «travail du taureau», les autres sont élevés pour les loisirs. Depuis le XXe siècle, les zones de pâturage ont été considérablement réduites. L'élevage se maintient, notamment grâce à l'attraction touristique que constituent les jeux taurins.

TAUREAU CAMARGUAIS
Robe noire à reflets, cornes en lyre. Plus petit que l'Espagnol, il est destiné à la course à la cocarde.

TAUREAU ESPAGNOL
Sa robe varie du fauve au brun foncé. Importé d'Espagne en 1869, il est destiné à la corrida.

ABRIVADO
Les gardians mènent les taureaux au galop, des pâturages aux arènes.

FERRADE. Les fers, montés sur des manches, sont rougis au feu de bois. À l'aide du trident, les gardians renversent les jeunes taureaux et leur marquent la cuisse gauche ; ils pratiquent également l'escoussure, opération qui consiste à entailler l'oreille d'une manière propre à chaque manadier. Cet épisode printanier de l'élevage est devenu l'occasion d'une fête populaire.

FER. Chaque manadier possède sa marque ; le plus souvent, on peut y lire ses initiales.

MOURAU
Taillé dans du saule, il servait au sevrage des veaux, empêchant l'allaitement.

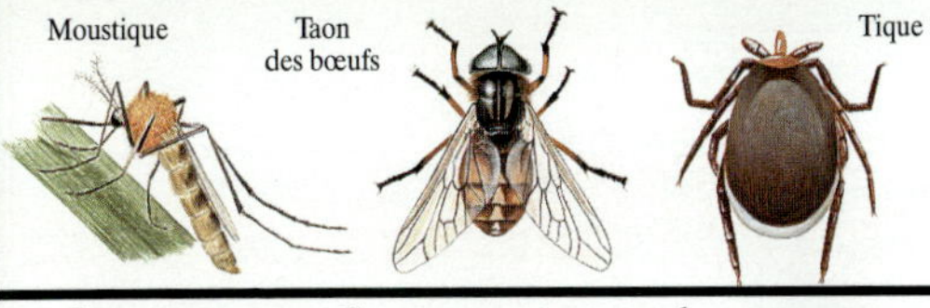

Parasites. Attirés par les couleurs sombres, les taons harassent davantage les taureaux et les poulains à la robe noire que les chevaux adultes au pelage blanc.

Selle gardianne. Conçue avant tout pour le travail, elle comporte un dossier emboîtant avec arçon d'armature métallique et pèse plus de 15 kg. Elle est faite sur mesure.

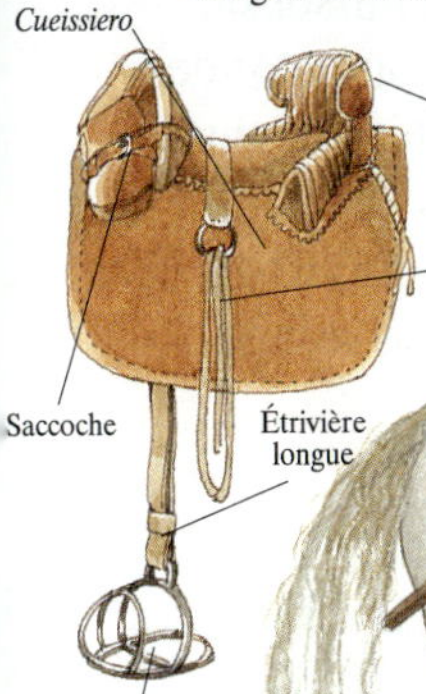

TRIDENT
Il est utilisé pour guider et maîtriser le bétail.

L'origine du terme gardian se trouve dans l'expression occitane *gardo-besti*, qui signifie garde-bestiaux.

Les bêtes pâturent dans les zones de sansouires, ou «enganes».

Cheval de Camargue
Le poulain naît noir puis sa robe brunit. Ce n'est que vers 5 ans qu'elle devient blanche (gris clair). Tête large, cou ramassé, crinière et queue longues et fournies, c'est un cheval résistant. Ses sabots larges sont parfaitement adaptés aux terrains marécageux.

LA CRAU

La Crau humide : prairies et marais

La Crau sèche : coussous

Delta fossile de la Durance, la Crau s'étendait à l'origine sur 60 000 ha ; il ne reste plus désormais que 11 500 ha de «coussous», milieu naturel steppique, parcouru par des dizaines de milliers de moutons de mars à juillet. Parmi les galets et la végétation rase vit une faune caractéristique des déserts, dont plusieurs espèces d'oiseaux que l'on ne trouve qu'ici, dans cet ultime refuge, aujourd'hui menacé par l'extension des cultures.

La Crau abrite l'une des plus fortes concentrations mondiales d'outardes canepetières.

Des milliers de tas de galets ont été édifiés par les Allemands lors de la dernière guerre pour empêcher les forces alliées d'atterrir.

Les chardons des ânes prolifèrent aux abords des bergeries.

Gangas camouflés

CHOUETTE CHEVÊCHE Elle était symbole de sagesse chez les Grecs. Abondante en Crau, elle niche dans les tas de pierres.

ŒDICNÈME CRIARD. Son cri résonne de toutes parts dans les nuits d'été, d'où son nom de «courlis de terre».

OUTARDE CANEPETIÈRE Son mâle (à gauche) se pare, de mars à juillet, de colliers noirs et blancs.

GANGAS CATAS («GRANDOULES») La Crau abrite la seule population française de cet oiseau des déserts africains.

Quelques bergeries, tournant le dos au mistral, ponctuent les plates étendues de la Crau ▲ *270*.

CHARDON MARIE Pousse sur les décombres et les remblais.

PANICAUT CHAMPÊTRE. Parasité par un champignon recherché des gastronomes.

BRACHYPODE RAMEUX Graminée très abondante ; aliment de base des moutons.

ASPHODÈLE FISTULEUX Ses graines sont très recherchées par les gangas.

MILAN NOIR Très commun, c'est un infatigable éboueur qui se nourrit de toutes sortes de déchets.

FAUCON CRÉCERELLETTE La Crau constitue l'unique site où il niche en France.

ALOUETTE CALANDRELLE Passereau le plus commun de la Crau.

BUSARD CENDRÉ Il prospecte inlassablement le coussous à la recherche de reptiles et d'oisillons.

À 50 cm au-dessous de la surface, le sous-sol de la Crau est composé d'un agglomérat de galets imperméables, appelé poudingue.

CRIQUET RHODANIEN Sa couleur terne est un camouflage parfait.

HUPPE FASCIÉE Elle niche dans les bergeries et se délecte des insectes attirés par les troupeaux.

SCORPIONS. Le noir (à gauche) est commun dans les bergeries. Le jaune, ou languedocien, vit caché sous les galets.

LYCOSE DE NARBONNE Elle s'abrite dans un terrier fermé par un opercule pour lutter contre la chaleur et la dessication.

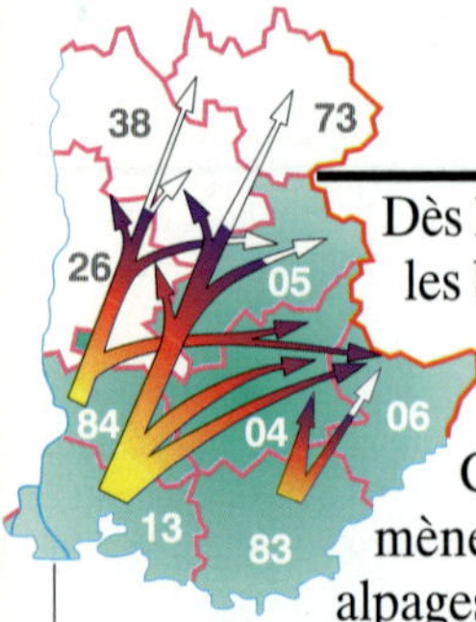

Désormais, les bêtes sont chargées dans les camions.

Dès l'origine de la domestication, les bergers ont conduit leurs troupeaux des plaines littorales aux alpages, pour profiter selon la saison des pâturages les plus riches. Ce mouvement annuel, appelé transhumance, mène les moutons de la plaine de la Crau aux alpages en juin et des alpages à la plaine en octobre, dès les premières neiges. Tous les départements alpins, des Alpes-Maritimes à la Savoie, l'Isère et la Drôme accueillent des transhumants qui parcourent en camion jusqu'à 250 km dans la journée. Aujourd'hui abandonnée à cause des trafics routiers, la transhumance à pied s'est effectuée jusque dans les années 1950.

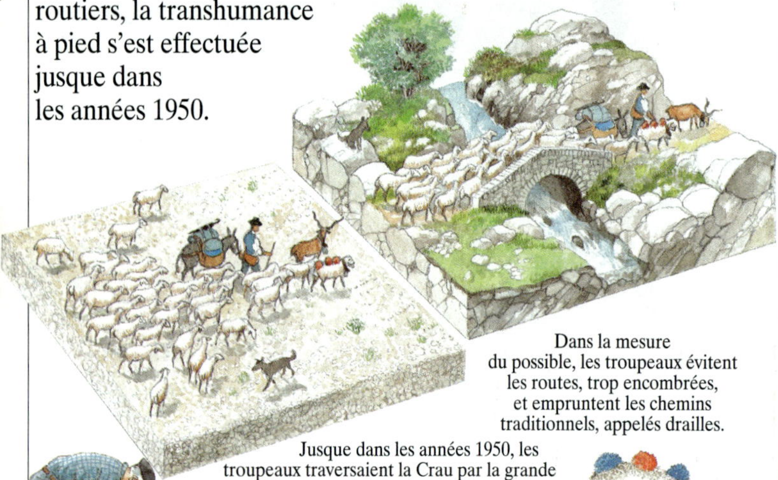

Dans la mesure du possible, les troupeaux évitent les routes, trop encombrées, et empruntent les chemins traditionnels, appelés drailles.

Jusque dans les années 1950, les troupeaux traversaient la Crau par la grande draille pour rejoindre les Alpilles, où ils atteignaient plusieurs milliers de têtes, avant d'entreprendre le chemin vers les Alpes.

TONTE
Elle a lieu en avril-mai, avant les premières chaleurs. Aujourd'hui, on emploie la tondeuse électrique.

PÉDILUVE. Au moment du départ, les brebis traversent un pédiluve où se trouvent des désinfectants permettant de lutter contre le piétain.

BÉLIER FLOUCA
Les troupeaux sont conduits par des béliers, appelés floucas, auxquels on laisse trois touffes de laine colorées.

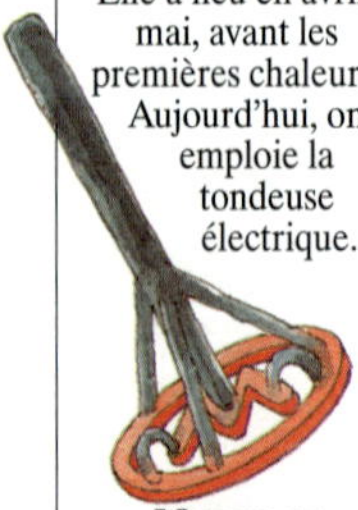

MARQUAGE
Au moment du départ, les brebis sont marquées avec un colorant tenace afin de les identifier.

DÉPART. Le troupeau forme un véritable orchestre, car tous les animaux sont équipés de cloches différentes : les floucas portent une cloche appelée *redoun* ; les moutons, les *picounnes* – sonnailles plus petites – ; l'âne, qui porte l'équipement, les *platello* – collier de clochettes rivetées – et certaines brebis, les *sounaiouns*.

Les bergeries traditionnelles de la Crau, construites vers 1840-1860, sont percées d'ouvertures vers le Sud afin de se protéger du mistral. Elles possèdent également un parc et un puits.

Mérinos d'Arles
C'est la race typique de la Crau ; elle a été importée d'Espagne en 1806.

Chèvre du Rove
C'est elle qui guide les troupeaux. Ses cornes en lyre sont parfois immenses.

Âne gris de Provence
La robe de cet âne de petite taille, en voie de disparition, porte la croix de Saint-André.

Lorsque la route est très étroite, le troupeau s'étire, donnant parfois quelques soucis aux automobilistes bloqués.

Les terrains communaux de pâture des alpages les plus accessibles sont réservés aux troupeaux locaux, les autres aux transhumants.

En octobre, le retour s'effectue par la Crau pour l'agnelage ; le troupeau profite du regain de la végétation arrosée par les pluies automnales.

Dans les alpages verdoyants, souvent situés à plus de 2 000 m d'altitude, les chèvres jouent un rôle essentiel pour guider le troupeau sur les chemins les plus sûrs.

Lutte. Au moment de la reproduction (lutte), qui se passe au mois de mai, les béliers se battent en heurtant leurs têtes, de plus en plus souvent dépourvues de cornes pour éviter de blesser les brebis dans les camions.

Agnelage. Pour réduire la mortalité des agneaux, qui naissent normalement au printemps, les brebis sont «désaisonnées» afin de mettre bas (gestation de 150 jours), au retour de la transhumance.

AIGLE DE BONELLI Ce grand rapace est aujourd'hui menacé de disparition en France : seule une quinzaine de couples niche encore en Provence.

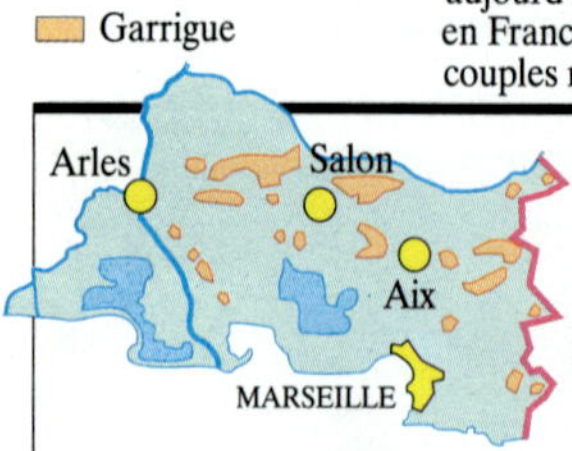

Les garrigues désignent des écosystèmes de transition entre milieux ouverts (landes, pelouses) et milieux fermés (chênaies, pinèdes) et occupent de grandes étendues en Provence. Leurs caractères intermédiaires, fortement influencés par le sol calcaire et leur exposition, en font des espaces d'une grande diversité biologique où dominent plantes et animaux adaptés à la sécheresse. Elles sont, hélas, parfois la proie des incendies.

GENÉVRIER OXYCÈDRE OU CADE Ses aiguilles servent à la confection d'huile antiseptique.

BUPLÈVRE LIGNEUX Cette ombellifère aux feuilles persistantes atteint parfois 2 m de haut.

CHÊNE KERMÈS Petit arbre résistant aux incendies, il pousse sur sol pauvre.

CHÊNE VERT. Ses jeunes plants peuvent être confondus avec ceux du chêne kermès.

GENÉVRIER COMMUN Dans toute la France ; lié aux sols calcaires et aux milieux ensoleillés.

Pour s'adapter à la pauvreté du sol et à la sécheresse, certaines plantes (thym) ont développé un important chevelu racinaire ; d'autres, pour limiter l'évapotranspiration, ont des feuilles réduites, voire rares (argeiras), velues, cireuses ou enroulées (romarin).

Lézard ocellé. Il est, avec ses 60 cm de long, le plus grand lézard d'Europe. Il se nourrit surtout de petits mammifères et d'autres reptiles. Pendant la période des amours, les flancs du mâle se couvrent d'ocelles bleus.

Fauvette passerinette. Elle peuple dès fin mars les zones buissonnantes.

Fauvette mélanocéphale. La mieux représentée en garrigue provençale.

Fauvette pitchou Elle se reproduit dans les zones à pistachiers, bruyères et genévriers.

Fauvette orphée Elle fréquente les boisements clairs de chênes verts.

Devineresse Elle se reproduit par parthénogenèse : aucun mâle n'a été observé en France !

Mante religieuse. Elle est connue pour être un redoutable insectivore. La femelle dévore parfois le mâle au moment de l'accouplement.

Psammodrome d'Edwards. Commun dans les zones dégradées de garrigue.

Couleuvre de Montpellier Lorsqu'elle est menacée, elle n'hésite pas à se dresser en soufflant et en cherchant à mordre.

Scolopendre Ce myriapode venimeux n'est pas sans danger pour l'homme.

Pachyure étrusque Ce minuscule insectivore est le plus petit mammifère du monde (2 g !).

Incendies

Les accidents topographiques créent des couloirs aérologiques où le feu est attisé.

Les Bouches-du-Rhône subissent chaque année les ravages du feu. Les surfaces incendiées sont des espaces caractérisés par un ensoleillement intense et une flore à croissance rapide. Cette végétation «pyrophile», constituée essentiellement de pins d'Aleps, de diverses espèces de cistes et de genêts épineux, se restaure rapidement. En revanche, la faune est gravement atteinte : les invertébrés périssent dans les flammes, la micro-faune ne peut pas vivre sur un sol sinistré, ce qui entraîne la disparition des oiseaux qui se nourrissent d'insectes, d'araignées, de gastéropodes, de vers, etc.

La garrigue s'embrase en un clin d'œil lors des périodes de sécheresse amplifiées parfois par le mistral.

Perdrix rouge
Devenue rare à la suite de la disparition de l'agriculture de colline. Les espaces ouverts créés par les incendies lui sont favorables pendant quelque temps.

Linotte mélodieuse
Elle se nourrit des graines des plantes herbacées, recherche les lieux dégradés où les arbustes lui permettent de construire son nid.

Alouette lulu
Elle abonde sur les plateaux pierreux et les sommets de collines.

Belette
Elle recherche les mulots et les souris attirés par la végétation herbacée qui repousse sur les espaces incendiés.

Les animaux ne périssent pas tous brûlés dans les flammes. Les gaz dégagés par la combustion asphyxient de nombreuses espèces comme cet étourneau.

Faucon crécerelle
C'est un rapace commun en plaine. Dans les collines, il se cantonne dans les espaces dégradés et ensoleillés où ses proies préférées (insectes, lézards) abondent.

Faucon hobereau
Il est rare en Provence où il préfère les vallées fluviales et les boisements clairs de chênes lièges et pins pignons.

Iris nain

La fréquence élevée des feux provoque l'installation d'une friche peu productive et peu recouvrante d'où la roche affleure, donnant lieu à un paysage quasi désertique. Les plantes à bulbe comme l'iris nain résistent bien au feu. Elles recouvrent les crêtes ventées.

LES BAIES

GROSEILLE
Haies et bois humides. Juillet-août. Nature ou en jus, mais surtout confiture, sirop, liqueur, ou pour napper les tartes.

Rouges ou noires, les baies sauvages, souvent méconnues parce que difficiles à identifier, tentent le randonneur. Par prudence, il vaut mieux considérer comme dangereuses les baies que vous ne sauriez pas reconnaître. Les baies comestibles se consomment nature, mais le plus souvent on en fait de délicieuses confitures, gelées ou eaux-de-vie. Cependant les baies toxiques sont souvent très utiles puisqu'elles entrent pour la plupart dans la composition de remèdes ; le poison devient potion.

MORELLE NOIRE
Toxique. Bord des chemins, haies. Utilisée en homéopathie.

BELLADONE
Très toxique. Bord des chemins, clairières. Utilisée en pharmacie.

FRAGON OU FAUX HOUX
Bois sec, sur sol calcaire. Toxique. Décoration des fêtes de fin d'année.

BRYONE
Toxique. Bois. Utilisée en homéopathie comme remède contre les rhumatismes.

TAMIER
Toxique. Bois. Racine autrefois utilisée pour les douleurs articulaires.

FUSAIN
Toxique. Bois clairsemés, haies, rivières. Fournit le fusain des artistes.

GENÉVRIER
Pentes ensoleillées, milieux ouverts. Hiver. Aromatise les farces de gibier, les pâtés.

MÛRE
Clairières, chemins. Août. Délicieuse en confitures, gelées et tartes.

ALISE
Taillis ensoleillés. Novembre. Chair farineuse. Marmelade ou confiture.

CERNELLE
Chemins, lisières, bois. Septembre. Chair farineuse, goût fade. En marmelade.

PRUNELLE
Haies, taillis bien exposés. Excellente en confiture ou liqueur et eau-de-vie.

CORNOUILLE
Terrains calcaires, secs, bien exposés. Septembre. Nature, en compote ou gelée.

SUREAU À GRAPPE
Bois de conifères, sols rocheux exposés. Été. Riche en vitamine C et pectine. Confiture.

ARGOUSE
Sols sableux, lits de rivières, torrents. Automne-hiver. Nature, jus, gelée…

CYNORHODON D'ÉGLANTIER
Haies, clairières, bord des chemins. Gelée, compote, infusion…

MERISE
Bois clairsemés bien exposés. Nature ou en liqueur et eau-de-vie (kirsch).

Histoire et langue

LA PRÉHISTOIRE

40000 av. J.-C.
Homme de Neandertal.

13000 av. J.-C.
Peintures pariétales de Lascaux.

VERS 600000 AV. J.-C. Dès le Paléolithique ancien, les traces de foyers permanents de la grotte de l'Escale (Saint-Estève-Janson) sont un des premiers témoignages au monde de la maîtrise du feu par l'homme. Tout le Paléolithique moyen est marqué par une érosion très forte, due à des phénomènes géologiques. Ainsi ont disparu nombre de décors de grottes. Pourtant, la grotte Cosquer, à Cassis, découverte en 1991, a livré des peintures pariétales que l'on peut dater des années 20000 av. J.-C. Le gisement de Châteauneuf-lès-Martigues révèle d'importantes mutations dans les genres de vie vers 7000 av. J.-C. : à côté de la chasse au cerf, au sanglier et surtout au lapin, les sédentaires élèvent des animaux domestiques (moutons) et pratiquent l'agriculture. Avec la sédentarisation se développe la poterie à décor «cardial», obtenu avec le bord d'un coquillage, le cardium. Au IVe millénaire av. J.-C. apparaît à Miouvin, près d'Istres, la première enceinte mégalithique et, au IIIe millénaire av. J.-C., à Fontvieille, les premières sépultures collectives en forme d'hypogée. À la fin du IIe millénaire av. J.-C., le camp de Laure, dans la chaîne de la Nerthe, est le premier exemple connu en Provence d'oppidum sur éperon barré.

Cheval pansu de la grotte Cosquer à Cassis.

Boucles d'oreilles trouvées sur le site d'Entremont.

DE 900 À 600 AV. J.-C. Les Ligures peuplent la Provence ; l'arrivée des Celtes dès le VIIIe siècle justifie le terme de «civilisation celto-ligure» qui s'applique à la population indigène. Le pays reste longtemps à l'écart des échanges économiques transalpins qui se dessinent alors. À la fin du VIe siècle, les côtes provençales, visitées par les navires étrusques, entrent dans l'aire du trafic méditerranéen.

L'ANTIQUITÉ

VERS 500 av. J.-C.
Trésor de Vix.

EN 600 AV. J.-C. Des Grecs de Phocée abordent dans la calanque du Lacydon et fondent Massilia (Marseille). L'expansion de la nouvelle colonie est rapide : son commerce rayonne sur les côtes provençale et languedocienne, remonte l'axe Rhône-Saône et est fort actif avec l'Orient méditerranéen. D'autres colonies sont fondées, dont Théliné (Arles) à la fin du VIe siècle. À son contact, les populations locales adoptent de nouvelles cultures, la vigne et l'olivier, et de nouvelles manières de bâtir ; les remparts de Saint-Blaise, l'urbanisme d'Entremont et le sanctuaire de Roquepertuse illustrent la richesse et la vigueur de cette civilisation indigène.

Pièce d'argent phocéenne.

50 av. J.-C.
Fin de la guerre des Gaules.

LE IER SIÈCLE AV. J.-C. Rome pénètre dans la région provençale et s'y installe pour une longue période ; Marseille avait déjà noué avec elle des relations diplomatiques ; à son appel, dû à des menaces celto-ligures, Rome intervient : Caius Sextius Calvinus détruit Entremont et fonde «la ville qui porte son nom», Aquae Sextiae (Aix). Près de là, Marius

brise, en 102 av. J.-C., l'invasion de peuplades germaniques, les Ambres et les Teutons. Lors de la lutte entre César et Pompée, Marseille, après avoir tenté de rester neutre, choisit Pompée. Elle sera ainsi assiégée par César et, vaincue, perdra son indépendance en 49 av. J.-C. La victoire romaine correspond, pour la Provence comme pour l'ensemble du monde méditerranéen, à l'avènement d'une paix et d'une prospérité remarquables.

Marius défait les Cimbres dans la plaine située entre Belsannettes et la grande Fugère, par G.A. Decamps.

Sainte Marie Jacobé et Sainte Marie Salomé

LE IIIe SIÈCLE. Le christianisme pénètre en Provence. Les premiers évêques connus sont ceux de Marseille et d'Arles, présents au Concile d'Arles de 314. On ne connaît d'évêque à Aix qu'à partir de 394. Au début du Ve siècle naissent les premières paroisses rurales, comme Gargarius (Saint-Jean-de-Garguier) et Citharista (Ceyreste). Au même moment apparaissent les premiers monastères, dont celui que Jean Cassien fonde à Marseille en 415 (Saint-Victor). Ils fournissent de nombreux évêques, tels Honorat et Hilaire d'Arles, formés à Lérins. La conversion de Constantin entraîne de nombreux privilèges pour l'Église et fait du christianisme une religion officielle.

LES TEMPS OBSCURS. À la suite d'une longue période d'anarchie, le monde antique se désagrège jusqu'à la chute de l'Empire romain, en 476. Toute la Provence se trouve ainsi sous la domination des Barbares : Wisigoths, Burgondes, Ostrogoths puis, en 536, les Francs. De 732 à 739, Charles Martel pacifie le pays, troublé par des incursions arabes. Au IXe siècle, la Provence devient une principauté indépendante placée sous la lointaine souveraineté de l'empereur. L'ouest du pays, protégé par une ligne de forteresses, résiste aux incursions des Sarrasins, qui s'établissent vers 883 dans les Maures. En 974, le comte d'Arles, Guillaume le Libérateur, les en expulse et étend son autorité à toute la Provence, qui devient alors un comté unique.

Gisant du pape Urbain V (1310-1370). Sarcophage d'Attia Esyché (ci-contre).

LE MOYEN ÂGE

LA PROVENCE CATALANE. Tout au long du XIe siècle, l'autorité des descendants de Guillaume est contestée par une vingtaine de grandes familles (issues des Baux, de Fos, de Marseille). L'extinction en ligne mâle de la maison comtale profite aux comtes de Barcelone : en 1112, Raymond

1054
Schisme d'Orient.

1096-1099
Première croisade.

Porche de Saint-Trophime.

1248
Saint Louis s'embarque à Aigues-Mortes pour la septième croisade.

1380
Mort de Charles V.

Louis d'Anjou et la reine Jeanne adorant la Sainte-Trinité.

Bérenger devient comte de Provence. Durant le XIIe siècle, les comtes de Toulouse, maîtres d'une partie du pays, le marquisat de Provence, tentent de faire valoir leurs droits sur l'ensemble du comté. Alphonse Ier (1166-1191) affermit le pouvoir de la dynastie et fixe la capitale à Aix. Libéré du danger toulousain par la force, Raymond Bérenger V (1209-1245) se heurte à la volonté d'émancipation des communes du consulat (Arles, Tarascon, Marseille), conséquence de l'essor démographique et de l'expansion économique. La prospérité du XIIe siècle laisse à la poésie des troubadours et aux architectes romans le loisir de s'exprimer.

LES ROIS DE NAPLES. En 1246, Béatrix, fille de Raymond Bérenger V, épouse Charles d'Anjou, frère de Saint Louis, comte de Provence ; en devenant roi de Naples en 1262, il unit le comté de Provence au royaume de Naples pour plus de cent ans. Ses successeurs, Charles II et Robert, résident peu en Provence. La région connaît au XIIIe siècle une vigoureuse croissance démographique et un remarquable essor commercial. La Provence reste longtemps fidèle aux formes romanes, l'art gothique n'y pénètre que vers 1250, lorsque s'ouvre le chantier de l'église Saint-Jean (de Malte) à Aix.

Mausolée de Raymond Bérenger.

Entrevue, à Marseille, de François Ier et de Clément VII.

LE BON ROI RENÉ. La fin du XIVe siècle est une période de malheurs pour la Provence : peste, mauvaises récoltes, disettes, crise démographique, pillages des bandes armées de Raimond de Turenne. En 1380, la reine Jeanne adopte Louis d'Anjou, frère du roi Charles V : c'est l'origine de la seconde maison d'Anjou. En 1471, le roi René (1434-1480), qui n'a jusqu'alors résidé en Provence que par intermittence, s'y installe, partageant son temps entre Aix, Gardanne et Marseille, où il emploie de grands peintres, comme Nicolas Froment. Il crée à Aix la première place urbaine, celle des Prêcheurs. Une lente reprise économique s'amorce à la fin du XVe siècle. En 1481, Charles III, neveu de René, lègue le comté à Louis XI. La Provence devient française.

LES TEMPS MODERNES

SOMBRE XVIe SIÈCLE. La Provence, unie et non rattachée en droit à la France, conservera jusqu'en 1789 quelques privilèges propres (libertés et franchises) ; cependant, les rois de France aligneront progressivement les institutions du comté sur celles du royaume, grâce à l'installation des grands corps de l'administration française (création du parlement d'Aix, 1501-1503). En août 1539, l'ordonnance de Villers-Cotterêts impose l'usage du français en Provence pour les actes officiels.

«JE DEMANDE PARDON À AIX, MAIS MARSEILLE EST BIEN PLUS JOLI, ET PLUS PEUPLÉ QUE PARIS À PROPORTION ; IL Y A CENT MILLE ÂMES»

MADAME DE SÉVIGNÉ

Dévouement de Mgr de Belsunce durant la peste de Marseille en 1720.

1517
Réforme luthérienne.

1534
Rabelais : «Gargantua».

1552-1553
Ronsard : «Les Amours».

1572
Massacres de la Saint-Barthélemy.

1580
Montaigne : «Les Essais».

1661-1715
Règne personnel de Louis XIV.

La Provence pâtit du conflit qui oppose François Ier et Charles Quint et qui provoque de fréquentes invasions des troupes impériales. Les guerres de Religion se concrétisent tout particulièrement par les troubles de la Ligue à Marseille. Les récidives de la peste rythment les quarante dernières années du siècle. Le pays n'en connaît pas moins un certain développement économique (irrigation d'une partie de la Crau par le canal de Craponne en 1559). Un style nouveau inspire la construction civile (château de l'Armellière, près d'Arles). De nouveaux quartiers, sur plan concerté, sont créés à Aix : Villeneuve, Villeverte. Ce renouveau touche aussi la poésie, tant provençale (Louis Bellaud de La Bellaudière) que française (Jean de La Ceppède).

Entrée des troupes du duc de Guise à Marseille en 1596.

L'ANCIEN RÉGIME. Le Grand Siècle s'ouvre avec l'entrée solennelle de Louis XIII à Marseille, Aix et Arles en 1622. De 1630 à 1660, le pays connaît des luttes de factions animées par les parlementaires, la Fronde provençale. À la fin du siècle, les horizons de Marseille, port méditerranéen prospère, s'élargissent à la mer du Nord, aux Antilles et aux rives de l'empire espagnol d'Amérique. En 1671 s'y établit une première raffinerie de sucre. La croissance urbaine fait naître de nouveaux quartiers et de nouveaux cadres de sociabilité (le cours à carrosses, dont Aix offre le premier exemple en 1649). Les communautés se dotent d'hôtels de ville, bâtiments neufs à Aix, Arles, Tarascon, Marseille. Dans l'architecture et le décor triomphent les courants maniériste et baroque. À l'art des sculpteurs (Pierre Puget) et des peintres (Nicolas Mignard et Jean Daret) répond la virtuosité des maîtres de chapelle (André Campra). Le XVIIIe siècle débute par le «grand hiver» de 1709, qui gèle les oliviers, et par la peste de 1720 qui, de Marseille, gagne tout le pays. Seule l'agitation suscitée par le jansénisme trouble la paix publique de 1726 à 1750. L'arrière-pays profite peu de la prospérité de Marseille ; Aix reste une ville d'administration

Église de la Visitation à Aix.

Vauvenargues, moraliste (1715-1747).

et Arles un gros bourg agricole. Les villes endettées ralentissent leurs constructions publiques. Mais les arts décoratifs trouvent toujours une clientèle d'amateurs éclairés. Bibliophile, le marquis de Méjanes lègue, en 1786, sa bibliothèque à la ville d'Aix.

Révolution et Empire. En 1787, la réunion des états de Provence à Aix ouvre le temps de la pré-Révolution. En 1790, la Provence est divisée en trois départements, dont celui des Bouches-du-Rhône. Durant l'été 1792, le Bataillon du 20 juin, parti de Marseille, popularise le chant de guerre de l'armée du Rhin écrit par Rouget de Lisle et qui devient *La Marseillaise*. Une expédition des Marseillais, le 22 août, saccage l'hôtel de ville d'Aix et installe à Marseille le siège du département. En 1793, Marseille prend la tête du mouvement fédéraliste, qui s'étend à tout le pays, mais est vite brisé par les troupes de la Convention. Les guerres de l'Empire et le blocus ruinent le port phocéen ; l'hostilité au régime facilite l'adhésion de la Provence à la Restauration.

XIXe et XXe siècles

Fête révolutionnaire à Aix.

Partition de la marche des Marseillais.

1824
Charles X succède à Louis XVIII.

Le XIXe siècle. La première moitié de ce siècle se caractérise par de formidables transformations économiques. Le département bénéficie de la révolution des transports : ponts suspendus sur la Durance et sur le Rhône entre 1813 (Bonpas) et 1846 (Mallemort) ; débuts de la navigation à vapeur sur le Rhône dans les années 1840 ; inauguration en 1848 de la ligne de chemin de fer Avignon-Marseille via Arles qui atteindra Paris en 1854 et Nice en 1865. Plus modeste, un embranchement Rognac-Aix est achevé en 1856. Le bassin de la Joliette, inauguré en 1853, met Marseille au rang des grands ports. L'industrie se modernise : essor du bassin de lignite du Fuveau et de la métallurgie navale à La Ciotat. Les villes se transforment : entre 1848 et 1850, Aix perd sa ceinture de remparts ; dans les années 1860, la création de nouveaux quartiers et le percement de grandes artères modifient le paysage urbain de Marseille. De grands travaux assurent l'approvisionnement en eau de ces cités : aqueduc de Roquefavour en 1847, barrage Zola en 1852. Le monde agricole reste en retrait de ces mutations. L'échec du débarquement de la duchesse de Berry à Carry-le-Rouet en 1832 montre les limites du légitimisme provençal. La République est bien accueillie et, à l'élection présidentielle, Louis Napoléon Bonaparte obtient moins du quart des suffrages. Autour de Frédéric Mistral, qui publie *Mirèio* en 1859, le Félibrige (1854)

Démolition du quartier de la Bourse à Marseille.

4 septembre 1870
Chute du second Empire.

18 mars-21 mai 1871
Commune de Paris.

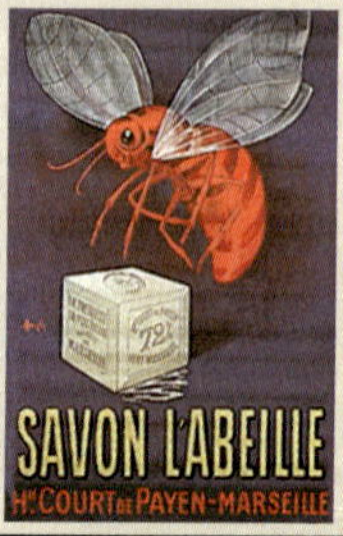

Autoportrait de
Vincent Van Gogh.

travaille à la restauration de la langue provençale. Dans ce département, où la Commune de Marseille précède celle de Paris, la gauche républicaine et radicale va longtemps dominer. Un nouveau paysage économique se met en place. Marseille compense les difficultés croissantes de son port en développant une industrialisation qui profite à son arrière-pays. De nouvelles activités se développent : la production d'alumine dans le bassin de Gardanne et la fabrication de matériel viticole et oléicole à Aix. L'agriculture bénéficie des progrès des transports ; les cultures maraîchères du bas Rhône connaissent une réelle prospérité. La Provence inspire les peintres (Paul Cézanne, Vincent Van Gogh, etc.) et les écrivains (Alphonse Daudet, Émile Zola, entre autres).

LE XXe SIÈCLE. Il est d'abord profondément marqué par la saignée humaine de la Première Guerre mondiale et l'exode rural. Créés à l'aube du siècle, Port-de-Bouc et Port-Saint-Louis-du-Rhône deviennent dans les années 1930 le centre d'une florissante zone pétrolière. L'aéroport de Marignane, ouvert en 1923, contribue à déplacer vers l'ouest le cœur de l'aire marseillaise. Le second conflit mondial épargne d'abord la région provençale : l'Armistice l'inclut dans la zone non occupée. Mais, le 11 novembre 1942, les troupes allemandes occupent le département. Il sera libéré dans la semaine qui suit le débarquement du 15 août 1944, à l'exception de Marseille, où les combats dureront jusqu'au 28 août. La vie intellectuelle et artistique connaît alors un vif renouveau : naissance du Festival d'Aix en 1948 ; œuvres de Marcel Pagnol ; musique de Darius Milhaud ; construction de la Cité radieuse de Le Corbusier à Marseille en 1952. Par une décision de 1956 est créée la région de programme Provence-Corse-Côte d'Azur. Le 1er janvier 1970, la Corse s'en détache pour former une région à part. Le premier Conseil régional de la nouvelle région Provence-Alpes-Côte d'Azur se réunit le 8 janvier 1974. Bien qu'elle ait été créée dans une perspective économique, elle n'empêche pas un véritable effondrement du système économique marseillais : espoirs déçus de Fos, mort lente des chantiers de construction et de réparation navales (fermeture des chantiers navals de La Ciotat en juillet 1988). Le déséquilibre démographique et économique entre l'intérieur et la côte s'alourdit. Le développement du tourisme transforme le paysage ; l'arrivée du TGV à Marseille, en mai 1982, ne fera que renforcer cette tendance.

1922
Marche des fascistes sur Rome.

1933
Hitler devient chancelier du Reich.

1954
Diên Biên Phu.

1957
Traité de Rome portant création de la CEE.

1958
Naissance de la Ve République.

1970
Mort de Charles de Gaulle.

1979
Élection de la première Assemblée européenne au suffrage universel.

Fos-sur-Mer et
la Cité radieuse.

LE SIÈGE D'ENTREMONT

Tétrobole du IIIe siècle av. J.-C.

À la fin du IIe siècle av. J.-C., Rome pénètre dans la région provençale et s'y installe pour une longue période. Marseille avait déjà noué avec elle des relations diplomatiques et c'est à son appel, face aux menaces celto-ligures, que Rome intervient. En 122 av. J.-C., Caius Sextius Calvinus assiège Entremont et la détruit. Les fouilles approfondies de 1946 ont révélé une véritable agglomération et la civilisation originale des Salyens, établie au contact des Grecs et des Ligures.

Outillage en fer

DES SOURCES NARRATIVES LACONIQUES
Une mention figurant sur la liste des triomphes célébrés à Rome par les généraux, en date de 122 av. J.-C., fait état de la victoire de Caius Sextius Calvinus, vainqueur des Ligures, des Vocondes et des Salyens. Quelques lignes du géographe grec Strabon indiquent que «Sextius, celui qui vint à bout des Salyens», fonda la «ville qui porte à la fois son nom et celui d'eaux thermales» (Aquae Sextiae, Aix). Un court récit de Diodore de Sicile rapporte que Sextius prit la «ville des Gaulois». Les quelques détails qu'il ajoute sur la brutalité de la répression s'accordent avec l'état du site (pratiquement toute la population fut exterminée ou vendue comme esclaves).

Ci-contre, à gauche, pilier d'Entremont, détail des têtes ; à droite, fragments de statuaire retrouvés sur le site d'Entremont.

LES SALYENS
Selon Strabon, ils occupaient le territoire compris entre le littoral marseillais et la Durance. Ce terme désigne donc plusieurs peuplades de l'arrière-pays de Marseille.

Bijoux du IIe siècle av. J.-C.

Une civilisation brillante
Éliminer les Salyens, c'était, plus encore que mettre un terme au brigandage, éliminer des rivaux et des concurrents. Les fouilles, en effet, témoignent du haut degré de développement atteint par les Salyens. Les agriculteurs, qui formaient la majorité des habitants, disposaient d'un important outillage métallique, vraisemblablement produit sur place : meules rotatives pour moudre le grain, pressoirs à contrepoids pour extraire l'huile d'olive et fours (ci-dessus, four en fer à cheval). L'abondance et la diversité des monnaies, des bijoux (ci-dessus, boucles d'oreilles, bague, et fibule) et de la céramique traduisent une large ouverture sur l'extérieur.

Une ville détruite
Entouré d'une enceinte majestueuse, l'habitat s'organise selon un plan d'ensemble rationnel, qu'il s'agisse du tracé des voies, de l'aménagement des places ou du dispositif de canalisations qui évacue les eaux au-delà des murailles nord. C'est une véritable ville que détruit Sextius, une ville qui s'étendait sur 3,5 ha. Elle est littéralement assassinée, comme en témoignent les boulets et les pointes de javelot qui jonchent le sol, les toits effondrés et les terrasses enfoncées, le mobilier brisé et dispersé dans les rues, les statues cassées à la masse, les trésors enfouis à la hâte. Autant de signes de la violence d'un affrontement et de l'acharnement d'un pillage.

Une position défensive
À 2 km au nord de la ville d'Aix, à 365 m d'altitude, Entremont, poste d'observation naturellement protégé par sa position défensive, a été utilisé à tous les âges de l'histoire de la ville. Au XIVe siècle s'y dressait une des tours de guet. Durant l'Occupation, les Allemands y établirent une station de radiogoniométrie et une batterie.

«VUE DU COURS PENDANT LA PESTE DE 1720»
Michel Serre (1658-1733)
La peste de Marseille se répand dans toute la Provence ; elle laissera derrière elle entre trente mille et trente-cinq mille victimes.

Le 25 mai 1720, le *Grand-Saint-Antoine*, qui a quitté Marseille le 22 juillet 1719 pour Smyrne, rentre au port chargé de cotonnades et d'indiennes embarquées en Syrie. Sur le trajet de retour du vaisseau, quatre matelots et le chirurgien de bord ont été emportés par une maladie foudroyante avant l'escale de Livourne.

LES ORIGINES DU FLÉAU

Parce que la peste est endémique en Orient, les ports méditerranéens, dont Marseille, ont mis au point un système de protection permettant de constater l'état sanitaire des navires. Il détermine la durée de la quarantaine imposée au navire et le sort réservé à la cargaison. En ce qui concerne le *Grand-Saint-Antoine*, le médecin de Livourne a conclu à des «fièvres pestilentielles». Ce diagnostic aurait dû imposer à la cargaison de faire sa purge à l'île de Jarre, mais les soieries, fragiles, en auraient souffert et, à la fin du mois de juin, les morts suspectes se multiplient parmi les portefaix qui manipulent la cargaison. Le 20 juin, une femme est emportée en quelques heures. Sur sa lèvre, une pustule noirâtre, un «charbon». D'autres morts subites surviennent : cette fois, les cadavres portent les ganglions caractéristiques, les «bubons». Le doute n'est plus permis.

L'HORREUR

La peur s'installe. Le 31 juillet, un arrêt du parlement d'Aix interdit aux Marseillais de sortir des limites de leur terroir et aux habitants des autres localités de Provence de communiquer avec eux. En août, on compte jusqu'à mille décès par jour.

Les églises et les cimetières ne suffisent plus aux ensevelissements. Les cadavres sont, au mieux, déposés dans des fosses communes après avoir été recouverts de chaux vive, au pire, laissés par terre, en pleine ville. On trouve des malades dans les rues, sur les places. Une toile de Michel Serre a conservé l'image du Cours transformé en mouroir et en hôpital.

LA LUTTE

Ce n'est qu'à la fin du XIXe siècle que l'on saura quel bacille transmet la peste et quels en sont les vecteurs. Pour la science de 1720, la peste résulte d'une corruption de l'air ou des humeurs. Des bûchers odoriférants répandent des parfums destinés à purifier l'air. Les médecins, engoncés dans des tenues de toile cirée, une éponge imbibée de vinaigre attachée au nez, saignent les patients et incisent leurs bubons. Plus qu'un phénomène naturel, la peste est considérée comme un fléau de Dieu. En novembre, Mgr de Belsunce guide, pieds nus, une procession à travers la ville jonchée de cadavres et lance des exorcismes contre la peste. Dès la fin des grosses chaleurs, le fléau recule. En décembre, l'épidémie a quitté Marseille.

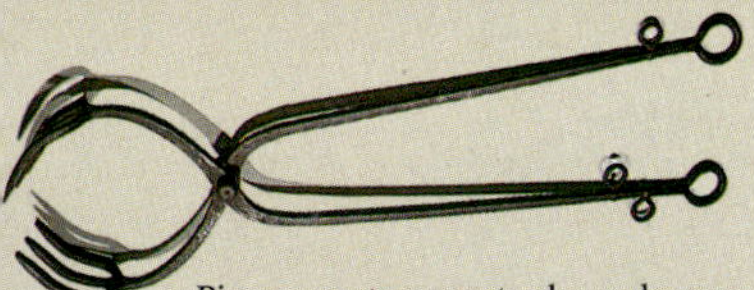

Pince pour transporter les cadavres.

Pince à courrier.

Redouté pour la rapidité de son courant et la violence de ses crues, le Rhône ne fut réellement aménagé qu'à partir de la Restauration, avec des travaux d'endiguements, la création d'écluses et de canaux. Jusqu'en 1825, date à laquelle apparurent les premiers steamers sur le Rhône, la navigation fluviale se fit au moyen du halage des bateaux par des chevaux. Si la multiplication des sociétés de navigation à vapeur tua l'ancienne batellerie, le chemin de fer, installé sur toute la longueur du Rhône dès 1859, minimisa très vite leur rôle. Outre une importante activité de pêche, le fleuve accueillit aussi au XIXe siècle des bateaux-lavoirs et des moulins.

LE HALAGE DES BATEAUX

La rapidité du courant permettait aux convois chargés de bois variés, de pierres de taille, de châtaignes, de houille et de soieries de descendre le fleuve en deux ou trois jours de Lyon à la mer. Les chevaux étaient alors embarqués sur des bateaux spéciaux, les «penelles». La «remonte» de la Méditerranée à Lyon nécessitait un bon mois. Les bateaux, remplis de blé, de vins du Midi, de sel, d'huiles de Provence et de coton, étaient reliés entre eux en file indienne avec de gros cordages et tirés par une quarantaine de chevaux, qui effectuaient environ 10 km par jour et tiraient chacun près de 10 t.

LES COMMUNAUTÉS DE MARINS, DES DYNASTIES D'HOMMES RUDES

Originaires de quelques localités en bordure du fleuve, les familles de marins s'unissaient par les liens du mariage pour posséder un équipage.

«...D'une bonté proverbiale, dévoués jusqu'à la témérité, courageux et même héroïques, amoureux de leur métier parce que dangereux»

Paul Bonnaud, à propos des marins du Rhône

Le vire-vire
Aussi appelé vire-blanchard, il piégeait dans son filet tournant les aloses remontant le Rhône pour frayer.

Moulins flottants et bateaux-lavoirs
Le Rhône, à de rares exceptions près, n'a connu que des moulins flottants depuis leur apparition, au XIIIe siècle, jusqu'à leur disparition, à la fin du XIXe siècle. Les bateaux-lavoirs sont beaucoup plus tardifs : leur établissement fut en effet décidé par la municipalité d'Avignon en 1851. Ils étaient amarrés à la berge et déplacés en fonction de l'ensablement ou des étiages.

Croix d'équipage
Simples croix de Passion surmontées d'un bateau, elles sont de couleurs vives et placées le plus souvent sur l'embarcation de tête.

L'ancienne batellerie
Elle se composait de «savoyardes», barques plates, de «seysselandes», à l'avant pointu et à l'arrière carré, de «barcasses» et de «penelles», aux deux extrémités relevées. Les voyageurs empruntaient des coches d'eau, barques à fond plat non pontées.

«INTÉRIEUR D'UNE SALLE DE CLASSE», par François Marius Granet (1775-1849). La scolarisation, qui se généralise et devient obligatoire, tend à l'uniformité linguistique ; à partir de 1870-1880, lorsque l'instruction des jeunes filles se développe, elle affecte gravement la transmission maternelle du provençal.

DES ORIGINES LATINES

Le provençal est une langue romane, dérivée, pour l'essentiel, du latin vulgaire. Arrivé en Gaule avec la colonisation romaine, ce dernier s'est greffé sur le substrat des parlers locaux, avant de recevoir, plus tard, au moment des invasions qui disloqueront l'Empire, un superstrat de caractère germanique. Ce processus est semblable à celui qui, plus au nord, a abouti au français, à ces différences essentielles près qu'en Provence la latinisation est intervenue à une date plus ancienne (IIe siècle av. J.-C.), qu'elle a été plus soutenue (grâce aux voies de communication vers l'Espagne et à l'administration romaine), et ensuite moins affectée par l'influence franque. Tout cela explique que le provençal soit demeuré plus proche du latin que le français. Il existe, dans les Bouches-du-Rhône, deux variétés de provençal, l'une dite rhodanienne (du Rhône aux environs de Salon), l'autre dite maritime ou méditerranéenne (qui va de Martigues à la partie orientale du département, en passant par Marseille) ; elles ont chacune leurs particularités.

LANGUE ORALE, LANGUE ÉCRITE

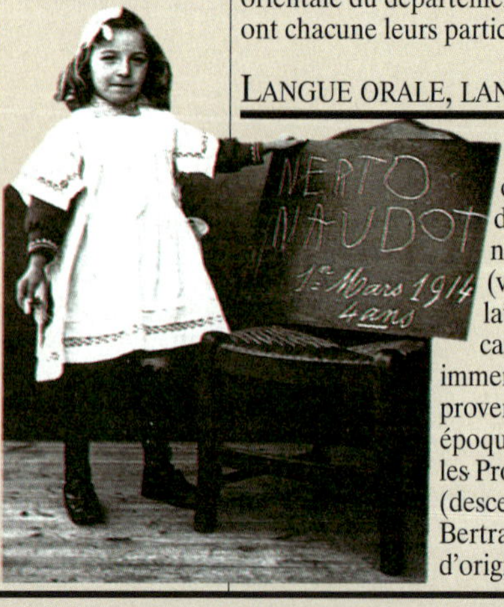

S'il est la langue normale de communication orale depuis la fin de l'Empire romain, le provençal n'émerge que lentement et tardivement (vers 1100) dans la pratique écrite, où le latin, restauré par la réforme carolingienne, jouit longtemps d'un immense prestige. Cependant, l'essor du provençal est réel dans la littérature : cette époque est le bel âge des troubadours, avec les Provençaux Folquet de Marseille (descendant de marchands génois) et Bertrand de Lamanon (issu d'une famille d'origine catalane).

«Ce n'est pas le passé que nous chantons, et ce n'est pas dans une langue morte ; notre langue vit, elle est parlée par tout un peuple, elle a sa gloire, ses savants, ses poètes»

Frédéric Mistral

L'ascendant du français

L'AIÒLI

Manco un Turc

Lou Pater Prouvençau

C'est sur le terrain de l'écrit qu'intervient, aux alentours de 1500, la première poussée du français, aux dépens du latin mais aussi du provençal dont l'emploi s'était généralisé, pendant le XVe siècle, dans les écrits de caractère local (règlements municipaux, livres de comptes, etc.). Facilitée par le rattachement de la Provence au royaume en 1481, cette avancée est radicalisée par l'édit de Villers-Cotterêts (1539), qui impose de rédiger «en langage maternel françoys et non autrement» les actes officiels. Les écrits privés passent très vite au français, ne recourant au provençal que pour des expressions techniques ou familières. Littérairement, le français bénéficie du prestige de la Pléiade, puis des classiques du XVIIe siècle : en dépit de quelques exceptions (Bellaud de La Bellaudière, Claude Brueys et Gaspard Zerbin à Aix, Toussaint Gros à Marseille, Jean-Baptiste Coye à Arles), les auteurs provençaux, du XVIe au XVIIIe siècle, tendent à se réfugier dans des genres mineurs, ce qui reflète un manque d'ambition et, souvent, de talent.

La signalisation en provençal.

Recul et mépris

Au XVIIIe siècle, le provençal connaît un nouveau recul, cette fois dans le domaine de l'usage oral. Parler la langue de l'Encyclopédie, des Lumières, des élites, est tenu pour un élément d'ascension sociale : le provençal, dès lors, devient d'usage exclusivement populaire, victime d'un certain mépris contre lequel s'élèvera Frédéric Mistral, et promis à une mort prochaine. Les premières années de la Révolution sont favorables aux patois : la Constitution française est même traduite en provençal par le député d'Aix, Charles François Bouche, en 1792. Mais, à partir de 1793, la politique nationale prend une tonalité jacobine, privilégiant le français. Au XIXe siècle, celui-ci progresse assez rapidement dans les milieux populaires grâce aux brassages de populations (dus aux guerres, au chemin de fer), au développement de la presse et de l'enseignement.

«L'Aioli»
L'existence de périodiques en provençal sera toujours éphémère, malgré la tenue de l'*Aiòli*, dirigé par Mistral de 1891 à 1899, ou la longévité de l'almanach annuel, l'*Armana prouvençau*, qui existe depuis 1855.

«Frédéric Mistral entouré de ses héros»
Ce sont les personnages de ses œuvres principales : *Miréio* (1859), puis *Calendau* (1867), *Nerto* (1884) et *Lou Pouèmo dou Rose* (1897).

«MIREILLE ET VINCENT», par Victor Leydet.

DES AUTEURS PROVENÇAUX
La seconde moitié du XXe siècle a vu fleurir de nombreuses œuvres de qualité, dues à Sully-André Peyre et Jean-Calendal Vianès, à Georges Reboul, René Jouveau et Jean-Pierre Tennevin, à Charles Galtier, etc.

RENAISSANCE

Face à ces menaces, un mouvement de défense indignée se produit au milieu du XIXe siècle qui s'inscrit, d'une certaine façon, dans l'éveil des nationalités en Europe. Le grand homme de cette renaissance est Frédéric Mistral, né et mort à Maillane (1830-1914) ▲ *314*. Au provençal, «langue de la patrie et de la liberté», Mistral donne un système d'orthographe simple, moderne et propre à traduire les nuances de la parole populaire. Il l'illustre par ses écrits et dans son dictionnaire monumental, *Lou Tresor dòu felibrige*, qu'il fait imprimer à Aix à partir de 1878. Son but est «premièrement, de relever, de raviver en Provence le sentiment de race que je voyais s'annihiler sous l'éducation fausse et anti-naturelle de toutes les écoles ; secondement, de provoquer cette résurrection par la restauration de la langue naturelle et historique du pays, à laquelle les écoles font toutes une guerre à mort ; troisièmement, de rendre la vogue au provençal par l'influx et la flamme de la divine poésie».

JOSEPH ROUMANILLE (1818-1891)
Écrivain né à Saint-Rémy-de-Provence, il fut un des fondateurs du félibrige. Ses contes sont considérés comme la partie la plus réussie de son œuvre.

AUJOURD'HUI

Les efforts du mouvement régionaliste contemporain ont porté, en priorité, sur l'enseignement : en 1946, Camille Dourguin et Charles Mauron créent l'association *Lou Prouvençau à l'Escolo* ; en 1990, huit cent soixante-seize candidats ont présenté, dans les Bouches-du-Rhône, l'épreuve de provençal au baccalauréat. De nombreux écrits, aussi bien contes, poèmes que romans, témoignent de la vitalité de la langue provençale, de Joseph d'Arbaud à Max-Philippe Dalavouët.

ARTS ET TRADITIONS

Jeux de boules

Épreuve de force chez les Grecs, jeu d'adresse pour les Romains, les jeux de boules ont traversé les siècles et les civilisations pour devenir aujourd'hui, en Provence et sur la Côte d'Azur notamment, l'un des symboles de l'art de vivre populaire. La légende veut que la pétanque soit née un jour de juin 1910 à La Ciotat, parce qu'un joueur réputé, Jules le Noir, hors d'état de faire les trois pas pour tirer sa boule, décida de la lancer à l'arrêt, les pieds «tanqués», c'est-à-dire fixés et joints, par opposition au mouvement autorisé à la provençale.

Le butaban et la roulette
Très tôt après avoir servi au jeu de quilles et à celui du mail, la boule a envahi les campagnes et les esplanades, sous la forme du butaban et de la roulette.

Une partie de longue
Vers 1720, Jacques Rigaud consacre aux boules l'une de ses gravures. En cours de partie, un litige survient et le jeu s'interrompt : on regarde, on se penche, on mesure. Aux costumes près, on dirait une partie actuelle.

Au XIXe siècle
Le jeu de boules conquiert peu à peu les moindres recoins des villes. Bientôt, pourtant, il est interdit sur la voie publique et doit se réfugier dans les guinguettes, les jardins privés, les bastides et les cabanons. En 1828 naît à Marseille la plus ancienne et la plus célèbre des sociétés boulistes encore actives aujourd'hui : le Cercle des boulomanes.

Sans doute une partie de longue, le jeu provençal, à en juger par l'attitude du pointeur qui, tout en gardant un pied dans le cercle, a fait avec l'autre jambe un grand pas en avant.

Dès lors, les concours de sociétés, de quartiers, de fêtes locales ou régionales se multiplient. À la fin du XIXe siècle, certaines compétitions de jeu provençal sont patronnées et dotées par la presse.

Elles deviennent des événements importants de la vie sportive, tel le concours du *Petit Provençal* à partir de 1908. Les boules ont leur langage et leur légende, de Marseille à Menton en passant par Toulon, Cavaillon ou Nice.

AUJOURD'HUI

Le jeu provençal reste le jeu noble, le plus spectaculaire et le plus difficile à pratiquer, mais il a trouvé dans la pétanque un sérieux rival qui a fait des adeptes dans toute la France.

Issus d'une très ancienne tradition tauromachique, les jeux taurins s'organisent autour de la course camarguaise, passée de la cour des mas de Camargue à la place du village, puis à l'arène. L'enjeu de cette course sans mise à mort consiste à enlever les attributs fixés sur et entre les cornes de six taureaux qui se succèdent en piste. D'autres jeux pour amateurs (*abrivado*, *ferrade*), pratiqués lors des fêtes patronales des villages de la Provence d'Arles, avec la participation plus ou moins active de la population, complètent le spectacle, rigoureusement codifié et ritualisé, de la course.

LA COURSE CAMARGUAISE
Encore appelée course à la cocarde ou course libre, c'est un spectacle camarguais (Arles, Saintes-Maries-de-la-Mer) auquel sont attachés les Provençaux. Les *raseteurs*, dont l'adresse consiste à enlever la cocarde, les glands et les ficelles, sont tout de blanc vêtus et s'attaquent au taureau en un acte appelé *raset.*

LA COCARDE D'OR À ARLES
Cette compétition, créée en 1928, se déroule chaque premier lundi de juillet.

FERS, OU MARQUES À FEU, CROCHETS
Les crochets servent à enlever les attributs accrochés aux cornes des taureaux.

«La Ferrade», par H. Daniel, 1904
C'est une opération qui consiste à appliquer sur la cuisse des jeunes taureaux la marque de la manade, c'est-à-dire du troupeau. Cette pratique, d'abord utilitaire, a pris très tôt, probablement dès le Moyen Âge, un aspect à la fois spectaculaire et ludique en raison de la performance requise. Il s'agit, pour les gardians, de poursuivre à cheval, d'isoler puis de terrasser à mains nues et marquer au fer les taurillons déjà robustes.
C'est au printemps, avant qu'ils ne changent de pâturages, qu'on marque les jeunes taureaux nés le printemps précédent, les *anoubles*.
La ferrade est restée longtemps l'une des plus importantes opérations d'élevage de l'année ; on en profite d'ailleurs toujours pour procéder à des traitements vétérinaires et pour évaluer l'état physique de l'animal.
La ferrade, depuis longtemps occasion de fêtes et de rassemblements, est aussi devenue une appréciable source de revenus pour beaucoup de manadiers.

L'«abrivado»
Autrefois, c'était l'arrivée au galop, dans le village, des taureaux de la course libre, encadrés par les gardians à cheval. Il avait lieu au moment du déplacement des manades de leur pâturage d'hiver vers leur pâturage d'été.
Aujourd'hui, c'est à la fois un jeu et un spectacle, très apprécié lors des fêtes votives du Sud-Est, réalisé avec des animaux sélectionnés pour ce seul exercice, et où le public tente de faire échapper les taureaux hors du cercle des cavaliers.

La basse Provence a conservé de nombreuses fêtes populaires. Certaines ont été restaurées ; d'autres sont apparues au cours des dernières décennies, en particulier dans de petites villes en croissance. Au climat d'allégresse collective, de sociabilité intense et d'unanimisme qui caractérise le temps festif, s'ajoutent l'évocation d'une vie à l'ancienne et sa fonction localement intégratrice, appréciées par une population confrontée à des mutations rapides. La fête garde souvent une saveur et une authenticité assez inattendues dans une région aussi touristique.

Feu de la Saint-Jean à Allauch.

LA «PEGOULADO» DES FÊTES D'ARLES
Cette retraite aux flambeaux, en Arles, eut son illustrateur privilégié : Léopold Lelée (1872-1947). La *pego* est la résine dont on enduisait autrefois les torches.

PROCESSION DE LA TARASQUE À TARASCON
Les fêtes de la Tarasque (dernier dimanche de juin) mettent en scène une grande effigie de bois et toile (en haut, Tarasque à queue spiralée), portée et escortée par de jeunes gens. Elle symbolise la Tarasque, dragon mangeur d'hommes des bords du Rhône, qu'aurait domptée au Ier siècle sainte Marthe, patronne de la ville ▲ *306*.

Fêtes patronales d'exception, très spectaculaires, caractéristiques d'un lieu et étroitement liées à son image de marque, elles attirèrent dès le début de l'Ancien Régime un nombre important de visiteurs (ci-dessous, procession en 1788).

«Les hommes cachés dans le corps de la Tarasque jetaient des serpentaux et des fusées par les yeux et la gueule du monstre et agitaient sa queue»

Fernand Benoît

Joutes nautiques à La Ciotat (14 juillet-15 août)
Les tournois de La Ciotat remontent au XVIIe siècle et consistent en un affrontement de barques montées chacune par six rameurs et un jouteur qui tient une lance dans la main droite, un bouclier rond dans la gauche. L'homme est juché sur une longue planche, la tintaine, qui prolongeait autrefois la barque par devant, aujourd'hui par derrière.

Bigue à Salin-de-Giraud
Sport d'adresse, la *bigo* évoque l'ancienne marine à voile ; le mot désigne une poutre enduite de suif. Le vainqueur est celui qui la parcourt sans glisser à l'eau.

Dévotion aux Saintes-Maries-de-la-Mer
Deux pèlerinages annuels attirent de nombreux fidèles aux Saintes-Maries-de-la-Mer, le 25 mai et l'avant-dernier dimanche d'octobre, pour honorer Marie Jacobé et Marie Salomé – les deux saintes, venues, dit-on, de Palestine après l'ascension du Christ, auraient, au terme d'un long voyage, abordé en Camargue ▲ *322*.
En contrepoint s'est développée la dévotion des gitans à leur patronne, Sarah, la servante noire qui aurait suivi les deux Maries dans leur périple. Ils viennent de toute l'Europe l'honorer le 24 mai et sa statue, couverte de manteaux (ci-dessous), est alors transportée en procession jusqu'à la mer.

Festival du tambourinaire à Aix
Il se tient tous les ans, au printemps, depuis 1982, en souvenir de celui créé en 1864 par François Vidal (1832-1911), célèbre tambourinaire aussi connu pour son manuel *Lou Tambourin*. Des défilés et un concours rythment ce festival. Le tambourin, long tambour cylindrique, s'accompagne d'une flûte à trois trous, le *galoubet*.

Dans les Bouches-du-Rhône, au nord-ouest, entre le Rhône et la Durance, se déroulent chaque année, de mai à septembre, près de vingt fêtes à charrettes : dans chacun de ces villages, une charrette garnie défile, tirée par des chevaux richement harnachés. Probablement apparues au XVIIIe siècle, les fêtes à charrettes sont organisées par les agriculteurs les plus riches, pour qui elles constituent un symbole de puissance. Après 1789, les charrettes se politisent. Accaparées par divers groupes, tous rivaux, elles deviennent un moyen d'affirmer solidarité et différences socio-économiques. À l'origine, elles étaient toutes garnies de verdure et couraient en l'honneur de saint Éloi, patron des forgerons.

HARNACHEMENT ET ATTELAGE
Les chevaux de labour qui tractent la charrette – ils sont souvent cinquante – sont attelés en flèche (à la queue leu leu). Ils portent des couvertures ou des peaux de mouton teintes, des brides et des colliers très ouvragés garnis de petits miroirs, de pompons de laine, de plumets et de rubans multicolores, de grelots et des drapeaux de la société organisatrice. Les harnachements les plus ornés sont dits à la sarrasine.

CHARRETIERS ET FOUETTEURS
Ils sont le plus souvent vêtus d'une chemise blanche, d'un pantalon bleu et d'une *taiolo* (ceinture) rouge ou jaune.

CHARRETTES MARAÎCHÈRES
Celles-ci, nées vers 1870, portent une profusion de produits agricoles harmonieusement disposés et enfilés en guirlandes multicolores.
Les charrettes maraîchères, lourdes et fragiles, défilent au rythme du pas des chevaux.

CHARRETTES DE VERDURE
Elles sont entièrement recouvertes, roues comprises, de végétation sauvage. Elles peuvent défiler au grand galop.

CHARRETTES RELIGIEUSES, CHARRETTES LAÏQUES
La plupart de ces fêtes, organisées en l'honneur de saint Éloi (ci-dessous), de saint Roch ou de saint Jean, s'accompagnent d'activités religieuses, dont la plus marquante est la bénédiction de la charrette et de son attelage. Après la séparation de l'Église et de l'État, en 1905, sont apparues des charrettes laïques, parmi lesquelles celle de la Madeleine, à Châteaurenard, dite la «charrette rouge» (ci-dessous), ornée d'un buste de Marianne et de trois mille glaïeuls.

«CARRETTO RAMADO»
Cette huile sur toile du Chevalier, datée 1979, illustre les préparatifs des chevaux (richesse des harnachements) auxquels se livrent les charretiers à la *taiolo* typique.

Flûtet et tambourin, dont les sons se marient avec harmonie, symbolisent l'âme musicale de la Provence et sont présents lors de multiples manifestations populaires. Le flûtet est une petite flûte à bec à trois trous dont la perce (embouchure), étroite et cylindrique, permet d'utiliser facilement les cinq premiers partiels (notes harmoniques). La technique de jeu en demi-trou (semi-bouché) permet d'obtenir une échelle chromatique dépassant très largement le répertoire folklorique, d'autant plus que son étendue (ambitus) couvre un intervalle de douze notes diatoniques. Le tambourin est décoré de motifs inspirés de la fin du XVIIIe siècle et sculptés sur des fûts évidés de noyer, de hêtre, de tilleul, ou collés sur contre-plaqué.

Aubade donnée dans la cour du Palais des Papes à Avignon, le 9 juin 1907.

Flûtet et tambourin, Crayon et plume, d'après A. Durbec.

TAMBOURINAIRE
Avec une dextérité remarquable, le musicien utilise les deux instruments simultanément, produisant un son très reconnaissable.

TAMBOURIN PROVENÇAL
Sa hauteur équivaut au double de son diamètre. Il arbore des cordelettes de chanvre ou de boyau, diamétralement tendues sur la peau percutée, lui donnant une sonorité bourdonnante.

INSTRUMENTS DE FÊTES POPULAIRES
Au début du siècle, les tambourinaires se produisent en costume de ville et assurent une prestation musicale lors des fêtes, toujours nombreuses et variées : processions, carnavals, bravades, messes de Noël, banquets, baptêmes, bals...

Portrait d'un jeune tambourinaire
Attribué à Claude Arnulphy, XVIIIe siècle, musée Granet, Aix-en-Provence.

Joueurs de bacchas lors de fêtes arlésiennes
Ce tambour doit son nom à sa grande taille (de récipient). Il sera en usage dans les musiques militaires jusqu'au premier Empire, d'où sa couleur fréquemment bleue. Les gardes champêtres en jouent et, de nos jours, ce sont surtout les musiciens qui les manient, au son des flûtets, lors des fêtes.

La farandole
Léopold Lelée (1872-1947) a su immortaliser l'arlésienne ; il a dessiné cette affiche évoquant une danse populaire en chaîne, à pas sautillés, symbole de la fraternité. Lors de concours interviennent des figures sophistiquées comme l'escargot, le ruban ou les arceaux.

Noël est la fête familiale par excellence de la Provence. Le «temps de Noël» y dure traditionnellement quarante jours, jusqu'à la chandeleur. Cette longue durée a favorisé le développement de crèches au décor complexe et d'un théâtre spécifique, la pastorale. Noël est le moment privilégié où revit la culture provençale ancienne : par les santons, qui portent les costumes locaux, les cantiques, les pastorales, voire les préparations culinaires. Un temps d'évocation du passé et des *reires* (ancêtres), au seuil d'une année nouvelle.

Le gros souper
Ce repas maigre mais copieux le soir du 24 décembre est ordinairement constitué de plats de poisson (ici une brandade, purée de morue à l'huile) et de légumes (servis ici avec l'aïoli). De nombreux desserts le terminent et permettent aux enfants d'attendre la messe de minuit. Leur nombre a été fixé à treize (référence mystique au Christ et à ses douze apôtres) dans les milieux félibréens des premières décennies du XXe siècle. Parmi eux, la *pompe* est une galette à l'huile ou au beurre. Elle est trempée dans du vin cuit, très liquoreux.

Foire aux santons sur le cours Belsunce à Marseille en 1859
La doyenne des foires aux santons provençales est née sous le Premier Empire ; elle se tient, depuis la fin du XIXe siècle, sur les allées de Meilhan, pendant les fêtes de Noël. On peut y acquérir tout ce qui est nécessaire pour confectionner une crèche.

Pastrage de la messe de minuit
Principalement dans les églises de la région des Baux et à Allauch, les bergers accomplissent, à Noël, le *pastrage*, offrande d'un agneau nouveau-né, au cours d'une cérémonie encore très ritualisée.

LA CHANDELEUR À L'ABBAYE SAINT-VICTOR DE MARSEILLE
La chandeleur, jour où l'on défait la crèche, est également le jour de la purification de la Vierge et du «feu nouveau». À Saint-Victor, la messe de l'aube est précédée de la bénédiction du feu par l'archevêque, dans la crypte paléochrétienne, et de la procession qui remonte la Vierge noire (ci-dessus) dans l'église supérieure, pendant que s'allument les cierges verts (ci-dessus), au rôle protecteur.

LA COURONNE DES ROIS
Sa préparation se fait du 6 janvier, jour des rois, à la chandeleur, le 2 février. C'est une brioche couverte de fruits confits qui renferme une fève grillée et un sujet.

LA PASTORALE MAUREL À MARSEILLE
Dérivée des pastorales liturgiques, la pastorale de basse Provence est une pièce de théâtre qui mêle sacré et profane, rire et émotion, et met en scène les types sociaux variés d'un bourg provençal confronté à la *grando nouvelo* de la Nativité. Le miroitier marseillais Antoine Maurel a créé en 1842-1844, dans le théâtre de la rue Nau, ce genre littéraire régional et son livret n'a cessé d'être repris et enrichi.

La fabrication de ces mannequins, en cire ou en carton moulé, était le fait d'artisans spécialisés et de religieux de couvents, en particulier du carmel d'Avignon, qui en perpétue la tradition. Les costumes étaient souvent réalisés par des fidèles.

La crèche apparaît en Provence au cours du XVIIe siècle ; la tradition s'en développe ensuite lentement dans les églises et les foyers et connaît sa grande extension à partir des premières décennies du XIXe siècle. À Marseille sont créés les santons, qui permettent de multiplier les figurines de série. Vient ensuite le succès des crèches parlantes et surtout des pastorales, qui contribuent à fixer les types des principales figurines.

SANTON HABILLÉ
En terre cuite et plus récent, il a une double origine : Marseille et Naples.

MOULE À SANTON
Le Marseillais J. L. Lagnel (1764-1822) eut l'idée de reproduire sous forme de santons en argile les personnages de la crèche et des petits métiers.

FABRICATION DES SANTONS (ATELIERS MARCEL CARBONEL, À MARSEILLE)
Le santon provençal est fait d'argile fine d'Aubagne ou de Marseille, dont on remplit un moule de plâtre à deux pièces pour le santon simple. Dans le cas du santon détaché, membres et accessoires sont moulés à part et rapportés sur la pièce principale. Chaque santon est retouché à la main avant séchage et cuisson, puis minutieusement peint.

Le rémouleur
L'aiguiseur de couteaux exerçait un petit métier de rue longtemps populaire. Bel exemple de santon détaché, celui-ci est l'œuvre de J. Guichard (1850-1916).

Pistachié
C'est le valet de ferme, comique, de la pastorale Maurel ; il porte dans ses paniers des offrandes destinées à Jésus.

Poissonnière
Le verbe fort, haute en couleur, elle symbolise Marseille.

Les santons
Outre la Sainte Famille, les trois Rois mages, l'âne et le bœuf, la crèche provençale comprend l'ange suspendu à la voûte de l'étable, plusieurs types de bergers et de bergères, les adorants, agenouillés, porteurs de présents, le ravi et sa femme, qui lèvent les bras au ciel en signe d'étonnement admiratif, des personnages hérités de la pastorale, l'aveugle et son fils, le bohémien, le maire, le meunier, Pistachié, ainsi que de nombreux types sociaux ou professionnels : le pêcheur à la ligne, le chasseur, le boulanger, la poissonnière, la lavandière, la fileuse, le bûcheron, le bastidan et la bastidane aux multiples offrandes et bien sûr le tambourinaire.

PIÉTÉ ET DÉVOTIONS POPULAIRES

EX-VOTO. Ces petits tableaux, sur bois, sur toile ou sur papier, en usage du XVIIe au début du XXe siècle, représentent un miracle ou un personnage en action de grâces. Ils témoignent la reconnaissance de fidèles ayant obtenu la protection divine lors de maladies, d'incendies, d'épidémies ou d'accidents.

Le mobilier d'église reflète l'évolution historique des croyances religieuses. Ces objets de culte soulignent souvent l'écart entre la religion officielle et la religion populaire : commandés par la paroisse ou par des confréries de laïcs, vitraux, fresques et peintures de retables sont là pour instruire le fidèle en transposant en images les Écritures Saintes ou les dogmes de la Contre-Réforme. Offerts en action de grâces ou pour se préserver des épidémies et des calamités naturelles, reliquaires, ex-voto peints, statues de saints traduisent quant à eux les craintes et les dévotions d'un peuple souvent éprouvé. Les relations entre Dieu et les hommes sont, à ce niveau, conçues comme un véritable contrat.

LES PÉNITENTS
Ils remplissaient des devoirs de dévotion et d'entraide, surtout à l'occasion des obsèques : après avoir préparé le mort, ils le portaient en procession et se chargeaient de sa sépulture.

DES CONFRÉRIES TYPIQUEMENT MÉRIDIONALES
Ce type de confrérie, héritée du Moyen Âge, connut un essor exceptionnel dans le midi de la France entre 1550 et 1650 : villes et bourgs en comptaient souvent plusieurs. Contrairement aux confréries professionnelles ou de gestions d'œuvres, elles regroupaient des hommes d'origines sociales diverses. L'habit – une aube surmontée d'une cagoule percée de deux trous pour les yeux – garantissait l'anonymat et l'égalité des membres aux yeux du public lors des processions.

Fêtes religieuses
Pèlerinages et processions constituent l'une des manifestations les plus importantes de la piété populaire. L'après-midi de la fête patronale, le soir du vendredi saint, lors des rogations (25 mars) et au cours des trois jours précédant l'Ascension, statues et reliques sont portées sur un brancard ou dans un habitacle.

Culte des saints
Plus que des modèles, les saints sont des intercesseurs ou des thaumaturges ; on cherchait moins à les imiter, que le contact de leurs reliques. Celles-ci sont placées dans un coffret qui prend souvent la forme d'une statue, d'un bras reliquaire (ci-dessus), ou plus généralement d'un buste. Ces derniers, en bois doré aux XVIIe et XVIIIe siècles, sont ensuite modelés en carton mâché. La Provence honore une multitude de saints. Outre les saints antipesteux, saint Roch et saint Sébastien, particulièrement honorés en cette région durement frappée par les épidémies, les figures les plus sollicitées sont saint Joseph – patron des confréries d'artisans et intercesseur privilégié des agonisants – et saint Éloi – patron des paysans.

Autels et retables
Les chapelles sont les lieux privilégiés de la piété : on vient y prier la Vierge et les saints, intercesseurs célestes plus accessibles que Dieu, ou l'on se fait ensevelir à proximité, afin de bénéficier d'indulgences et du rachat de ses péchés. Trois dévotions dominent, assurées par des confréries : la Vierge du Rosaire qui remplace après la Contre-Réforme la Vierge de Miséricorde du Moyen Âge, le Saint-Sacrement et les Âmes du Purgatoire.

Le costume du pays d'Arles s'est fixé sous le règne de Louis XV, a traversé la période révolutionnaire et n'a cessé d'évoluer et de s'adapter jusqu'à notre époque. Si le vêtement traditionnel est porté, jusqu'en 1914, dans toutes les circonstances de la vie, il devient ensuite l'apanage somptueux des jours de fête. Il suit les limites de l'ancien archevêché et existe dans tout le delta du Rhône, débordant sur la rive droite du fleuve à Beaucaire et s'étendant à l'est, bien au-delà de la Crau, jusqu'aux rives de l'étang de Berre et au golfe de Fos.

SON ORIGINALITÉ
Le costume d'Arles s'est toujours décliné en trois versions : la tenue quotidienne, la toilette de sortie et le costume de cérémonie. Trois types de coiffes s'y sont adaptés : la cravate, le ruban et le gansé.

UNE COIFFURE DÉLICATE À EXÉCUTER
Les cheveux, divisés en deux masses égales, sont torsadés vers le bas. Les deux bandeaux ainsi formés se rejoignent à l'arrière de la tête en se croisant. Après avoir attaché le croisillon avec un crochet, on remonte les bandeaux sur le dessus de la tête et on en fixe les extrémités à l'aide d'un peigne. L'ensemble forme un chignon, que l'on cache sous un carré de dentelle (fond de coiffe).

LE RUBAN
En soie ou, à partir de 1840, en velours de soie de Saint-Étienne, il se caractérise par des couleurs chatoyantes et des motifs variés. Sous le second Empire, il devient plus épais et se compose de motifs de velours noir qui se détachent sur un fond de satin de couleur.

La toilette
Le costume le plus simple se porte avec une «cravate» et un tablier destiné à protéger la jupe, ronde ou froncée ; le corsage, ou *eso*, est noir et la «chapelle» (partie du costume recouvrant le buste) se réduit au «devant d'estomac» accompagné du fichu de dessus. La toilette de ville comporte une jupe en forme, présentant deux ou trois plis, un fichu du même tissu que la jupe, un corsage noir et une chapelle complète : devant d'estomac, guimpe et fichu de gaze. Le costume de cérémonie se compose d'un corsage et d'une jupe en forme, à traîne ; les deux pièces, taillées dans la même soie, semblent d'un seul tenant. La chapelle est complète et la pèlerine remplace le fichu.

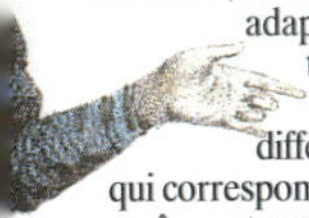

La coiffe
À partir de la coiffure, élaborée avec soin, les femmes adaptent trois coiffes différentes, qui correspondent aux âges et aux circonstances de la vie : la cravate, le ruban et le gansé. La plus simple, la cravate, est un carré de tissu blanc ou noir plié en cravate ; c'est la coiffe des fillettes de sept à quinze ans et des femmes pour tous les jours. La coiffe à ruban, qui couronne la chevelure des jeunes filles à partir de quinze ans, se porte avec la toilette de ville. La coiffe de dentelles blanches ou écrues gansée est réservée aux grandes cérémonies.

La croix de l'Arlésienne
Les orfèvres en ont créé de toutes sortes. La plus étonnante est la maltaise, inspirée de l'emblème des chevaliers de Malte, en or, argent et émail. La maintenon, ou capucine, portée depuis le XVIIe siècle, en argent et or, est sertie de roses de Hollande. La dévote, appelée aussi Marie-Antoinette, est surmontée d'un ruban noué. La papillon, qui décore la gorge des femmes du XVIIIe siècle, est faite de rinceaux et d'entrelacs. La plus simple, la jeanette, est portée par les petites filles.

La Provence est à la mode et le charme des imprimés, à l'origine de cette vogue. Dès le XVIIe siècle, les «indiennes», toiles peintes à la main venues du Bengale, arrivent à Marseille sur les navires de la Compagnie des Indes. L'engouement est immédiat, et un arrêt de Colbert de 1686 interdisant tout usage et commerce de ces étoffes en développe la contrebande. Orange, Tarascon se spécialisent dans la production, enluminant des carrés de coton qui se marient facilement aux costumes régionaux.

Aujourd'hui, la maison Souleïado maintient les traditions, le tissu primant sur la forme, déclinant les couleurs du pays : rouges de l'Estérel ou ocre du Comtat. Parallèlement, Christian Lacroix, fier de ses origines, introduit la silhouette arlésienne et privilégie les accessoires typiques et l'esprit du Sud dans la haute couture dès sa première collection, en 1987.

SOULEÏADO OU LES COULEURS DU MIDI
Installée à Tarascon, la maison est riche de plus de quarante mille documents anciens, source de dessins dont les motifs parsèment sacs, jupes ou ballerines.
Ces cotons évoquent la détente, la chaleur et sont faciles à porter.
La femme prend une allure de gitane de Saintes-Marie-de-la Mer, avec un jupon à volants, assorti d'un fichu. L'homme porte une chemise bariolée, un chapeau de gardian à large bord, souvent un petit foulard noué.

Emblèmes issus du folklore
Leur utilisation systématique accentue le côté méridional de cette mode : la croix, le taureau, le soleil, les Vierges copiées sur les ex-voto, les marques de ferrade, le cœur (ci-contre) brodé sur un boléro de mariée.

Broderies et passementeries
Inspirées de modèles folkloriques venus de patchworks à motifs provençaux, de bijoux locaux, les broderies sont réalisées, pour la plupart, par Lesage, le maître en la matière. Piques à chignon, boucles d'oreilles pendantes caractérisent l'élégance spectaculaire des Méridionales.

Identité régionale
Attachés à leur pays, les créateurs du Sud transmettent le goût de leur folklore et restent soucieux d'entretenir les coutumes locales. Christian Lacroix a convié la reine d'Arles à son premier défilé.

Le collier arlésien
Le charme désuet de cet accessoire réside dans sa pureté : simple croix sur un ruban de velours noir serré autour du cou. Ce bijou surmonte soit un boléro de style toréador richement brodé, soit un petit corsage croisé sur la poitrine comme aimaient à le porter les belles Provençales chantées par Frédéric Mistral...

Le style Lacroix
Pureté des silhouettes et richesse des tissus sont ses deux points forts. La silhouette de l'Arlésienne est reprise : haut court sur une taille sanglée.

SOUPIÈRE
Motif décoratif couramment utilisé dans le mobilier arlésien ; signe d'abondance, il fut mis à la mode sous Louis XVI.

Les meubles arlésiens sont souvent considérés, à tort, comme les prototypes du mobilier provençal. Leur élégance et leur sobriété tranchent avec la lourdeur de la production artisanale de haute Provence. Utilitaires mais raffinés, ils furent conçus pour une bourgeoisie aisée et terrienne qui se partageait entre maisons de ville et mas camarguais. Le style, fixé au milieu du XVIIIe siècle par les ébénistes de la basse vallée du Rhône, a été depuis fort imité. Si le type de moulures a évolué selon les époques, la ligne générale du meuble a peu changé : pieds-de-biche au galbe fortement arqué et traverses chantournées lui donnent sa silhouette familière.

LE STYLE DE FOURQUES
Le premier style d'Arles, abandonné à la fin du XVIIIe siècle, se distingue par sa simplicité : peu de navettes, peu de bois tourné et aucune sculpture.

L'utilisation systématique de moulures à la gouge (outil à bout tranchant et courbe) est caractéristique. Cette mouluration reçut même par la suite le nom de style de Fourques, non point parce que les artisans de ce petit village du Gard y excellaient, mais parce que, familièrement, l'expression *es uno Fourcatenco* désigne une femme mal habillée.

LE SECOND STYLE D'ARLES
À la fin du siècle des Lumières se manifeste un goût pour un mobilier plus ornementé : une décoration en relief couvre désormais vantaux et traverses.
Les motifs les plus courants sont la soupière (ci-dessus), les cœurs enlacés, le bouquet de fleurs, les épis de blé (ci-contre), les colombes se becquetant ou la corbeille de fruits, symbole d'amour et de fécondité.
Ce renouveau s'explique par la présence dans la région de charpentiers du roi, qui, après avoir travaillé à la construction navale de Toulon, se répandirent en Camargue. Le bois utilisé était et reste le noyer, dont les fûts venaient par flottage sur le Rhône de Bourgogne et de l'Embrunais.

Blutoir domestique
En noyer ciré, du premier style d'Arles, il renferme un cylindre qui sépare le froment du gruau et du son.

Les meubles à pain
Jusqu'au début du XXe siècle, le pain est encore pétri à la maison. Aussi blutoir (ci-contre), pétrin, boîte à farine (ci-dessous) et panetière (page de gauche) forment-ils un ensemble important. Le blutoir, grand coffre de bois blanc relégué à la cave ou au grenier, peut,

exceptionnellement, être en noyer et prendre place dans la salle commune. Le pétrin est constitué d'une auge montée sur quatre pieds tournés et reliés par des bandeaux aux lignes mouvementées. Au-dessus du pétrin s'accroche la panetière, qui deviendra rapidement plus ornementale qu'utilitaire. À l'origine, au début du XVIIIe siècle, elle abritait le pain de la semaine.

L'armoire de mariage
C'est le meuble le plus important de la maisonnée et, s'il a remplacé le coffre, c'est toujours la femme qui l'apporte en dot. Massive et comportant de grands panneaux droits sous Louis XIV, l'armoire adopte vite en Arles une ligne plus légère.

Chaise paillée.

Les vantaux de la porte de l'armoire s'ornent de moulures spiraliformes et de ferrures en acier sur toute la hauteur ; la corniche droite laisse la place à un fronton chantourné, les pieds se galbent. Le style Louis XV s'impose.

Le buffet à glissière
Cette pièce, qui servait de garde-manger et de vaisselier, est la plus originale du mobilier arlésien. Née vers 1750, elle se compose d'un buffet ordinaire et d'un tabernacle central, dont les portes à glissière permettaient d'ouvrir le placard qu'il renfermait et où l'on rangeait la vaisselle sans avoir à dégager ce qui était posé sur la tablette du buffet.

LA VEUVE PERRIN
Sa maîtrise de la technique de décoration au petit feu lui permit une grande diversité de coloris.

Tradition marseillaise datant de l'époque hellénistique, l'art de la céramique se mue en industrie de la faïence à la fin du XVIIe siècle. La bourgeoisie financière aspire, après la mort de Louis XIV, à une vie moins austère. Le goût des réceptions favorise l'essor des services de table ; les boissons nouvelles, café, thé, chocolat, obligent les faïenciers à créer des formes d'ustensiles différentes. Entre 1750 et 1780, quinze manufactures se créent, caractérisées par l'unité stylistique de leur production. Les faïences dites «de grand feu» et «de petit feu» prédominent ainsi que la porcelaine. Cette industrie sombrera dans la tourmente révolutionnaire. Des pièces restent anonymes du fait de l'importance des petits ateliers, mais les grands noms ont leur marque.

JOSEPH CLÉRISSY
Ce vase de pharmacie provient des ateliers des premiers faïenciers installés entre Marseille et Aubagne, à Saint-Jean-du-Désert. Créés en 1679 par Joseph Clérissy, lui-même issu d'une dynastie de faïenciers, originaire de Moustiers, ils se distinguent par des tons essentiellement bleus et manganèse et des formes amples, ainsi qu'un style d'exécution raffiné, proche de la peinture. Le décoratif prime sur l'utilitaire, et les thèmes d'inspiration sont multipliés ; histoire, religion, mythologie entre autres.

HONORÉ SAVY
Associé de la veuve Perrin jusqu'en 1766, il adopte un style très proche de celui de cette fabrique. Devenu indépendant, on lui attribue la mise au point technique d'une couleur, un vert de cuivre transparent que l'on retrouve sur la base de cette fontaine d'applique exécutée en ronde bosse et dont le décor de petit feu polychrome souligne la maîtrise du modelage.

Les décors floraux furent l'un des sujets favoris de la manufacture de la Veuve Perrin. Les fleurs champêtres sont réunies en bouquets.

Louis Leroy
Obtenu par une technique de grand feu, le style mi-orientalisant, mi-grotesque, avec un type de décor dit au «chinois-fleurs», comme ce plat creux oblong, est remarquable par sa composition : figures asiatiques, souvent réalisées dans des tons polychromes.

Les motifs symétriques et rayonnants marquent l'influence de Rouen. La seconde moitié du XVIIIe siècle se distingue par la généralisationdu bleu et du rouge de fer, comme sur cette assiette de Leroy à bord uni (ci-dessus).

Antoine Bonnefoy
Élève de Joseph Gaspar Robert, ses thèmes décoratifs sont en polychromie de petit feu. Ce vase balustre à entrelacs de feuillages d'or comporte des anses directement dorées sur le biscuit cru afin d'imiter les montures en bronze réservées à la porcelaine.

Joseph Gaspard Robert
Maître d'œuvre de la porcelaine, il dépose sa marque en 1769, s'associe à un fabricant berlinois et se spécialise dans la production d'objets de petite taille. Cette assiette présente les paysages naturalistes chers à l'artisan, rendus par un traitement pictural souple, des touches de pinceau larges. Ci-dessous, l'aiguière à frise or, décorée de médaillons noirs, témoigne du style Louis XVI.

Joseph Fauchier
Il fut le premier à s'installer à Marseille même et introduisit le style rocaille. Les décors floraux en camaïeu bleu, manganèse, sur fond blanc ou gris perle, comme sur ce surtout de table avec semis de fleurs, sont sa spécialité. Maître de la statuaire polychrome et de la ronde-bosse, il exécute beaucoup de sujets religieux, à l'image de cette Vierge à l'Enfant.

LA BOUILLABAISSE

Bouillabaisse vient de *boui-abaisso,* «bouillir et baisser» ; c'est, à l'origine, un ragoût de poissons, préparé par les pêcheurs avec ce qui restait au fond du panier après le marché. Sa composition varie donc en fonction des saisons et surtout de la pêche. Les pêcheurs lavaient les poissons dans l'eau de mer et utilisaient souvent la même eau pour les faire cuire. Ils n'employaient en général pas de langoustes, trop chères, mais des crabes.

1. Préparer tous les composants de la sauce.

2. Après avoir nettoyé, vidé et écaillé les poissons, les couper en morceaux.

5. Verser tous les ingrédients de la sauce dans une marmite.

6. Les faire revenir à feu doux.

9. Après 5 min d'ébullition, ajouter les poissons tendres. Maintenir une vive ébullition pendant encore 5 min.

10. Disposer des tranches de pain dans un plat de service ; imbiber le pain de sauce.

«La bouillabaisse est le plat qui a fait écrire le plus de bêtises»

Georges Simenon

Ingrédients : 2 kg de poissons de roche : rascasse, grondin, baudroie, saint-pierre, merlan, pageot, maquereau, saran, vive, murène, girelle.
Huile d'olive, 2 oignons émincés, 1 blanc de poireau, 4 ou 5 gousses d'ail, 4 ou 5 tomates pelées, épépinées et concassées, 1 petite branche de fenouil, du laurier, 1 morceau d'écorce d'orange, thym, sel, poivre, safran, persil.

3. Bien séparer le poisson ferme du poisson tendre.

4. Peler et couper les tomates ; émincer les oignons et l'ail ; éplucher poireau et fenouil.

7. Ajouter les poissons fermes ; bien les imprégner de sauce.

8. Verser sur le tout 3 l d'eau bouillante.

11. Présenter les poissons sur un plat. La bouillabaisse ne doit pas attendre mais être attendue. Certains servent des pommes de terre avec la bouillabaisse ; les couper en rondelles et les faire cuire en même temps que le poisson tendre.

LA FOUGASSE est une galette au levain et à l'huile, parfois parfumée à l'eau de fleur d'oranger, qu'on trempe dans le vin cuit à Noël.

Le département est couvert par une presse régionale dynamique et diversifiée : huit éditions quotidiennes pour «LE PROVENÇAL», créé en 1944 ; cinq pour «LA MARSEILLAISE», créée aussi en 1944, et six pour «LE MÉRIDIONAL», ex-*Petit Marseillais* rebaptisé en 1945. Le dernier, «TAKTIK», fondé en 1988, est un hebdomadaire culturel gratuit.

LE SEL destiné à la consommation est récolté en petite Camargue.

Le véritable SAVON DE MARSEILLE se reconnaît à son estampillage 72%, garantissant le pourcentage exact de sa teneur en acides gras. Il en existe des blancs et des verts ▲ *264*.

LE RIZ camarguais se partage en variétés ronde (cigalon) et longue (delta).

Le vin des environs d'Aix comprend trois appellations d'origine contrôlée : COTEAUX-D'AIX pour les châteaux de la Trévaresse, CÔTES-DE-PROVENCE pour ceux de la vallée de l'Arc et PALETTE (Château Simone).

Si la tradition fait remonter l'origine du calisson au XVIe siècle, il ne devint vraiment célèbre qu'au XVIIIe siècle. Cette spécialité d'Aix est composée de melon confit, de miel et de pâte d'amandes, le tout enrobé d'une feuille de pain azyme et de sucre glacé ▲ *96*. Les amandiers, jadis familiers du paysage provençal, d'Aix à Salon, sont aujourd'hui en régression.

L'olive, cultivée dans presque tout le département, est un des principaux ingrédients de la cuisine provençale. L'huile (la plus réputée est celle de la vallée des Baux ▲ *284*) demeure l'ingrédient et l'assaisonnement le plus apprécié. La tapenade, purée d'olives noires assaisonnée d'anchois, se déguste en tartines à l'apéritif.

Spécialité marseillaise, le PASTIS est un alcool à base d'anis. Les boissons anisées, assimilées à l'absinthe, avaient été interdites en 1915. Le décret les autorisant à nouveau en 1932 entraîna, la même année, la création de la maison Ricard.

La navette de Marseille se déguste à la basilique Saint-Victor lors de la chandeleur (février) ▲ *173*. Le biscuit, peu sucré, est généralement aromatisé à la fleur d'oranger.

Le pistou est une préparation à base de basilic pilé qui parfume l'épaisse soupe de légumes cuits à l'eau (haricots, tomates, courgettes, navets...), dite «soupe au pistou».

Le basilic est une plante ■ *30* à l'odeur pénétrante dont les feuilles sont employées comme condiment et aromate. Il fait partie des nombreuses herbes qui parfument la cuisine provençale (thym, laurier, estragon, fenouil, romarin, sauge...).

On peut acheter, à l'abbaye Saint-Michel-du-Frigolet ▲ *316*, le fameux ÉLIXIR DU PÈRE GAUCHER rendu célèbre par Daudet. Le père Gaucher fut inventé par l'écrivain ; la liqueur, la Norbertine, était déjà fabriquée par les moines. Elle est aujourd'hui distillée à Châteaurenard.

Les fruits sont souvent destinés à la conservation sous forme de confitures ou de pâtes, comme les COINGS DES ALPILLES.

Calissons

Dès le Moyen Âge, on consomme à Padoue et à Venise un gâteau composé de farine et d'amandes que l'on nomme *calisone*. Préparé dans les monastères, il est distribué aux fidèles lors de cérémonies religieuses. Cette friandise arrive en France, et notamment à Aix-en-Provence, au début du XVIIe siècle, entourée des mêmes traditions. Chaque année, à Noël, à Pâques et le 1er septembre, se déroule à Notre-Dame-de-la-Seds une cérémonie qui commémore la fin de la peste de 1630 ; on offre alors aux fidèles des calissons bénits qui sont censés les protéger de toute contagion. Les calissons arrivent à Paris avec le courrier que Mme de Grignan expédie à sa mère, la marquise de Sévigné.

La pâte du calisson
Parfumée à la fleur d'oranger, elle est constituée d'amandes douces de Provence et d'un mélange subtil de fruits confits : melon, orange, mandarine, abricot. La pâte, bien malaxée, cuit pendant environ 30 min.

Le séchage
La pâte est desséchée après 48 h de repos.

La machine (ou moule) à calissons
Après avoir disposé une feuille de pain azyme au fond du moule, on le remplit de pâte que l'on glace.

La cuisson, à 150 °C, dure environ 10 min.

Une présentation traditionnelle
Les fameuses boîtes de calissons en épousent parfaitement la forme et les gardent savoureux.

Architecture

Des industries sur galet du début du quaternaire aux cultures de la fin de la fin de l'âge du bronze vers 800 ans av. J.-C., toutes les grandes périodes de la préhistoire sont représentées dans les Bouches-du-Rhône. Monuments et mobilier rendent compte de la vie quotidienne des hommes préhistoriques et de leur évolution. Les premières sépultures apparaissent au paléolithique moyen (100 000 ans av. J.-C.) ; dès 27 000 ans av. J-C., on assiste à l'émergence d'un art rupestre tout à fait exceptionnel et, vers 3000 ans av. J.-C., au néolithique final, l'homme préhistorique construit les premiers dolmens.

UN ART RUPESTRE PALÉOLITHIQUE (Grotte Cosquer, Cassis)
Découverte en 1992, cette grotte, contemporaine de celle de Lascaux, et qui est actuellement en grande partie immergée, fut peinte à deux périodes successives : vers 27 000 ans et vers 18 800 ans av. J.-C. Les représentations de mains, tracées avec du bioxyde de manganèse, sont les plus anciennes ; les gravures animalières (bisons, cerfs, bouquetins, cheval), exécutées au charbon de bois, sont les plus récentes.

LES DÉBUTS DE LA CÉRAMIQUE
Vers 6000 ans av. J.-C, en même temps que les techniques agro-pastorales, apparaît la céramique, décorée avec un coquillage, le cardium.

POTERIES DU BRONZE ANCIEN
Vers 2500 av. J.-C., se répand l'usage dans toute la vallée du Rhône de grandes jarres utilisées pour le stockage des denrées ou de l'eau, ornées de cordons en relief orthogonaux à impressions digitales.

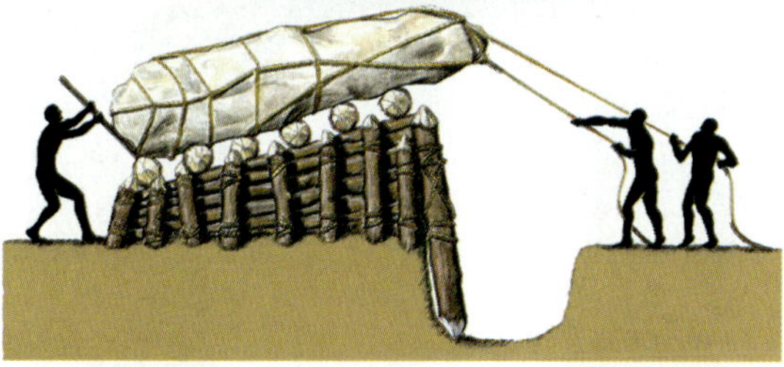

Les dolmens provençaux
Au néolithique final, vers 3000 ans av. J.-C, sont construits les premiers dolmens. L'usage de ces sépultures collectives et leur éloignement des habitats se sont généralisé entre 2500 et 1900 ans av. J.-C. Le poids parfois considérable de leur dalle de couverture exigeait la confection d'un plan incliné dont le sommet devait avoir la même hauteur que celui des dalles. Les dépôts successifs des corps se faisaient sur le sol de la tombe, hermétiquement close.

Les hypogées de Fontvieille
(Coupes transversales)
Ces tombes collectives, creusées dans la roche et recouvertes de plusieurs dalles rapportées, comportent une longue chambre trapézoïdale, une antichambre rectangulaire et un couloir d'accès. Elles sont englobées dans un tertre de terre de forme ronde.

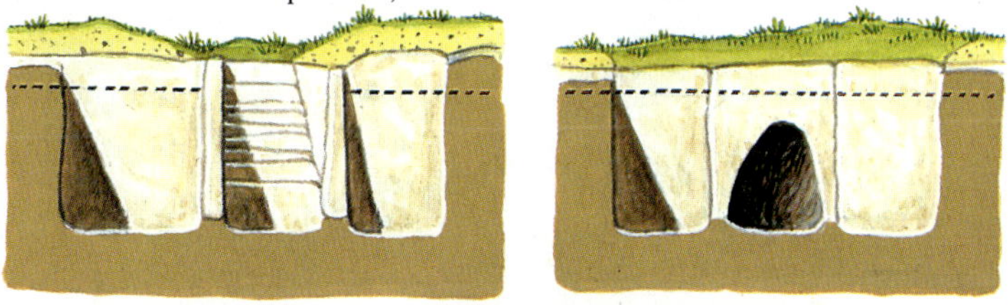

Les camps fortifiés
(Camp de Laure, Le Rove)
À la fin du néolithique, des habitats perchés, protégés par un rempart, apparaissent en Provence. Le rempart du camp de Laure, habitat du Bronze ancien (vers 1900-1700 av. J.-C.) dominant l'étang de Berre, est constitué d'un double mur d'enceinte avec aménagement d'une entrée et de deux tours.

Les grandes constructions publiques, correspondant aux pratiques sociales et urbaines répandues ou imposées par le pouvoir romain, étaient toutes, à quelques variantes près, édifiées sur des plans standardisés et selon les techniques romaines, vulgarisées dans la région à partir du Ier siècle : grand appareil (gros blocs assemblés par des crampons) ou petit appareil (petits blocs liés au mortier en parements et blocage interne de pierre et mortier à l'intérieur du mur), souvent liés par des assises de briques.

MAUSOLÉE DES JULII À GLANUM ▲ *280*
Ce type de monument funéraire se plaçait le long des routes, près des portes de ville ou à l'entrée du domaine rural des notables locaux.

ARC DE TRIOMPHE DE GLANUM
Une des portes principales de la ville rappelle, par sa forme et son décor sculpté, la victoire romaine.

Daté de la fin du Ier siècle av. J.-C., le mausolée de Glanum est particulièrement imposant avec ses 17 m de hauteur et ses trois étages. Il se compose d'un socle carré décoré de quatre bas-reliefs figurant des scènes de bataille, d'un étage percé de quatre baies et surmonté de frises marines, puis d'une rotonde abritant les statues des défunts.

Édifié au Ier siècle, l'arc de Glanum a perdu son couronnement en attique.

Les thermes d'Arles ▲ *299* Lieux de sociabilité et de détente, les thermes étaient construits en petit appareil de calcaire avec arases de briques et comportaient une succession de pièces froide (*frigidarium*), tiède (*tepidarium*) et chaude (*caldarium*), des piscines et un espace ouvert entouré de portiques pour les exercices physiques.

Salles chauffées des thermes d'Arles
Le sol était construit sur un ensemble de pilettes de briques qui supportaient de grandes plaques de terre cuite sur lesquelles était coulée une dalle de béton de tuileau. Grâce à des tubulures de terre cuite placées dans les parois de la pièce et jouant le rôle de cheminée, l'air chaud venant d'un foyer extérieur circulait entre les pilettes et dans les murs.

Maison d'Entremont ▲ *242* Les murs, en pierres liées à l'argile à la base, étaient, au-dessus, en terre banchée et revêtus d'un enduit de terre. Les toitures en terrasses étaient supportées par de solides charpentes. Un escalier extérieur desservait l'étage.

L'amphithéâtre d'Arles ▲ *294* L'architecture des amphithéâtres est stéréotypée : une arène ovale recouverte de sable et des gradins reposant sur des voûtes. Celui d'Arles, construit à la fin du Ier siècle pour vingt-trois mille spectateurs, fut édifié en grand appareil de calcaire local. Deux étages d'arcades d'ordre toscan supportent les gradins et assurent la desserte des couloirs et des escaliers.

À la période d'insécurité qui suivit la chute de l'Empire romain succède un temps de paix, propice au développement du premier art roman. Les églises se construisent autour de l'an mil avec pour caractéristiques principales l'emploi systématique de la voûte, l'absence d'ouvertures et un réel dépouillement. Le second âge roman (XIIe-XIIIe siècle) allégera les édifices, les ouvrira à la lumière et les ornera à l'antique.

UN ART ROMAN TARDIF (Saint-Trophime ▲ *300*, Arles) Il se distingue à la fois par sa structure – nef à deux collatéraux, transept, berceau brisé –, par son ornementation intérieure et extérieure – colonnettes torsadées ou cannelées au sommet des pilastres, porche et cloître au très riche décor sculpté – et par la perfection de la taille de la pierre.

UNE ORDONNANCE À L'ANTIQUE (portail de Saint-Trophime) La forme en arc de triomphe et la richesse du décor sculpté tranchent avec l'austérité de la façade. Les principaux thèmes de l'histoire sainte sont déclinés, dominés par le Christ en majesté entouré du tétramorphe.

Symbolique romane (cathédrale Saint-Sauveur ▲ *218*, Aix) Si les chapiteaux s'ornent souvent des symboles des évangélistes, ils conservent cependant un décor antiquisant (géométrique ou végétal).

Un clocher typique (abbaye de Montmajour ▲ *287*) Le clocher découpé est caractéristique du clocher roman, pourvu de baies en plein cintre où étaient logées les cloches.

Sobriété et décor antique (Saint-Gabriel, ▲ *304* Tarascon) Sous le grand arc en plein cintre s'inscrit le portail, encadré par un décor à l'antique : un fronton triangulaire supporté par deux demi-colonnes engagées. L'analyse du travail de la pierre a mis en évidence de grandes similitudes avec les sculptures d'Arles.

Un plan simple (chapelle Saint-Blaise) Édifiée aux abords d'un important oppidum gaulois, cette chapelle montre comment

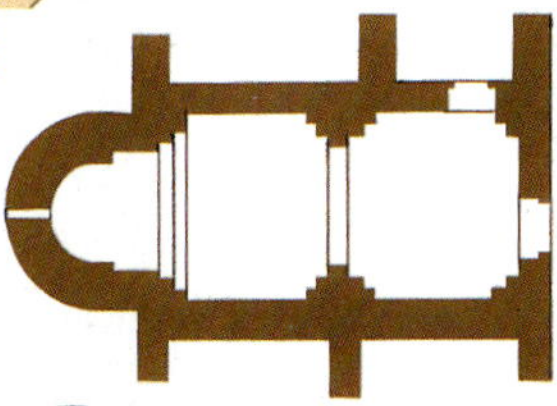

les constructeurs ont paré à la fragilité du berceau d'origine avec une nef à deux travées rythmée par des piliers accolés aux parois latérales et sur lesquels viennent s'appuyer des arcs-doubleaux renforçant la voûte.

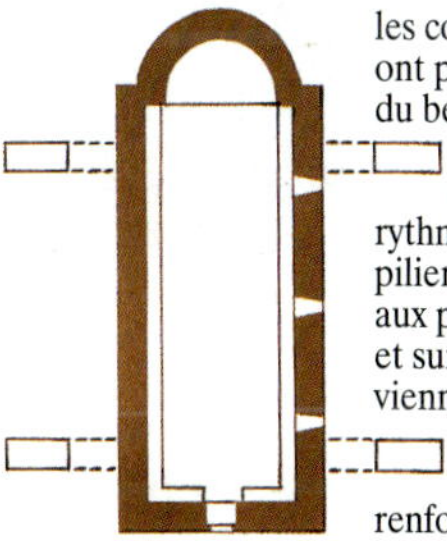

Une réelle volonté de dépouillement (Saint-Jean-du-Grès, Fontvielle) À la simplicité de la nef unique répond une voûte en berceau plein cintre dont le poids s'exerce sur des murs porteurs aux rares ouvertures.

Au Moyen Âge, et plus particulièrement aux XIVe et XVe siècles, l'édification de fortifications devient un phénomène de société : les châteaux de La Barben, de Boulbon, de Salon et de Tarascon en sont les témoins prestigieux. Les églises, souvent menacées par des bandes armées, apparaissent comme la pièce maîtresse de la défense de la communauté et disparaissent extérieurement sous les réaménagements militaires.

LES MÂCHICOULIS (Tarascon ▲ *306*) Avant l'existence de ce dispositif, si l'assaillant parvenait au pied de la muraille, le défenseur ne pouvait l'atteindre que s'il se penchait hors du créneau, ce qui le rendait vulnérable. Les mâchicoulis lui permettaient de tirer des traits verticaux avec plus de sécurité.

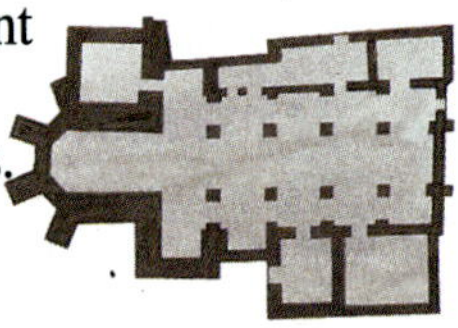

UNE ABSIDE CRÉNELÉE (Saint-Victor ▲ *173*) Fortifiée au XIVe siècle, cette église présente la particularité de posséder une abside crénelée dépourvue de mâchicoulis.

LES DONJONS (tour Anglica, Barbentane ▲ *317*) D'architecture massive, pratiquement sans ouverture, élevé en gros appareillage de pierres soigneusement taillées, le donjon est la partie centrale du château et l'élément en principe imprenable. Aussi demeure-t-il bien souvent le seul vestige encore visible d'ensembles fortifiés beaucoup plus importants.

De nouvelles exigences
À la fin du XVe siècle, on souhaite plus de lumière, des pièces plus grandes, plafonnées de poutres peintes, une décoration plus raffinée et moins austère.

Une église fortifiée (Saint-Andiol) Cette église permet de comprendre comment une chemise fortifiée a totalement englobé la construction romane du XIIe siècle. Au sommet des murailles, un chemin de ronde à mâchicoulis en encorbellement, porté sur des arcs plein cintre, repose sur des consoles et sur les contreforts romans, y compris autour de l'abside, où l'on a donné au chemisage un plan polygonal d'un heureux effet.

Une forteresse au bord du Rhône (Tarascon) Édifiée par Louis II d'Anjou, elle fut remaniée par son fils le roi René de 1447 à 1449. Médiévale par son allure massive et puissante et par son système défensif, elle s'affine à l'intérieur d'une cour par des ouvertures gothiques et s'ouvre par le traitement du logis seigneurial aux nouvelles influences de la Renaissance.

Le château de Tarascon

Le rattachement de la Provence au royaume de France, en 1481, ainsi que l'alliance de François Ier avec les Ottomans, en 1535, engendrent pour Marseille un essor spectaculaire. Enrichissement et ascension sociale font accéder certaines familles à la noblesse, ce qui se traduit pour elles par l'obtention de charges importantes et par l'achat de seigneuries rurales. Les riches commanditaires ne se contentent pas de recourir aux artistes locaux mais font appel aux plus célèbres qui, tout en déployant un style très personnel dans leurs réalisations, se réfèrent aux modèles inspirés de l'Antiquité et de la Renaissance italienne.

Les exigences d'un nouveau style (hôtel de Manville, Les Baux)
Il faut non seulement percer de larges ouvertures, agrandir les pièces, décorer avec élégance, mais également adopter une structure nouvelle, harmoniser les volumes, ouvrir sur une cour ou sur des jardins.

Répertoire antique
(maison des Templiers, ▲ *266* Lançon)
Ce portail illustre la maladresse avec laquelle a parfois été intégré le vocabulaire des monuments gréco-romains de la région.

Une ville de la Renaissance
(Les Baux-de-Provence ▲ *281*)
Le connétable de Montmorency, baron des Baux, introduit l'art de la Renaissance non seulement dans l'architecture des hôtels particuliers, mais aussi dans l'urbanisme du village (rues, places).

Une technique italienne (la maison Diamantée, ▲ *168*, Marseille) Inspirée des palais italiens, où la technique du bossage fut beaucoup pratiquée, cette maison doit son nom aux bossages en pointe de diamant qui animent sa façade. De tels exemples restent cependant rares en Provence.

Maisons de ville de la Renaissance
Groupées en îlot, les maisons ont une ou deux travées de fenêtres, une porte pleine et parfois une devanture de boutique obturée par de solides panneaux. Les fenêtres de l'étage sont à meneaux en pierre et croisillons, de proportions assez grandes, et équipées de volets intérieurs.

De profondes influences antiques (pavillon de la Reine-Jeanne ▲ *282*, Les Baux)
Si l'architecture provençale assimile les ornements de l'architecture antique (corniches à modillons, frontons triangulaires, arcatures, pilastres, colonnes), elle adopte également sa théorie des ordres définie par Vitruve au Ier siècle av. J.-C. : «Le dorique sous l'ionique, l'ionique sous le corinthien.»

L'escalier à vis ou à volée droite
L'escalier est généralement à vis pour occuper le moins de place ; il peut être saillant sur la rue. L'escalier à volée droite adossé au mur mitoyen commence à apparaître.

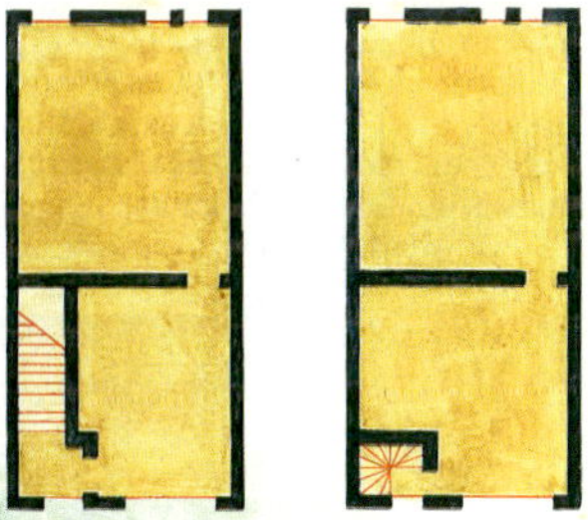

Plus qu'un style, le baroque provençal doit se comprendre comme une véritable civilisation dont les manifestations se lisent encore à travers les constructions du XVIIe siècle. Âge de l'ascension sociale, des réjouissances et des débordements, cet élan baroque s'extériorise par la passion du luxe – sculptures (atlantes), trompe-l'œil, marbres, etc. – qui se manifeste jusque dans l'architecture religieuse. Folle séquence entre la Renaissance tardive qui a évolué vers le maniérisme et le néoclacissisme marqué par le retour à l'antique, le baroque répond aux besoins de l'Église dans ses nouvelles orientations et s'exprime par la spirale, la volute, la courbe et la contre-courbe, dans le jeu alterné des masses convexes et concaves et les prouesses techniques auxquelles les progrès contemporains des mathématiques ne sont pas étrangers.

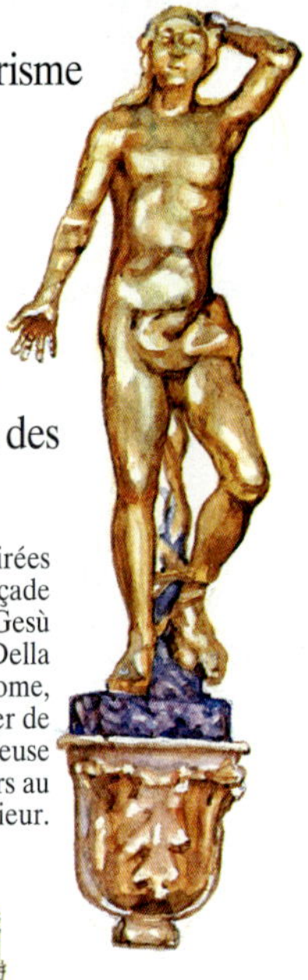

LES FAÇADES (église de Lambesc ▲ *245*)
Si les trois ordres classiques – dorique, ionique et corinthien –, théorisés avec rigueur par le Romain Vitruve, sont conservés, au-dessus d'un soubassement, leur superposition est de plus en plus remplacée par un seul ordre colossal (église de Saint-Chamas, en haut à droite) qui recouvre toute la hauteur des murs et donne aux façades une très forte unité.

Les volutes, inspirées de la façade de l'église du Gesù de Giacomo Della Porta, à Rome, permettent de relier de façon harmonieuse les étages inférieurs au fronton supérieur.

LE DÉCOR
Donnant une large part à l'illusion et aux effets dramatiques, le baroque a su aborder de nouveaux thèmes religieux – martyre et extase des saints – et renouveler le vocabulaire décoratif désormais composé de raccourcis, de diagonales, de perspectives, de trompe-l'œil et de polychromie. Murs et plafonds se couvrent d'angelots, de masques, de cariatides, de rinceaux, de drapés et de guirlandes.

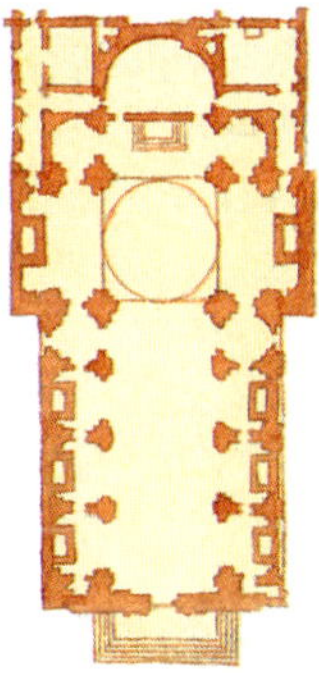

DEUX TYPES DE PLANS
Né à Rome, le baroque est lié à la Contre-Réforme et à la création de nouveaux ordres qui privilégièrent toujours, pour leurs églises, des systèmes de plans qui permettaient une plus grande participation des fidèles à la liturgie. Si les grandes églises conservent un plan basilical traditionnel, elles comportent le plus souvent une partie centrale importante mise en valeur par une coupole ou une rotonde. Les plus petits édifices présentent, quant à eux, une disposition centrée et, quand il y a lieu, un seul axe longitudinal.

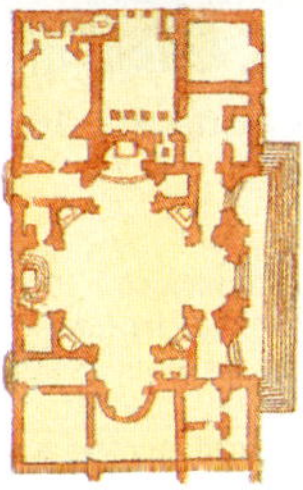

Églises Sainte-Madeleine ▲ *194* à Martigues et Saint-Jean-du-Faubourg ▲ *229* à Aix-en-Provence.

Fort Notre-Dame-de-la-Garde.

Reflets du long processus de formation et de maintien de l'unité nationale, les forteresses qui furent édifiées à Marseille témoignent des périodes de l'histoire où cette unité s'est vue en péril. Lorsque Charles Quint envahit la Provence, en 1524, François Ier réagit en décidant la construction des forts de Notre-Dame-de-la-Garde et de l'île d'If. Au XVIIe siècle, devant les résistances marseillaises à sa politique d'assimilation, Louis XIV ordonna la construction de la citadelle Saint-Nicolas (1660), bientôt suivie par celle du fort Saint-Jean (1664). Ces ouvrages, au-delà du principe de défense, livrent indirectement un autre témoignage, celui de l'évolution de l'art de la guerre et de l'armement.

UNE DOUBLE ENCEINTE
(fort Saint-Nicolas ▲ *171*)
Situé sur un emplacement stratégique, l'entrée du port, ce fort pouvait diriger ses batteries aussi bien sur la ville que sur les envahisseurs. Son dispositif à double enceinte, fossés et bastions, illustre la nécessaire adaptation aux offensives de l'artillerie à feu. L'angle saillant ainsi formé permet d'accueillir les machines et de pallier l'élargissement de l'enceinte qui a pour effet de recréer l'angle mort autrefois neutralisé par les mâchicoulis.

UNE ARCHITECTURE MÉDIÉVALE ANACHRONIQUE
(fort Notre-Dame-de-la-Garde ▲ *176*)
Efficace contre les armes de jet mais devenue inopérante contre les boulets de métal lancés par les bouches à feu, elle témoigne du caractère souvent obsolète des fortifications.

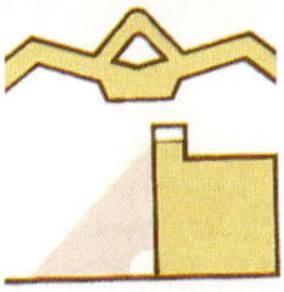

Le tracé bastionné
Mis au point avec talent par l'Italien Paciotto à Turin, il comprend courtines et bastions qui s'assurent une protection réciproque.

L'angle mort
Son élimination est résolue par la construction de tours ou par le remplacement de fronts rectilignes par des fronts de lignes brisées.

Une forteresse adaptée à l'artillerie
(château d'If ▲ *198*)
Le château s'intégrait à une politique de défense axée sur l'édification d'ouvrages fortifiés le long du littoral. Des remparts furent rajoutés en 1592.

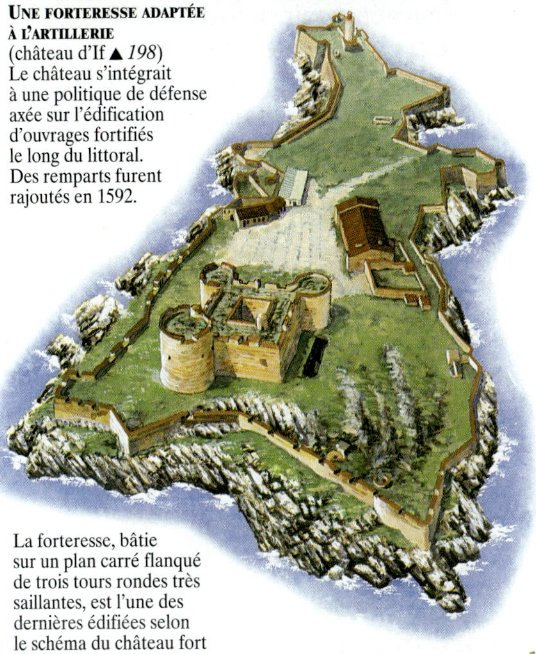

La forteresse, bâtie sur un plan carré flanqué de trois tours rondes très saillantes, est l'une des dernières édifiées selon le schéma du château fort médiéval.

Une tour de guet
(tour du Fanal)
Elle fait partie du fort Saint-Jean qui, avec le fort Saint-Nicolas, permettait de verrouiller la ville. Vauban augmenta son efficacité en faisant creuser un large fossé inondable, l'isolant totalement de la ville.

Les villes provençales voient s'épanouir, autour de 1650, une architecture publique et privée qui témoigne de la prospérité et de la richesse de la noblesse terrienne et de la haute bourgeoisie. L'urbanisme moderne s'impose aussi bien dans les quartiers anciens que dans de nouvelles extensions. Les villes s'agrandissent, rectifient leurs rues étroites et sinueuses, s'ornent de cours et de places. La composition urbaine s'affirme par des perspectives, de belles ordonnances architecturales, des lieux de promenade et des espaces verts.

UN TRACÉ RÉGULATEUR (quartier Mazarin ▲ *232*, 1646, Aix-en-Provence)
L'élévation traduit avec clarté les intentions du tracé : de larges rues sur un plan orthogonal.

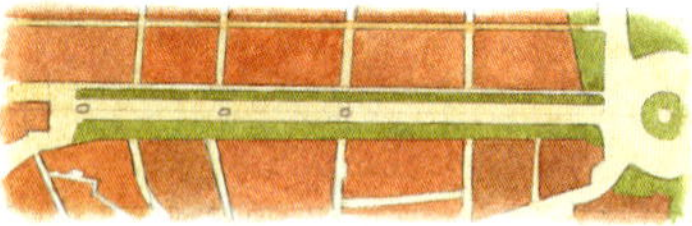

LE COURS
Les origines du cours comme espace public urbain sont provençales. Le premier, le «Cours-la-Reine», apparaît en 1616 à Paris (à l'initiative de Marie de Médicis qui l'importe d'Italie), où il sera une promenade à carrosse, ou «courses» à l'extérieur des remparts. Mais c'est à Aix (cours Mirabeau ▲ *230*), en 1649, puis à Marseille (cours Belsunce ▲ *171*), en 1668, que cet espace sera véritablement intégré au tissu urbain : césure verte dans un urbanisme qui souhaite l'embellissement du cadre de vie et lieu de promenade et d'élégance. Édifié sur l'emprise d'anciens remparts, il sert de lien entre la ville ancienne et les nouveaux quartiers.

LA PLACE (place Thiars ▲ *172*, Marseille)
Située dans le quartier des arsenaux, cette place est traitée comme un vide voulu dans le tissu urbain. Les façades qui la bordent n'ayant pas été composées en fonction de cette dernière, on ne peut parler ici de place ordonnancée.

UNE NOUVELLE DISTRIBUTION (hôtel de Caumont, Aix)
L'époque classique situe souvent le corps de logis principal entre cour et jardin.

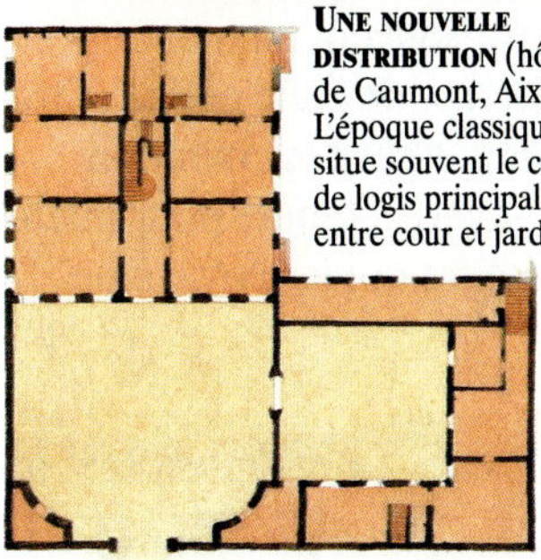

Les pièces doivent être régulières et leurs proportions rigoureuses, les portes, dans l'axe des croisées, les cheminées, au milieu des parois. L'appartement de parade comprend en général un vestibule, une grande antichambre (salle d'attente), une salle d'audience (pour les réceptions) et un ou plusieurs salons. L'appartement de commodité, plus bas de plafond et plus facile à chauffer, est composé d'une antichambre, une grande chambre, la chambre à coucher, le cabinet de chaise et la garde-robe.

UNE ORDONNANCE CLASSIQUE (façades du cours Mirabeau, ▲ *230* Aix)
Les immeubles sont désormais traités pour rythmer l'espace par des points forts : les portails se détachent de la façade ; les atlantes et les colonnes font saillie ; des niches avec statues attirent l'œil ; les lourdes corniches appareillées avec des masques grotesques participent au spectacle d'une vie publique de représentation qui s'affiche sur les cours bordés d'arbres et ponctués de fontaines.

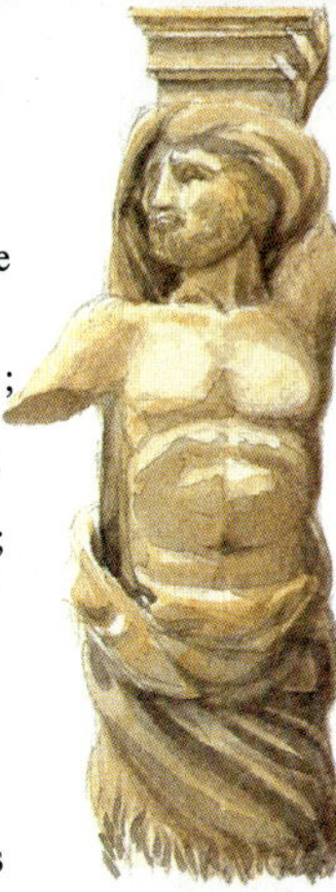

ATLANTES ET CARIATIDES (hôtel d'Arbaud, ▲ *224* Aix)
Inspirés des télamons et des cariatides qui, dans l'Antiquité, se substituaient aux colonnes, les atlantes ornent les portails pour supporter entablement ou balcon. Le portail de cet hôtel comporte deux atlantes dont l'un est de face, et l'autre de dos.

Fontaine de l'hôtel d'Espagnet, Aix.

LES BALCONS (hôtel d'Arbaud-Jouques, Aix)
L'agrandissement des fenêtres autorise des balcons. La maîtrise du fer forgé donnera en Provence des ouvrages remarquables.

UN RÔLE D'URBANISTE
Ce sont les contrôleurs des bâtiments du roi qui agissent en tant qu'urbanistes pour juger d'un projet, de nouveaux alignements, de la création de voies... Il n'y a pas de règlement mais une décision prise sur place.

Prolongement «hors les murs» de l'esprit de grandeur qui marque les cités de Provence à l'époque classique, les bastides expriment, tant au XVIIe qu'au XVIIIe siècle, la volonté de certaines familles d'affirmer leur position sociale par l'achat d'une terre, consécration d'une carrière et refuge sanitaire contre les épidémies. Leur vocabulaire architectural s'identifie parfois à celui de l'hôtel particulier, le propriétaire confiant souvent au même architecte la construction de l'une et de l'autre. Les façades présentent généralement un aspect sobre, voire sévère, comme pour mieux mettre en valeur la nature qui les environne.

LA TERRASSE (La Gaude ▲ *235*, 1750, Aix) Les façades principales des bastides sont orientées au sud, face à la perspective des jardins car si, au XVIIe siècle, l'étage noble se situait au premier, au XVIIIe, il descend au rez-de-chaussée et se compose de pièces en enfilade donnant directement sur les jardins. Une terrasse surélevée – recouverte de graviers, bordée de pins et agrémentée de fontaines et de bassins – assure la transition entre la bastide et son jardin.

LA FAÇADE DU XVIIIe SIÈCLE (La Mignarde ▲ *235*, Aix) La façade principale est le plus souvent rythmée par un axe central matérialisé de différentes façons : avant-corps, léger décrochement, maçonnerie à refends ou frontons (en arc ou triangulaire). L'axe est indiqué au rez-de-chaussée par la porte d'entrée, au premier étage par une porte-fenêtre avec balcon. Des chaînages à refends limitent le bâtiment.

Sobriété du décor extérieur
(pavillon de Lenfant ▲ *235*, 1677, environs d'Aix) Tandis que le décor intérieur envahit la moindre surface disponible, l'ordonnance des façades est uniquement indiquée par l'opposition des formes, la rigueur des proportions et quelques éléments sculptés se résumant à des modillons, consoles, mascarons et agrafes.

Le parterre
On distingue le parterre à la française, le jardin de fleurs, le verger, la pinède à l'arrière de la maison ou sur les côtés et la *tèse*, allée d'arbres et d'arbustes taillés en charmille. Le dessin du parterre était obtenu par des allées gravillonnées et des buis taillés.

Des parterres...

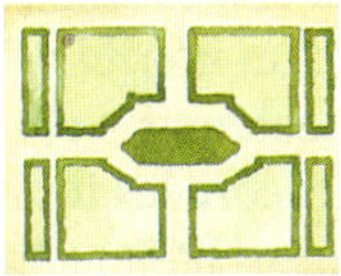

... de formes variées.

Techniques de construction
À l'exception de la Camargue et de la région des Alpilles où les édifices sont en pierres appareillées, on recourt à la maçonnerie de blocage enduite au mortier sur la face extérieure et au plâtre sur la face intérieure. La pierre appareillée est réservée aux chaînes d'angles et aux encadrements d'ouverture.

Entre bastide et hôtel particulier
(pavillon Vendôme ▲ *229*, 1665, Aix) Surélevée en 1730, la façade de ce pavillon, au décor exceptionnellement riche, est composée sur un axe central marqué par des atlantes et des niches. Des frises sculptées signalent les différents étages tandis que des pilastres soulignent la verticalité et rythment les travées.

Le renouvellement de l'art des jardins
Les propriétaires, s'inspirant de Le Nôtre, de Dezallier d'Argenville ou de Blondel, s'essaient à l'art du paysage, stimulés par les découvertes botaniques de leur siècle. Terrasses et jeux d'eau, géométries savantes et interminables perspectives végétales soumettent l'espace aux rêves versaillais de l'aristocratie locale.

Les docks de la Joliette ▲ *189*, construits vers 1860 en pierre et briques, sur le modèle des docks de Sainte-Catherine à Londres.

Marseille, ville portuaire, connaît au cours du XIXe siècle un développement exceptionnel dû à l'ouverture de routes maritimes et terrestres nouvelles liées à la navigation à vapeur et au chemin de fer. L'accroissement de la population urbaine s'accélère tandis que le développement industriel fait surgir partout de nouveaux types de constructions : usines, dépôts, entrepôts et bâtiments portuaires. Marseille, par ses projets d'embellissement et de réhabilitation, va devenir le chef de file d'un nouvel urbanisme, expression de courants idéologiques, techniques et esthétiques contradictoires. Si l'architecture utilise encore les formes anciennes et les règles classiques, elle recourt aussi largement à l'éclectisme, crée de nouvelles formes, libérées de toute référence au passé et rendues possibles grâce aux récentes techniques de construction et aux nouveaux matériaux.

UNE «VILLE NAPOLÉON III» ▲ *168*
À l'exemple du préfet Haussmann, les pouvoirs locaux procèdent à une modification en profondeur du tissu urbain existant grâce à de larges percements, l'éventration de collines, la démolition de vieux quartiers, le tracé d'avenues larges et rectilignes en bordure desquelles s'élèveront des maisons de rapport, immeubles d'aspect néoclassique affublés de tout un décor composé de pastiches. C'est entre 1863 et 1870 que ce bouleversement se manifeste, au moment de l'élargissement de la rue Noailles, prolongement de la Canebière, et de la construction de nouveaux quartiers nés du percement de la rue Impériale – actuelle rue de la République ▲ *171* – qui devait relier le Vieux Port à la Joliette.

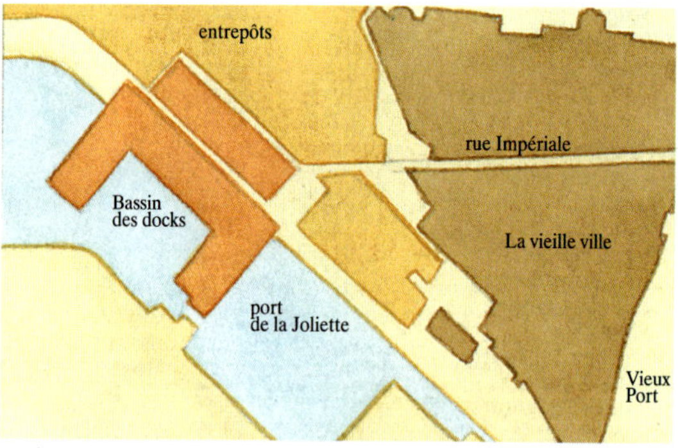

UNE ARCHITECTURE ÉCLECTIQUE
(palais Longchamp ▲ *184*, 1862-1869)
Synthèse de l'arc de triomphe romain, de la galerie du Bernin à Saint-Pierre de Rome et des palais italiens, ce musée-château d'eau traduit l'engouement du XIXe siècle pour l'éclectisme où toutes les formes architecturales anciennes (gothique, Renaissance, byzantine, musulmane et perse) sont étudiées, réinterprétées et imitées.

UNE ARCHITECTURE DE COMPROMIS (château de Castellemare, aujourd'hui Château-Berger, 1870) L'architecture de cette façade est un compromis entre des formes pastichées et grandiloquentes (échauguettes avec dôme, amortissement central), des formes nouvelles (répartition et proportion des ouvertures, marquise) et des réminiscences classiques (pilastres, corniche à denticules).

LE «TROIS FENÊTRES» Le plan des appartements correspond à l'ordonnance de la façade principale.

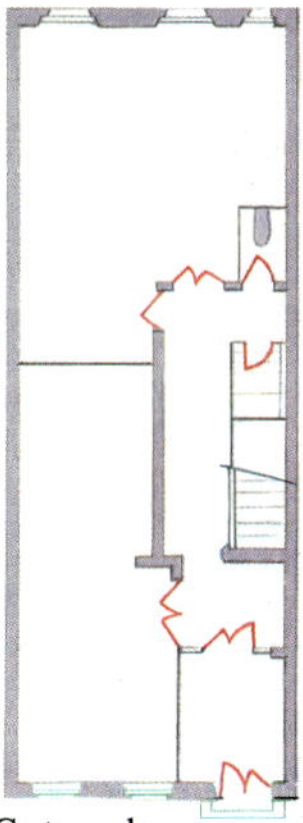

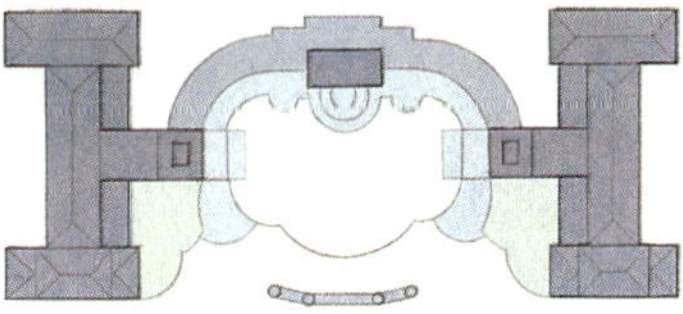

Ce type de construction se retrouve dans toutes les artères créées jusqu'en 1850.

Le terroir de la Provence est parsemé de villages qui portent les signes d'une très ancienne organisation de la société, souvent héritée du Moyen Âge, voire de l'Antiquité. Qu'il s'agisse du village perché à l'image des antiques oppida, reflet fréquent d'une empreinte féodale, du village de plaine, généralement implanté à un point de rupture de charge – carrefour routier ou confluence de rivières –, ou encore du village de littoral, posé en un lieu se prêtant au mouillage et à la pêche, ils sont tous la survivance d'une forme d'habitat groupé, établi selon un schéma et une architecture caractéristiques.

VILLAGE DE PLAINE
(Pélissanne ▲ *250*)
Cet étonnant village en coquille ne laisse pénétrer en son cœur aucune des routes dont il constitue pourtant un carrefour majeur.

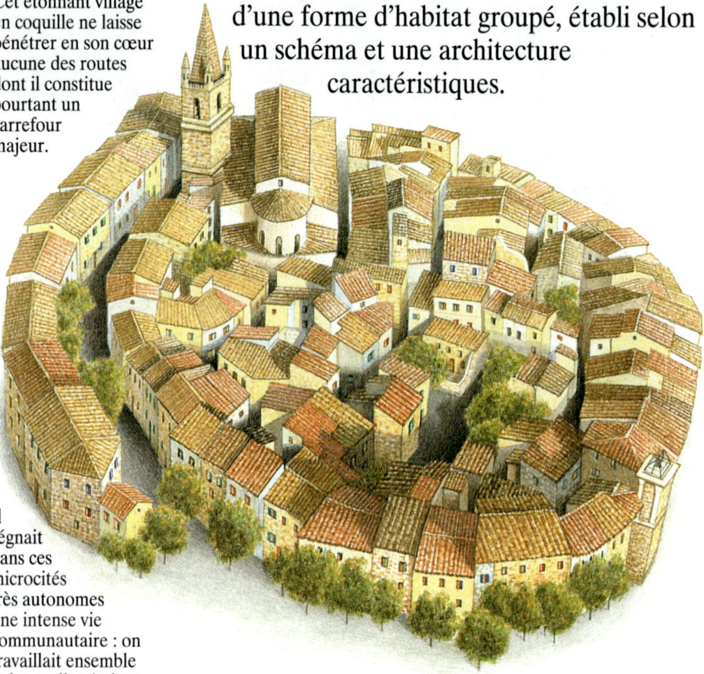

Il régnait dans ces microcités très autonomes une intense vie communautaire : on travaillait ensemble et les ruelles étaient de véritables espaces collectifs.

VILLAGES PERCHÉS
Bâtis sur une éminence plus ou moins élevée, ils s'articulent en coquille ou en terrasses superposées en fonction des courbes de niveau. Une occupation très dense de l'espace à l'intérieur de l'enceinte, s'adaptant étroitement au relief, les caractérise : unique rue charretière relayée par des ruelles étroites, maisons à étages serrées les unes contre les autres constituent un noyau dont le cœur est occupé par l'église ou le château s'exhibant au point culminant de la butte.

MIRAMAS-LE-VIEUX
▲ *269* Les maisons à double entrée se tassent autour de la modeste église dont seul le clocher roman à arcades se détache de l'ensemble.

SORMIOU ▲ *202*
Au pied de remarquables formes rocheuses naturelles, les calanques accueillent traditionnellement un minuscule port de pêche et quelques cabanons, petites maisons sans étage, réserve du pêcheur ou résidence secondaire du citadin.

VILLAGES DE LITTORAL (Cassis ▲ *206*)
Ce petit port était bien protégé du mistral mais moins préservé des «coups d'est». On aménagea des glacis le long des rives. Ils permettaient non seulement de déployer les filets pour les faire sécher et les réparer, mais aussi de tirer les bateaux au sec par menace de gros temps. Les maisons groupées autour du plan d'eau cerné par ces amples quais ont un rez-de-chaussée en général conçu pour la continuation des activités des pêcheurs, sortes de magasins et d'entrepôts. L'espace d'habitation est relégué aux étages, superposant pièces à vivre et chambres très souvent sur une seule travée.

FUVEAU
De multiples traverses à degrés, passages couverts et escaliers relient entre eux les différents niveaux d'habitat qui s'étagent sur les versants du piton rocheux.

MARTIGUES ▲ *194*
S'articulant sur trois quartiers bien distincts – Jonquières, l'Ile et Ferrières – séparés par les deux bras de la passe de Caronte, le paysage urbain des vieux quartiers présente une harmonie fortement marquée par les façades étroites des maisons de pêcheurs. Nombre d'églises, d'hôtels et de portails richement décorés témoignent de l'aisance de la communauté.

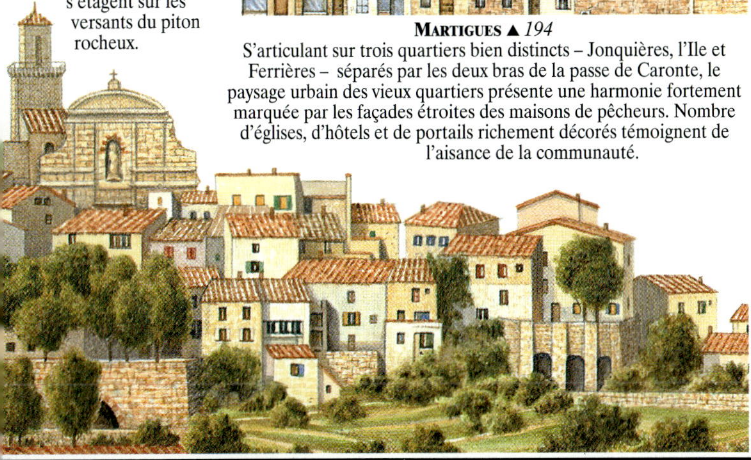

Profondément inscrite dans le terroir, liée aux activités quotidiennes autant qu'au climat, l'architecture rurale traditionnelle, destinée au berger, au fermier ou à l'exploitant agricole, témoigne d'une adaptation remarquable. Si de nombreux types d'habitats la caractérisent (mas, cabane, borie, cabanon, pigeonnier), elle répond toujours à des besoins familiaux et agricoles, juxtaposant ou intégrant dans un même bâti les lieux d'habitation et ceux à caractère professionnel.

Cette petite construction en pierres sèches – c'est-à-dire bâtie sans l'usage de liant – servait de petite écurie, de remise ou de bergerie.

CABANON
Malgré une apparence simple, il n'en recouvre pas moins de multiples réalités : abri rural, refuge de chasseurs, réserve du pêcheur ou résidence secondaire du citadin. Les matériaux de construction sont variés : pierres sèches, moellons, mortier d'argile, de sable ou de chaux.

La porte, basse et étroite, est surmontée d'un linteau de bois ou de pierre.

MAS CAMARGUAIS
Adossé aux coups violents du mistral, aveugle au nord et au nord-ouest, il est fait de murs épais en pierre de taille, à l'étage, et en maçonnerie de moellons, au rez-de-chaussée, qui lui garantissent une agréable fraîcheur. La treille, avec un muret et des fers où se déploie la vigne, circonscrit au sud un espace de convivialité. Ce mas camarguais a un plan en U avec un pigeonnier monté en pierre de taille qui marque l'une des extrémités de ce U.

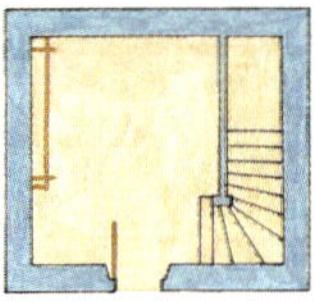

BORIE
Le plan, de forme carrée ou circulaire, est tracé sur un sol aplani tandis que les murs sont établis sur des fondations superficielles. La couverture est réalisée selon le principe de la voûte en encorbellement dégrossi sans qu'aucun cintre en bois ne soit nécessaire.

Cabane camarguaise
Elle se compose d'une ossature en bois sur laquelle sont fixés des fagots de roseaux. Occupée par le gardian, elle comporte deux pièces : une partie cuisine et une chambre. Sa forme arrondie à l'arrière permet de résister aux vents et de créer une zone abritée sur la façade.

Pigeonnier
(pays d'Arles)
Le pigeonnier peut être partiellement ou totalement intégré aux volumes d'habitation ou d'exploitation. Il prend la forme d'une tour, ronde ou carrée, quand il est isolé.
Sa toiture, à un seul versant, simple ou en cascade, lui confère une silhouette bien caractéristique.
On plaçait sur toute la surface intérieure, dans l'épaisseur de la maçonnerie, des boulins, en général de terre cuite, pour permettre aux pigeons de nicher.

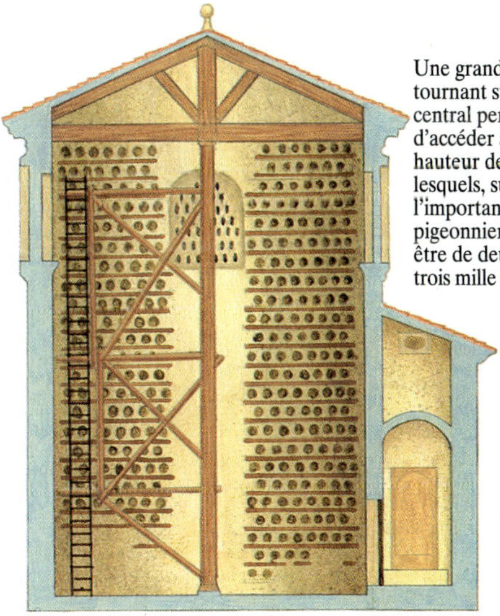

Une grande échelle tournant sur un axe central permettait d'accéder à chaque hauteur des boulins, lesquels, suivant l'importance du pigeonnier, pouvaient être de deux mille à trois mille unités.

Portes et campaniles

De belles cages de fer (campanile du couvent des Augustins ▲ 227, Aix) Leurs formes sont variées : sphériques, pyramidales ou bulboïdes.

Jusqu'au XVIIIe siècle, la plupart des villages de Provence sont ceinturés de remparts avec, pour seuls accès, des portes réparties sur le périmètre en fonction des voies de circulation. Ce contrôle des accès a un triple objectif : la sécurité, l'octroi et la surveillance sanitaire. Les campaniles, particularité provençale, furent construits, à partir du XVIe siècle, pour résister au vent, leur structure légère et ajourée ne lui offrant que peu de prise. L'art des forgerons en fit peu à peu de véritables éléments décoratifs, hissés au sommet des tours et des clochers.

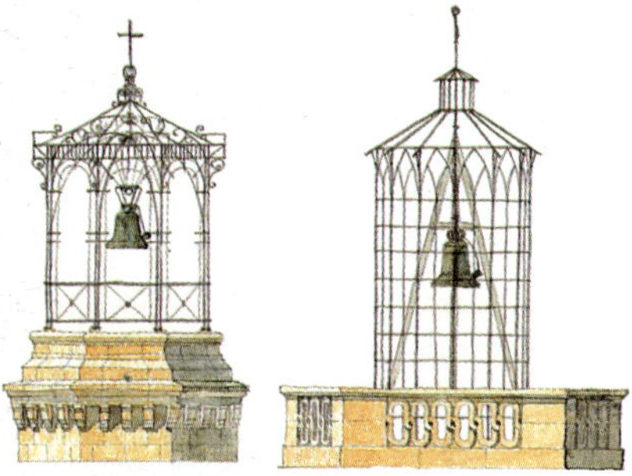

Pour résister au vent (campaniles des Pennes-Mirabeau et d'Eyguières ▲ *275*) Leurs formes sont inspirées de la fleur de campanule, mot datant du XVIIIe siècle et dérivant du latin *campanula*, clochette.

Un rôle défensif à partir du XIVe siècle (porte Saint-Jean ▲ *308*, Tarascon) Flanquée de deux grosses tours reliées par un châtelet et couronnées d'un mâchicoulis, ce type de porte permettait des tirs croisés sur l'assaillant.

Halte-là (château de l'Emperi, ▲ *259*, Salon) Se succédaient pont-levis, barbacane, herse et portes à vantaux.

Une porte triomphale (porte de l'Horloge ▲ *261*, Salon) Sur l'emprise du rempart primitif, une première porte a été dressée au XVIIe siècle, d'inspiration italienne, avec fronton triangulaire, arc à bossages et colonnes détachées. Trois étages pyramidaux ornés de bossages d'angles sont venus la surélever au XVIIIe siècle.

Le pays vu par les peintres

«DANS ARLES OÙ SONT LES ALYSCAMPS
QUAND L'OMBRE EST ROUGE SOUS LES ROSES
[...] PRENDS GARDE À LA DOUCEUR DES CHOSES»

JEAN-PAUL TOULET

De Van Gogh et Gauguin (1848-1903) à Pablo Picasso (1881-1973), Arles a fasciné les peintres par sa lumière, excessive et sereine, comme par la richesse de son passé ▲ *290*. Appelé en 1888 par Van Gogh, GAUGUIN n'y séjourne que d'octobre à décembre : si les tons et la force des lieux l'impressionnent, il continue à peindre selon une technique mise au point la même année à Pont-Aven, mais enrichie des expériences qu'il mène avec Van Gogh sur la couleur, comme l'illustrent *Les Alyscamps* **(1)**. L'histoire d'amour entre PICASSO et la Provence est plus longue mais imprègne surtout l'œuvre de ses vingt dernières années ; Arles et la tauromachie lui rappellent son Espagne natale et, en 1958, c'est en *Arlésienne* **(2)** qu'il se plaît à figurer la femme qu'il aime, Jacqueline. MAURICE ESTÈVE (né en 1904) s'inspire autant de Bonnard que de Fernand Léger et applique à l'un des grands mythes provençaux, *La Tarasque* **(3)**, l'abstraction de ses recherches picturales.

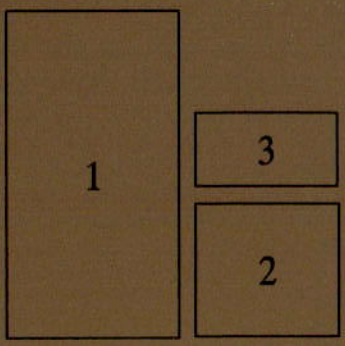

Le séjour en Provence de Vincent Van Gogh (1853-1890), depuis son arrivée, en février 1888, jusqu'à son internement, en 1889

▲ *279*, marque une étape cruciale dans son travail sur la couleur, entre l'obscurité de sa période hollandaise et la luminosité intense des derniers tableaux. C'est là qu'il libère son geste et cherche à harmoniser «des tons dorés de toutes les nuances : or vert, or jaune, or rose, ou bronzé, ou cuivré, enfin du jaune citron au jaune terne, le jaune par exemple d'un tas de grains battus». Issu de cette riche gamme d'impressions colorées, *Les Oliviers* anticipent l'expressionnisme à venir.

Les recherches sérielles de PAUL CÉZANNE (1839-1906) débutent à l'Estaque ▲ *190* en 1870, alors que, formé par le paysagisme de l'Île-de-France, il a déjà atteint la trentaine. Dans les années 1880, revenu dans sa ville natale, Aix, il peint inlassablement les quelques mêmes motifs (la campagne aixoise, le Jas de Bouffan, la Sainte-Victoire ▲ *238*, Château-Noir) pour parvenir à synthétiser la forme et épurer la couleur, en se réclamant de la leçon de Nicolas Poussin. *Le Grand Pin près d'Aix-en-Provence* **(1)**, dont la composition rayonne à partir de l'arbre, sera une inspiration essentielle pour les cubistes.

«AU PREMIER JOUR DE SOLEIL, DESCENDRE EN PROVENCE
POUR Y PASSER QUELQUES MOIS AVEC MES AMIS
ET JOUIR DES FLEURS, ET DE NOTRE BELLE LUMIÈRE»

MARIUS GRANET

Le pays d'Aix, c'est d'abord une lumière dont la densité et le mystère n'ont d'égal que l'éclat. L'âme colorée et pourtant sombre de la Provence (une énigme picturale à résoudre pour beaucoup d'artistes), MARIUS GRANET (1775-1849) ▲ *232*, fils d'un maître maçon aixois, la débusque dans ses vues des environs d'Aix. Il achète vers 1825 une bastide près de sa ville natale et, lors de ses séjours, y puise de nombreux motifs d'inspiration, ici *Le Parapet de la terrasse à la bastide de Malvalat* **(2)**. Ce peintre romantique, qui fut l'ami d'Ingres à Rome, attiré par un art mélancolique et tourmenté (cloîtres en ruine, cimetières abandonnés), campe des urnes et une stèle funéraires ramenées d'Italie au premier plan d'un paysage au fond duquel se profile le pic de Mimet.
En revanche, *Le Paysage du Tholonet* **(3)** de PIERRE TAL-COAT (1905-1985), qui séjourna longtemps à Saint-Joseph-du-Tholonet, est vu par la grille d'un paysagisme qui tendra de plus en plus à l'abstraction, jusqu'à ne plus laisser de lisible que le geste.

1	
3	2

«L'ÉTANG, COUVERT DE FLAMBEAUX, EST UN CIEL QUI RÉPOND AUX SPLENDEURS DE LÀ-HAUT, LIMPIDE, DOUX ET CLAIR»

CHARLES MAURRAS

Autour de l'étang de Berre et de Martigues ▲ *194*, un paysage alliant la terre et l'eau, la dureté du roc et la netteté de l'air a attiré un grand nombre de peintres après Félix Ziem ▲ *197*. De Chabaud et Seyssaud à Ravaisou, des fils spirituels de Pissarro (Manzana et Rodo) à leur compagnon de peinture Francis Picabia, cet espace physique rare semble pousser les peintres à imaginer autant de contrastes qu'il en dévoile devant eux. RENÉ SEYSSAUD (1867-1952), peintre indépendant et annonciateur de l'expressionnisme dès le début des années 1880, partagea sa vie de peintre entre deux sites essentiels, le Ventoux et l'étang de Berre. Il y utilisa les couleurs pour leurs capacités à exacerber le réel, comme le rouge des *Coquelicots sur l'étang de Berre* **(1)**, qui semble écraser toutes les autres couleurs mais, par contraste, les révèle. AUGUSTE CHABAUD (1882-1955) ▲ *315*, après un séjour à Paris qui suit son service militaire en Afrique du Nord, va, de même que Seyssaud, refuser la reconnaissance parisienne pour s'établir en Provence. Son tableau *Étang de Berre* **(2)**, envahi par un bleu qui semble repousser toutes les autres couleurs, appartient encore à la période violente, fauve de l'artiste. Il se confrontera ensuite aux tonalités brunâtres et noires des montagnettes des Basses-Alpes.

NICOLAS DE STAËL **(3)**, né à Saint-Pétersbourg en 1914 et mort à Antibes en 1955, s'installe en France en 1938 et pratique une peinture de formes simples et de couleurs intenses, qui se réduisent, dans *Les Martigues* **(4)**, à une gamme limitée d'où émergent le bleu, le blanc et le rouge. Le paysage de Martigues se dessine à partir d'une simplification extrême et de contrastes violents.

1	3
2	4

«MONTICELLI EST UN PEINTRE QUI A FAIT LE MIDI EN PLEIN JAUNE, EN PLEIN ORANGE, EN PLEIN SOUFRE»

VINCENT VAN GOGH

Avant que l'Estaque, à l'ouest de Marseille, n'attire une génération de peintres fascinés par Cézanne ▲ *190*, c'est plutôt vers l'est, vers le massif de la Gineste et les calanques entre Marseille et Cassis ▲ *202*, que se tournaient les meilleurs tenants de l'école provençale de paysage du XIXe siècle tels Marius Engalière (1824-1857), Auguste Aiguier (1814-1865) ou Paul Guigou (1834-1871). Une configuration plus abrupte, un contact direct avec la nature, l'absence d'urbanisme et de présence humaine rendaient cette portion de littoral propice à l'exercice d'une peinture sensible et encore romantique. Une œuvre telle que *Soleil à Cassis* **(1)**, du Marseillais ADOLPHE MONTICELLI (1824-1886), permet de comprendre comment, à partir des recherches novatrices que ce peintre entreprend dès 1871, le paysage s'efface devant la peinture, entre impressionnisme et expressionnisme. Ses paysages étranges ouvrent la voie, après lui, d'une peinture brillante dont les effets frôlent la limite de l'abstraction : Vincent Van Gogh fut d'ailleurs l'un de ses fervents admirateurs et c'est, notamment, pour retrouver son œuvre qu'il entreprit son voyage provençal en 1888 ● *126*. OTHON FRIESZ (1879-1949), très tôt lié à Dufy et à Braque, deux Havrais comme lui, explora avec eux les tendances de la peinture moderne sur la côte provençale, de Martigues à La Ciotat, en passant par l'Estaque. Ce fauve, disciple de Matisse dès 1904, montre dans *Paysage à La Ciotat* **(2)** une nature dominée par la couleur, mais sous-tendue par une structure forte, contrairement à Monticelli qui ne donnait que peu d'éléments stables. La force de cette œuvre est cependant éloignée de celle du tableau d'ANDRÉ

DERAIN **(4)** (1880-1954) – *Paysage à Cassis* **(3)** –, où l'influence de Cézanne se lit malgré la saturation des couleurs. C'est d'ailleurs à partir du travail qu'il élabore à Cassis, jusque vers 1910, qu'il structure de plus en plus fortement ses toiles, sans toutefois aller jusqu'au cubisme. L' armature, nerveuse et visible, une construction qui guide le geste et la couleur du tableau s'opposent à la toile d'Othon Friesz.

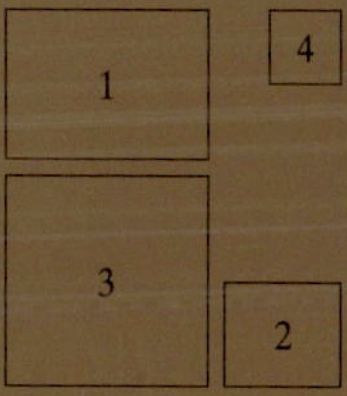

«Marseille est maintenant ce que devait être la Perse dans l'Antiquité, Alexandrie au Moyen Âge : un capharnaüm, une Babel de toutes les nations»

Gustave Flaubert

De Joseph Vernet (1714-1784) à Félix Ziem ▲ *197* se construit une image idéale d'un port encombré de mâtures et de voiliers. L'iconographie exalte la richesse acquise dans le commerce avec l'Orient et les fantasmes que ce dernier engendre, comme l'illustrent alors les grandes fresques de Puvis de Chavannes. Mais c'est surtout le XIXe siècle finissant qui insiste sur l'aspect exotique de la ville. Un peintre spécialiste des marines comme Louis Garneray **(1)** – *Vue de la ville et du port de Marseille prise de l'hôtel de ville*, vers 1820 –, connu pour ses représentations de pêche à la baleine, montre la mer au premier plan de la ville, comme au temps des védutistes du XVIIIe siècle. Jean-Baptiste Olive (1848-1936) – *Le Port de Marseille*, 1890 **(2)** – et Alphonse Moutte (1840-1913) – *Entrée du port de Marseille par une belle matinée de décembre* **(3)** –, tous deux nés à Marseille, en ont une vision plus précise et empreinte de détails locaux convaincants. Ce qui les sépare, c'est la grande proximité d'Olive avec l'atmosphère de la ville, alors que Moutte prend de la hauteur (au sens réel du terme) pour figurer davantage la réalité géographique de la ville.

1	2
3	

Le Débarquement des blés à Marseille, huile sur toile d'Alphonse Moutte (1876) ● *149*.

LE PAYS VU PAR LES ÉCRIVAINS

LE FAUX PRINTEMPS

Charles Maurras (1868-1952) est né à Martigues. Atteint de surdité dès l'enfance, il put faire toutefois des études classiques dans un collège religieux d'Aix. En proie à un profond désarroi spirituel il s'ouvre aux idées intellectuelles de son temps. Journaliste, agitateur d'idées mais esprit dogmatique, il s'enferme dans une rigidité doctrinale. Ses amis, Maurice Barrès et Frédéric Mistral, lui font retrouver l'amour de son pays natal. Ces pages où il évoque les paysages de Provence et où il chante les beautés de son pays restent parmi les plus denses de l'auteur.

« Nous avons traversé la France couverte de neige. [...] À la frontière de Provence cette neige se dissipa. [...] La lumière jaillit bientôt, dora les écailles du Rhône et courut multipliée comme un feu subtil entre les verges noires des petits arbres qui se succédaient dans la plaine. Ces lumières du ciel sont peut-être le souverain bien. Elles apportent le courage et l'égalité à notre âme et ramènent à leur proportion les maux que centuplait chaque folle imagination de la nuit. Ô consolatrices de l'homme ! J'avais le corps, l'esprit trop malades pour les nommer ; mais elles me sourirent en se distribuant sur toutes les choses. Les vieux murs ravivés s'échauffaient sous la flamme agile. Les teintes naturelles y refleurissaient à vue d'œil. Nous avions dépassé ces coteaux du Valentinois que baigne la Drôme, *d'acquèu Valentinès que Droumo arroso*, comme chante Mistral. Avenues de platanes et de mûriers, jardins déserts encore, maisons caduques et nouvelles adossées à la roche ou construites en plein champ, les petites villes prospères du Comtat se mirent à défiler dans cette splendeur. L'air dépouillé comme la terre nous laissa voir du haut en bas de leur structure les gloires romaines d'Orange. Ce fut un peu plus loin que la voie reprit sa tristesse. [...] Point de neige, mais ces larges gouttes d'eau glaciale qui sont de la neige fondue, et toute la campagne pénétrée d'une demi-brume d'où sortaient çà et là des créneaux, des clochers, des tours.

Je serais retombé dans l'état de langueur qui m'avait chassé de Paris si, en suivant le fil du Rhône, sous la mélancolie de l'espace supérieur, les formes des collines ne m'eussent révélé le mérite essentiel de leur composition. À la faveur de ce gris matin de février, elles m'ont fait comprendre qu'elles n'ont pas besoin des revêtements du soleil. Oui, ce pays vaut par lui-même. »

CHARLES MAURRAS, *CORSE ET PROVENCE*, FLAMMARION, PARIS, 1930

SEREINE SPLENDEUR ! [...] OÙ PASSE L'ÂME DU VENT

André Suarès est originaire de Marseille (1868-1948). Âme ardente et solitaire, il nous a laissé une œuvre de penseur et de poète, aux accents singuliers et pénétrants. Après des études à Paris, le pays qu'il redécouvre, en 1889, correspond à son amour de la grandeur et à son penchant pour la méditation.

« La blancheur est éclatante. Sur un buisson poussiéreux, les roses sont une présence d'amour. Le ciel n'est pas plus bleu, mais plus ardent et plus tendre. Les rochers portent témoignage du sculpteur : leurs arêtes et leurs lignes, les ombres vivantes qui les creusent, la beauté d'un arbuste qui les couronne, ou d'un pin au fronton ; il semble qu'une main intelligente a laissé son empreinte dans ces formes, pleines d'une secrète émotion. Une écume parfumée de thyms et de romarins modèle, d'un trait noir, ces belles roches. Et le silence accroît la solitude.

Or, cessant de courir sur l'ouest, si l'on prend la route de Toulon, vers le sud, une joie profonde vous saisit, pareille à la majesté du paysage : le soleil descendant illumine une vision parfaite.

Une immense étendue, une plaine comme un bouclier d'or, ciselée, sur les bords, de quelques collines. Il rayonne une paresse heureuse. De ce point, comme en un lieu de halte, on découvre tous les rivages, depuis la rade de Toulon jusqu'aux îles

de Marseille. La mer est d'un bleu presque violet, au listel de l'horizon. Un golfe lointain est ouvert en vasque, où le ciel coule. Çà et là, une fibule de pourpre agrafe un cap à un cap. Sereine splendeur ! Mais une sérénité vive, répandue plutôt que profonde, légère même, où passe l'âme du vent.
En ce monde où tout est ombre et apparence, qu'importe si c'est notre âme qui prête au paysage tant de grandeur, ou si elle l'emprunte du paysage ? Qu'importe, pourvu qu'au-dessus des ombres, ombre soi-même, on se laisse porter par un sentiment sublime ? »

André Suarès, «Paysage antique», in *Idées et visions*,
Émile Paul, Paris, 1913

Sous un ciel d'azur

Hippolyte Taine (1828-1893) exerça ses talents d'écrivain et de penseur dans des domaines aussi variés que le récit de voyage, le conte, la philosophie, l'esthétique, l'histoire de la France et l'histoire de la littérature. Il a consigné, en esthète averti, ses impressions de voyageur dans ses Notes sur la Provence.

« La mer semble un métal qui sort de la forge, tout niellé, damasquiné d'arabesques lumineuses ; des millions d'éclairs pétillent sur cette grande nappe hérissée, sur ce bleu profond, comme sur les bosselures et les reliefs capricieux d'une cuirasse. –À tous les plans, la teinte change : d'abord une vague améthyste trouble, puis le pur saphir intense, puis un luisant reflet vert de turquoise, enfin la soie pâle et tendre qui va se perdre dans la blancheur du ciel. Ce ciel lui-même, à quoi le comparer ? Quand une belle jeune femme, toute florissante et fraîche, toute parée pour son mariage, a mis son peigne d'or dans ses cheveux, ses colliers de perles à son cou, ses diamants à ses oreilles et que tous les joyaux de son écrin éclairent de leurs flammes sa chair rosée et vivante, elle attache sur son front un grand voile blanc qui flotte. Mais son visage le remplit de lumière, et la gaze dont il semble se cacher lui fait une gloire qui l'illumine. De même ces rochers, ces parois de marbre brisées sous l'air vaporeux qui emprisonne et étale sur eux toute la magnificence du soleil. »

Hippolyte Taine, *Notes sur la Provence, 1863-1865*

En Arles

Paul-Jean Toulet (1867-1920) utilise dans une savante combinatoire tous les registres de la langue ; ces Contrerimes *en sont une belle illustration. Il se dégage de ce poème une allégresse particulière, qu'accentuent la brièveté de la pièce et l'usage de l'ellipse.*

Dans Arles, où sont les Alyscamps,
Quand l'ombre est rouge, sous les roses,
  Et clair le temps,

Prends garde à la douceur des choses.
Lorsque tu sens battre sans cause
  Ton cœur trop lourd ;

Et que se taisent les colombes :
Parle tout bas, si c'est d'amour,
  Au bord des tombes.

Paul-Jean Toulet, «Chansons», in *Les Contrerimes*, Gallimard, Paris, 1979

Van Gogh à Arles

C'est à Arles, où le soleil l'enchantait et l'exaltait tout à la fois, que Vincent Van Gogh (1853-1890) écrivit ces pages. Il s'y installa en février 1888, durant une intense période de gestation où il accumula paysages et portraits. Possédé par une fureur créatrice qui ne devait plus le quitter, il travailla assidûment avant d'atteindre à la plénitude solaire que sa peinture exprime. Il nous laisse à travers cette correspondance un témoignage incomparable sur sa quête perpétuelle de Dieu, un Dieu qui se confond avec le feu du soleil et la violence de ses passions.

« Le soleil d'ici, je crois que tu ne le trouverais pas désagréable. Je me trouve on ne peut mieux de travailler dehors par la grande chaleur du jour. C'est une chaleur sèche, limpide, diaphane.
La couleur ici est vraiment très belle. Quand le vert est frais, c'est un vert riche comme nous en voyons rarement dans le Nord, un vert apaisant. Quand il est roussi, couvert de poussière, il ne devient pas laid pour cela, mais le paysage prend alors des tons dorés de toutes les nuances : or vert, or jaune, or rose, ou bronzé, ou cuivré, enfin du jaune citron au jaune terne, le jaune par exemple d'un tas de grain battu. Quant au bleu, il va du bleu de roi le plus profond dans l'eau jusqu'au bleu du myosotis, au cobalt, surtout au bleu clair transparent, au bleu vert, au bleu violet.

Naturellement, cela appelle l'orangé ; un visage brûlé par le soleil fait orangé. Et puis, en raison de beaucoup de jaune, le violet se met tout de suite à chanter. Une clôture ou un toit gris, faits de roseaux, ou un champ labouré fait beaucoup plus violet que chez nous. En outre, comme tu dois bien l'imaginer, les gens ici sont souvent beaux. Bref, je crois que la vie ici est quelque chose de plus heureux qu'en maint autre lieu de la terre [...]
Ce qui me frappe ici, et ce qui fait que la peinture ici est pour moi attrayante, c'est la transparence de l'air ; tu ne peux savoir ce que c'est, justement parce que nous n'avons pas cela chez nous. À une heure de distance, on distingue la couleur des choses : le vert gris des oliviers, le vert de l'herbe des prairies par exemple, et le rose lilas d'un champ labouré. Chez nous, on ne voit qu'une vague ligne grise à l'horizon ; ici, la ligne est nette jusque très loin, et la forme reconnaissable. Cela donne une idée d'espace et de ciel. »

Van Gogh, « Lettres d'Arles à sa sœur, juin-juillet 1888 », in *Correspondance complète*, trad. Maurice Beerblock et Louis Roëlandt, Gallimard, Paris, 1960

LE REGARD DE CÉZANNE

Charles-Ferdinand Ramuz (1878-1947) a la force et l'ingénuité des primitifs. Ses textes chantent le monde paysan, la nature, la communion entre les hommes. C'est un visionnaire doublé d'un poète qui plie la langue à l'objet même de son étude : le paysage et les créatures qui le peuplent. En 1913 il quitte son pays de Vaud pour se rendre à Aix-en-Provence, à la recherche de «l'exemple de Cézanne», décédé sept ans plus tôt. Il en rapportera une leçon, «Apprenez à voir sans intermédiaire», qui éclaire son art poétique, devenu art de vivre.

“Faut-il parler de ce petit voyage ? Faut-il dire comment on prend le tramway sur une place tout à côté de la Canebière, et il ne part pas tout de suite, certes, n'étant pas pressé, mais il fait si beau ? C'est un matin d'automne à Marseille, et l'automne y est chaud comme les étés de chez nous, mais une brise vient de la mer : qu'est-ce qu'il y a donc qu'on soit pareillement heureux ? Est-ce l'animation de la rue, toutes ces filles en cheveux, si parfaitement coiffées et chaussées (et le reste va comme il peut), l'heureux débraillé d'une foule qui tourne vite à la cohue, ces uniformes, ces cols bleus, ces turbans, ces robes, ces fez ? Mais il se fait, comme ça, tout de suite, un changement dans votre nature : tout vous paraît à sa place, tout vous paraît arrangé pour le mieux. On demande à l'employé quelle est la durée du trajet ; il n'y a pas que l'accent qui enchante quand il vous répond sans sourire :

– Deux heures, sauf «accidents de route».

Y croirait-on, qu'ils ne vous feraient pas peur, ces accidents de route-là ; on s'amuse d'avance d'un déraillement possible ; ou bien est-ce qu'il y aurait des pilleurs de trains, comme dans le Far West, qui seraient embusqués, quelque part, au bord de la route, guettant l'Anglais cossu, qui, d'ailleurs, fait défaut ?

Je voyage en compagnie de quatre ou cinq jeunes gens du pays, qui viennent de passer devant le conseil de révision, à cause de quoi ils ont arboré à leur boutonnière des flots de rubans tricolores ; – ils parlent entre eux posément ; ils sont maigres, plutôt grands et pas toujours noirs, graves, avec des gestes sobres.

Rien de cette grosse vulgarité, que je craignais de trouver ici ; un mélange de réserve et de confiance dans la bonhomie qui tout de suite m'avait frappé, étant juste le contraire de ce à quoi je m'attendais ; une apparente naïveté parfois qui n'est qu'un masque mis sur beaucoup de finesse ; de l'ardeur peut-être, mais qui se contient.

On longe d'abord par-derrière (autant qu'il m'en souvient) les entrepôts du port ; ensuite seulement on commence à monter. C'est un quartier d'usines et surtout de savonneries et d'huileries, comme on le devine à l'odeur ; de grandes cheminées fument sur notre gauche, sans parvenir pourtant à ternir la pureté du grand ciel, qui est presque noir, tant il est bleu. Plus on va, plus on s'élève : les usines ont fait place à des petites maisons basses, nues, simples de lignes, passées à la chaux, le toit de tuiles jaunes coupé au ras des murs ; alors on commence à voir se lever les premières falaises rousses, couronnées de pins ; et la mer qui s'aperçoit toujours par les vides entre les feuillages est une mer qu'on domine, une mer vue d'en haut.

Il n'a pas voulu connaître les ports, les mâts entrecroisés, les coques noires des navires [...] : son pays à lui est plus en arrière, son pays est le haut pays. Une enseigne où on lit : *CÉZANNE, BOTTIER*,

et dont il aurait aimé la forme des lettres et la couleur, m'a averti qu'on arrivait. On atteint le haut de l'épaulement, tout à coup la pente casse, la route se met à aller à plat devant vous, même elle redescend un peu, – et le plateau tout entier se présente, dont les vallonnements, le hérissement, les cassures et sa quantité de maisons éparses (il n'y a point de villages, il y a partout seulement ces cubes gris et blancs comme posés au hasard), mènent l'œil plus en arrière à la grande chaîne blanchâtre, au pied de laquelle Aix est assise.
Et tout à coup il m'a semblé rentrer chez moi ; au lieu d'être dépaysé par la soudaineté du changement, est-ce que l'impression serait assez précise, si je disais que je me sentais, au contraire, repaysé ?
Il ne faudrait pourtant pas comprendre qu'on se retrouve et rien de plus ; l'accent, l'allure, ces vues plongeantes, le bleu de la mer entrevu n'avaient été qu'une préparation : il me semble rentrer chez moi, mais un chez-moi ou un «chez nous» plus *abouti*, plus mûri, plus conscient, et s'affirmant enfin dans son intégrité.»

Charles-Ferdinand Ramuz, «L'Exemple de Cézanne»,
in *Cahiers vaudois*, Lausanne, 1914

La maison de Cézanne

Avec la diversité de ses talents, Jean Cocteau (1889-1963) éblouit la société littéraire de son temps. Après avoir côtoyé les salons parisiens, il se retire en province au début des années 1920. Il évoque par des images, des traits en formules flèches, certains moments passés dans la demeure du peintre.

Le bleu de notre patrie
Doit nous être le plus cher,
Cachant la géométrie
Sous des collines de chair.

La chemise de Suzanne
Fait l'ombre sur la maison ;
Le vieillard, c'est Paul Cézanne
Vêtu de bleu horizon.

Puis-je savoir de quel somme
Booz sent fleurir un piquet,
L'arbre où rougissent les pommes ?

Lui, pour en faire un bouquet,
Déplace, dispose, farde,
Tout ce que son œil regarde.

Jean Cocteau, «La Maison de Cézanne», in *Poésie*, Gallimard, Paris, 1920

Lou Porto-aigo (l'Aqueduc)

Lou Porto-aigo *est une des belles romances provençales de Frédéric Mistral (1830-1914), fondateur du Félibrige* ● *66. Composée en 1867, elle est inspirée par la réalité historique et archéologique (l'alimentation en eau de l'Arles romaine grâce à des aqueducs provenant des Alpilles) et enrichie par la légende selon laquelle un aqueduc aurait eu son départ à Fontaine-de-Vaucluse.*

En Arle, au tems di Fado,
Flourissié
La rèino Pounsirado,
Un rousié !
L'emperaire rouman
Le vèn demanda sa man ;
Mai la bello en s'estremant
Le respond : «Deman !»

À Arles, au temps des Fées,
Florissait
La reine Ponsirade,
Un rosier !
L'empereur de Rome
Vient lui demander sa main ;
Mais la belle, en s'enfermant,
Lui répond : «Demain !»

«O blanco estello d'Arle,
Un moumen !
Escoutas que vous parle
Umblamen !
Pèr un de vòsti rai
Vous proumete bèn verai
Que ço que voudrés farai,
O que mourirai.»

«Eh ! bèn, diguè la rèino,
Siéu à tu,
E jure, malapèino !
Ma vertu,
Que tièuno siéu de-bon
S'à travès Crau et Trebon
De Vau-cluso sus un pont
M'aduses la font.»

Ravi de la demando,
Eu s'envai,
E tout-d'un-tèms coumando
Lou travai :
Cènt milo journadié,
Terraioun coume eigadié,
Lèu se groupon i chantié,
Paston lou mourtié.

Aturon vau e baisso
Niuech e jour ;
Mau-grat lis antibaisso,
Van toujour ;
Lou plan es bèn traça ;
Lou valat es enqueissa,
Betuma, cubert, caussa :
L'aigo pòu passa.

Esvèntron li mountiho
Li touret ;
A travès dis Aupiho
Tiron dre :
L'espetaclous eigau,
Lou porto-aigo sènso egau,
Sus l'estang de Barbegau
Marcho que fai gau.

En Arle enfin la Sorgo,
O bonur !
Un bèu matin desgorgo
Si flot pur :
Au toumbant clarinèu,
En trepant coume d'agnèu,
Tout un pople palinèu
Béu à plen bournèu.

«Ô blanche étoile d'Arles,
Un moment !
Écoutez que je vous parle
Humblement !
Pour un de vos rayons,
Je vous promets bien sûr
Que je ferai votre vouloir
Ou que je mourrai.»

«Eh bien, la reine dit
Je suis à toi,
Et je jure mes grands dieux,
Ma vertu,
Que je suis vraiment tienne,
Si, à travers la Crau et le Trébon,
Tu m'amènes sur un pont
La fontaine de Vaucluse.»

Ravi de la demande,
Lui s'en va,
Et sur-le-champ commande
Le travail :
Cent mille journaliers,
Terrassiers ou fontainiers,
S'empressent à l'ouvrage
Et corroient le mortier.

Ils comblent vallées et bas-fonds
Nuit et jour ;
Malgré les obstacles,
Ils vont toujours ;
Le plan est bien tracé ;
Le fossé est encaissé,
Cimenté, couvert, butté :
L'eau peut ruisseler.

Ils éventrent les collines
Les buttes ;
Au travers des Alpilles
Ils percent droit :
Le prodigieux canal,
L'aqueduc sans pareil
Sur l'étang de Barbegal
Marche que c'est merveille.

Dans Arles enfin la Sorgue,
Ô bonheur !
Un beau matin déverse
Ses flots purs :
À la claire chute d'eaux,
En trépignant comme agneaux,
Tout un peuple à faces pâles
Boit à plein tuyau.

«Vaqui, bello princesso.
  Lou coundu :
Sènso repaus ni cesso
  L'ai adu…
Ai espera sèt an ;
E pèr querre l'Eridan
Se n'en fau encaro autant,
  Reparte à l'istant.»

«Merci, grand emperaire,
  Sias trop bon !
Mai au sòu poudès traire
  Voste pont :
I' a 'n pichot barralié
Que iéu ame a la foulié
Et que m'adus l'aigo au lié.
  Adiéu, cavalié !»

Lou prince miserable
  Mouriguè ;
Lou porto-aigo amirable
  Periguè…
Jouvènt, amas-ié plan
Em'aquéli bèu semblant,
Car la fc dou femelan
  Passo gaire l'an.

«Voilà, belle princesse,
  Le conduit :
Sans repos ni trêve
  Je l'ai amené…
J'ai attendu sept ans ;
Et pour chercher l'Éridan
S'il en faut encore autant,
  Je repars de suite.»

«Merci, grand empereur,
  C'est trop de bonté !
Mais vous pouvez jeter bas
  Votre pont :
Un petit barralié,
Que j'aime à la folie,
M'apporte l'eau au lit.
  Adieu, cavalier !»

Le prince misérable
  Mourut ;
L'admirable aqueduc
  Périt…
Jeunes gens, allez tout doux
Avec ces beaux semblants-là
Car la foi de la femme
  Ne passe guère l'année.

FRÉDÉRIC MISTRAL, *LOU PORTO-AIGO*, IN *LIS ISCLO D'OR* (*LES ÎLES D'OR*), 1876

UNE NUIT CAMARGUAISE

Passionné par la Camargue, Joseph d'Arbaud (1874-1950) dirigea, pendant quelques années, un élevage de taureaux, auquel il renonça pour des raisons de santé. La plus grande partie de son œuvre provençale, en poésie comme en prose, est consacrée au monde camarguais. En quête d'une mystérieuse bête, demi-dieu venu du fond des âges, le gardian s'est mis à l'affût près du bois des Rièges. Là, il assiste à une sorte de sabbat nocturne qui réunit des taureaux de Camargue.

« Tau coume l'ai remarca, fresqueirouso, la niue clarejavo, mai la luno, que tout-bèu-just, venié d'estre pleno, devié pas resta bèn long-tèms de se leva. Istère uno bono passado, tranquile au tout, qu'entendiéu rèn boulega a moun entour, escoutant, alin, lou sibleja di courreli, emai lou croua di becarut proche entre lou chafaret di granouio à milo. L'oumbro fouscarino d'un aucelas que radavo bas, venguè frusta, en s'esvalissènt, moun espèro. Urousamen que m'ère avisa de me

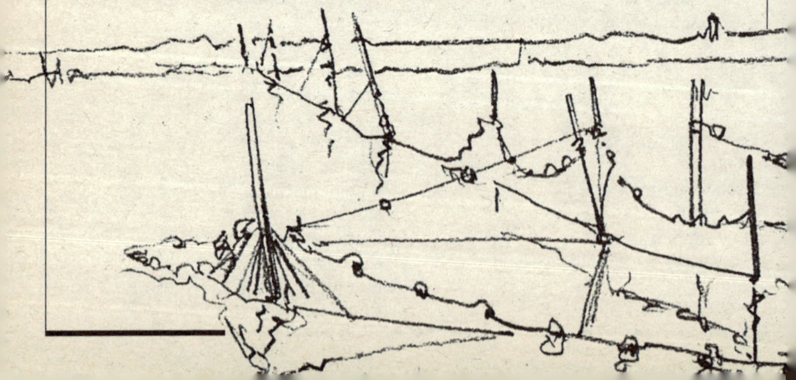

«FÉLIBRIGE, C'EST RESPECT DU PASSÉ
ET ASPIRATION ARDENTE VERS L'AVENIR, [...]
FÉLIBRIGE, C'EST LIBERTÉ POUR TOUS»

FRÉDÉRIC MISTRAL

vira d'aut e sentiéu un soufle [...] m'alena sus lou carage, qu'autramen, li mouissau en m'agarissènt m'aurien fourça belèu, que que faguèsse, de m'aboulega. Dà cha-pau, la feruno escoundudo que, souspresso, s'èro amatado en m'ausènt veni, coumencè, tourna mai, de trafega. Dins uno mato de daladèu, entendeguère ras, un bon moumen, uno bèstio proun grosso, aurias di, que tafuravo. Mai me fuguè pas poussible de rèn destria. Gaire après, pounchejè la luno. Veguère, tout d'uno per bos, clareja e negreja pèr que mai lis oumbrino. Ero, aperaqui, sus li dès ouro e uno calamo siavo s'espandissié dins la niue. Pèr quant à iéu, m'amatave sèns branda defouns en retenènt mis alenado e en m'engardant, maugrat que mi cambo s'endourmiguèsson, tant pau fugue, de mena brut. Un grand béu-l'òli en cassant, se venguè quiha sus la branco dóu mourven. Lou destriave coume au plen dóu jour. Restè, uno passado, aplanta, en espinchant lou saquet emé d'iue redoun, pièi, tout-d'uno, esglaria, en siéulant, alarguè sis alo e founsè dins l'èr siau e fousc mounte semblavo, en nadant, que s'enanavo. Gaire, après, un reinard se faguè vèire, souple, en oundejant, ablanqui pèr lou cop de luno, s'enfusè, léri, au pèd de l'aubre ounte se boutè d'assetoun, lou mourre en l'èr, en niflant coume li chin. Mai se bandiguè, tout au cop, dins lou fourni, en m'avènt signala, tau qu'es proubable.»

«Comme je l'ai signalé, la nuit était fraîche et claire, mais la lune, déjà sur le point d'être pleine, ne devait pas tarder bien longtemps à se lever. Je demeurai un bon moment, tout à fait tranquille, n'entendant rien absolument remuer autour moi, écoutant, au loin, la modulation des courlis, le croassement des flamants proches, mêlés à la clameur innombrable des grenouilles. L'ombre indécise d'un gros oiseau chassant bas vint frôler, en s'évanouissant, mon refuge. J'avais pris heureusement la précaution de me tourner vers le nord et je sentais doucement un souffle [...] haleiner sur mon visage, faute de quoi les moustiques m'eussent assailli et forcé peut-être à me remuer malgré moi. Peu à peu, les êtres cachés que mon arrivée avait surpris et qui s'étaient tapis à mon approche, commencèrent de nouveau à aller et venir. Dans un dalader voisin, j'entendis, un bon moment, fourrager une bête qui paraissait assez grosse. Mais il me fut impossible d'en rien distinguer. Peu après, la lune parut. Je vis s'éclairer le bois tout à coup et les ombres, sur le sol, devenir plus dures. Il était alors environ dix heures et une paix immense emplissait la nuit. Quant à moi, je demeurais parfaitement immobile, retenant mon souffle et me gardant malgré l'engourdissement qui gagnait mes membres, de faire le moindre bruit. Un grand buveur-d'huile en chasse vint se poser sur la branche du mourven. Je le distinguai comme au plein du jour. Il resta un long instant immobile, considérant le bissac de ses yeux ronds, puis tout à coup, comme épouvanté, avec un cri bref, ouvrit ses ailes et plongea dans l'air calme et laiteux où il sembla s'enfuir à la nage. Peu après, un renard parut, onduleux et doux, tout argenté par la lune, se glissa lentement au pied de l'arbre où il se mit sur son séant et le nez en l'air, flairant à la manière des chiens. Mais il se jeta brusquement dans le fourré, m'ayant éventé, sans aucun doute.»

JOSEPH D'ARBAUD, *LA BÈSTIO DÓU VACARES*
(*LA BÊTE DU VACCARÈS*), 1924

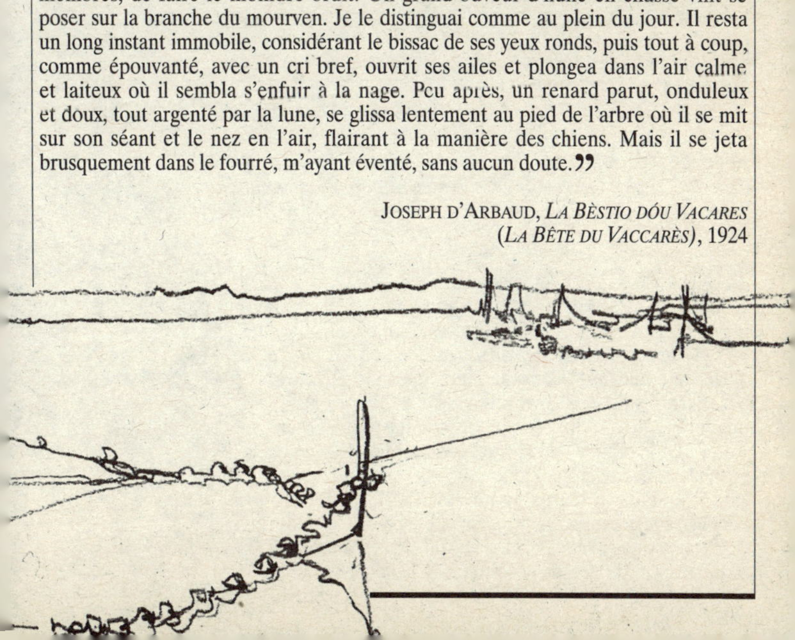

Aix, la ville élue

Un lieu sacré

Issu d'une famille du Midi, Francis Ponge (1899-1980) laisse dans ces quelques lignes un compte rendu dépouillé et admiratif de la ville. Refusant toutes les modes, il recherche le paysage intérieur des choses sans s'appuyer ni sur le mystère, ni sur la mystique.

«Il s'agira ici d'un de nos lieux sacrés.
Certains de nos dieux (on les nomme aujourd'hui valeurs) en ont fait leur séjour favori.
Quelques mots seulement y sont dits, dans une langue parfaitement noble et simple.
Nulle part, on ne serait mieux disposé à les entendre. Nulle part ils ne sont mieux entendus.
Il s'agit d'une ville, dans un paysage.
Dans le nom même de la ville, le paysage (certes de beaucoup plus important) est inscrit.
L'A y représente la montagne Sainte-Victoire. L'I, des eaux éternellement jaillissantes. L'X enfin, un séculaire croisement de routes, comme aussi la croix mise en ce lieu sur certaine entreprise barbare.

Mais à tout seigneur tout honneur ! Et donc à cette masse calcaire marmoréenne, de formes aujourd'hui magnanimement adoucies, qui culmine à mille cent mètres, dressant, entre deux torrents du bassin de l'Arc, sa paroi formidablement abrupte du côté du sud.
Son nom rappelle l'un des événements majeurs de l'histoire universelle, quand trois cent mille Teutons, exterminés par Marius, y furent laissés sans sépulture à Pourrières (Campi Putridi).
Que serions-nous devenus sans elle ? Les barbares, plus tard, pouvaient bien revenir. Rome avait épanoui ses fleurs, porté ses fruits et parsemé au loin sa graine impérissable.»

Francis Ponge, «Prose à l'éloge d'Aix», in *L'Arc*, Aix-en-Provence, 1958

Les beaux quartiers

Émile Zola (1840-1902) évolua très tôt vers le roman naturaliste. Dès 1868 il dresse en vingt volumes la généalogie des Rougon-Macquart, histoire naturelle et sociale d'une famille sous le second Empire. Romancier historique, politique et social, Émile Zola recourt volontiers aux symboles. Si Plassans est évoquée, c'est bien d'Aix-en-Provence qu'il s'agit.

«Une seule fois par semaine, dans la belle saison, les trois quartiers de Plassans se rencontrent face à face. Toute la ville se rend au cours Sauvaire, le dimanche, après les vêpres ; les nobles eux-mêmes se hasardent. Mais, sur cette sorte de boulevard planté de deux allées de platanes, il s'établit trois courants bien distincts. Les bourgeois de la ville neuve ne font que passer ; ils sortent par la Grand-Porte et prennent, à droite, l'avenue du Mail, le long de laquelle ils vont et viennent, jusqu'à la tombée de la nuit. Pendant ce temps, la noblesse et le peuple se partagent le cours Sauvaire. Depuis plus d'un siècle, la noblesse a choisi l'allée placée au sud, qui est bordée d'une rangée de grands hôtels et que le soleil quitte

la première ; le peuple a dû se contenter de l'autre allée, celle du nord, côté où se trouvent les cafés, les hôtels, les débits de tabac. Et, tout l'après-midi, peuple et noblesse se promènent, montant et descendant le cours, sans que jamais un ouvrier ou un noble ait la pensée de changer d'avenue. Six à huit mètres les séparent, et ils restent à mille lieues les uns des autres, suivant avec scrupule deux lignes parallèles, comme ne devant pas se rencontrer en ce bas monde. Même aux époques révolutionnaires, chacun a gardé son allée. Cette promenade réglementaire du dimanche et les tours de clef donnés le soir aux portes sont des faits du même ordre, qui suffisent pour juger les dix mille âmes de la ville. »

ZOLA, *LA FORTUNE DES ROUGON*, 1871

LE PRÉSIDENT DE BROSSES À MARSEILLE

Poursuivant son voyage vers l'Italie, le président de Brosses (1709-1777) s'arrête dans la cité phocéenne, visite les galères, et décrit dans un style alerte ce qu'il retient de l'architecture. Des façades élaborées par Puget au port « parqueté de briques sur champ», son œil demeure toujours aussi vif et sa verve poignante.

« Nous entrâmes dans Marseille par la rue de Rome, alignée comme la rue de Richelieu, longue presque du double. Le tiers de cette rue, dans le milieu, est planté d'un cours fort inférieur à celui d'Aix ; elle est bâtie de maisons belles, élevées à l'italienne, et peuplée comme la rue Saint-Honoré. Ce premier coup d'œil donne une grande idée du mouvement et de la richesse de cette ville, idée qui se trouve assez bien soutenue par le reste. [...]

Marseille peut se distinguer en trois villes : celle delà le port, appelée Rive-Neuve, qui m'a paru peu de chose ; la vieille, riche, puante et peu jolie ; et la neuve, où demeurent tous les gens de condition, composée de longues rues alignées. Presque toutes les maisons ont des façades agréables sur la rue ; point de cours, et de petits jardins embellis de jets d'eau pour la plupart. Le port est une de ces choses que l'on ne trouve que là. Il est fort long et beaucoup moins large en proportion, plein à l'excès de toutes sortes de bâtiments, felouques, tartanes, caïques brigantins, pinques, vaisseaux marchands et galères, qui en font le principal ornement. Tout le côté de la terre est garni de boutiques où l'on débite surtout les marchandises du Levant ; elles y sont si courues, qu'un espace de vingt pieds en carré se loue cinq cents livres. L'autre côté est garni aussi de petites boutiques dans des bateaux où l'on vend des oranges, des merceries, etc. Les galériens, attachés avec une chaîne de fer, ont chacun une petite cabane, où ils exercent tous les métiers imaginables. J'en vis un qui me parut d'un génie profond, lequel, la tête appuyée sur un Descartes, travaillait à un commentaire philosophique contre Newton. Un autre faisait des pantoufles et un troisième contrefaisait fort adroitement, dans une lettre de change, la signature d'un banquier de la ville. Ils mènent

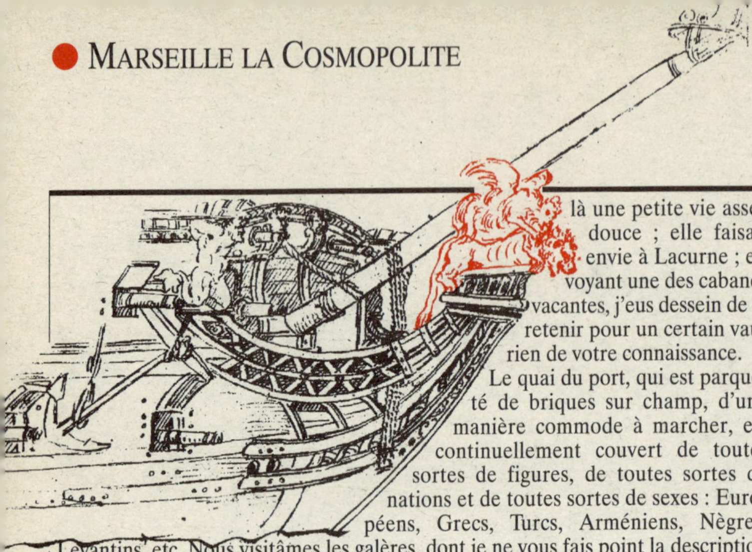

là une petite vie assez douce ; elle faisait envie à Lacurne ; et, voyant une des cabanes vacantes, j'eus dessein de la retenir pour un certain vaurien de votre connaissance.

Le quai du port, qui est parqueté de briques sur champ, d'une manière commode à marcher, est continuellement couvert de toutes sortes de figures, de toutes sortes de nations et de toutes sortes de sexes : Européens, Grecs, Turcs, Arméniens, Nègres, Levantins, etc. Nous visitâmes les galères, dont je ne vous fais point la description parce que, à la vie que mène mon Blancey, il n'aura que trop d'occasions de les voir… Les pataches, grands bâtiments faits, non pour aller sur mer, mais pour y monter la garde, consistent en un salon avec deux chambres aux deux bouts, où couchent les officiers de garde. Dans la consigne, où les officiers préposés pour la santé tiennent leur assemblées, il y a là un bas-relief de marbre du fameux Puget, représentant saint Charles qui implore le secours du ciel contre la peste. C'est un morceau admirable, quoique la mort ait surpris le Puget avant qu'il ne fût achevé. […]

L'hôtel de ville, situé sur le port, a une belle façade chargée de bas-reliefs entre lesquels il ne faut pas manquer de distinguer un écusson des armes de France, de la main du même Puget. J'oubliais de vous dire, avant de quitter le port, que rien ne m'a paru plus plaisant que de voir un forçat, les fers aux pieds, montant le long d'un mât de galère, sans autre aide que celle d'une corde tout unie qui pend le long du mât, et cela avec autant d'agilité et de promptitude que je pourrais monter un escalier ; la descente est encore plus prompte ; il n'est question que de se laisser glisser le long de la corde, d'environ cinquante pieds de haut. Le voltigeur qui nous fit voir cette façon peu commune de cheminer, était un Turc qui, à ce qu'il nous dit, s'était, par la grâce de Dieu, fait chrétien depuis longtemps. «Parbleu ! lui dit Lacurne, je t'en félicite, cela t'a fait une belle fortune.»”

CHARLES DE BROSSES, *LETTRES D'ITALIE*, MERCURE DE FRANCE, PARIS, 1986

UN VÉNITIEN À MARSEILLE

Le célèbre Vénitien Casanova (1725-1798) commence sa grande aventure en 1750, date de son départ pour la France. Tour à tour financier, diplomate, publiciste ou charlatan mais toujours homme de bonne fortune, il débarque à Marseille pour la première fois en 1760.

“Je quittai Avignon le lendemain et me rendis directement à Marseille, ne me souciant pas de m'arrêter à Aix, où siège le parlement. Je descendis aux Treize-Cantons, voulant passer au moins une huitaine de jours dans cette ancienne colonie des Phocéens et y jouir de

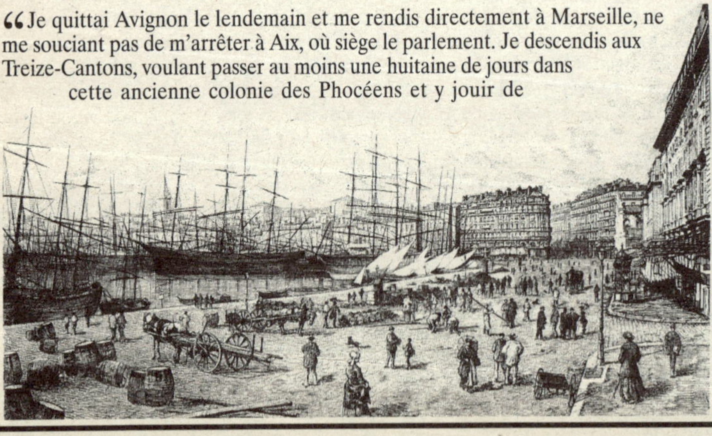

toute ma liberté. Dans cette vue, je ne m'étais muni d'aucune lettre de recommandation ; bien pourvu d'argent comptant, je n'avais besoin de personne. J'ordonnai à mon hôte de me faire servir dans ma chambre et de me faire faire bonne chère en maigre, sachant que le poisson y est plus délicat que partout ailleurs.
Je sortis le lendemain, suivi d'un domestique de place, pour me faire reconduire à l'auberge quand je me trouverais las de me promener. Me dirigeant au hasard, j'arrivai sur un beau quai très long et très large ; je me crus à Venise et je sentis mon sein se gonfler de bonheur, tant le sentiment de la patrie se grave profondément dans le cœur de tout homme bien né. Je vis nombre de boutiques fournies de vins du Levant et d'Espagne et où nombre d'amateurs se régalaient. La foule des gens d'affaires allait dans tous les sens, se heurtant, se croisant, chacun occupé de soi et peu soucieux d'incommoder les autres. Des marchands ambulants, des filles bien ou mal mises, plus ou moins belles ; des femmes à mine effrontée qui défiaient du regard tous ceux qui s'en occupaient. J'en voyais aussi de parées au maintien modeste, qui passaient sans détourner les yeux et qui faisaient le parfait contraste avec les autres, quoique beaucoup tendissent au même but. Là, le mélange de tous les costumes, l'allure du Turc grave à côté de l'Andalou sémillant, du petit-maître français, de l'Africain stupide, du Grec astucieux, du pesant Hollandais : tout me rappelait mon pays natal et je jouissais.»

JACQUES CASANOVA, *MÉMOIRES*, RÉUNIS PAR R. ABIRACHED, GALLIMARD, PARIS, 1959

AU CARREFOUR DES CIVILISATIONS

Gustave Flaubert (1821-1880) vint plusieurs fois à Marseille : en 1845, puis en 1849 afin de s'embarquer pour l'Orient ; enfin en 1858, quand il alla en Afrique du Nord étudier les sites pour écrire Salammbô. *Mais son premier contact avec le grand port méditerranéen date de l'automne 1840 où, jeune bachelier, il parcourait le Midi, rédigeant le journal de voyage dont nous avons extrait cette page.*

«Marseille est une jolie ville, bâtie de grandes maisons qui ont l'air de palais. Le soleil, le grand air du Midi entrent librement dans ses longues rues ; on y sent je ne sais quoi d'oriental, on y marche à l'aise, on respire content, la peau se dilate et hume le soleil comme un grand bain de lumière. Marseille est maintenant ce que devait être la Perse dans l'Antiquité, Alexandrie au Moyen Âge ; un capharnaüm, une Babel de toutes les nations, où l'on voit des cheveux blonds, ras, de grandes barbes noires, la peau blanche rayée de veines bleues, le teint olivâtre de l'Asie, des yeux bleus, des regards noirs, tous les costumes, la veste, le manteau, le drap, la toile, la collerette rabattue des Anglais, le turban et les larges pantalons des Turcs. Vous entendez parler cent langues inconnues, le slave, le sanscrit, le persan, le scythe, l'égyptien, tous les idiomes, ceux qu'on parle au pays des neiges, ceux qu'on soupire dans les terres du Sud. Combien sont venus là sur ce quai où il fait maintenant si beau, et qui sont retournés auprès de leur cheminée de charbon de terre, ou dans leurs huttes au bord des grands fleuves, sous les palmiers de cent coudées, ou dans leur maison de jonc au bord du Gange ? Nous avons pris une de ces petites barques de tentes carrées, avec des franges blanches et rouges, et nous nous sommes fait descendre de l'autre côté du port où il y a des marchands, des voiliers, des vendeurs de toute espèce. Nous sommes entrés dans une de ces boutiques pour y acheter des pipes turques, des sandales, des cannes d'agavé, toutes ces babioles étalées sous des vitres, venues de Smyrne, d'Alexandrie, de Constantinople, qui exhalent pour l'homme à l'imagination complaisante tous les parfums d'Orient, les images de la vie du sérail, les caravanes cheminant au désert, les grandes cités envahies dans le sable, les clairs de lune sur le Bosphore. J'y suis resté longtemps ; il y avait toutes sortes d'oiseaux venus de pays divers, enfermés dans des cages devant la boutique, qui battaient leurs ailes au soleil. Pauvres bêtes, qui regrettaient leur pays, leur nid resté vide à deux mille lieues d'ici dans de grands arbres, bien haut. »

Gustave Flaubert, *Notes de voyages*, 1910

La Porte de l'Orient

Pleine de fantaisie et de poésie, l'œuvre d'Alphonse Daudet (1840-1897) nous conte les aventures de Tartarin, personnage inimitable, qui définit avec «justesse» le type provençal. Dans cet extrait, Tartarin est à Marseille, prêt à s'embarquer pour Alger ; l'auteur nous offre une superbe description du port de Marseille, lieu incontournable avant d'atteindre l'Orient.

« C'était à perte de vue un fouillis de mâts, de vergues, se croisant dans tous les sens. Pavillons de tous les pays : russes, grecs, suédois, tunisiens, américains... Les navires au ras du quai, les beauprés arrivant sur la berge comme des rangées de baïonnettes. Au-dessous, les naïades, les déesses, les saintes vierges et autres sculptures de bois peint qui donnent le nom au vaisseau ; tout cela mangé par l'eau de mer, dévoré, ruisselant, moisi... De temps en temps, entre les navires, un morceau de mer, comme une grande moire tachée d'huile... Dans l'enchevêtrement des vergues, des nuées de mouettes faisant de jolies taches sur le ciel bleu, des mousses qui s'appelaient dans toutes les langues.

Sur le quai, au milieu des ruisseaux qui venaient des savonneries, verts, épais, noirâtres, chargés d'huile et de soude, tout un peuple de douaniers, de commissionnaires, de portefaix avec leurs bogheys, attelés de petits chevaux corses.

Des magasins de confection bizarres, des baraques enfumées où les matelots faisaient leur cuisine, des marchands de pipes, des marchands de singes, de perroquets, de cordes, de toiles à voiles, des bric-à-brac fantastiques où s'étalaient pêle-mêle de vieilles couleuvrines, de grosses lanternes dorées, de vieux palans, de vieilles poulies, vieux porte-voix, lunettes marines du temps de Jean-Bart et de Duguay-Trouin. Des vendeuses de moules et de clovisses accroupies et piaillant à côté de leur coquillages. Des matelots passant avec des pots de goudron, des marmites fumantes, de grands paniers pleins de poulpes qu'ils allaient laver dans l'eau blanchâtre des fontaines.

Partout, un encombrement prodigieux de marchandises de toute espèce : soieries, minerais, trains de bois, saumons de plomb, draps, sucres, caroubes, colzas, réglisses, cannes à sucre. L'Orient et l'Occident pêle-mêle. De grands tas de fromages de Hollande que les Génoises teignaient en rouge avec leurs mains.

Là-bas, le quai au blé ; les portefaix déchargeant leurs sacs sur la berge du haut de grands échafaudages. Le blé, torrent d'or qui roulait au milieu d'une fumée blonde. Des hommes au fez rouge, le criblant à mesure dans de grands tamis de peau d'âne, et le chargeant sur des charrettes qui s'éloignaient suivies d'un régiment de femmes et d'enfants avec

des balayettes et des paniers à glanes... Plus loin, le bassin de carénage, les grands vaisseaux couchés sur le flanc et qu'on flambait avec des broussailles pour les débarrasser des herbes de la mer, les vergues trempant dans l'eau, l'odeur de la résine, le bruit assourdissant des charpentiers doublant la coque des navires avec de grandes plaques de cuivre.
Parfois, entre les mâts, une éclaircie. Alors Tartarin voyait l'entrée du port, le grand va-et-vient des navires, une frégate anglaise partant pour Malte, pimpante et bien lavée, avec des officiers en gants jaunes, ou bien un grand brick marseillais démarrant au milieu des cris, des jurons, et, à l'arrière, un gros capitaine en redingote et chapeau de soie, commandant la manœuvre en provençal. Des navires qui s'en allaient en courant, toutes voiles dehors. D'autres là-bas, bien loin, qui arrivaient lentement, dans le soleil, comme en l'air.
Et puis, tout le temps, un tapage effroyable, roulement de charrettes, «oh hisse !» des matelots, jurons, chants, sifflets de bateaux à vapeur, les tambours et les clairons du fort Saint-Jean, du fort Saint-Nicolas, les cloches de la Major, des Accoules, de Saint-Victor ; par là-dessus le mistral qui prenait tous ces bruits, toutes ces clameurs, les roulait, les secouait, les confondait avec sa propre voix et en faisait une musique folle, sauvage, héroïque comme la grande fanfare du voyage, fanfare qui donnait envie de partir, d'aller loin, d'avoir des ailes.»

ALPHONSE DAUDET, *TARTARIN DE TARASCON*, 1872

DÉFINITION DU «FADA»

Passé dans le vocabulaire français, le mot «fada» vient du provençal fado, *«fée» et du verbe* fada, *«charmer, jeter un sort». Quant aux multiples sens du terme, on les trouvera dans cette page des souvenirs variés que le Marseillais Cauvière publia, sous le titre* Le Caducée, *à partir de 1878.*

«Les fadas sont, dans la catégorie des cerveaux mal équilibrés, une variété particulière au Midi. Dans nos contrées, on est si naturellement intelligent que l'insuffisance d'esprit n'atteint jamais la limite extrême. Le fada est plus que simple, mais moins qu'idiot et encore moins insensé. Il est susceptible de sentiments affectueux à la manière des chiens ; les idées générales lui échappent, il a très peu de facultés perceptives ou réflectives ; en lui les cellules occipitales ne sont pas toutes habitées : quant à ses appétits, autres que ceux de l'estomac, ils sont parfois très prononcés. Le fada n'est pas étranger aux idées usuelles et pratique la vie dans ce qu'elle a de matériellement obligatoire, mais il y a comme un nuage sur son intelligence et son raisonnement ; une baguette féerique semble avoir oblitéré, endormi ses facultés morales ; de là, sans doute, l'appellation de fada, dérivé de fado, nom provençal des fées ou génies qui paralysent à volonté l'esprit et troublent l'action humaine. Le fada peut lier quelques idées, mais n'arrive pas à nouer un raisonnement ; il ne fait pas de folies, mais ses actes se ressentent trop de l'infirmité de son raisonnement et de ses connaissances ; il n'a ni malice ni méchanceté, il est naturellement doux et pacifique, c'est une eau dormante ; seulement il ne faut pas lancer de pierres dans cette eau, car alors elle bouillonne ; appelez fada l'être inoffensif qui mérite cette désignation, vous le verrez se lever furieux et frapper à poings fermés sur le malavisé qui l'aura qualifié de son vrai nom.»

CAUVIÈRE, *LE CADUCÉE*, 1886

UN TYPE PROVENÇAL ?

L'AUTHENTIQUE PROVENÇAL

Narrateur inimitable, Jean Giono (1895-1970) est né à Manosque : «C'est de ce pays, au fond, que j'ai été fait pendant plus de vingt ans.» Adepte du pacifisme et écologiste avant l'heure, il fustige les agressions de la vie citadine et célèbre avec jubilation les «saveurs» de la vie en haute Provence : enchantement et désenchantement se mêlent avec rudesse au sein d'un lyrisme riche de sensualités rustiques. Cet extrait de Jean le Bleu, *nourri de souvenirs d'enfance, nous donne un portrait du véritable Provençal.*

«Comment, dans un pays taillé sur dix mille patrons, l'homme serait-il taillé sur un seul ? On a voulu fabriquer des traditions avec un épos 1860. Les «bœufs» qui font courir Arles laissent totalement froids plusieurs milliers de kilomètres carrés. Marseille avec son million d'habitants n'a pas d'arènes, sauf un lieudit, en bois, où généralement on joue aux boules. Quand on y lâche un taureau, c'est pour faire des affaires. 98 pour 100 des Provençaux n'ont jamais vu de courses de taureaux, ne se déplaceraient pas d'un centimètre pour en voir une et sont plus étrangers de cœur et d'âme à la chose qu'un Groenlandais. Le Provençal «gros rigolo» est également de pure invention. C'est, au contraire, un homme renfermé et grave, même sévère, qui ne livre jamais ni son bon ni son mauvais côté. S'il rit, c'est du bout des lèvres. Jamais personne n'a parlé de son humour à froid. C'est cependant de quoi, au contraire, il se sert constamment, mais avec tant de finesse qu'il faut être du pays pour le comprendre. Il ne cherche pas, d'ailleurs, à se faire comprendre ; il n'insiste pas ; ce n'est pas pour le public qu'il est subtil, c'est pour lui-même. Il est d'une vivacité d'esprit surprenante. Hâbleur ? Il faut distinguer. Où l'on se trompe, c'est quand on croit que la Provence est une terre promise ; c'est une terre pauvre à l'extrême dans les trois quarts de sa superficie. Il faut inventer ce qui n'y est pas. Ils sont gens d'imagination. Ce n'est pas pour vous qu'ils mentent, c'est pour eux. Ils ne cherchent pas à vous persuader, mais à se persuader eux-mêmes.

Des troupeaux magnifiques, personne n'en a eu de plus beaux que les pauvres bergers qui n'ont jamais possédé plus de trois brebis. Mais ce n'est pas pour vous le faire croire qu'ils les inventent : c'est pour se rassurer. Le fanfaron de geste et de parole n'existe pas. L'homme qui parle avec ses mains n'existe pas. Le comique méridional n'existe qu'au théâtre et au cinéma. Il existe désormais des gens qui, l'ayant vu au théâtre ou au cinéma, l'imitent comme la petite bonniche qui singe une star, mais on ne les trouve que dans les grands centres, sur la côte, et, neuf fois sur dix, ils ne sont pas Provençaux d'origine, car, la Côte d'Azur, Marseille, Saint-Tropez, Cannes, sont peuplés de beaucoup plus d'étrangers que d'indigènes. Ces fausses attitudes sont le fait de caractères que le pays n'a pas formés. Les revendeuses du cours Julien à Marseille ou ces dames de la Halle aux poissons ne jouent leurs rôles que devant l'«étranger», qu'elles reconnaissent à coup sûr. Mais, si elles ont affaire à quelqu'un de leur race, elles auraient honte de s'exprimer «comme au théâtre». Les gens d'ici sont graves, secrets, très timides. Secrets surtout ; pour tout dire : fermés, capables de silences qui durent vingt ans. L'«estrambord», dont on fait tant de bruit dans un hymne, est une escroquerie littéraire. J'ai vu chanter la *Coupo santo* (par un instituteur de l'Ardèche, d'ailleurs) dans une assemblée de paysans provençaux à cent quartiers. Ils étaient muets, froids ; on aurait dit des lords anglais (il est vrai qu'ils ne comprenaient pas le tiers des mots de la chanson écrite dans une langue qui leur échappe). Et ce qui était visible comme le nez au milieu de la figure, c'est que l'«estrambord», le délire, l'ivresse, n'étaient pas dans leur caractère.»

JEAN GIONO, *JEAN LE BLEU*, GRASSET, PARIS, 1932

Itinéraires dans les Bouches-du-Rhône

▲ Ciel d'orage sur paysage provençal.

Vignobles aux alentours de La Fare-les-Oliviers. ▼

▼ Superpositions verticales de cyprès devant la montagne Sainte-Victoire.

▲ Sage alignement de bateaux dans le Vieux-Port, sur lequel veille la Bonne Mère. ▼

▼ En attendant le départ : port de la Joliette à Marseille.

▲ Régates sur l'étang de Berre.

▲ Vol au-dessus de la Camargue.

Course de chevaux dans le delta. ▼

▲ Noir sur blanc, cavalcade de taureaux aux Saintes-Maries-de-la-Mer.

▲ Harmonie de rose et gris des flamants au repos. Taureaux camarguais parmi les roselières. ▼

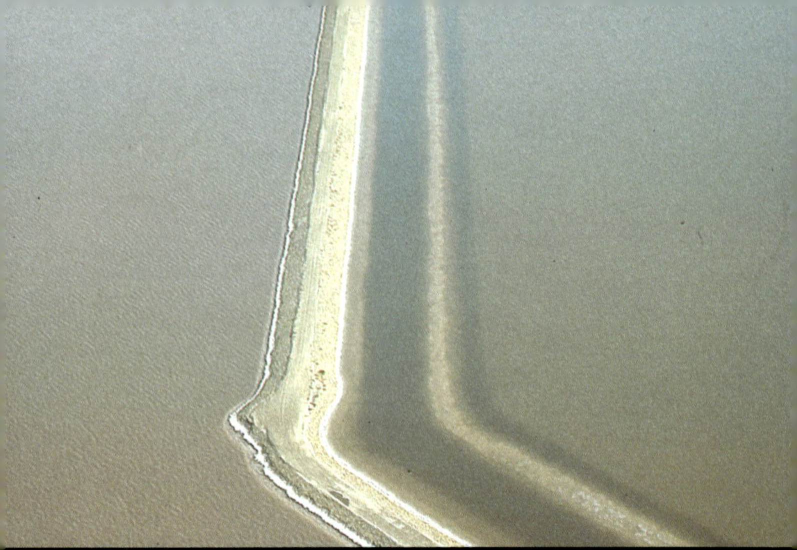

▲ Graphiques parfaits des marais salins au Salin-de-Giraud ▼.

▼ Entrelacs et arabesques de sel au Salin-de-Giraud.

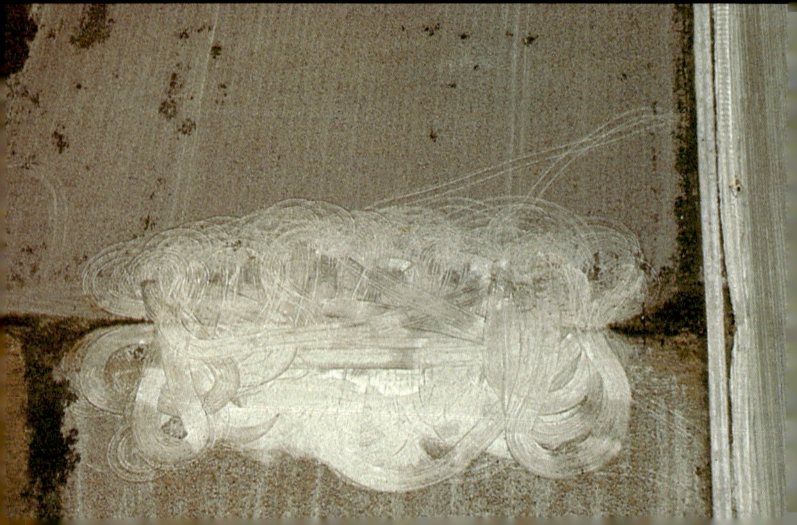

MARSEILLE ET SES ENVIRONS

Première vue de Marseille (fin du XVe siècle).

UN GRAND PORT COSMOPOLITE
Au XVIIIe siècle, l'activité maritime de Marseille s'étend largement au-delà de la Méditerranée, vers les Antilles et les mers du Sud.

HISTOIRE

LA PLUS VIEILLE VILLE DE FRANCE. Marseille aurait été fondée en 600 av. J.-C. par des Grecs venus de Phocée, en Asie Mineure. Les migrants s'installent en un site fortifié dominant une anse naturelle, le Lacydon, et donnent à la nouvelle cité un nom d'origine sans doute ligure, Massalia. Plaque tournante économique entre la Méditerranée et le nord de l'Europe, la ville crée à son tour des comptoirs ; mais, en 49 av. J.-C., entraînée dans les guerres civiles de la République romaine, Marseille choisit le mauvais camp : vaincue par les troupes de César, elle voit son hégémonie brisée pour plusieurs siècles.
LA «CHANCE» OTTOMANE. La ville est tôt christianisée : le culte s'organise dès le IIIe siècle autour de la future abbaye Saint-Victor ▲ *173.* Dévastée par les Francs, les Sarrasins, puis les Aragonais, la ville bénéficie enfin au XVe siècle de la renaissance des courants commerciaux en Méditerranée. Mais surtout, la politique de rapprochement de François Ier avec l'Empire ottoman entraîne l'essor du commerce marseillais.

«JE SUIS RAVIE DE LA BEAUTÉ SINGULIÈRE DE CETTE VILLE »

MME DE SÉVIGNÉ

FIGURE DE PROUE
Elle illustre la gloire maritime de Marseille et des grands chantiers de construction des arsenaux ▲ *172*.

DE LA VILLE REBELLE... Ses rapports avec la monarchie française sont néanmoins difficiles ; ville ligueuse, elle s'oppose à Henri IV puis provoque la colère de Louis XIV par ses velléités d'indépendance : le roi la fait occuper militairement en 1660, ordonne l'édification de la citadelle, destinée à surveiller la cité rebelle ● *110,* ▲ *169*, décide l'agrandissement de l'arsenal des galères ▲ *172* ; de nouveaux quartiers, au sud et à l'ouest, triplent la superficie de la ville ▲ *185*. Un quasi-monopole du commerce avec le Levant accordé par Colbert favorise alors le grand négoce ; celui-ci est en pleine croissance lorsqu'il est frappé de plein fouet par la peste de 1720 ● *60*.

... À LA «VILLE SANS NOM ». La Révolution se traduit à Marseille par des oppositions violentes : si la ville, en 1792, envoie à Paris le bataillon dont le chant deviendra l'hymne national, *La Marseillaise*, son fédéralisme en 1793 lui vaut d'être durement réprimée et débaptisée en «Ville sans nom».

L'AVENTURE COLONIALE. Au XIXe siècle, la ville connaît une exceptionnelle croissance : la conquête de l'Algérie en 1830 puis l'ouverture du canal de Suez en 1869 donnent un élan décisif au commerce marseillais. De nouveaux bassins portuaires sont creusés ▲ *188*, de grands travaux d'urbanisme bouleversent la cité ▲ *171* ; l'arrivée du chemin de fer et celle des eaux de la Durance ▲ *184* favorisent les installations industrielles. La ville connaît une croissance démographique sans précédent avec près de 600 000 habitants en 1914. Puis le développement économique se ralentit, certaines routes maritimes se ferment, les industries anciennes perdent de leur vigueur.

EXOTISME
Le commerce avec l'Orient s'épanouit au XVIIIe siècle.

LES «ANNÉES TROUBLES». Dans les années 1930, la ville connaît une période d'affrontements socio-politiques qui contribuent à lui donner mauvaise réputation. Après guerre, la ville fait face à la lente disparition des industries anciennes ▲ *209*, à la remise en cause du marché privilégié que constituait l'empire colonial et à l'arrivée massive à la fois de travailleurs immigrés et de rapatriés.

NOUVELLE DONNE. Pour faire face à cette poussée démographique inattendue (en 1975, plus de 900 000 habitants dans la seule commune de Marseille), il faut construire, souvent à la hâte, des cités qui se superposent aux villages anciens. Dans les années 1980, cependant, de nouveaux équilibres se dessinent, un remodelage du centre-ville s'ébauche. Aujourd'hui pourtant, l'histoire de cette ville millénaire se déchiffre encore sur le terrain.

“Marseille fut ainsi fondée [...] dans un site écarté, comme dans un coin de mer.”
Justin

LE VIEUX-MARSEILLE

DES LIMITES ÉTROITES. La ville ancienne a occupé les mêmes 60 ha depuis sa fondation jusqu'à la destruction des remparts par Louis XIV en 1660 ▲ *185* ; centrée autour de la rive nord du Vieux-Port, elle s'étageait entre les buttes Saint-Laurent (où s'élève aujourd'hui l'église du même nom), des Moulins ▲ *170* et des Carmes ▲ *171*. Elle s'était développée à l'ouest vers l'actuel fort Saint-Jean ▲ *169*, au nord jusqu'à ce qui est aujourd'hui le boulevard des Dames ; quant à la frontière orientale de la ville, elle suivait le rivage rocheux.
Le Vieux-Port ▲ *174* matérialisait la limite sud : l'actuel quai de Rive-Neuve ▲ *172*, marécageux, avait été dévolu au monde des morts ▲ *173*.

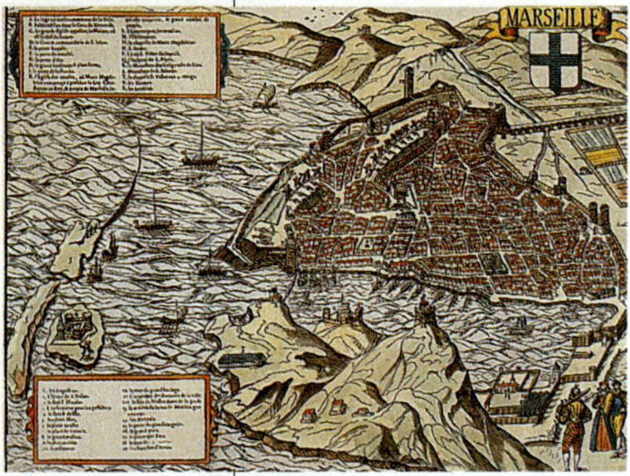

LE VIEUX-MARSEILLE
La ville du XVIIe siècle occupait à peu près les mêmes limites que celles de la cité phocéenne.

UNE VILLE MILLE FOIS RECOMMENCÉE. Cette superficie a donc vu se succéder plus de vingt-cinq siècles d'occupation. Sacs, incendies et reconstructions au fil des ans n'y ont cependant laissé que peu de traces monumentales d'autant qu'en 1943 les Allemands organisent le «nettoyage» du quartier en faisant démolir le quartier du Vieux-Port ; seuls quelques édifices, autour de l'hôtel de ville, sont épargnés.

STÈLE À CYBÈLE
Datée du VIe siècle av. J.-C., elle était dédiée à la déesse phrygienne de la fertilité.

LE RIVAGE DES ORIGINES

LE JARDIN DES VESTIGES ♥. Il présente, rue Henri-Barbusse, les vestiges archéologiques qui furent mis au jour lors de la construction du Centre Bourse en 1967. On y découvre la corne du port antique (2 000 m^2) creusé dans un marécage – l'état visible est celui du Ier siècle apr. J.-C. – et utilisé jusqu'au IIIe siècle, époque à laquelle il s'envasa. Les autres vestiges sont ceux d'un bassin d'eau douce et surtout ceux de la fortification orientale de la ville grecque, ainsi que ses abords extérieurs (voies, nécropoles) d'époques grecque et romaine. On voit encore les traces d'une des deux tours de défense qui complétaient de part et d'autre l'entrée

LA CORNE DU PORT ANTIQUE
C'est dans le jardin des Vestiges qu'il faut imaginer les marins phocéens atterrissant sur leurs lourdes pentécontores, vers 600 avant notre ère ; la mer venait alors battre jusqu'à ce carré de verdure.

1
2
3
4
5
6
7
8
9
10
11
12
13
14
15
16
17
18
19
20
21
22
23
24
25
26
27
28
29

«Boutiques, lumières, grands cafés dorés, théâtres : vaisseaux, marchandises, entrepôts comblés, affluence de toutes les parties du monde !»

Hippolyte Taine

1. Centre Bourse
2. Jardin des Vestiges et musée d'Histoire
3. Musée des Docks
4. Maison Diamantée
5. Hôtel de ville
6. Hôtel-Dieu
7. Clocher des Accoules
8. Place de Lenche
9. Église Saint-Laurent
10. Fort Saint-Jean
11. Ancienne et nouvelle Major
12. Joliette
13. Place des Moulins
14. Vieille Charité
15. Église Notre-Dame-des-Carmes
16. Église Saint-Ferréol
17. Bourse
18. Canebière
19. Carré Thiars
20. Basilique Saint-Victor
21. Fort Saint-Nicolas
22. Palais du Pharo
23. Jardin Pierre-Puget
24. Palais de justice
25. Préfecture
26. Opéra
27. Musée Cantini
28. Palais des Arts
29. Chapelle des Bernardines

de la ville. Le rempart se développa ensuite vers le nord et vers le sud : il en reste une courtine et une tour sud. Devant la courtine, un avant-mur fut levé lors d'une période d'invasions vandales ou wisigothiques au Ve siècle apr. J.-C. Le rempart médiéval s'implanta également dans ce secteur (il en subsiste une tour au nord-ouest du jardin), mais la majeure partie fut détruite à l'occasion de l'agrandissement ordonné par Louis XIV ▲ *185*.

La légende de Gyptis et Protis
Selon la coutume de son peuple, Gyptis, fille du roi des Ségobriges, Celto-Ligures installés dans la région, devait choisir son époux, le soir de ses noces, en lui offrant une coupe d'eau. C'est sur Protis, le chef des Phocéens venus solliciter l'amitié du roi, que son regard se porta. Les jeunes époux reçurent en cadeau un territoire où fonder une nouvelle ville, Marseille.

Le musée d'Histoire. Il est ouvert depuis 1983. Ses collections concernant l'histoire antique de Marseille sont présentées par grands thèmes (la fondation par les Phocéens et la rencontre avec les Celto-Ligures ; la ville grecque ; le commerce et la navigation) ; l'Épave de la Bourse, navire du IIe siècle découvert en 1974 dans le port antique et admirablement conservé, y est exposé ainsi qu'une maquette proposant une interprétation de la ville grecque. Le musée possède aussi une iconothèque, une bibliothèque et une vidéothèque.

La rue Caisserie. Pour compléter cette remontée dans le temps, on suivra la rue Caisserie, tracée sur la voie antique qui conduisait du port à l'agora, devenue forum, puis place de Lenche ▲ *170*. Elle longe l'Hôtel de Cabre, édifice gothique de 1535, construit par Louis de Cabre, échevin de Marseille ; afin d'éviter sa démolition lors de l'agrandissement de la rue, l'hôtel fut déplacé en 1945 sur des vérins hydrauliques. Plus loin se dresse le soubassement du clocher des Accoules, vestige d'une église du XIIIe siècle, détruite en 1794. En face, l'Hôtel-Dieu, fondé au XIIe siècle, fut reconstruit au XVIIIe siècle par Mansart et Esprit Brun, architecte marseillais. Derrière l'hôtel de ville, le Musée des Docks ♥, inauguré en 1963 et rénové en 1985, présente *in situ* les découvertes archéologiques de docks romains du Ier siècle apr. J.-C., et une série d'amphores (à gauche). Ce type d'entrepôts destinés à conserver les denrées débarquées des bateaux devait se trouver tout le long du rivage.

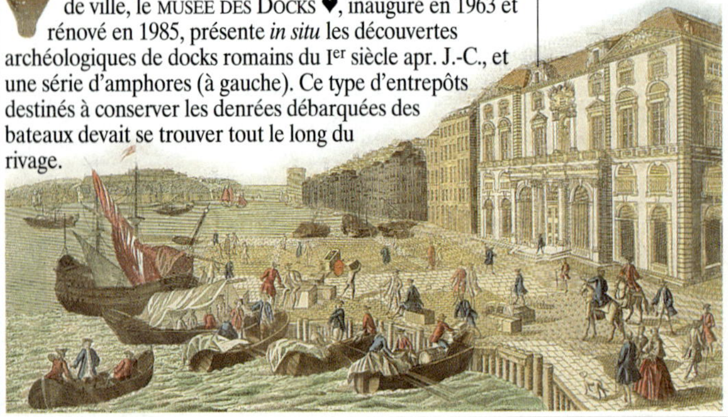

L'hôtel de ville
Premier édifice baroque construit à Marseille, l'hôtel de ville se divisait en un rez-de-chaussée, la «Loge», ou Bourse, réservé aux marchands, et un premier étage dévolu aux élus. L'arrière du bâtiment fut agrandi, à la fin du XVIIIe siècle, par l'architecte Brun.

Le musée du Vieux-Marseille
Abrité dans la Maison Diamantée, le musée rassemble diverses collections de mobilier provençal, costumes et tissus anciens, crèches et santons, dont les œuvres de Jean-Louis Lagnel (fin du XIXe siècle), en argile crue ● *80* ▲ *210*.

Autour de l'hôtel de ville

L'hôtel de ville. Au XIIIe siècle, l'essor du commerce entraîne la renaissance d'une oligarchie marchande qui partage le pouvoir avec l'évêque, dont la cité est établie au nord, entre la Major ▲ *171* et l'actuelle porte d'Aix ▲ *185* : la ville vicomtale, étendue le long du port, a pour siège la Maison de Ville, implantée au milieu du rivage, à l'emplacement de l'actuel hôtel de ville. L'édifice actuel a été réalisé, sur les plans des architectes officiels de Marseille, Gaspar Puget et Mathieu Portal, de 1665 à 1674 ; l'écusson, au-dessus de la porte principale, est une copie de celui sculpté par Pierre Puget ▲ *176*, l'original étant actuellement au musée des Beaux-Arts ▲ *184*.

La Maison Diamantée ♥. En arrière de l'hôtel de ville subsiste le plus bel hôtel particulier de l'époque moderne à Marseille, la Maison Diamantée, qui doit son nom aux bossages, taillés en pointe de diamant, qui ornent sa façade. Elle fut construite à partir de 1570 ● *106* pour un marchand d'origine espagnole, Pierre de Gardiole. La magnifique décoration intérieure, dont l'escalier, avec ses décors rampants, d'inspiration antiquisante accommodée au goût italien, est un des rares exemples marseillais de maniérisme. Achetée en 1914 par l'association Art et Charité, elle fut alors cédée au comité du Vieux-Marseille, qui y installa son musée. Les collections s'attachent à retracer l'histoire de la ville principalement à travers les arts et les traditions populaires (à droite). Un des «clous» du musée, le plan Lavastre, réalisé en 1848, présente la maquette de quartiers disparus.

L'art de la carte à jouer, et notamment du tarot, y est aussi largement évoqué.

L'hôtel Daviel. En arrière de la Maison Diamantée, l'hôtel Daviel, ancien palais de justice établi en ce lieu depuis le XIVe siècle, est désormais une annexe de l'hôtel de ville. Le bâtiment actuel fut construit en 1743 par les frères Gérard, la sculpture est due au Marseillais Jean-Michel Verdiguer. L'ordonnancement de la façade de ce très bel édifice n'est pas sans rappeler celui de l'hôtel de ville.

« EN GOÛTANT LE FRAIS ET L'OMBRE SOUS LES PLATANES, [...] ON APERÇOIT DES MÂTS DE VAISSEAUX ET LES COURTINES DU FORT SAINT-NICOLAS»

STENDHAL

LE QUAI DU PORT

En suivant le quai du Port, on longe les immeubles construits après la guerre par Fernand Pouillon pour atteindre la CONSIGNE SANITAIRE ♥, ancien dock flottant édifié en dur en 1716 pour compléter le système sanitaire du Frioul ▲ *198*.

LE FORT SAINT-JEAN ♥ ● *110*. À la fin du XIIe siècle, les Hospitaliers s'installent à l'entrée du Vieux-Port, sur le promontoire rocheux formant bastion (des vestiges de leur église sont encore visibles dans la cour du fort) ; l'ensemble est doté au XVe siècle de la tour du Roi-René et, en 1644, de la tour du Fanal. En 1666, Louis XIV ordonne l'implantation de fortifications dominant le port et la ville ▲ *161* : les hospitaliers sont délogés, la citadelle est reconstruite, tandis qu'en face on élève le fort Saint-Nicolas. Huit ans plus tard, Vauban fait creuser un fossé (comblé en 1938) séparant le fort de la ville.

LES MAJOR

L'ANCIENNE MAJOR ♥. Cette cathédrale, construite à partir de 381, à côté d'un très vaste baptistère, est un des plus beaux édifices romans de Provence. D'un style très épuré, elle a subi de nombreux remaniements, dont le plus visible est celui du XIe siècle. À l'intérieur, on remarquera un bas-relief de faïence représentant la Descente de Croix, attribué aux frères Della Robbia (fin du XVe-début du XVIe siècle).

LA NOUVELLE MAJOR. La plus vaste cathédrale française bâtie depuis le Moyen Âge, la nouvelle Major (ci-dessus) fut construite de 1852 à 1893, dans le style byzantin.

LES DÉFENSES DE MARSEILLE
La configuration actuelle des forts Saint-Jean et Saint-Nicolas date des années 1660. L'édification du fort Saint-Nicolas, menée par le chevalier de Clerville, fut jugée par Vauban «la plus mauvaise du monde» ; il est vrai que son rôle était de symboliser l'autorité royale, bien plus que de défendre la ville.

L'HÔTEL DANIEL
La ferronnerie de cet hôtel du XVIIIe siècle est caractéristique de l'art marseillais dit «à la marguerite».

L'ANCIENNE MAJOR AU XVIIIe SIÈCLE
Les travaux entrepris pour la construction de la nouvelle Major amputèrent la nef de l'ancienne cathédrale de deux de ses travées.

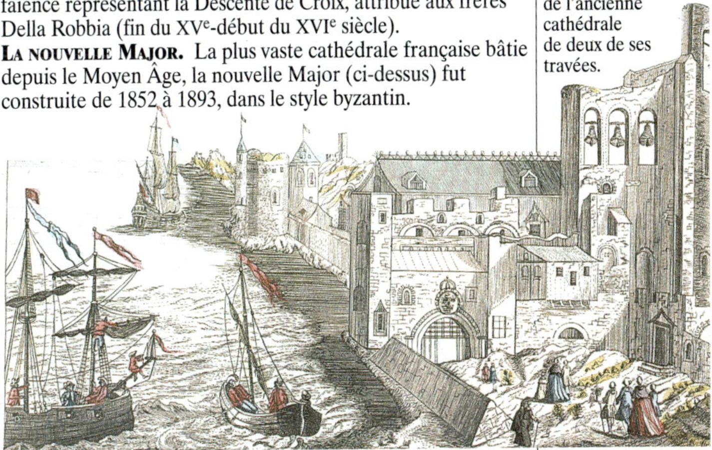

LA VIEILLE CHARITÉ
Ce délicat édifice s'organise sur un quadrilatère de trois étages s'ouvrant sur des galeries intérieures. Cette architecture, dépouillée dans ses pilastres et corniches, est surplombée d'une simple galerie que domine la sobre ellipse du dôme. Terminé en 1679, le bâtiment, en calcaire rose de La Couronne ▲ *193*, est un exemple magnifique du baroque provençal.

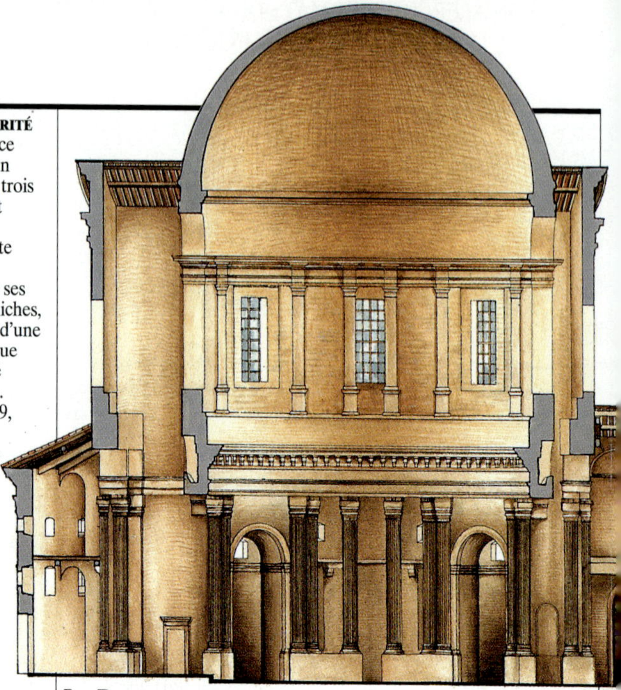

COLLECTION DE TÊTES
Le crâne surmoulé est visible au musée des Arts océaniens, le rhyton apulien à tête de daim (vers 330 av. J.-C.) et l'œnochoè attique (vers 480 av. J.-C., en bas) sont exposés au musée d'Archéologie méditerranéenne.

LE PANIER ♥

La ville haute, s'étageant sur les buttes, est, du XIIIe au XVIIIe siècle, essentiellement occupée par des religieux dont l'action est souvent liée au rachat des captifs. Le tissu urbain de la ville médiévale, avec ses rues étroites et sinueuses, ne subsiste plus que dans le quartier du Panier, juché sur la butte des Moulins, qu'on découvre en arpentant la MONTÉE DES ACCOULES ♥ et les voies attenantes.

LA BUTTE DES MOULINS. On aborde la butte par la PLACE DE LENCHE, ancienne «agora» grecque, aujourd'hui place de marché qui fut des plus chics à l'époque classique. En grimpant par les Accoules, on découvre, sur la PLACE DES MOULINS, deux tours intégrées dans les maisons, derniers vestiges archéologiques des quinze moulins à vent de la ville qui donnèrent leur nom à la butte.

LA VIEILLE CHARITÉ ♥

L'HOSPICE BAROQUE. En redescendant la butte vers le nord, on accède à l'hospice de la vieille Charité. Cet ensemble élégant est le seul édifice public qu'il fut donné à l'architecte Pierre Puget ▲ *176* de réaliser à Marseille ; il était destiné à accueillir les pauvres et les sans-logis. Espace d'enfermement typique du XVIIe siècle, l'hospice accueillit, au cours des siècles suivants, l'armée, les infirmiers coloniaux, les habitants des quartiers détruits de la Bourse, puis les Marseillais chassés de chez eux lors de la destruction du Vieux-Port en 1943 ▲ *162*.

LES MUSÉES MODERNES. Délabré, l'hospice fut tardivement réhabilité pour abriter aujourd'hui nombre de grandes institutions ainsi que la Direction des musées de Marseille, le musée

d'Archéologie méditerranéenne, et le musée des Arts africains, amérindiens et océaniens.

MUSÉE D'ARCHÉOLOGIE ♥. Il a été transféré du château Borély ▲ *204* au centre de la vieille Charité, en 1989. Le musée possède une remarquable collection égyptienne – la deuxième en France après celle du musée du Louvre. De Suse à Chypre, en passant par la Grèce, l'Italie et la Gaule, sa collection d'antiquités classiques est dominée par quelques points forts, dont les collections chypriote et étrusque. Enfin, l'exposition des vestiges du site de Roquepertuse (IIIe siècle av. J.-C.), ensemble de pièces sculptées et peintes, unique en Gaule du Sud, fait la réputation internationale du musée.

MUSÉE DES ARTS AFRICAINS ET OCÉANIENS ♥. Ouvert depuis mars 1992, le musée est le fruit de diverses donations : celle de la collection d'art d'Afrique de l'Ouest de Pierre Guerre et celle du professeur Henri Gastaut, centrée sur le thème du crâne, qu'est venue compléter l'acquisition des pièces des anciens musées coloniaux de la ville et, récemment, d'objets rituels de Vanuhatu.

NAISSANCE D'UNE RUE
Le percement de la rue de la République entraîna la démolition de 935 maisons, 38 rues et le déplacement de 16 000 habitants. La longueur de la rue dépasse le kilomètre.

LA RUE DE LA RÉPUBLIQUE

UN URBANISME «HAUSSMANNIEN». En quittant la vieille Charité par la gauche, on traverse le passage de Lorette, vestige du quartier détruit, lors du percement de la rue de la République, en 1862 ● *116*. Cette nouvelle voie devait, à une époque de très dense trafic portuaire, commercial et industriel, désengorger le Vieux-Port et relier le centre de la ville aux nouveaux docks ▲ *188*. La rue est bordée de séries homogènes d'immeubles de style haussmannien ; sa percée a néanmoins détruit l'unité de la ville ancienne des buttes, isolant la butte des Carmes des deux autres.

ÉDIFICES RELIGIEUX. Un escalier grimpant le long de la rue permet de rejoindre la petite église des Grands-Carmes, juchée sur le haut de la butte du même nom. Conservée dans son état du XVIIe siècle, elle est le seul vestige d'un quartier d'habitations homogènes du XVIIe siècle, détruit récemment. Plus loin, l'église SAINT-CANNAT, en retrait, porte les témoignages architecturaux des XVIIe et XVIIIe siècles (façade des frères Gérard et de Duparc). La rue débouche dans l'alignement de l'église Saint-Ferréol, sur le Vieux-Port. Portant les traces de toutes les époques de son édification, surtout du XVIIIe siècle, elle associe une architecture gothique à un mobilier plus récent, dû notamment à Michel Serre.

«SAINTE MARGUERITE»
La sainte, due au pinceau de Michel Serre (1658-1733), orne de sa grâce l'église Saint-Ferréol. Après avoir passé sa jeunesse à Rome, Serre s'était en effet fixé à Marseille. Peintre des galères du roi en 1693, il est surtout connu pour son œuvre majeure, *La Peste de Marseille* (1720) ● *61*, conservée au musée des Beaux-Arts de Marseille ▲ *184*.

1 Palais du Pharo
2 Fort Saint-Nicolas
3 Fort Saint-Jean
4 Basilique Saint-Victor
5 Vieux-Port

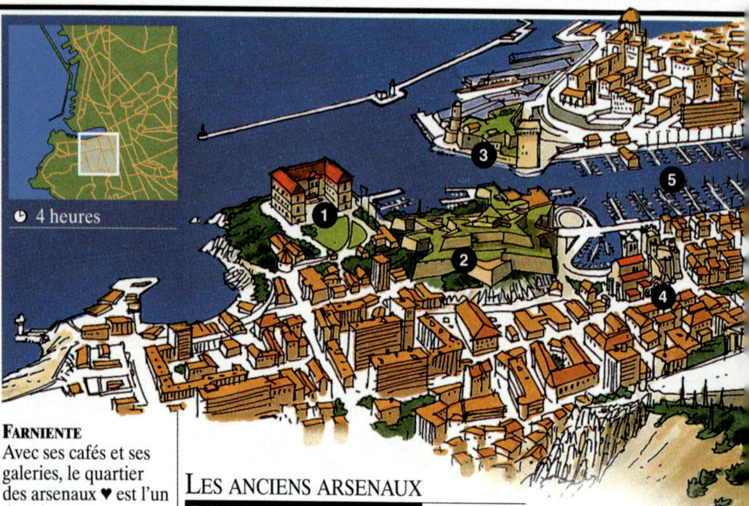

Farniente
Avec ses cafés et ses galeries, le quartier des arsenaux ♥ est l'un des plus attrayants du centre-ville.

Nombre d'ateliers d'artistes ont colonisé les anciens entrepôts des environs, où déjà dans les années 1940 s'élaborèrent les *Cahiers du Sud* édités par Jean Ballard.

Les galères du roi
L'arsenal fut creusé en 1488 mais ne prit de l'ampleur qu'en 1666, lorsque Nicolas Arnoul, homme de confiance de Colbert, le fit rénover.
Les arsenaux, véritable ville dans la ville, occupaient une superficie de 10 ha, s'étendant de l'actuel Opéra ▲ *180* à la rue Saintes. Ils abritèrent jusqu'à vingt mille personnes : la chiourme (Turcs, droits communs et huguenots), mais également l'équipage libre et les officiers.

Les anciens arsenaux

Le quartier qui grimpe du quai de Rive-Sud jusqu'aux premières pentes de la colline de la Garde fut urbanisé sous Louis XIV ▲ *162* ▲ *185* : après avoir fait édifier la citadelle Saint-Nicolas ▲ *169*, le roi ordonna la modernisation de l'arsenal des galères et fit enclore les faubourgs méridionaux. En 1748, après le départ des galériens pour Toulon, l'arsenal fut désaffecté et le lent délabrement des bâtiments amena leur démolition dans les années 1780 (un seul pavillon, au 23, cours d'Estienne-d'Orves, échappa à la destruction). La proximité du port attira les spéculateurs et, en 1784, un projet de reconstruction fut confié à l'architecte marseillais Joseph-Henri Sigaud. Le terrain, entre la place Thiars et le cours d'Estienne-d'Orves, fut quadrillé de vastes entrepôts articulés autour de cours fermées et surmontés

d'appartements de rapport. La rigueur des façades à bossages fait de cet ensemble ♥ l'un des plus beaux exemples de l'architecture néoclassique de Marseille.

LA BASILIQUE SAINT-VICTOR ♥ ● *104*

C'est l'un des principaux monuments de la ville tant pour l'histoire dont il est chargé que pour la beauté des vestiges qu'il recèle. Le site, à l'époque hors les murs, abrita d'abord une carrière, aménagée en nécropole vers le IIIe siècle.

LES ÉDITIONS JEANNE LAFFITTE
Le Complexe des Arsenaux (librairie, salon de thé, maison d'édition), dirigé par Jeanne Laffitte, héritière de plusieurs générations d'éditeurs marseillais, pose le cours d'Estienne-d'Orves comme pôle culturel.

CRYPTES DE SAINT-VICTOR ♥
Les cryptes du XIIIe siècle, englobant des ruines de l'édifice du Ve siècle, forment une véritable église souterraine.
Une succession de chapelles et de cavités, habillées de sculptures médiévales et baroques ♥, aligne sarcophages ♥ païens et chrétiens (IVe siècle) et pierres tombales des XIe et XIIe siècles. Au milieu trône une Vierge noire du XIIIe siècle, qu'on remonte en procession pour la chandeleur. C'est pour cette occasion qu'on confectionne les navettes ● *95*, dont la forme rappelle celle des barques illuminées qu'on faisait voguer jadis en souvenir de l'arrivée des saintes Maries ▲ *322*.

Le Vieux-Port était autrefois le cœur économique de la ville : il en est aujourd'hui le centre le plus vivant et résume à lui seul le charme de Marseille. Jusqu'au XIXe siècle, toute l'activité maritime s'y concentrait ; les pêcheurs, groupés autour du quartier Saint-Jean, en partaient chaque matin, gagnant en barque les calanques de Sormiou ou de Niolon. Le Vieux-Port vit désormais à l'heure de la plaisance ; le marché aux coquillages, qui s'étalait encore il y a peu près du quai de Rive-Neuve, a laissé place à des restaurants qui offrent aux touristes leurs spécialités de poissons et de fruits de mer.

La Flotte ottomane bloquant le port de Marseille. Vue du Vieux-Port au XVIe siècle.

LA CRIÉE AUX POISSONS
Elle s'était installée en 1909 sur le quai de Rive-Neuve ▲ *172*, dans le local actuellement occupé par le Théâtre national de Marseille.

PÊCHEURS PRÉPARANT LEURS FILETS
Le Vieux-Port s'animait jadis des activités multiples et colorées des pêcheurs : déchargement du poisson, remaillage des filets, travaux de toutes sortes se prolongeaient jusqu'au soir.

Le pont transbordeur
Il fut construit en 1903 pour relier le quai de la Tourette (derrière Saint-Jean ▲ *169*) à la montée du Pharo ▲ *200*. Il fut démoli en 1945 et a été remplacé par un tunnel aménagé sous le Vieux-Port.

Retour de pêche
Le port ne peut pas accueillir les bateaux de fort tonnage mais quelques artisans y accostent encore ; leur production est vendue chaque matin, de 9 h à midi, quai des Belges.

SAINT LAZARE
Cet étonnant visage fut sculpté au haut Moyen Âge sur l'un des chapiteaux de la crypte de Saint-Victor. Il s'agirait de Lazare, premier évêque légendaire de Marseille.

LA BONNE MÈRE
La haute tour, le pont-levis et le bastion de l'ancien fort, souvenirs de l'architecture défensive de la basilique, contrastent avec l'élégance générale de ses volumes, que souligne la polychromie des motifs. La richesse des matériaux employés (marbre, lapis-lazuli), le raffinement des décors de mosaïque dus à Henri Révoil, ont créé un sanctuaire précieux dédié au culte marial, dont Notre-Dame-de-la-Garde est l'un des hauts lieux.

Un premier monastère, dont il subsiste des vestiges dans la crypte dédiée au martyr chrétien Victor, fut fondé au Ve siècle par Jean Cassien. L'abbaye était alors l'un des centres religieux les plus célèbres de la Gaule. Au Xe siècle, elle passa sous la règle bénédictine et connut, avec l'abbé Isarn, au XIe siècle, un véritable âge d'or : ses possessions s'étendirent alors de l'Espagne à la Syrie. L'abbatiale fut largement remaniée au XIIIe siècle, puis au XIVe siècle (chœur, fortifications) alors que le futur pape Urbain V, Guillaume de Grimoard, était abbé de Saint-Victor. Au XVIIe siècle, on fit percer les fenêtres hautes de la nef. Le mur d'enceinte fut détruit en 1660, lors de la construction du fort Saint-Nicolas ▲ *169*, et les bâtiments conventuels rasés sous la Révolution. L'intérieur abrite, outre une Vierge de Michel Serre ▲ *171*, une table d'autel du Ve siècle.

VERS NOTRE-DAME-DE-LA-GARDE. Sur la place Saint-Victor, le four des navettes confectionne ces petits gâteaux de la chandeleur ● *95* ▲ *173* depuis 1781. Rejoindre le BOULEVARD DE LA CORDERIE, percé au XIXe siècle afin de faciliter la liaison entre les nouveaux quartiers du Pharo et des Catalans ▲ *200* et le cours Pierre-Puget ▲ *181*, créé sous le Consulat. À son extrémité, le JARDIN DE LA COLLINE ♥, réalisé également sous le Consulat, s'ouvre sur un buste de Pierre Puget (1620-1694), fruit d'un concours – remporté par Henri Lombard – lancé en 1897 pour commémorer ce grand artiste marseillais, peintre, sculpteur et architecte. Hommage un peu tardif ; de tous les audacieux plans d'urbanisme qu'il avait conçus pour sa ville natale, seuls ceux de la Vieille-Charité ▲ *170* furent réalisés.

NOTRE-DAME-DE-LA-GARDE

La pente ardue du boulevard Aune, en contrebas du jardin, mène au pied de la basilique. La colline de la Garde était un ancien poste de vigie maritime, sur lequel fut élevée au début du XIIIe siècle une chapelle ● *110*. Cette dernière, devenue prieuré des moines de Saint-Victor, fut reconstruite au XVe siècle. Un siècle plus tard, le site fut fortifié devant la menace d'une invasion des armées de Charles Quint. En 1852, le ministère de la Guerre autorisa la construction d'une basilique, sans déclasser pour autant le fortin. Le projet retenu fut celui de Léon Vaudoyer, d'inspiration romano-byzantine. La réalisation en fut confiée à Henri Espérandieu et les travaux durèrent de 1853 à 1899. La Vierge dorée qui couronne l'édifice (ci-dessus) fut exécutée dans les ateliers du célèbre Christofle.

«LE PEUPLE PROVENÇAL TIENT ESSENTIELLEMENT À SA RELIGION, À SES CÉRÉMONIES [...], À SES PROCESSIONS, À L'OBSERVATION DES FÊTES ET DES DIMANCHES, À SES PÉNITENTS»

VILLENEUVE-BARGEMON

LES EX-VOTO ♥ DE NOTRE-DAME

Notre-Dame-de-la-Garde, but d'un pèlerinage dédié à la Vierge, est le principal sanctuaire votif de la ville, comme le rappellent les très nombreux ex-voto (pour certains bien antérieurs à l'édifice actuel) qui tapissent ses murs. Ces objets de piété populaire, exécutés en remerciement d'un vœu réalisé, furent particulièrement répandus en Provence du XVIIe au début du XXe siècle. Les ex-voto sont souvent exécutés en orfèvrerie, mais peuvent prendre la forme de petits tableaux sur bois, sur toile ou sur papier, plus rarement la forme de maquettes sur bois. Les situations de périls maritimes sont l'occasion de nombreux vœux, de même que la maladie ou les accidents domestiques : chutes de cheval, noyade dans un canal ou un puits. Ces peintures naïves, émouvants témoignages de la vie d'autrefois, utilisent généralement les mêmes modèles : pendant que l'accident se déroule en bas, la Vierge apparaît, priant dans le ciel, un orant à ses pieds, une inscription donnant parfois les détails du drame. La collection de Notre-Dame-de-la-Garde est l'une des plus importantes du département avec celle du musée de Martigues ▲ *195* et de l'église des Saintes-Maries-de-la-Mer ▲ *322*.

LA CANEBIÈRE EN 1808
Elle s'arrête alors au cours ▲ *185* et ne sera prolongée qu'en 1861.

LA BOURSE DU COMMERCE
Le bâtiment, au bas de la Canebière, s'ouvre à la fois sur le port et les grandes artères commerciales de la cité.

LA CANEBIÈRE

Nous entrons ici de plain-pied dans la ville du XIXᵉ siècle. À la veille de la Révolution, en effet, le plan de la ville s'est radicalement modifié. La démolition de l'arsenal des galères ▲ *172* offre à la première Canebière, tracée sans doute au XVIᵉ siècle sur un emplacement occupé par des cordiers et des marchands de chanvre (d'où son nom, venu du provençal *canabe* : espace voué au chanvre), une large perspective sur le Vieux-Port ▲ *174*. Marseille regarde désormais vers la mer. Après la disparition des remparts, qui fermaient la cité à hauteur de l'actuel boulevard Dugommier, s'ouvre alors, entre la ville du XVIIᵉ siècle ▲ *185* et les nouveaux quartiers bourgeois, la voie triomphale qui se prolonge jusqu'à l'église des Réformés ▲ *182*.

UNE ARTÈRE LÉGENDAIRE. La Canebière est un lieu symbolique que descendent les cortèges officiels et les manifestations ; un lieu où se croisent, aujourd'hui comme hier, immigrés et voyageurs de toutes origines ; un lieu enfin dont le nom s'identifie à la ville et la désigne à travers le monde au rythme de la musique légère de Vincent Scotto : «Elle finit au bout de la terre, notre Cane, Cane, Canebière…» Cette grande artère marseillaise a cependant perdu aujourd'hui de sa superbe, de cette vie intense qui en a fait longtemps le centre incontesté de l'activité économique et des loisirs.

LA BOURSE. «Si Marseille, écrivait Stendhal, ne doit avoir qu'un monument, que ce soit une Bourse, le Louvre du Commerce.» Il est vrai que l'édifice, conçu par Pascal Coste, et inauguré par Napoléon III en 1860, représente, dans son classicisme, un modèle du genre. Les sculptures ornant les niches de la façade (le *Commerce*, la *Navigation*), la frise qui représente la ville recevant les richesses du monde entier, mais aussi les remarquables collections de peintures, d'affiches

«La Canebière bordée d'énormes maisons, vraie forteresse d'architecture»

Hippolyte Taine

et d'objets (ci-dessus) conservés au musée de la Marine qu'abrite le bâtiment, rappellent les liens étroits qui ont uni de tout temps le grand commerce et l'armement marin. La Chambre de commerce et d'industrie a en effet géré, de 1881 à la Seconde Guerre mondiale, les installations d'outillage public du port de Marseille ▲ *188*.

En remontant la Canebière ♥. S'il reste peu de chose des grands cafés et des hôtels somptueux qui attiraient la clientèle de passage au XIXe siècle, et si, désormais, les salles de spectacle se font rares (seul, un peu à l'écart, rue du Théâtre-Français, le théâtre du Gymnase, restauré dans les années 1980, a retrouvé son ancienne activité), la Canebière demeure néanmoins le centre de gravité de la cité, l'axe essentiel depuis le Vieux-Port ; il faut la parcourir aux approches de Noël, lorsque les illuminations lui redonnent vie et que la Foire aux santons, aux allées de Meilhan ● *80*, ▲ *182*, attire les curieux et lui apporte de nouveau sa gaieté et son animation. On remarquera pourtant les immeubles majestueux qui la bordent et soulignent la volonté des édiles du second Empire de dessiner un ensemble architectural cohérent, fait de maisons en pierre de taille conformes à un modèle imposé, parfois réalisées par un même architecte. Le décor émaillé de la joaillerie Rey (au n° 39) date des années 1860 ; au n° 53, le plus remarquable des immeubles du second Empire, le grand hôtel du Louvre et de la Paix, est aujourd'hui transformé en grand magasin, après avoir longtemps abrité la Marine nationale : construit par l'architecte Pot, il offre une décoration intéressante, notamment le groupe statuaire qui domine l'édifice, et les cariatides représentant les quatre continents, œuvre du sculpteur Ferrat. Sur le côté sud se dresse l'hôtel de Noailles, qui a reçu pendant des décennies les personnalités de passage dans la ville. Au n° 88, la façade originale de l'ancienne librairie Tacussel, composée de livres géants en céramique émaillée, remonte à l'entre-deux-guerres.

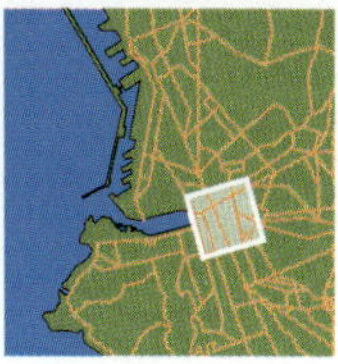

◷ 1/2 journée

“C'est la Canebière assourdissante, la hâte vaine des gens qui se pressent avec des figures de fainéants, des fleurs, des fruits exotiques, des moules mouillées, des huîtres, des praires, des violets, des barmen jaunes et noirs, des “dames” en soie noire et dentelle.”

Colette

Le café Turc

Il s'élevait jadis à l'emplacement qu'occupe l'office du tourisme. Les grands cafés ont presque tous disparu ; c'est là que se retrouvaient jusqu'à une date récente négociants et courtiers.

LES NOUVEAUX QUARTIERS À LA MODE
Entre le cours Lieutaud et l'Opéra, les rues de Rome, Saint-Ferréol et Paradis, bordées d'immeubles des XVIIe et XVIIIe siècles (telle la maison de Pierre Puget ▲ *176* devant laquelle se dresse une colonne surmontée du buste de l'artiste), ont gardé la fonction commerciale qu'elles occupaient depuis le XIXe siècle. La rue «Saint-Fé» (ci-contre en 1917), devenue piétonnière, garde dans ce domaine une place privilégiée. La mode et les boutiques de luxe y côtoient des magasins plus populaires et des banques, témoignant de l'importance économique de ce quartier, véritable centre d'affaires.

LE CENTRE-VILLE : AUTOUR DE LA CANEBIÈRE

C'est en se promenant au sud de la Canebière, dans ce centre bourgeois du XIXe siècle qui a conservé, par-delà les décennies, toute son importance qu'on retrouve les formes d'activités ludique et culturelle qui animaient jadis la Canebière. Près du cours Lieutaud, à côté du lycée Thiers, la chapelle des Bernardines a été transformée en théâtre. À proximité se dresse, PLACE CARLI, le palais des Arts, construit par Espérandieu et définitivement aménagé en 1874, où se trouvent aujourd'hui les Archives de la ville. La place débouche sur les allées du cours Julien ♥ qui forment un nouvel espace culturel.

LE MUSÉE CANTINI ♥. La rue Grignan, perpendiculaire au cours Julien, mène au musée Cantini, ouvert depuis 1936 dans l'ancien hôtel de la compagnie du Cap-Nègre (1694). Tout d'abord musée des Arts décoratifs, le musée Cantini s'ouvrit à l'art du XXe siècle sur l'initiative de Gaston Defferre dès son accession à la mairie. La collection concerne les œuvres du tout début du siècle aux années 1960 et offre un riche ensemble d'œuvres abstraites, figuratives, cubistes ou surréalistes, de Matisse, Camoin, Derain, Dufy, Pascin, Kisling, Miró, Picabia, Ernst, ou encore Kandinsky, Kupka ou Gonzalez.

LE COURS JULIEN
Créée en 1785, cette promenade est devenue à la fois le quartier des antiquaires et un intense foyer d'animation artistique.

L'OPÉRA. L'Opéra, édifié sur une partie des terrains de l'ancien arsenal ▲ *172*, fut inauguré en 1767. Détruit par un incendie, le bâtiment fut reconstruit entre 1919 et 1924 par l'architecte Castel, dans le style Arts déco. Influencé pendant plus de quinze ans par la direction de Jacques Karpo (décédé en 1991), l'Opéra de Marseille possède aujourd'hui un des plus forts taux de fréquentation de France. Si l'opéra français reste le plus souvent représenté, le répertoire italien, Verdi en tête,

L'Opéra
Seule la façade, de style néogrec, résista à l'incendie qui détruisit la salle en 1919. Peintres et sculpteurs de renom décorèrent la salle moderne : plafond de Carrera, fronton de scène par Bourdelle, bas-reliefs de Sartorio.

est sans doute encore plus populaire et Wagner a toujours fait recette. Marseille a révélé quelques compositeurs de talent (Della Maria, François Bazin ou encore Ernest Reyer, Darius Milhaud ▲ *233* et Henri Tomasi) et de grands danseurs, de Marius Petipa à Maurice Béjart. L'installation à Marseille de l'École nationale supérieure de danse (novembre 1992) rappelle d'ailleurs que la danse a toujours été pensionnaire à part entière de l'Opéra.

Autour de l'Opéra. Le quartier de l'Opéra a été – et reste encore partiellement – un centre de la vie nocturne marseillaise : mais il est aussi au cœur d'une activité commerciale, qui s'est quelque peu modifiée au cours des dernières années. Les anciennes halles et le marché au poisson des Capucins ont disparu, mais les rues étroites qui l'entourent ont gardé leur pittoresque. On y retrouve plus que jamais ces entassements de marchandises provençales ou exotiques, cet étonnant mélange de populations, les commerçants d'origine maghrébine ou réunionnaise venant s'ajouter à ceux, d'origine arménienne, espagnole ou italienne, qui les ont précédés.

Le palais de justice. La rue de Breteuil conduit au palais de justice, réalisation de l'architecte Auguste Martin (1862). Sa façade, classique, est précédée d'une vaste esplanade. Au fronton, l'allégorie de la Justice est due au sculpteur Eugène Guillaume ; c'est à lui que l'on doit également les reliefs représentant la Justice protectrice et la Justice répressive. Le tribunal de commerce, à côté, est une œuvre de Gaston Castel de 1933.

Le cours Puget. Le cours ♥, que l'on remonte, est l'un des quartiers élégants du second Empire, lieu d'élection d'une bourgeoisie qui, délaissant la rive nord au tissu urbain trop serré et les anciens quartiers du XVIIe siècle autour du grand cours ▲ *185*, trouva là des terrains assez vastes pour édifier des hôtels particuliers. Les façades sur le cours révèlent les ambitions de la grande bourgeoisie du négoce.

La préfecture. À la suite de la place Estrangin ♥ s'élève le somptueux hôtel de la préfecture, élevé entre 1861 et 1866, symbole de la politique de grandeur des fonctionnaires impériaux. Les références architecturales d'Auguste Martin, qui en réalisa le gros œuvre, sont parisiennes (la cour Carrée du Louvre pour la façade).

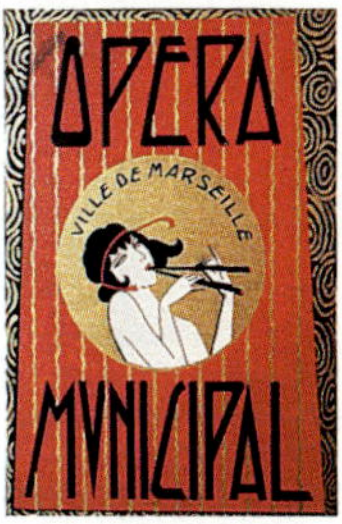

De merveilleux interprètes
Mme Miolan-Carvalho (à gauche), créatrice des opéras de Gounod, le baryton Victor Maurel, choisi par Verdi pour créer *Otello* et *Falstaff*, le ténor Lucien Muratore, enfin, plus récemment, Régine Crespin et Martine Dupuy ont fait date dans l'histoire lyrique de la ville.

Fontaine Estrangin
Édifiée par André Ballar (1890), la fontaine souligne la vocation maritime de Marseille. La place qu'elle rafraîchit, au cœur du quartier bourgeois du XIXe siècle, est bordée de deux édifices symboliques : la Banque de France et la Caisse d'épargne.

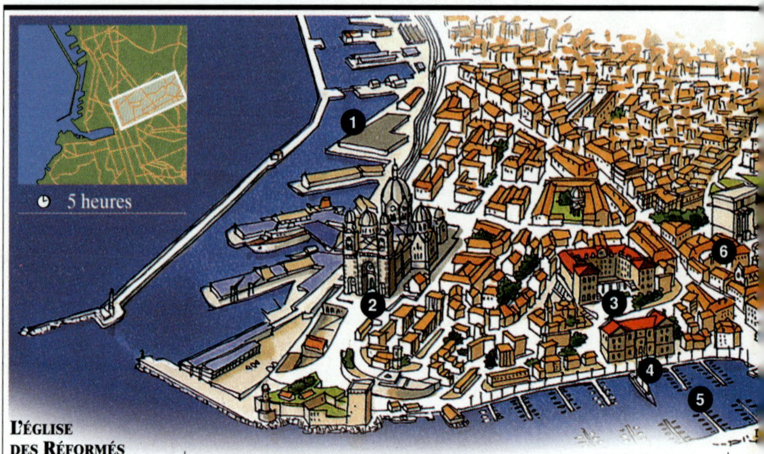

L'ÉGLISE DES RÉFORMÉS
La construction de l'église des Réformés date du milieu du XIXe siècle. Par manque de moyens financiers, la façade n'eut aucun autre ornement que sa grande rosace. Les travaux furent conduits par l'architecte diocésain du Vaucluse, l'abbé Pougnet, connu dans le midi de la France comme l'un des ardents défenseurs du gothique.

LA FONTAINE DES DANAÏDES
C'est au répertoire aimable de la mythologie qu'emprunte ici le sculpteur pour exalter le thème de l'eau. L'enchaînement avant du groupe des Danaïdes, traité dans un beau marbre de Carrare, n'est pas sans rappeler les productions officielles, tandis que le dessin de la vasque, ornée d'une guirlande de fleurs, témoigne d'un certain goût pour l'art nouveau.

LA VILLE DU XIXe SIÈCLE

LES RÉFORMÉS. L'église Saint-Vincent-de-Paul, dite des Réformés parce qu'édifiée sur l'emplacement d'un ancien couvent d'augustins réformés, se dresse tout en haut de la Canebière ▲ *178*, à droite en remontant. Le site avait été initialement choisi pour la construction d'une nouvelle cathédrale, mais on lui préféra l'emplacement sur la Joliette où s'élevait déjà l'ancienne cathédrale de la Major ▲ *169*. L'édifice, remarquable par son ampleur autant que par sa grande façade néogothique, fut conçue par l'architecte Reybaud. Commencé en 1855, il n'était toujours pas achevé en 1868. Sur le parvis, la statue de Jeanne d'Arc est l'œuvre de Louis Botinelly, sculpteur marseillais de la première moitié du XXe siècle.

LES ALLÉES GAMBETTA. En face, les anciennes allées de Meilhan, rebaptisées Gambetta, terminent la grande perspective ouest-est formée par la Canebière. Sur cette agréable promenade se tiennent au moment de Noël la célèbre Foire aux santons ● *80*, pour la Saint-Jean la Foire à l'ail et aux herbes et tout au long de l'année l'un des nombreux marchés aux fleurs de la ville.

LA PROMENADE LONGCHAMP ♥. La promenade qui mène au palais Longchamp commence sur l'ancienne place, ou cours Stalingrad, ornée en son centre de la FONTAINE DES DANAÏDES, commandée par l'État et la ville au sculpteur marseillais Jean Hugues, en 1907. Elle se poursuit par le cours Joseph-Thierry, bordé d'immeubles cossus de la fin du XIXe siècle.

LE BOULEVARD LONGCHAMP ♥. Ouvert en 1834, le boulevard Longchamp débouche sur l'une des plus belles réalisations architecturales conduites sous le

second Empire, le palais Longchamp, et constitue l'une des promenades les plus agréables de la ville. Certains hôtels portent la marque de l'éclectisme du XIXe siècle : souvenirs de la Renaissance, médaillons à la mode florentine alternent avec de sobres «trois fenêtres» qui caractérisent, depuis le XVIIIe siècle, l'architecture marseillaise ● *116*.

Le musée Grobet-Labadié ♥. L'hôtel particulier de la famille Grobet-Labadié s'élève au bout du boulevard, au n° 140, et abrite aujourd'hui un musée. Il fut commandé à l'architecte Gabriel Clauzel par Alexandre Labadié, négociant. Ce dernier rassembla dans son hôtel quelques objets d'art, dont devait hériter à sa mort, en 1892, sa fille unique Marie-Louise, mariée depuis 1872 avec Bruno Vayson, frère du peintre animalier Paul Vayson. Leur goût commun les conduisit à réunir des collections extrêmement variées : beaux meubles, peintures. Avec son second mari, Louis Grobet, violoniste de talent et lui-même amateur d'art, Marie-Louise continua d'enrichir ses acquisitions qu'elle légua finalement à la ville. Le musée fut inauguré le 3 novembre 1925.

«La Sainte Famille»
Le musée Grobet-Labadié abrite cette toile de Joos Van Cleve (v. 1484-v. 1540), peintre flamand influencé par Dürer. Elle y côtoie un ensemble important de meubles et de peintures de toutes les époques.

Le palais Longchamp ♥

Le palais Longchamp, posé en bordure d'un terrain à forte déclivité, est une véritable scénographie de pierre et d'eau, aux belles réminiscences baroques ● *116*, due à l'architecte nîmois Henri Espérandieu dont c'est là l'œuvre majeure. En 1839, devant l'accroissement de la population et les sécheresses, la ville avait décidé la construction d'un canal destiné à amener dans Marseille les eaux de la Durance.

Le zoo du palais Longchamp
Un parc zoologique fut créé en 1856 dans les jardins du palais Longchamp. On peut encore en découvrir quelques vestiges exotiques, dont le pavillon de l'Éléphant et celui de la Girafe.

LE PALAIS LONGCHAMP
Henri Espérandieu sut tirer le meilleur parti de la déclivité du terrain pour mettre en scène l'eau au sein de ce programme complexe qu'est le palais Longchamp, à la fois château d'eau et ensemble muséographique.

LA STATUAIRE DU PALAIS
Les frises et le groupe central représentant la Durance – symbolisée par une figure féminine

juchée sur un char tiré par des taureaux de Camargue – furent sculptés par Jules Cavelier : la Durance semble s'avancer vers la ville, apportant avec elle les bienfaits de l'eau, la vigne et le blé. Les deux souffleurs de conque sont dus au ciseau de Lequesne.

UN CHÂTEAU D'EAU DESSINÉ DANS LA PIERRE. L'ouvrage fut confié à l'ingénieur Frantz Mayor de Monricher, qui choisit le plateau de Longchamp comme point d'aboutissement du canal dans la ville. En 1849, pour célébrer l'arrivée de l'eau, la ville souhaita faire édifier un château

d'eau qui serait en même temps un véritable monument commémoratif. Le projet s'amplifia et comprit bientôt un musée des Beaux-Arts et un muséum. Commencée en 1862, la construction du palais s'acheva en 1869. L'élément central de la composition, le château d'eau, est relié par une élégante colonnade courbe aux deux ailes en retour qui abritent les musées. L'ensemble du programme iconographique est conçu comme une célébration de la fertilité mise en valeur dans ses aspects les plus méditerranéens.

LE MUSÉUM. Le cabinet d'Histoire naturelle (fondé en 1819) est installé dans l'aile droite du palais Longchamp depuis 1869. Il comprend des collections de paléontologie des invertébrés et des vertébrés, de minéralogie, des pièces de la préhistoire provençale et des espèces de la flore et de la faune de Provence. Depuis 1974, un aquarium complète l'ensemble. Dans la salle dite de Provence, le mobilier d'origine et le décor offrent un exemple privilégié de muséographie du XIXe siècle.

LE MUSÉE DES BEAUX-ARTS ♥. Inauguré le 15 août 1869, le musée des Beaux-Arts occupe l'aile gauche du palais. Il a été réaménagé dans les années 1970-1980, avec notamment la création d'une mezzanine et l'implantation d'un cabinet de dessins. Les œuvres de l'école française ▲ *186* sont les points forts des collections.

«Marseille est selon mon cœur, et j'aime que, sise dans une des plus belles assiettes du rivage de la Méditerranée, elle ait l'air de tourner le dos à la mer, de la bouder [...]»

Blaise Cendrars

Du palais au cours

La gare Saint-Charles. En remontant le boulevard Montricher, puis le boulevard Camille-Flammarion, on croise, à l'angle formé par les boulevards Voltaire et de la Liberté, la colonne de l'Immaculée Conception dessinée par Henri Espérandieu en 1857 et que surmonte une Vierge dorée. Ce parcours conduit à la gare Saint-Charles dont l'escalier est justement célèbre par l'ampleur et le décor ♥ : ses larges volées successives, les passerelles métalliques, le décor baroquisant forment une scénographie dans le goût 1900, même si les travaux ne furent entamés qu'en 1923, la guerre ayant empêché leur réalisation immédiate. Les sculptures allégoriques *Colonies d'Afrique* et *Colonies d'Asie* ont été exécutées par Louis Botinelly. En empruntant le boulevard Charles-Nédélec, on atteint la porte d'Aix.

La porte d'Aix. L'arc de triomphe de la porte d'Aix fut réalisé par l'architecte Michel-Robert Penchaud. Commencé en 1823, il ne fut inauguré qu'en 1839. La décoration fut confiée à David d'Angers et à Jules Ramey. Au sud, Ramey sculpta les reliefs représentant Austerlitz et Marengo, ainsi que, sous la voûte, *Le Retour des braves après la victoire* ; en face David d'Angers réalisa *La Patrie appelant ses enfants à la défense de la Liberté*. Huit figures de vertus, aujourd'hui détruites, dominaient cet ensemble. Autour du monument, la construction de nouveaux édifices (le conseil régional, le conservatoire de musique sur l'ancien marché aux puces Velten) prouve la volonté de réhabiliter le quartier.

La gare Saint-Charles
Si le chemin de fer arrive à Marseille en 1848, ce n'est qu'en 1911 que la ville ouvre un concours pour la construction de l'escalier.

La porte d'Aix
Depuis l'agrandissement décrété par Louis XIV en 1666, tous les projets d'urbanisme qui se succédèrent jusqu'à la Révolution prévirent l'érection d'un arc de triomphe royal implanté à la porte d'Aix.

L'arc ne fut pourtant réalisé qu'après les journées de juillet : à l'apologie des Bourbons initialement prévue, on préféra la commémoration des grandes conquêtes militaires.

La ville du XVIIe siècle

Le cours Belsunce, qui mène de la porte d'Aix à la Canebière, fut créé sous le règne de Louis XIV. Le roi, voulant faire de Marseille la porte de son royaume vers l'Orient, avait décidé la création d'une nouvelle ville susceptible d'attirer officiers et négociants. En 1666, les anciens remparts furent détruits, de nouvelles rues furent tracées ; la superficie de Marseille, s'allongeant vers le sud (autour des arsenaux ▲ *172*) et l'est (autour du cours), passa alors de 70 à 195 ha ! En remontant le cours, on retrouve ici et là des traces de ce quartier né de la volonté du monarque : les alignements des rues Nationale (maison des Atlantes à l'angle), Tapis-Vert (on y remarquera l'église de la Mission de France du XIXe siècle), Thubaneau (le n° 25 abrita le siège du Club des amis de la Convention, où fut pour la première fois chantée *La Marseillaise*), ainsi que plusieurs immeubles à l'architecture soignée.

Le cours Belsunce
On peut encore y découvrir la façade et la marquise du prestigieux Alcazar, lieu mythique du music-hall et de la chanson, où Raimu, Fernandel et Yves Montand se sont jadis produits.

Les collections du musée des Beaux-Arts furent constituées au lendemain de la Révolution et enrichies au cours du siècle par divers dons et dépôts de l'État. Présentées au début du XIXe siècle dans l'obscurité de la chapelle des Bernadines, les toiles (plus de deux mille aujourd'hui) sont exposées depuis 1869 dans les salles fastueuses du palais Longchamp ▲ *184*.

LA PEINTURE FRANÇAISE

Si les salles du musées balaient assez largement l'histoire de la peinture et de la sculpture en Europe, du XVIe au XIXe siècle, la majeure partie des collections concernent l'école française des XVIIe et XVIIIe siècles (Philippe de Champaigne, Nicolas Mignard, Jean-Baptiste Greuze, Mme Vigée-Lebrun, David). Simon Vouet (1590-1649) qui domina la scène artistique parisienne de 1627 à sa mort y est également présent avec ce précieux tableau de cabinet. La *Vierge et l'Enfant Jésus*, réalisé pour son usage personnel, résume tout l'art du maître (coloris éclatants, un peu acidulés, balancement des courbes).

L'ÉCOLE PROVENÇALE
Le musée a pour principale vocation de conserver le patrimoine artistique régional. L'école provençale y est représentée par ses meilleurs tenants, de Pierre Puget ▲ *176* à Félix Ziem ▲ *197*, en passant par Guigou ou Constantin (1756-1844), ci-dessous, *Orage*. Émile Loubon (1809-1863), ci-contre, *Marseille vue des Aygalades* -, fondateur de la Société des amis des arts de Marseille, se fit le paysagiste de la Provence.

LA PEINTURE ITALIENNE
Elle est illustrée par plus d'une centaine d'œuvres des XVIe et XVIIe siècles (Pérugin, Marcantonio Bassetti, Giandomenico Tiepolo, Guerchin). *La Fête champêtre ou Fête milanaise* (ci-dessous), exécutée vers 1584 par Agostino Carrache (1557-1602), est considérée comme l'une des premières compositions dans laquelle le paysage est aussi largement traité.

1 Fos-sur-Mer 2 Port-de-Bouc 3 Couronne 4 Istres 5 Martigues 6 Miramas 7 Étang de Berre 8 Sausset-les-Pins

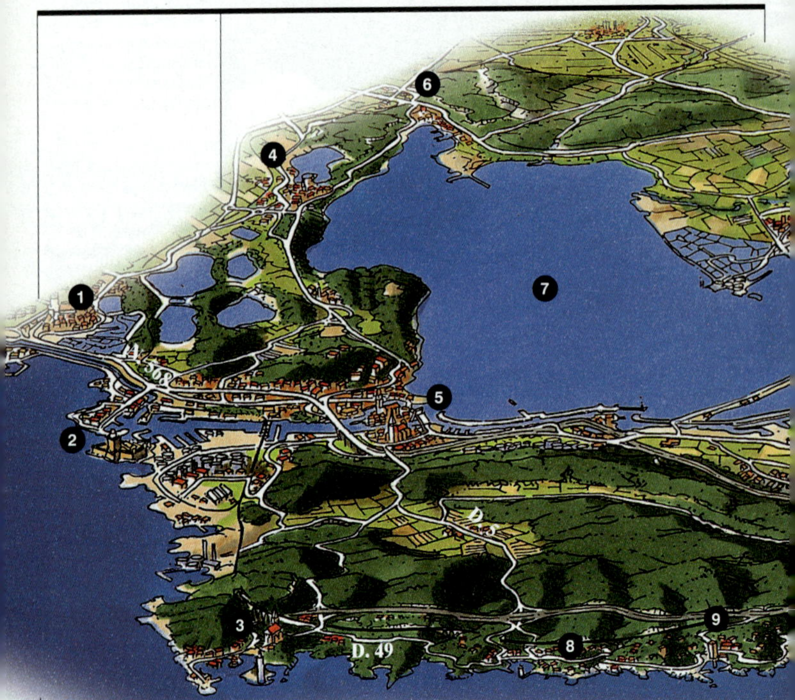

LE PORT MARCHAND
C'est le plus important de toute la Méditerranée. Son trafic, qui a atteint les 120 millions de tonnes, est cependant tombé à 95 millions en 1989.

LES NOUVEAUX PORTS

Le port de Marseille s'est longtemps identifié au Lacydon ▲ *160, 162, 174*. Une nouvelle ville surgit cependant au milieu du XIXe siècle, lorsqu'on ouvre le bassin de la Joliette, qui oriente l'activité maritime au nord de la ville. Au fil des années, les nouveaux bassins se sont étirés vers l'étang de Berre, sur plus de 18 km de quais.

LE PORT AUTONOME. Établissement public de l'État, le Port autonome est chargé de la gestion de cet ensemble portuaire, le troisième en Europe après Rotterdam et Anvers. Le trafic de marchandises se fait cependant de plus en plus par les installations portuaires récentes de Fos ▲ *196*, les bassins marseillais proprement dits étant progressivement délaissés.

LES ÉTAPES. La construction du port auxiliaire de la Joliette inaugure, en 1844, une série de constructions qui correspondent à ce que l'on a appelé l'âge de la vapeur et à la naissance des grandes compagnies maritimes. Les bassins du Lazaret, d'Arenc et National furent édifiés sous le second Empire ; ceux de Port-Pinède et du Président-Wilson au début du XXe siècle et le bassin Mirabeau juste avant la Seconde Guerre mondiale. L'ensemble des bassins marseillais est protégé de la mer par un mur d'abri, la grande jetée, qui se prolonge sur 2 km, véritable promenade défendue des intempéries par des blocs artificiels en béton, d'où l'on peut avoir une vue d'ensemble à la fois sur les ports et sur la rade.

De la Joliette à l'Estaque. La place de la Joliette, au départ de cet itinéraire, a été aménagée immédiatement après l'ouverture du port auxiliaire. Les postes d'accostage de la Joliette, dominés par la cathédrale de la Major ▲ *169*, sont

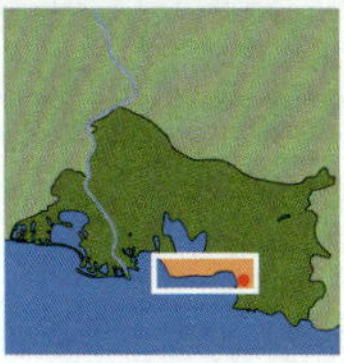

◷ 2 journées
70 km

principalement destinés au trafic avec la Corse, l'Algérie et la Tunisie (car-ferries), la capitainerie et les services du port s'étant installés à proximité du bassin National. En prolongeant la visite vers l'Estaque, on s'intéressera aux anciennes formes de radoub, première étape à Marseille de la réparation navale ; mais c'est surtout la forme de radoub n° 10, conçue en 1975 pour accueillir les navires de grande taille, qui, par ses dimensions exceptionnelles, retiendra l'attention ; les équipements sont encore performants, en dépit des difficultés que connaît la réparation navale. Puis on passera devant l'anse de Saumaty, port de pêche où a été transférée en 1975 la criée aux poissons, après qu'elle eut abandonné le Vieux-Port ▲ *174*.

Les docks de la Joliette
Ils ont été édifiés entre 1858 et 1863 par Gustave Desplaces, fervent admirateur de la révolution industrielle anglaise ● *117*. Ces immeubles sont peu à peu réutilisés en salles de spectacle.

Promenade dominicale des Marseillais, aujourd'hui comme hier, le village de l'Estaque peut être considéré comme un des lieux de naissance de l'art du XXe siècle. Cézanne (1839-1906), fuyant la guerre, s'y installe en 1871 et fait de ce port tranquille le support de ses recherches sur la simplification des volumes picturaux. Il y revient plusieurs fois, jusqu'au milieu des années 1880, faisant à chaque fois avancer ses conceptions révolutionnaires de la perception et de la représentation. Il attirera sur les lieux son ami Renoir qui, à son tour, peint les paysages de l'Estaque sans pour autant abandonner sa manière impressionniste. Puis de jeunes peintres, les cubistes essentiellement, et surtout Georges Braque (1882-1963), découvrant Cézanne à partir de 1907, viennent mettre leurs pas dans ceux du vieux maître afin de prolonger son héritage.

«L'ESTAQUE, EFFET DU SOIR»
Les préoccupations synthétiques de Cézanne sont lisibles dans cette œuvre où le contre-jour accentue les masses colorées et les lignes de constructions. Cézanne cherche le rendu plutôt que l'anecdote ; le contre-jour est, pour lui, avant tout un problème de peinture. Cette optique sera reprise par les peintres qui se réclameront de lui après sa mort.

«LA TERRASSE, L'ESTAQUE» (1918)
Albert Marquet, fasciné par Marseille au point d'y revenir pendant de nombreuses années, est un des derniers à peindre l'Estaque, après Braque, Dufy ou Matisse. Si Cézanne et le cubisme sont alors loin de ses préoccupations, la sérénité émanant de ce tableau qui multiplie pourtant les points de vue audacieux (plongées, perspectives gauchies), prouve que la leçon n'a pas été perdue.

«Le Golfe de Marseille vu de l'Estaque» (1883-1885)
Dans une lettre qu'il écrit en 1876 à Pissarro, Cézanne dépeint l'Estaque «comme une carte à jouer. Des toits rouges sur une mer bleue» (ci-dessus).

L'Estaque de Braque
C'est autour de Georges Braque (1882-1963), dont le fauvisme s'était déjà nourri des paysages de La Ciotat, que se cristallise l'idée d'une Estaque cubiste. Les couleurs qu'emploie Braque vont passer des rouges flamboyants (ci-dessus *Paysage à l'Estaque*, 1907) aux ocres et aux verts végétal. La forme va évoluer du coup de pinceau ondulant aux simplifications géométriques (à gauche, *Maisons à l'Estaque*, 1908). La leçon de Cézanne, superposée aux nouvelles recherches que mène alors Picasso, est donc ici à l'œuvre.

VILLAGE DE LA NERTHE
De l'Estaque à Martigues s'étend une chaîne de collines arides séparant l'étang de Berre de la mer : la Nerthe. D'altitude très médiocre (279 m), le massif est constitué d'une succession de collines et de ravins ravagés par des incendies trop fréquents ■ *48*, où la végétation se réduit à une garrigue basse et dégradée et quelques pinèdes. L'élevage de chèvres constituait l'activité dominante, grâce à une race particulière originaire du village du Rove ■ *44*. Cette chèvre, remarquable par sa robe rousse et ses cornes en lyre, produit un lait qui sert de base à la fabrication d'un yaourt local appelé «brousse du Rove», que les marchands ambulants vendent sur les marchés de Marseille et d'Aix.

LA CÔTE BLEUE ♥

Moins connue que la côte des Calanques ▲ *202*, la Côte bleue offre, à quelques kilomètres de Marseille, une splendide échappée vers la mer où le bleu de l'eau se heurte violemment au vert foncé des pins s'accrochant aux rochers. Ses longues plages, entrecoupées de calanques abruptes, sont assidûment fréquentées l'été par les Marseillais et les Aixois, grâce, en partie, au petit train reliant la gare Saint-Charles ▲ *185* à Port-de-Bouc.

DE NIOLON À CARRY-LE-ROUET. Du village du Rove, on atteint aisément le petit port de NIOLON ♥, niché dans une calanque d'où partent des anciens sentiers de douaniers surplombant la mer. Il était fréquent en effet que, dans ces calanques proches de Marseille, les barques de pêche ne transportent pas toujours du poisson et débarquent quelquefois, à la faveur de la nuit, d'étranges cargaisons ! L'endroit, aujourd'hui plus tranquille, est devenu un centre important de plongée sous-marine. À proximité, le petit port d'ENSUÈS-LA-REDONNE retient quelques cabanons.

Quelques kilomètres plus loin, au ROUET, surveillant la côte comme en vigie, la chapelle NOTRE-DAME-DE-L'ASSOMPTION se gagne en empruntant l'avenue Blanche-Clavet puis la rue des Eaux-Salées, interdite aux voitures. La chapelle est un petit édifice à nef unique, construit en 1653 par un moine de Saint-Victor ▲ *173*, Jean de Jarente. Lieu de pèlerinage paroissial puis ermitage, la chapelle a été rénovée en 1877, puis en 1975. Depuis la hauteur où elle s'élève, la vue embrasse toute la côte ♥.

CARRY-LE-ROUET. C'est ici que commence vraiment la zone touristique. Fernandel y avait fait construire sa maison et animait la place du village de parties de pétanque mémorables. Signalé jadis par les itinéraires maritimes romains, doté d'une belle plage sablonneuse, son port s'est très tôt intéressé au tourisme balnéaire et offre l'attrait d'une station très fréquentée en été, pourvue de résidences secondaires parfois luxueuses. Les belles villas se succèdent d'ailleurs jusqu'à SAUSSET-LES-PINS, ancien petit port de pêche, qui est, à proximité de Marseille, une des capitales de la navigation de plaisance. L'association du Parc marin de la Côte bleue a délimité une réserve de 70 ha au large du village : la pêche, le mouillage

et la plongée y sont interdits afin de permettre à la faune et à la flore de se régénérer.

CARRO ♥. Le village est un port de pêche toujours actif. On pourra y acheter rougets, daurades, pageots, lottes et rascasses du jour ramenés dans les chaluts ou pêchés au lamparo, grosse lampe fixée à la proue de la barque et attirant la nuit les poissons vers la surface.

LES RICHESSES DE LA CÔTE. Cette partie de la côte est réputée chez les botanistes pour la présence de plantes rarissimes poussant au creux des lapiaz (roche creusée par les eaux) proches du littoral. Dans ces poches de terre pousse un ail minuscule aux fleurs blanches s'épanouissant au ras du sol : *Allium chamaemoly*, tandis que dans les zones soumises aux embruns poussent trois statices protégés : *Limonium minutum*, *Limonium girardianum* et *Limonium celifolium*. Une autre espèce rare pousse au bord des lagunes : *Cressa cretica*, une convolvulacée (famille des liserons) aux minuscules fleurs blanches. Enfin, en arrière de la plage, pousse une géophyte dont les fleurs violettes couvrent le sol en octobre-novembre : *Merendera filifolia*, autre espèce protégée qui se trouve là dans son unique station française. Malheureusement défigurée par les usines pétrochimiques et les lignes à très haute tension, cette partie de la côte n'a pas fini de souffrir ; d'importants projets d'urbanisme, prévus dans le secteur, menacent la plupart des stations d'espèces protégées.

COURONNE. Un détour s'impose par Couronne, où l'on a reconnu des traces d'habitat néolithique (3 000-1 500 av. J.-C.), notamment des vestiges de maisons d'agriculteurs construites autour d'une source et dont la maquette est reproduite au musée Ziem de Martigues ▲ *195*. En suivant la route du phare, on atteint le cap Couronne, dénudé et balayé par le vent ; le panorama sur la côte et la rade de Marseille y est magnifique.

LA PÊCHE À CARRO
Carro possède un véritable port de pêche, le quatrième du département, d'où partent les barques et les chaluts qui approvisionnent les poissonniers de Marseille et d'Aix. Son cap était propice à la pêche au thon qui, lors de ses migrations saisonnières, longeait la côte où l'attendaient les madragues, filets fixes qui rabattaient les poissons vers une chambre centrale où ils étaient harponnés. La raréfaction de ces poissons a conduit à l'abandon des madragues dans les années 1930 et à la recherche, de plus en plus loin au large, de ces grands prédateurs.

MARTIGUES ♥

HISTOIRE. Des fouilles récentes ont révélé l'occupation très ancienne du site : dès le Ve siècle av. J.-C., un rempart abritait déjà un village sur l'île. Au début de notre ère, la bourgade est devenue une agglomération importante ; au Moyen Âge, elle vit surtout de la pêche. Trois communes coexistent alors ; Ferrières au nord, administrée par les archevêques d'Arles ▲ *300*, l'Île, terre des comtes de Provence, et Jonquières, au sud, qui appartient à l'abbaye de Montmajour ▲ *288*. En 1581, Henri III ordonne la fusion des trois villages, qui entraîne la naissance de Martigues. La ville connaît un essor remarquable au XVIIe siècle et son port de pêche rivalise avec celui de Marseille. Les chantiers navals prospèrent ; mais la grande peste de 1720 ● *60* marque le début d'un long déclin. Martigues redevient alors pour deux siècles un simple village de pêcheurs. L'implantation, au XXe siècle, d'activités pétrochimiques à la périphérie de la ville a donné lieu, depuis, à une croissance considérable.

JONQUIÈRES. Le quartier, le dos au rivage, s'ordonne autour du cours du 4-Septembre. La simplicité des façades et la petite échelle du parcellaire témoignent de la modestie de la vie martégale de jadis.

L'ÉGLISE SAINT-GÉNIES. Dédiée au saint qui aurait converti les habitants de Martigues à la religion chrétienne, l'église a été reconstruite à partir de 1625. Sur la façade classique (1669), une niche abrite une statue (1869) de Gérard Tenque qui fonda l'ordre des Hospitaliers de Malte en 1089 et serait, selon la tradition, d'origine martégale. À l'est, le portail gothique tardif est une réutilisation d'un édifice antérieur. Le clocher, surmonté d'un pyramidion décoré d'anges, date du XIXe siècle. L'intérieur est constitué d'une vaste nef, très sobre.

L'ANNONCIADE
Le maître-autel est richement décoré de boiseries sculptées et dorées. L'*Annonciation*, au centre, est entourée de colonnes corinthiennes et de deux tableaux, la *Présentation de la Vierge au temple* et la *Naissance de la Vierge*. Des graffitis, profilés au trait (à droite) pendant la Révolution, ont été découverts derrière le retable, sur les murs à l'étage. Ils sont tracés par-dessus d'anciennes gravures au stylet représentant des bateaux de pêche.

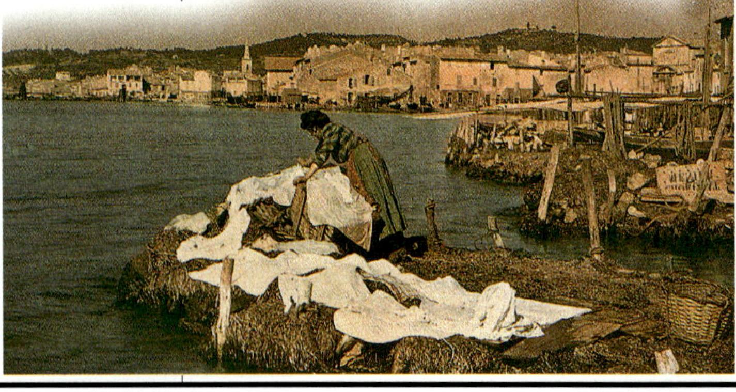

LA PÊCHE MARTÉGALE
Les pêcheurs utilisaient jadis des bourdigues, constructions coniques dans lesquelles les poissons migrant entre mer et étang étaient capturés.

LA CHAPELLE DE L'ANNONCIADE ♥. Ce petit édifice situé derrière l'église était le siège de la confrérie des pénitents blancs de l'Annonciation, active à partir de 1594. La chapelle fut reconstruite à la fin du XVIIe siècle sur l'emplacement d'une chapelle plus ancienne et dont on réutilisa notamment la porte en bois datée de 1636 et les stalles. La sobriété de l'extérieur contraste avec la richesse de la décoration intérieure, d'un baroque étonnant : ses murs étaient entièrement recouverts de fresques, aujourd'hui en partie abîmées, ayant pour sujet la vie de la Vierge. Le plafond à caissons, retouché au XVIIIe siècle, illustre l'Ascension et le Couronnement de Marie. Face au retable, la dépose d'un tableau a révélé la présence d'une composition révolutionnaire représentant une allégorie de la République.

L'ÎLE. Le passage à l'Île se fait par un pont levant à deux volets, ouvrage de l'ingénieur Couteaud (1962). L'Île est, en fait, constituée aujourd'hui de deux îlots que sépare le canal Saint-Sébastien. Le quai Brescon, dit Miroir aux oiseaux, est devenu un lieu d'élection pour les peintres depuis la fin du XIXe siècle. La belle façade romane à arcs géminés, rue de la Monnaie, appartenait peut-être à un palais des comtes de Provence. Tout près a été découvert un trésor monétaire des années 1380, présenté au musée Ziem. Sur la place Maritima, une vitrine archéologique présente la reconstitution d'un élément d'habitation du village du Ve siècle av. J.-C, fouillé récemment ♥.

ÉGLISE DE LA MADELEINE ♥. La façade richement sculptée en pierre est surmontée d'un fronton très volumineux et d'une seconde élévation plus classique. L'intérieur, commandé en 1680, a été achevé au XIXe siècle. Le plafond à caissons reprend celui de l'Annonciade quoique les caissons soient restés vides. Signalons le tableau *Saint Honoré, saint Antoine et saint Michel* commandé à Michel Serre ▲ *171,* en 1694, par la confrérie des boulangers. L'orgue, au-dessus de l'entrée, est l'œuvre de Moitessier, facteur de Montpellier (1851).

FERRIÈRES. Le quartier est devenu le centre de l'expansion urbaine de Martigues qui gagne progressivement sur les anciennes salines. Une ambitieuse opération d'urbanisme redessine l'axe qui longe le quai : à son extrémité, l'hôtel de ville de Delauguerre date de 1983 et la grande halle de Grumbach de 1993 ; le théâtre des Salins de Fabre et Narpozzi est prévu pour 1994.

LE MUSÉE ZIEM. ♥ Installé depuis 1982 dans l'ancienne caserne des douanes du XIXe siècle, le musée fut créé en 1908 par la municipalité à l'occasion du don de l'un de ses tableaux par Félix Ziem ▲ *197* qui possédait un atelier à Martigues. Le musée a hérité de tableaux à sa mort, en 1911, et de son fonds d'atelier en 1993 (dessins, carnets de voyages). Au second étage sont exposés des peintres de l'école provençale, diverses pièces d'un grand éclectisme (Dufy, Rodin, Camille Claudel…) et une collection d'art contemporain. Le dernier étage est consacré à l'archéologie locale. Au rez-de-chaussée, une salle préfigure le futur musée d'Anthropologie de la pêche (ex-voto, bannière et statue de la procession de Saint-Pierre, patron des pêcheurs).

EX-VOTO DU MUSÉE ZIEM
Le trésor des ex-voto de Notre-Dame-des-Marins est exposé au musée Ziem. Avec ses quarante-cinq objets (peinture et orfèvrerie), il constitue l'une des plus riches collections du département, après celle de Notre-Dame-de-la-Garde à Marseille ▲ *177.*

LE CHÂTEAU DE FOS
Le château des seigneurs de Fos forme un ensemble militaire monumental parmi les mieux conservés de ce qu'il est convenu d'appeler le second âge roman (fin du XIIe-début du XIIIe siècle).

FOS-SUR-MER ♥

Un habitat est attesté à Fos depuis le IIIe siècle av. J.-C. À la fin du IIe siècle av. J.-C., Marius ● *52* fait creuser un canal qui devait partir de Fos pour rejoindre le Rhône.

UNE PLACE FORTE MÉDIÉVALE. Juché sur un promontoire rocheux haut de 30 m, le château, mentionné dès 823, jouissait d'une situation stratégique remarquable qui lui permettait de surveiller la mer et la plaine de la Crau ▲ *270*, de contrôler l'accès à l'ancienne «mer de Berre» et au Rhône, tout en profitant des abondantes ressources des marais salants qui le cernaient ▲ *328*. Érigé par le pouvoir public à des fins fiscales, il devint le siège des seigneurs de Fos qui le cédèrent en 1235 à la famille des Porcelet.

LE CHÂTEAU. Il forme un espace d'environ 120 m sur 100. La plus grande partie du dispositif défensif était concentrée dans la partie nord, où se trouve le donjon. Les édifices conservés ne suffisent pas à évoquer ce que fut le château ; un texte du XVe siècle mentionne sans les localiser des édifices aujourd'hui disparus (cuisine, cellier, saloir, greniers, corps de garde). Les remparts sont classés monument historique depuis 1937. À côté, l'ÉGLISE SAINT-SAUVEUR a conservé sa nef des Xe et XIe siècles.

LES FOUILLES DE FOS
Entamées sur le versant est de l'Hauture en 1972 puis reprises en 1992, elles ont permis de révéler des structures rupestres datées exclusivement de la période médiévale (silos à grains, tombes et fondements d'un habitat). L'utilisation des silos est antérieure au XIe siècle, date de la conversion du secteur en nécropole rupestre.

LA ZONE INDUSTRIELLE

Au XIXe siècle, Fos est encore un petit village vivant de pêche, d'agriculture et d'une industrie fondée sur le sel. Si, dans les années 1920, les étangs de Berre et de Caronte sont intégrés au port urbain de Marseille ● *188*, il faut attendre 1965 pour que l'aménagement de la zone de Fos (7 250 ha) soit entrepris.

LE PORT. Depuis la tour de la vigie, la vue embrasse les bassins construits pour faire face aux trafics énergétiques (darses 1 et sud) et au traitement des autres marchandises (darses 2 et 3). Le port pétrolier peut accueillir des navires de très fort tonnage (400 000 t).

«L'ÉTANG DE BERRE EST ENTOURÉ D'UN DEMI-CIRQUE DE COLLINES [...] QUI S'OUVRENT VERS LE COUCHANT POUR LUI FRAYER UNE COMMUNICATION VERS LA MER»

CHARLES MAURRAS

LES INSTALLATIONS INDUSTRIELLES. On ne peut séparer dans une visite le complexe de Fos des installations de l'étang de Berre. La sidérurgie n'y a vraiment débuté que dans les années 1973-1974, avec la mise en service de la Solmer (aujourd'hui Sollac) et de l'usine d'Ugine-Aciers (aujourd'hui Ascométal). Si la réussite de l'entreprise sidérurgique entraîne quelques réserves, l'industrie chimique, en revanche, a pris ici une place d'autant plus importante que les usines de Fos viennent se surajouter aux installations plus anciennes de l'étang de Berre. Les quatre raffineries de la région ont ainsi donné naissance à des établissements multiples contrôlés par les grands groupes nationaux, aussi bien qu'internationaux.

L'ÉTANG DE BERRE

Même menacés, cernés, pollués, les 15 500 ha de l'étang de Berre et ses 75 km de pourtour ne manquent pas de charme. Environné de collines calcaires de modeste altitude, l'étang reçoit les eaux de la Touloubre ▲ *251*, de la Durance et de l'Arc ▲ *253*, *254*. Sa position – à proximité d'Arles, Aix et Marseille – lui a valu une romanisation précoce ▲ *268*. Dès la fin du XIXe siècle, les projets que l'on a élaborés pour lui sont venus bousculer l'économie traditionnelle fondée sur la vigne ■ *28* et l'olivier ■ *26*, la pêche ■ *22* et les salins. La coupure entre nord et sud reste cependant bien marquée. Si le sud et le sud-est de l'étang ont beaucoup sacrifié à l'industrialisation, le nord et l'ouest ont conservé un caractère plus familier et les pinèdes y alternent avec l'agriculture en direction de la Crau toute proche ▲ *270*.

LE CANAL DU ROVE
La réalisation du port de Fos a été très lente. Elle impliquait le franchissement de cette barrière de collines qui entoure la ville de tous côtés. Il a fallu aussi ouvrir sous la Nerthe le canal souterrain du Rove, attendre que se décide l'installation de l'aéroport de Marseille à Marignane ▲ *253* et que s'implantent sur l'étang de Berre les premières raffineries de pétrole.

«L'ÉTANG DE BERRE»
Félix Ziem (1821-1911), par touches délicates, a su rendre les couleurs de l'étang de Berre avant sa grande mutation, cet étang qui «le matin blanchit et le soir bleuit [...], qui, de ses langues vertes, amoureusement lèche le sable des calanques et ronge les rochers où l'on pêche le rouget» (Charles Maurras). Peintre orientaliste, Ziem connut un immense succès à partir des années 1880. Ses paysages et ses vues urbaines se situent entre l'école de Barbizon et l'impressionnisme. À mesure qu'il vieillit les formats devinrent plus grands et la touche plus largement brossée ; les détails des bateaux s'effacèrent au profit d'une gamme colorée de plus en plus vive.

1 PORT DU FRIOUL
2 ÎLE D'IF
3 LES GOUDES
4 ÎLE DE JARRE
5 LA MADRAGUE DE MONTRÉDON
6 ÎLES DU RIOU
7 PARC BORÉLY
8 MARSEILLE
9 CALANQUE DE SORMIOU
10 DOMAINE DE LUMINY

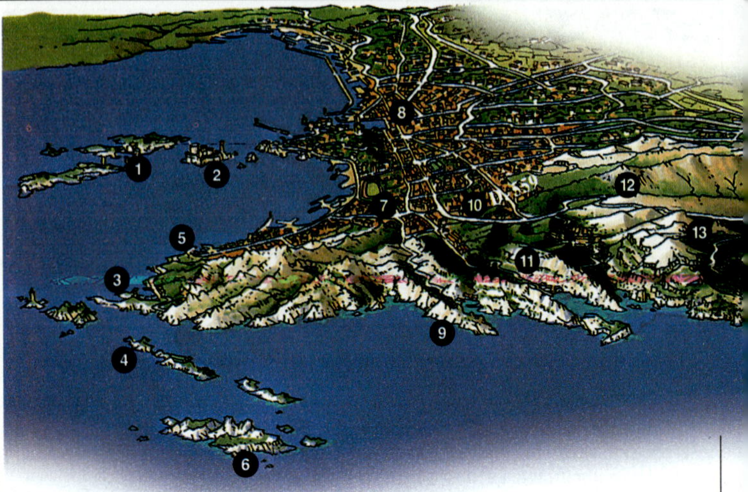

LES ÎLES

FRANÇOIS Ier ET LE RHINOCÉROS
En 1516, un rhinocéros avait été débarqué sur l'île d'If au cours d'un voyage qui devait le mener du Portugal à Rome. C'est en venant le voir que le roi comprit la valeur défensive du site. Il le fit fortifier dès 1524.

Marseille s'ouvre sur la mer. Le Vieux-Port ▲ *174* ne peut être séparé ni des îles qui le gardent, ni de cette promenade, tout au long du rivage, qui se prolonge au-delà des limites de la cité, selon un itinéraire parfois tracé dans les rochers ; sites encore sauvages, à deux pas de la ville, et pourtant étroitement liés à son histoire.

UNE PROMENADE AUX ÎLES ♥. À partir du quai des Belges, un service de bateaux assure la visite de l'archipel du Frioul (l'îlot d'If et les îles du Frioul : Pomègues et Ratonneau), à 2 km du rivage. Ces îles ferment la rade de Marseille et ont joué un rôle stratégique important. Si l'île d'If, fortifiée à la fin du XVIe siècle, a formé la première ligne de défense militaire des côtes françaises sur la Méditerranée, Pomègues, réservée aux navires en quarantaine, constitua longtemps sa première ligne de défense sanitaire.

L'ÎLE D'IF ♥. La plus petite des trois îles (300 m de long sur 180 de large) est aussi la plus célèbre. Le château ● *104* qui la garde fut édifié de 1524 à 1528

⏲ 2 journées
🚗 50 km

pour défendre Marseille de toute attaque par mer ; on compléta le dispositif à la fin du siècle par une enceinte bastionnée. Le fort, flanqué de trois tours cylindriques, occupe un vaste carré de 28 m de côté. Autonome, il comprenait des citernes, une chapelle et un moulin. N'ayant subi aucune attaque, le château fut transformé en prison d'État dès 1634 : il reçut des fils de famille turbulents (notamment Mirabeau, interné sur ordre de son père de 1774 à 1775), des protestants, des révolutionnaires et, plus généralement, des prisonniers politiques, jusqu'à la Commune. Il a ouvert ses portes au public en 1890 (il est classé monument historique depuis 1926). On vient de tous les pays y chercher les traces du Masque de fer et des héros d'Alexandre Dumas, l'abbé Faria et Edmond Dantès, le comte de Monte-Cristo. Les cellules se visitent librement.

Pomègues et Ratonneau. Ces îles servaient jadis de lazaret et ne furent reliées entre elles qu'au XIXe siècle par la digue de Berry. Aujourd'hui bases de loisirs, elles offrent 200 ha de rochers arides et tourmentés, découpés en calanques et en plages de sable fin, autour d'un vaste port de plaisance. Ratonneau possède une chapelle dans le style des temples grecs, construite sous la Restauration en même temps que l'hôpital Caroline, édifié par Penchaud pour les malades atteints de la fièvre jaune. Il servit ensuite d'infirmerie pour les passagers mis en quarantaine avant d'aborder Marseille. Transformé en entrepôt et passablement délabré, il fut cédé par la Marine à la ville, qui aide aujourd'hui à sa restauration. Les ruines de l'hôpital sont accessibles depuis Port-Frioul ; sa position, dans un endroit très venté, s'explique par les théories médicales du XIXe siècle qui attribuaient les épidémies à la corruption de l'air. Les îles sont devenues un quartier de Marseille depuis la construction, dans les années 1970 du village du Frioul.

Le comte de Monte-Cristo
Enfermé dans les sombres cachots du château d'If grâce à la fertile imagination d'Alexandre Dumas, il a, à ce jour, inspiré plus d'une vingtaine de longs métrages.

Les îles du Frioul
Le château d'If et les îles du Frioul servent pendant l'été, depuis 1982, de cadre prestigieux au Festival des îles, avec les manifestations théâtrales de Maurice Vinçon (Escale Théâtre), et plus récemment, aux concerts-spectacles du Festival de musique d'Atout-Frioul.

LES CHARMES DE LA CORNICHE
Commencés en 1848, les travaux de construction de la Corniche ont abouti en 1863 à l'édification de deux viaducs permettant de traverser les étroites criques des Auffes et de la Fausse-Monnaie. La Corniche, qui offre d'admirables points de vue sur la rade de Marseille, le château d'If et les îles du Frioul ▲ *198*, fut, dès sa construction, très prisée de la grande bourgeoisie qui y fit ériger villas et château ; très peu malheureusement ont résisté au morcellement et à la destruction.

LE PHARO
Napoléon III fut le seul souverain à avoir souhaité posséder une résidence à Marseille. L'empereur n'y vint pourtant jamais et l'ex-impératrice Eugénie fit don du Pharo à la ville à la fin du siècle ; le palais abrita dès lors l'École puis la Faculté de médecine.

LA CORNICHE ♥

En quittant la rive sud du Vieux-Port, on suit le boulevard Charles-Livon, qui traverse les structures du fort Saint-Nicolas ▲ *169*.

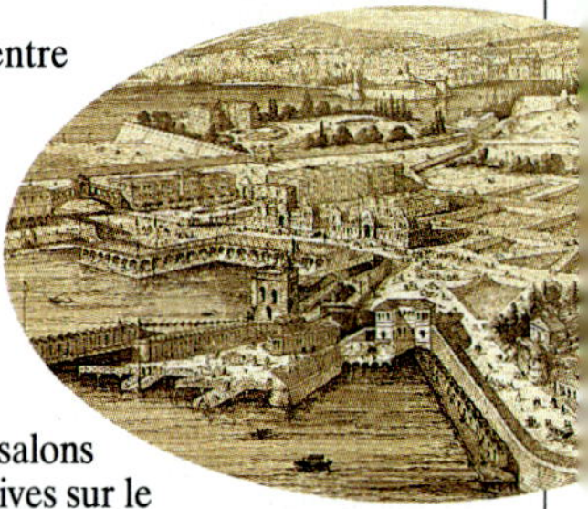

LE PHARO. Il fut construit entre 1868 et 1870, au plus haut du promontoire de la Tête-de-Maure dominant l'entrée du Vieux-Port, sur des terrains offerts par la ville à Napoléon III. Dessiné par Lefuel et Vaucher, le palais du Pharo ajoute au luxe de ses vastes salons une des plus belles perspectives sur le port de Marseille et les îles, signalée par le monument aux Héros et Victimes de la mer (œuvre de Verdilhan réalisée en 1923). Depuis 1958, le Pharo est affecté aux services techniques de la mairie : il offre aujourd'hui un cadre somptueux aux réceptions officielles.

L'ANSE DES CATALANS
L'anse, abritée du vent de nord-ouest, forme une plage de sable, populaire depuis la fin du XIXe siècle. Elle est dominée au nord par les installations du célèbre Cercle des nageurs de Marseille.

L'ANSE DES CATALANS ♥. Entre le parc du Pharo, la place du 4-Septembre et la mer, l'ancien quartier Saint-Lambert tire son nom des pêcheurs catalans qui l'occupaient à la fin du XVIIIe siècle avant d'en être chassés par les opérations immobilières du second Empire.
LA CORNICHE KENNEDY ♥. Au-delà des Catalans commence une route assez sinueuse, en surplomb des derniers contreforts du massif de la Garde qui dessinent un littoral découpé par de multiples petites anses : au fond de l'une d'elles se niche le pittoresque vallon des Auffes ♥. Cette crique étroite, toujours encombrée de barques de pêcheurs, tire son nom du provençal *aùffo*, l'alfa, plante qui servait à tresser des paniers, et qu'on y laissait sécher.
ENDOUME ♥. Avant de retrouver le littoral, la promenade coupe à travers le promontoire du quartier d'Endoume, laissant au-dessus d'elle et en contrebas tout un lacis de petites rues parfois très abruptes, avec de brusques échappées sur un coin de mer ou de ciel bleu. C'est un désordre de

maisons riches ou modestes, parfois naïvement décorées par les rocailleurs. À Malmousque, sur l'emplacement de la batterie aux Lions, s'élève la station marine créée en 1884 ; plus loin, au n° 174 de la Corniche, le marégraphe construit en 1885 indique officiellement l'altitude 0 de toutes les cartes marines. Au-delà, la promenade Kennedy a été remodelée et élargie dans les années 1960, chassant les pittoresques cabanons qui s'accrochaient encore aux rochers. Désormais, la Corniche, avec sa voie piétonnière longeant la route en contrebas, permet de respecter une parfaite visibilité sur la mer pour les automobilistes, et d'accéder par des escaliers à des plages populaires, comme celle du Prophète. Surplombant la mer, le mémorial des Rapatriés, œuvre du sculpteur César (1971), représente une pale d'hélice de navire en bronze d'un poids de 20 t.

LES PLAGES. L'arrivée au Roucas-Blanc (le rocher blanc) est marquée, côté terre, par les restes du parc Talabot (15 ha), désormais lotis, surmontés du château que fit édifier Paulin Talabot, le promoteur du chemin de fer du P.L.M. Une grande avenue rectiligne, la promenade Georges-Pompidou, relie le Roucas-Blanc à la Pointe-Rouge, en passant par le rond-point de la Plage, terminus du second Prado ▲ *204*, où s'élève la copie grandeur nature du *David* de Michel-Ange, offerte par le sculpteur-marbrier Cantini. La longue plage qui, depuis le milieu du XIXe siècle, servait de lieu de baignade aux Marseillais a été entièrement réaménagée dans les années 1980. Plages artificielles en alvéoles au creux de vallons ombragés d'arbres, que complète côté terre une ligne continue de cafés, les plages Gaston-Defferre ont complètement modifié l'espace balnéaire marseillais. Au-delà, la route longe les anciennes installations de l'hippodrome du château Borély ▲ *204*, relayées par le complexe de divertissements inauguré en 1992, l'Escale Borély, avant de se rétrécir en abordant la Pointe-Rouge, son port de plaisance et ses véliplanchistes.

LA CAMPAGNE PASTRÉ. Sur le chemin de Montredon s'ouvrent la campagne Pastré et ses vastes espaces préservés pour les promeneurs. Le château, très belle bastide provençale qui hébergea durant la Seconde Guerre mondiale de nombreux intellectuels et artistes réfugiés à Marseille, est aujourd'hui fermé au public. Face à Montredon, sur les derniers contreforts de Marseilleveyre ♥, la GROTTE ROLLAND offre aux spéléologues confirmés une imposante salle de plus de 20 m de hauteur avec de nombreuses colonnes stalagmitiques.

LE VALLON DES AUFFES
Avec ses barques colorées et ses multiples restaurants de poissons,

le vallon offre l'image traditionnelle d'un petit village de pêcheurs, malgré de récentes constructions qui l'ont défiguré.

LES BAINS DU ROUCAS-BLANC
Le promontoire du Roucas-Blanc abrite une source d'eau chaude qui permit vers 1870 la construction d'un établissement balnéaire.

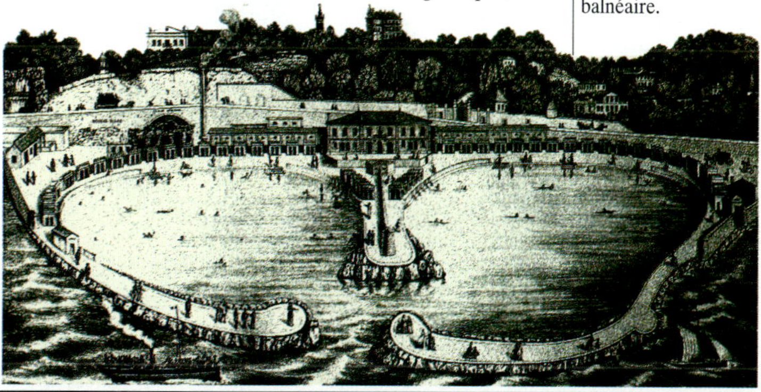

LES CALANQUES ♥

Ravagées par de trop fréquents incendies, les calanques (de *calenco*, escarpé) offrent un paysage minéral que la garrigue ne recouvre que par taches. Site classé sur 5 000 ha, cet espace sauvage n'est plus fréquenté de nos jours que par les excursionnistes et toute activité économique a disparu du massif. Les collectivités et l'État assurent désormais la gestion du site sous forme d'un espace de détente et de loisirs.

L'ACCÈS AUX CALANQUES. On n'accède aux calanques qu'en bateau (des navettes partent régulièrement de Cassis), ou à pied ; le parc Adrienne-Delavigne, terminus du bus n° 19, après l'église de la Madrague, est le point de départ du GR 98b. Le sentier, tracé en 1973, permet de parcourir en onze heures de marche les 28 km qui vont de Marseille à Cassis par le littoral, en suivant les crêtes. De nombreux itinéraires entretenus par les Excursionnistes marseillais et la section provençale du Club alpin permettent par ailleurs de rejoindre le GR par différents accès (Mazargues, Luminy, les Baumettes, la Gineste) situés plus à l'est, à l'intérieur des terres.

DE CALLELONGUE À PORT-MIOU ♥. Depuis le pittoresque hameau des GOUDES ♥, on atteint l'étroite calanque de Callelongue, première d'une série d'échancrures profondes qui découpent la brutale retombée dans la mer des massifs de Marseilleveyre et du Puget, et dont les plus célèbres sont Sormiou (où la grotte Cosquer, mise au jour en 1991 et désormais murée, renferme d'exceptionnels témoignages d'art rupestre paléolithique ● *98*), Morgiou, Sugiton, l'Oule, En-Vau, spectaculaire dentelle de pierre, Port-Pin avec sa plage de sable fin et Port-Miou, la plus longue. De Callelongue au col de Sormiou, le sentier offre une vue extraordinaire sur l'archipel des îles du Riou ♥, tapissées de lentisques, d'oléastres, de romarins et de mauves arborescentes et peuplées de goélands, de puffins cendrés et yelkouan. C'est en face de ces îles que gît le *Grand-Congloué*, épave antique fouillée par le commandant Cousteau.

RESPECTER UN ÉQUILIBRE FRAGILE
Dans ce paysage semi-aride unique en France dû à l'action conjuguée du soleil, du mistral et de la sécheresse estivale sur des roches calcaires, on rencontre ■ *24* une grande diversité de faune et de flore (un millier d'espèces végétales et de nombreuses colonies d'oiseaux, dont quelques aigles de Bonelli et des faucons pèlerins), mais dans un équilibre écologique si précaire qu'il impose une sévère réglementation restreignant la circulation des promeneurs pendant l'été, par crainte des incendies.

LE DIMANCHE AU CABANON
Quelques calanques (Callelongue, Sormiou) abritent des cabanons, anciens abris de pêcheurs aménagés au fil des ans «où le petit peuple s'entasse le dimanche et les jours de fête : là vit, s'aime, chante, crie toute une famille. Ils vont à la mer, pêchent ; ils mangent la bouillabaisse ou l'aïoli ; ils jouent aux boules, ils font l'amour et font la sieste.»
André Suarès

«DEPUIS MON ENFANCE, JE SUIS VENU ICI DES CENTAINES DE FOIS [...], JAMAIS SANS UN PETIT TRESSAILLEMENT, SANS UN INSTANT D'ÉMOTION.»

GASTON REBUFFAT

LE CHÂTEAU BORÉLY
Le château fut édifié dans la seconde moitié du XVIIIe siècle, selon les plans de Marie-Joseph Peyre, directeur des Bâtiments du roi, et d'Esprit-Joseph Brun, pour le négociant Louis Borély et son fils. Sa décoration intérieure fut confiée au peintre d'Aubagne Louis Chaix.

LA VILLA NADAR
Au n° 559 du Prado, cette belle villa de style Empire fut habitée par le photographe Nadar à la fin du siècle dernier.

LE CLUB DE L'O.M. EN 1927
Les années 1920 furent, avant les années 1990, les grandes années de l'O.M. : à partir de 1923, le club phocéen s'orienta en effet vers un recrutement semi-professionnel qui lui permit, en 1924, de battre enfin son éternel rival, le F.C. Cette (Sète), et de remporter sa première coupe de France. L'exploit fut renouvelé en 1926 et en 1927.

LE BEAU SUD

À partir du rond-point de la Plage ▲ *201*, on peut bifurquer vers l'est et suivre le second Prado. On aborde là une luxueuse artère bordée d'arbres sur laquelle ouvraient les propriétés semi-rurales des plus riches familles marseillaises de la seconde moitié du XIXe siècle.

LE CHÂTEAU BORÉLY ♥. Le château Borély et son vaste parc témoignent encore des splendeurs passées. Les bâtiments, d'un sobre classicisme (avant-corps central que jouxtent deux ailes terminées par des pavillons légèrement en saillie), contrastent avec le décor intérieur, tout en stucs, gypseries et peintures somptueuses (notamment la galerie Parrocel, le salon Doré, la chapelle) et conservé dans sa quasi-totalité. Le château fut racheté en 1856 par Paulin Talabot, promoteur du P.L.M., qui le céda à la ville en 1860. Il abrita d'abord un musée privé, puis le Musée archéologique de la ville avant qu'il soit transféré à la Vieille-Charité ▲ *170* et doit bientôt recevoir un musée des Arts décoratifs. Son parc, ses bassins, ses vieux arbres, son lac, sa roseraie en font un lieu de détente particulièrement apprécié des Marseillais.

LE PRADO. Le second Prado fut percé en 1837 pour relier le premier Prado ▲ *208* à la mer. On remarquera, au n° 339, la cathédrale arménienne, édifiée en 1931. De l'autre côté de la promenade, le raccordement avec l'élégante rue Paradis marque le point d'orgue d'une zone résidentielle bourgeoise qui, depuis la fin du XIXe siècle, s'est sans cesse étirée en direction du sud. À droite après le rond-point, le boulevard Michelet conduit jusqu'à l'ancien village de Mazargues. Il longe, à sa naissance, les belles grilles récemment restaurées du PARC CHANOT, qui abrite habituellement les expositions et les foires, notamment la Foire internationale de Marseille, qui s'y tient depuis 1924.

«Mais Marseille ! est une sirène
Qui chuchote, au bord de la mer»

Germain Nouveau

Le stade. Le stade, destiné à la fois au football, à l'athlétisme et au cyclisme, fut conçu en béton armé par l'architecte Ploquin, et inauguré en 1937, quelques mois avant l'organisation de la Coupe du monde de football par la France. Sa façade ornée de douze colonnes jumelées donne sur une vaste cour d'honneur de 15 000 m^2, où s'élève la statue, par Ambroise Roux, du coureur à pied marseillais Jean Bouin, tombé à la guerre de 1914. Grâce à l'O.M., le stade enregistre depuis de nombreuses années les plus fortes moyennes de fréquentation au plan national. Un jour de match, du cadre supérieur à l'ouvrier, des jeunes «beurs» des quartiers nord aux «cols blancs» du sud résidentiel, toute la ville vibre aux émotions du football.

L'O.M. Le club est né à l'automne 1899 de la réorganisation de l'ancien Football-Club. Omnisports, l'O.M. pratiquait à l'origine natation, aviron, tennis, cyclisme, cricket, escrime, boxe, basket-ball, sport automobile, athlétisme et football. Très vite, le football-association devient l'activité dominante du club, qui remporte, à un près, tous les championnats du littoral entre 1900 et 1908. Suit une relative éclipse d'une quinzaine d'années, puis le renouveau des années 1920. Le passage au professionnalisme en 1932 accentue la politique de football-spectacle que mène l'O.M. en engageant des joueurs de classe internationale. L'O.M. a cependant plusieurs fois vécu l'«enfer» de la deuxième division (1959-1962, 1963-1966, 1980-1984), mais il a toujours rapidement rejoint l'élite des clubs français, pour atteindre aujourd'hui des sommets européens. Sa victoire contre le Milan A.C., en mai 1993, a d'ailleurs fait de l'O.M. le premier club français à remporter une coupe d'Europe depuis trente-huit ans.

La cité Radieuse ♥. Au n° 280, boulevard Michelet, se dresse l'unité d'habitations Le Corbusier au milieu d'un vaste parc municipal. La cité Radieuse a été inaugurée en octobre 1952 au terme de cinq années d'efforts et de polémiques. Le Corbusier obtint le droit d'innover comme il l'entendait, hors des règlements en cours. Construite en béton brut vibré et béton armé, la cité-jardin verticale repose sur trente-huit pilotis supportant chacun une charge de 2 000 t. L'ensemble comprend trois cent soixante appartements et mesure 137 m de long, 24,5 m de large et 56 m de haut sur dix-huit niveaux aboutissant à un toit-terrasse, avec des rues intérieures. Le bâtiment offre sur place les services de première nécessité : magasins, crèches, écoles, clubs… Ce prototype fut accueilli avec scepticisme ; on parla, lors de sa réalisation, de la «maison du fada». Il est aujourd'hui le symbole d'un nouveau Marseille, progressivement sorti de son centre traditionnel.

La Magalone ♥. En face de la cité Radieuse, au n° 245 du boulevard Michelet, la Magalone, une bastide du tout début du XVIIIe siècle, étale son joli petit jardin à la française. La villa fut commandée par les frères Magalon, qui avaient fait fortune dans le commerce d'armement et le cabotage.

L'Expo coloniale
Très liée aux colonies ▲ *161*, Marseille organisa deux grandes expositions, en 1906 et en 1922, qui se déroulèrent au parc Chanot.

Le Corbusier
Le Corbusier (1887-1965), urbaniste, architecte et peintre, renouvela l'architecture, qu'il concevait en fonction de la vie sociale moderne. L'objectif qu'il visait pour la Cité était

la rentabilité financière, humaine et sociale, en créant un ensemble locatif qui répondît aux besoins vitaux : exposition, air, lumière, silence, hygiène et sociabilité.

LA MAGALONE
Les statues du jardin, symbolisant les saisons, sont de la fin du XVIIe siècle.

L'originalité de la Magalone tient dans un hall de 200 m^2 occupant tout le rez-de-chaussée, un escalier fermant la perspective à chaque extrémité de la pièce. La Magalone a été amputée, au cours des ans, d'une grande partie de ses terres au profit, notamment, de la cité Radieuse. Elle reste un des rares témoignages des cinq mille huit cents bastides qui égayaient la banlieue de Marseille au XVIIIe siècle. Cédée à la ville en 1987, elle accueille aujourd'hui des conférences et des concerts. D'autres bastides, plus ou moins remodelées, cernées par des lotissements résidentiels jalonnent le boulevard Michelet et ses abords immédiats jusqu'au rond-point de Mazargues, où s'élève l'obélisque primitivement édifié place Castellane ▲ *208*.

LUMINY. En suivant l'avenue De Lattre-de-Tassigny, on peut faire un crochet vers le domaine de Luminy ♥, immense propriété de 1 200 ha acquise par la ville en 1963. Luminy abrite la plupart des grandes écoles de la ville et des centres de recherche de réputation mondiale dispersés dans un site naturel protégé, que domine le massif du Puget. Depuis le parc, on atteint aisément les calanques de Sugiton et de Morgiou ▲ *202*.

LE PORT DE CASSIS
Centre de pêche au XIXe siècle, au cœur d'un bassin agricole, centre de villégiature dans les premières années du XXe siècle, Cassis, à l'abri des falaises de la Gardiole et du cap Canaille, accueille jusqu'à 35 000 habitants l'été.

CASSIS ♥

«*Qui a vist Paris, se noun a vis Cassis, a ren vist* » (Qui a vu Paris, s'il n'a pas vu Cassis, n'a rien vu). Cette phrase, écrite par Frédéric Mistral dans son poème *Calendal*, célèbre ce petit village, ancien port de pêche romain, devenu une station climatique et balnéaire animée, avec son casino, ses plages de galets ou de sable. La réputation de ses vignobles de coteau s'ajoute à sa vocation touristique.

LE CHÂTEAU DE CASSIS. Le château, qui domine la ville, fut édifié au XIIIe siècle par les comtes des Baux ▲ *281*, dont l'emblème, une étoile à seize rais, orne une pierre au-dessus de la porte d'entrée. À la fin du XVIIIe siècle, on fit démolir la partie supérieure de ses tours pour ménager le reste de l'édifice qui menaçait ruine. Le château, privé, n'est pas ouvert à la visite. On peut,

«PEU DE SITES M'ONT [...] AUTANT ALLÉCHÉ DANS MES VOYAGES»
LAMARTINE

Le Port de La Ciotat, par Émile Loubon.

en revanche, monter jusqu'au chemin qui le longe : la vue y englobe l'ensemble de la côte, du port et des calanques.
VISITES. On s'attardera surtout le long du port et des petites rues qui le desservent, bordées de quelques vieilles maisons datant du XVIIe siècle, dont l'hôtel de ville, ancien hôtel particulier des familles de Moustiers : sa façade et son décor intérieur, notamment ses plafonds peints, ont fait l'objet entre 1975 et 1987 d'importantes restaurations. La maison du tourisme accueille un petit musée local qui expose quelques objets d'archéologie et d'ethnologie et des toiles de peintres provençaux représentant Cassis.
VERS LA CIOTAT. On rejoindra La Ciotat par la très belle route des Crêtes ♥, tranchée dans les poudingues calcaires et qui circule sur le rebord des falaises du Soubeyran surplombant le littoral de leurs 394 m.

LA CIOTAT

HISTOIRE. Un comptoir est fondé par les Marseillais ▲ *160* sur le site dès le IVe siècle av. J.-C., mais il faut attendre le XIVe siècle pour que le nom de La Ciotat soit mentionné dans les textes. Le commerce avec le Levant fait prospérer la ville qui atteint au XVIe siècle les 12 000 âmes. Port d'armement actif et de constructions navales, La Ciotat, épargnée par la peste de 1720 ● *60*, est choisie pendant deux ans pour servir d'entrepôt du commerce de Marseille. Mais le blocus anglais, sous l'Empire, ruine la ville.
LES CHANTIERS NAVALS. C'est au Marseillais Louis Benet que l'on doit l'établissement des premiers ateliers de construction navale en 1835 ; en 1853, la Compagnie des messageries impériales en devient propriétaire et les développe considérablement. Longtemps activité essentielle de la ville, les chantiers navals ont très récemment cessé tout travail.
VISITES. L'ancien hôtel de ville, édifié en 1863 en style Renaissance, domine le port de son haut clocher : il abrite désormais le Musée ciotaden, petit musée local. La Ciotat possède également quelques belles maisons du XVIIe siècle autour du port. La grande église classique de Notre-Dame-du-Port, du XVIIe siècle, abrite une toile de Michel Serre ▲ *171*. La chapelle des pénitents bleus, face à la mer, date également du XVIIe siècle.

La côte vers La Ciotat.

LES CHANTIERS NAVALS La première forme de radoub est inaugurée en 1869 en présence de Ferdinand de Lesseps. Devenus en 1940 les Chantiers navals de La Ciotat, les ateliers n'ont cessé de souffrir, depuis le début des années 1980, de la crise de la construction navale française.

1 MARSEILLE
2 PLACE CASTELLANE
3 ÉGLISE SAINT-LAURENT
4 CIMETIÈRE SAINT-PIERRE
5 LA PENNE-SUR-HUVEAUNE
6 ALLAUCH
7 CHÂTEAU DE LA BUZINE

◷ 1 journée
🚗 50 km

L'HUVEAUNE
La rivière, prenant sa source sur les contreforts de la Sainte-Baume ▲ *212*, serpente dans la plaine d'Aubagne avant de pénétrer dans l'agglomération marseillaise.

LA FONTAINE CANTINI
Elle se dresse place Castellane, où elle a remplacé en 1911 un obélisque élevé par Penchaud un siècle plus tôt pour fêter la naissance du roi de Rome, et qui est aujourd'hui visible au rond-point de Mazargues ▲ *206*.

LES FRICHES INDUSTRIELLES

On peut, en remontant la vallée de l'Huveaune, retrouver, à travers les friches industrielles et la longue promenade qui conduit jusqu'à Aubagne, les traces d'une cité pleine de contrastes, où le monde industriel du XIXe siècle s'est dessiné en suivant quelques axes de pénétration, au milieu des zones rurales.

LA PLACE CASTELLANE. On partira de la place Castellane, qui débouche sur la vaste perspective offerte par la promenade du Prado, ouverte à la fin des années 1830. La fontaine édifiée au centre de la place est un hommage du sculpteur et marbrier Jules Cantini à la ville de Marseille, dont la statue allégorique se dresse au sommet du monument. Le sculpteur Allar s'est visiblement inspiré de Carpeaux pour dessiner les naïades et les pêcheurs qui accompagnent les représentations du Rhône et de la Méditerranée, du Torrent et de la Source. Par le chemin du Rouet, on gagnera l'ancien quartier ouvrier de MENPENTI, puis on passera le boulevard Rabatau, au sud de l'échangeur qui marque le départ de l'autoroute menant vers l'est, pour redécouvrir le visage de la ville industrielle qui persiste malgré l'abandon des activités traditionnelles.

LA CAPELETTE ♥. En contournant les ateliers de chemin de fer, on pénétrera jusqu'à la petite église SAINT-LAURENT, construite avant le XVIIIe siècle, qui peut servir de point de départ à une rapide incursion dans le quartier de la Capelette. L'endroit a été longtemps négligé, sans doute à cause du terrain marécageux, exposé aux inondations régulières du Jarret et de l'Huveaune. Les moines de Saint-Victor ▲ *173* assainirent quelques secteurs et

8 Aubagne
9 Gémenos
10 Col de l'Espigoulier
11 Abbaye de Saint-Pons
12 Sainte-Baume
13 Plan-d'Aups
14 Hôtellerie

installèrent les premiers moulins. Cette industrie resta une activité essentielle du quartier, comme en témoignent les vastes hangars qui ont abrité jusqu'à une date récente la minoterie Rémuzat, héritière des moulins Saint-Bernard. Pourtant, dans les années 1830, il n'y avait encore là qu'un village regroupant à peine trois cents habitants. L'implantation de forges donna une impulsion décisive au développement industriel.

Une architecture utilitaire.
Le boulevard des Vignes (actuellement boulevard Fifi-Turin), qui vit s'installer les Fonderies d'acier du Midi puis des filatures à l'aube du XXe siècle, conserve miraculeusement l'image intacte des fabriques et de l'habitat ouvrier, même si les bâtiments abritent aujourd'hui d'autres industries. La structure du bâti n'a pas changé : dans la cour d'entrée, les appartements du directeur, en retrait, le corps de l'usine. Parfois, un réfectoire et un dortoir de jeunes filles, comme dans le cas des filatures. Même image intacte, quasi archéologique, dans la succession de bâtiments manufacturiers, boulevard Curtel, puis boulevard Saint-Jean, et les multiples traverses qui les recoupent (du Portugal, Bessède, du Panthéon). On jettera ainsi un coup d'œil à l'ancienne filature installée traverse du Portugal, à côté de l'église Saint-Laurent, à l'huilerie du boulevard Curtel (où subsiste un vieux bâtiment en briques), et, un peu plus loin (au n° 74), à la tréfilerie Lefort. Le boulevard Saint-Jean présente également une succession de friches industrielles, qui ont abrité une savonnerie (la Roue), une filature de soie où a été conservé le bâtiment qui servait de réfectoire, une scierie… Pas d'industrie dominante ici, mais une bonne image de ces entreprises diversifiées qui constituèrent le tissu industriel de la ville à son plus haut moment de prospérité, à la fin du XIXe siècle : huileries et savonneries, métallurgie et textiles, ce qui est assez exceptionnel à Marseille.

Les tramways
Des lignes régulières de transports en commun, mus d'abord par des chevaux puis,

à partir de 1897, par l'électricité, relièrent le centre de Marseille aux banlieues. Leur dépôt principal fut installé en 1898 dans le quartier de la Capelette, ce qui favorisa une desserte rapide du quartier et donc son intense industrialisation.

LA SAVONNERIE ▲ *264*
De toutes les industries ayant modelé la ville, celle du savon est sans doute la plus connue. La savonnerie, attestée à Marseille dès la fin du XVIe siècle, était le fait de petites entreprises familiales. Le déclin s'amorça au début du XXe siècle, avec la concurrence des maisons allemandes.

MONUMENTS FUNÉRAIRES
Outre les tombes de minorités religieuses, telle cette sépulture grecque (ci-dessus à droite), le cimetière Saint-Pierre compte des tombeaux monumentaux de notables marseillais, comme celui de Lucien Muratore, grand ténor de l'opéra ▲ *181*.

LE CIMETIÈRE SAINT-PIERRE. Il s'étend dans le prolongement du boulevard Fifi-Turin. Aménagé au milieu du XIXe siècle par l'architecte Sixte-Rey et inauguré en 1863, le cimetière Saint-Pierre est l'un des plus vastes d'Europe. Plusieurs fois agrandi, il contient aujourd'hui sur 62 ha près de soixante-dix mille tombeaux. Dans l'enceinte, la forêt de croix, symboles du catholicisme dominant, cède par endroits la place aux minorités religieuses : orthodoxes, protestants, juifs et musulmans.

SANTONS ET TOMMETTES. Les fabriques se sont échelonnées tout le long de la route qui serpente entre la vallée de l'Huveaune et la branche du canal de Marseille jusqu'à Aubagne. Les ateliers de céramique s'y succèdent ; la proximité des carrières d'argile a permis l'établissement et le maintien de la poterie, de la fabrication d'un carrelage

particulier à la région (les tommettes, petits carreaux de brique rouge), et, dans un autre registre, de la création depuis le XIXe siècle des santons ● *80,* présentés au public à Noël et lors d'expositions estivales. Les premiers santons en argile cuite firent en effet leur apparition en 1803. L'argile est pressée dans des moules de plâtre faits à la main ; démoulé puis séché, le santon est ensuite mis à cuire, puis décoré à la gouache.

LA PENNE-SUR-HUVEAUNE. Sur une crête rocheuse haute d'une vingtaine de mètres au-dessus de la vallée, en plein centre du village, se dresse un tombeau romain, La Pennelle, curieuse pyramide de maçonnerie. Pour les Romains, on ne pouvait survivre dans l'au-delà que par les pensées des vivants ; il fallait donc que les tombeaux pussent être visibles de loin par tous les passants.

AUBAGNE

La vieille ville d'Aubagne ♥ garde quelques traces de l'habitat ancien ainsi qu'une porte du rempart du XIVe siècle ; derrière l'église, les chapelles des pénitents, qui datent du

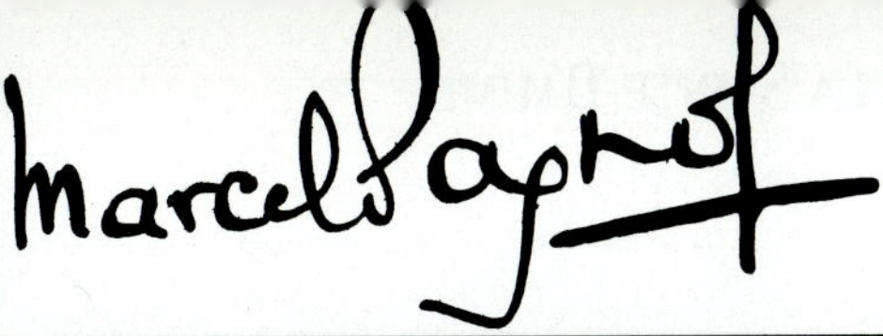

XVIIIe siècle, rappellent l'activité importante des confréries d'Aubagne : chapelle néoclassique des pénitents noirs, édifice baroque des pénitents blancs ● *82*. Mais la petite ville est surtout célèbre pour avoir vu naître Marcel Pagnol.

SUR LES PAS DE MARCEL PAGNOL ♥. Marcel Pagnol (1895-1974), écrivain et cinéaste, a tant aimé les collines de son enfance qu'il en a fait le décor de presque tous ses films. Aubagne, à son tour, rend hommage à l'artiste provençal : un diorama, réalisé par les santonniers de la ville, y attire près de cent mille visiteurs par an. L'office du tourisme organise également des sorties de groupe accompagnées et commentées. Elles permettent de découvrir les lieux de tournage et les principaux sites des souvenirs d'enfance à la faveur de trois circuits à choisir en fonction des aptitudes à la marche : mini-circuit pour le troisième âge, 9 km pour les scolaires et marcheurs moyens, 20 km pour les bons marcheurs. Les personnes isolées peuvent se procurer à l'office du tourisme un plan de ces circuits. Une grande sortie ouverte à tous est organisée le dimanche qui précède ou qui suit le 18 avril, jour anniversaire de la mort de Pagnol. L'accès des collines est généralement interdit en juillet et août.

ALLAUCH. On peut avant de gagner la Sainte-Baume faire un détour par Allauch, qui s'ordonne autour de la place du Moulin et de la colline de Notre-Dame-du-Château (où se trouve un ensemble exceptionnel d'ex-voto ♥ ▲ *177* du XIXe siècle). À noter, dans l'église Saint-Sébastien, la toile de Monticelli ● *132*, *La Délivrance des âmes du Purgatoire*.

GÉMENOS. Revenant sur Aubagne, on gagne le massif de la Sainte-Baume en passant par Gémenos, lieu de résidence et de rendez-vous de week-end de nombreux Marseillais. L'hôtel de ville s'est installé dans le château des comtes d'Albertas, dont les vestiges les plus anciens (les tours) datent du XVIIIe siècle. Il reste quelques traces des dépendances, à droite, de l'autre côté de la rue (les granges).

AUBAGNE
La ville occupe une verdoyante cuvette entourée de collines que domine le Garlaban (710 m).

TOURNAGE DANS LES COLLINES D'AUBAGNE
Marcel Pagnol, mécontent de l'adaptation cinématographique de ses pièces *Topaze* (1928), *Marius* (1929) et *Fanny* (1930), monta des studios à Marseille et acheta, sur le territoire d'Aubagne, 24 ha de terres et de garrigues (ci-contre). Pendant vingt ans, il y tourna l'essentiel de son œuvre, de *Jofroi* (1933) au *Moulin de maître Cornille* (1954). C'est également à La Treille, à mi-chemin entre Aubagne et Marseille, qu'en 1956 il écrivit les premières pages de ses *Souvenirs d'enfance*, puis *Jean de Florette* et *Manon des Sources*.

LA SAINTE-BAUME
Émergeant d'un ensemble de rochers pelés et arides, la montagne de la Sainte-Baume abrite, sur ses versants bien exposés, une forêt de hêtres, d'érables et surtout de chênes blancs, qui se maintiennent grâce à une forte pluviosité.

LA VALLÉE DE SAINT-PONS ♥. À proximité, le parc de la vallée de Saint-Pons est un site boisé de hêtres et d'épicéas aménagé pour les promeneurs. On longe une charmante petite chapelle romane du XIIe siècle, Saint-Martin, avant d'atteindre l'abbaye cistercienne féminine de Saint-Pons, bâtie au XIIIe siècle et abandonnée deux siècles plus tard. L'ampleur des vestiges (en cours de restauration), surprenante, en fait le plus complet exemple de monastère féminin provençal.

LA SAINTE-BAUME

Une route en lacet permet de gagner la Sainte-Baume ♥ par le col de l'ESPIGOULIER, d'où l'on a une très belle vue sur l'agglomération marseillaise, et par le PLAN-D'AUPS, où se rejoignent les eaux de ruissellement, infiltrées dans un vaste ensemble de roches calcaires ; le paysage, karstique et désolé, est recouvert d'une maigre végétation. Depuis l'Hôtellerie, tenue par des dominicains, on poursuit la promenade (à pied) pour atteindre la grotte (*baume* en provençal) qui a donné son nom au site.

L'HÔTELLERIE
Les dominicains ont fait construire l'Hôtellerie en 1859 au pied de la grotte. Ils en ont fait un lieu de restauration et un centre culturel.

LA GROTTE DE MARIE MADELEINE. La cavité, naturelle, est creusée au milieu d'une falaise de plus de 100 m d'à-pic. Au-devant de la grotte, une vaste esplanade domine la forêt et offre un panorama exceptionnel sur les massifs de l'Aurélien, de la Sainte-Victoire ▲ *236* et du Luberon. Les dominicains ont largement contribué à la réputation du lieu, où l'on a dressé un autel de marbre et transporté une statue provenant de la chartreuse de Montrieux. La promenade se prolonge jusqu'au SAINT-PILON (où, toujours selon la légende, Marie Madeleine venait prier, protégée par les anges), qui culmine à près de 1 000 m d'altitude, et d'où l'on peut avoir, par temps clair, une vue jusqu'au littoral.

MARIE MADELEINE
La tradition veut que Marie Madeleine, après avoir débarqué aux Saintes-Maries et converti les Provençaux ▲ *322*, se soit retirée à la Sainte-Baume pour y faire pénitence et ait été enterrée à Saint-Maximin (où son tombeau aurait été retrouvé en 1279). Un pèlerinage s'organise dès le XIIIe siècle autour de la grotte qui aurait servi d'ermitage à la sainte.

Aix-en-Provence et ses environs

1 PAVILLON VENDÔME 2 POSTE CENTRALE 3 ÉGLISE SAINT-JEAN-BAPTISTE 4 GARE 5 PLACE CHARLES-DE-GAULLE 6 ÉGLISE SAINT-ESPRIT 7 CLOCHER DES AUGUSTINS 8 FORUM DES CARDEURS 9 CATHÉDRALE SAINT-SAUVEUR 10 HÔTEL DE VILLE

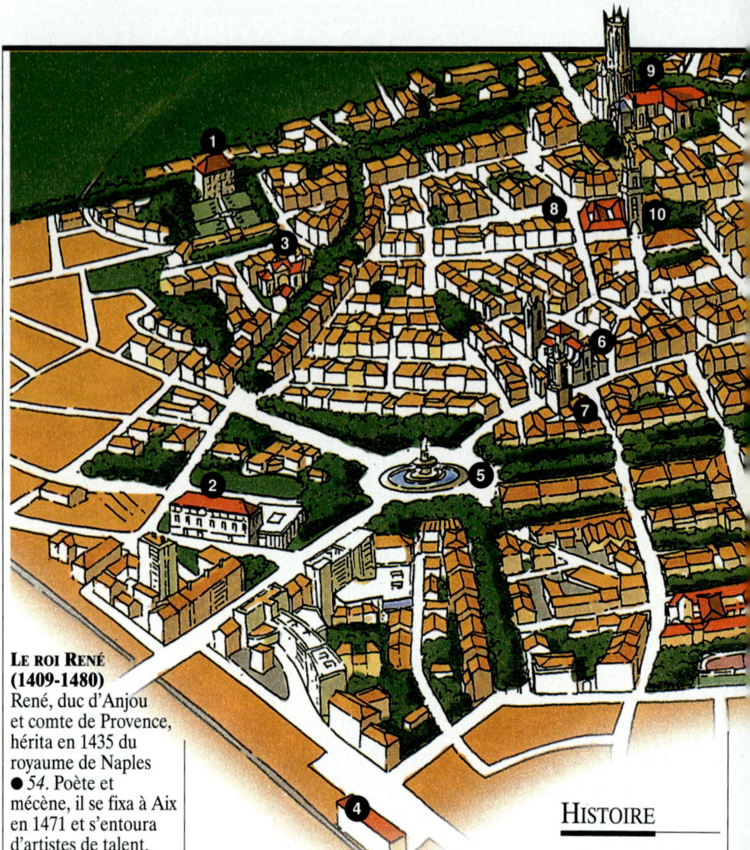

LE ROI RENÉ (1409-1480)
René, duc d'Anjou et comte de Provence, hérita en 1435 du royaume de Naples ● *54*. Poète et mécène, il se fixa à Aix en 1471 et s'entoura d'artistes de talent. C'est pour lui qu'en 1475 Nicolas Froment peignit le triptyque du *Buisson ardent* ▲ *217*.

SIÈGE D'AIX EN 1593
Aix, ligueuse, ne reconnut Henri IV qu'en 1594.

HISTOIRE

D'ENTREMONT À «AQUAE SEXTIAE». Aix entre dans l'histoire sur les hauteurs d'Entremont ● *58* ▲ *242*. L'oppidum, trop puissant pour Rome, est détruit par ses légions en 123 av. J.-C. ; un an plus tard, un poste militaire est fondé à ses pieds par le proconsul Sextius, à proximité de sources d'eaux chaudes et froides, et prend le nom d'Aquae Sextiae, les «eaux de Sextius». L'agrément de ses thermes fixe rapidement une importante population. En 15 av. J.-C., la ville est élevée au rang de colonie ; ses habitants contrôlent la navigation et le commerce sur le Rhône ● *62* et la Durance ainsi que celui entre la Gaule et Rome. Au IIIe siècle, Aix renforce sa position en devenant la capitale administrative de la Narbonnaise ● *53*.

TEMPS DIFFICILES ET RENAISSANCE. Ravagée en 574 par les Lombards, mise à sac par les Sarrasins en 731, la ville est dépouillée de ses monuments romains.

Après l'an mil, Aix guérit doucement de ses blessures. Abritant dès la fin du XIIe siècle la résidence des comtes de Provence, la cité est dotée, un siècle plus tard, de son premier édifice gothique, Saint-Jean-de-Malte ▲ *232*. Sous l'impulsion de Louis II d'Anjou, qui fonde l'université (1409) mais surtout de son fils le roi René, Aix devient un intense foyer de création artistique. Les siècles suivants sont, en revanche, instables ; française depuis 1481 ● *54*, Aix se révolte plusieurs fois contre l'autorité royale.

Sous le soleil du roi. La visite que rend Louis XIV à la ville en 1660 change son destin ; de ville rebelle, Aix est transformée en ville courtisane : le souverain multiplie les offices, une véritable cour se crée autour du gouverneur. La ville traduit son essor par une intense activité architecturale que seule l'épidémie de peste de 1720 ● *60* ralentira.

Le mauvais XIXe siècle. Sous la Révolution, bien que Mirabeau soit élu pour le tiers état, la ville perd son titre de capitale de Provence pour devenir simple chef-lieu de district des Bouches-du-Rhône. Le déclin s'accentue en 1830, après la conquête de l'Algérie : Marseille, avantagée, profite seule des opportunités nouvelles ▲ *161*. Le chemin de fer naissant passe plus à l'ouest ▲ *269* et renforce l'isolement économique de la ville qui s'assoupit. Sa vocation universitaire se développe cependant tout au long du siècle : à Marseille l'Industrieuse s'oppose Aix l'Intellectuelle. Bénéficiant d'une renommée culturelle internationale ▲ *220*, la cité des eaux ne cesse de croître ▲ *234*.

Une ville de parlementaires
Le parlement, créé en 1501, siégeait à Aix où il attira une société raffinée et cultivée qui s'y fit bâtir nombre d'hôtels somptueux.

(Ci-dessus Michel de Saint-Hippolyte, président du parlement au XVIIIe siècle.) Défenseur de l'autonomie des états face à la monarchie, le parlement vit, dès le XVIIe siècle, ses pouvoirs réduits aux simples fonctions judiciaires.

◷ 4 heures

LE BAPTISTÈRE
Ses huit colonnes – le chiffre 8, partout présent, symbolisant la Résurrection – sont des remplois antiques. Au centre, la cuve illustre l'ancienne pratique du baptême qui se faisait à Pâques par immersion des catéchumènes adultes. La coupole fut reconstruite en 1577.

LE BOURG SAINT-SAUVEUR ♥

On est ici au cœur de la cité antique et médiévale. La ville romaine s'organisait, en effet, autour du forum, enseveli désormais sous la cathédrale. L'agglomération se développa vers l'ouest, mais ces quartiers furent abandonnés aux premiers troubles ▲ *214* par la population, qui se replia sur la colline. Au haut Moyen Âge, un nouveau bourg se dessine autour de l'actuel palais de justice ▲ *224* ; au cours du XIIe siècle, le tissu urbain se resserre entre les deux cités, séparées par deux statuts différents : le bourg Saint-Sauveur, dépendant exclusivement du pouvoir religieux, s'oppose au pouvoir laïque de la ville comtale. Si le Moyen Âge a largement marqué de son empreinte le tissu urbain du quartier, ainsi qu'on peut l'observer en s'engageant dans les étroites ruelles aux noms aussi parlants que la rue Esquicho-Coudo («écrase-coude»), l'architecture médiévale et Renaissance a progressivement disparu au profit des riches hôtels particuliers des XVIIe et XVIIIe siècles. Par la rue Jacques-de-La Roque, la promenade peut se prolonger au-delà du boulevard circulaire jusqu'au monument franc-maçonnique ♥ élevé rue Pasteur en 1792 par Joseph Sec, marchand de bois aixois (à gauche).

LA FACULTÉ DE DROIT. Face à la cathédrale, sous une fraîche frondaison de platanes, la place de l'Université ♥ illustre la tradition intellectuelle de la ville ▲ *215*. L'édifice ♥, reconstruit en 1734, repose sur un avant-corps en saillie. Son fronton, dû au ciseau du sculpteur Hippolyte Ferrat (1883), est inspiré par la nouvelle destination du bâtiment devenu faculté de droit en 1806. L'ensemble accueille de nos jours l'Institut d'études politiques.

LA CATHÉDRALE

La cathédrale, sans cesse remaniée du Ve au XVIIIe siècle, juxtapose plusieurs édifices, visibles d'emblée sur sa façade : à droite, le portail roman (XIIe siècle), agençant sur un mur lisse un décor antiquisant, jouxte les vestiges d'un mur romain, utilisé en remploi ; à gauche s'ouvre le portail gothique, édifié de 1477 à 1505, et dont l'illustration décline les douze apôtres. Seul le saint Michel qui domine l'ensemble fut épargné par la Révolution : doté d'un bonnet phrygien, l'archange terrassant le démon devint la Révolution abattant la

«La ville d'Aix, située à cinq lieues au nord de Marseille, est une des plus jolies du royaume [...] et réunit tous les avantages qui distinguent une capitale»

Abbé Jean-Pierre Papon

Tyrannie. La cathédrale fut rendue au culte, restaurée et ses statues furent «refaites» vers 1830. Au flanc septentrional de l'édifice s'accroche le clocher dont les travaux s'étalèrent de 1323 à 1425 (pinacles de 1880). Dès l'entrée, à droite, un petit musée lapidaire réunit différents fragments sculptés. Un peu plus loin s'élève le baptistère ♥ dont le plan initial date du début du Ve siècle.

La nef romane. La nef, longeant le baptistère, fut édifiée en 1180. Ses arcs-doubleaux et ses piliers à ressauts sont typiques du roman tardif provençal ● *102*. Après l'entrée du cloître, à droite, s'élevait la «Sainte Chapelle» (Ve siècle), abattue au début du XIXe siècle. Des fouilles, laissées apparentes, ont mis au jour ses fondations, ainsi qu'un dallage antique.

La chapelle de la confrérie du Corpus-Domini, formant chevet, fut ouverte en 1666.

La grande nef. Du haut de la nef du Corpus-Domini, on accède au chevet de la grande nef, reconstruite de 1285 à 1515, et dont le chœur rayonne autour du maître-autel. Ce dernier, dans son état actuel, date du début du XIXe siècle. Une exceptionnelle série de tapisseries sur

Trésors cachés
Le retable du *Buisson ardent* ▲ *218* et les vantaux sculptés du portail (1505, ci-dessus) sont visibles sur demande auprès du gardien de la cathédrale.

Saint Matthieu.

Le cloître ♥
En traversant le chœur, on retrouve la sortie vers le cloître. Édifié à la fin du XIIe siècle, il est particulièrement aérien et élégant.

Une grande variété de colonnettes torses, cannelées, droites, à décor végétal ou sculptées d'animaux fabuleux, de statues-colonnes ou statues-piliers – tel saint Pierre avec ses clefs – supportent des chapiteaux historiés de scènes de l'Ancien (galerie ouest) et du Nouveau Testament (galerie nord).
La galerie orientale illustre le triomphe de l'Église sur le paganisme. Aux angles figurent les symboles des évangélistes : l'homme (Matthieu), le lion (Marc), l'aigle (Jean), le taureau (Luc).

la vie de la Vierge ♥, réalisée en 1511, s'ordonne autour du chœur. Au fond s'ouvre la chapelle absidiale de Saint-Mitre. Le retable de saint Mitre (1480) relate le martyre du saint, qui aurait porté sa tête dans ses mains après avoir été décapité. La deuxième travée de la grand nef s'orne des grandes orgues réalisées par le frère Isnard, dominicain (1724).

Le retable du «Buisson ardent» ♥. Dans la deuxième travée, une élégante Annonciation en grisaille cache sous ses volets ce chef-d'œuvre de la peinture française. L'œuvre, commandée en 1475 par le roi René ▲ *214* à Nicolas Froment, originaire d'Uzès, resta jusqu'à la Révolution dans l'église du couvent des Carmes. Le *Buisson ardent*, brûlant sans se consumer, symbolise la virginité de Marie. Sur les panneaux latéraux figurent les donateurs en prière ; à droite, Jeanne de Laval est entourée par saint Jean l'Évangéliste, sainte Catherine et saint Nicolas, patron de la Lorraine (qui appartenait à René). À gauche, le roi René prie en habit de chanoine. Autour de lui sont placés sainte Marie Madeleine, patronne de la Provence, saint Antoine, patron de l'Anjou, et saint Maurice, patron de l'ordre du Croissant, ordre de chevalerie créé par le roi René.

La nef Notre-Dame-de-l'Espérance. Édifiée entre 1694 et 1705 à partir de trois chapelles latérales gothiques, elle rétablit une véritable symétrie pour la cathédrale.
La première travée conserve un curieux retable sculpté ♥, dédié à sainte Anne, la mère de la Vierge (1470). Ouvrant sur le transept, le grand arc de la perspective de l'architecte Laurent Vallon ▲ *227* est surmonté, sous la voûte, d'un grand bas-relief octogonal en stuc représentant l'Assomption et attribué aux Fossé, sculpteurs aixois. L'autel de marbre polychrome de style rocaille (1738) est surmonté d'une statue en pierre peinte du début du XVIe siècle, particulièrement vénérée en temps d'épidémie, Notre-Dame-de-l'Espérance.

«L’ACCUEIL D’AIX EST PLEIN DE DOUCEUR.
UN ORDRE SANS RAIDEUR, UNE GRÂCE SANS MIÈVRERIE [...],
UNE MAJESTÉ, MAIS TEMPÉRÉE [...]»

JOSEPH D’ARBAUD

LES FONTAINES D’AIX
Aix célèbre l’eau qui fit jadis sa richesse ▲ *214* à chaque coin de rue. Une quarantaine de fontaines publiques rafraîchissent le paysage, crachant par des mufles de pierre ou des tuyaux de bronze des eaux chaudes et froides, tantôt adossées à de nobles façades ordonnancées, tantôt ponctuant de leurs colonnes romaines ou de leurs pyramides classiques les places et carrefours de la cité. Leur réalisation était l’affaire de spécialistes (maîtres fontainiers, maîtres hydrauliciens).
La fontaine, à l’origine élément strictement utilitaire (lavoir, abreuvoir ou simple point d’alimentation en eau), évolue esthétiquement, au cours des XVIIe et XVIIIe siècles, pour devenir un ornement urbain. La plus ancienne que la ville ait conservée, après la fontaine Espéluque ▲ *220,* est la fontaine des Quatre-Dauphins ▲ *232* (en haut, au milieu), sculptée en 1667 par Jean-Claude Rambot. À sa construction, la pyramide était couronnée par une statue de saint Michel qui fut successivement remplacée par une fleur de lys, une croix de Malte, puis une pomme de pin. L’édification de la fontaine de la Rotonde (de dimensions exceptionnelles pour la ville – en bas à droite), en 1860, marqua un tournant : c’était la première fois qu’une fontaine était réalisée en fonte.

UN PALAIS RÉGENCE
Le bâtiment actuel date du début du XVIIIe siècle ; son portail est attribué au sculpteur Toro (1672-1731). Le décor intérieur du palais néoclassique fut commandé par Mgr de Boisgelin et réalisé de 1779 à 1783.

SONGE D'UNE NUIT D'ÉTÉ
Le Festival d'Aix a fait dès sa création une place importante à la musique moderne et contemporaine, de Darius Milhaud ▲ 233 à Olivier Messiaen. Ce répertoire est aujourd'hui particulièrement à l'honneur, avec notamment la commande d'État à Claude Prey du *Rouge et le Noir* en 1989 ou encore *A Midsummer Night's Dream*, de Benjamin Britten, en 1991 (ci-dessus).

L'ARCHEVÊCHÉ ♥

La place des Martyrs-de-la-Résistance, ou de l'Archevêché, fut agencée à partir de 1739 pour mettre en valeur le palais épiscopal qui venait d'être rénové. La fontaine Espéluque (1618), du nom du propriétaire du terrain dont l'eau provenait, la borde au nord depuis 1756. L'imposante façade de style Régence de l'Archevêché la ferme à l'est. Les archevêques se devaient de posséder une résidence fastueuse car ils jouaient un grand rôle politique : procureurs par excellence du pays, ils servaient d'intermédiaires entre les états de la province et le roi. Le pouvoir central imposa d'ailleurs fréquemment à cette capitale remuante des membres de familles influentes, comme le frère de Richelieu ou Michel de Mazarin ▲ 232.

LE MUSÉE DES TAPISSERIES. Il est installé depuis 1910 au premier étage de l'Archevêché et abrite une collection d'œuvres des XVIIe et XVIIIe siècles parmi lesquelles d'inestimables séries de tapisseries de la manufacture de Beauvais : celle dite des *Grotesques*, tissée à partir de 1689 ; celle de *L'Histoire de Don Quichotte*, plus précieuse, car elle fut réalisée en un exemplaire unique (1735-1744) ; celle enfin des *Jeux russiens*, réalisée de 1769 à 1793.

Une section d'art textile contemporain est présentée en alternance avec des expositions temporaires. Enfin, un musée des Arts du spectacle, évoquant les décorateurs prestigieux qui travaillèrent pour le Festival de musique d'Aix, est depuis peu en cours de constitution.

LE FESTIVAL INTERNATIONAL D'ART LYRIQUE ET DE MUSIQUE ♥. Les lieux sont en effet indissociables du Festival de musique qui s'y déroule chaque année. En 1948, la comtesse de Pastré et Gabriel Dussurget décident de créer un Festival de musique à Aix qui invite à une nouvelle approche de l'œuvre mozartienne. Placé sous le signe de la découverte des talents (Teresa Stich-Randall ou Teresa Berganza, Luigi Alva ou Rolando Paneraï), grâce à l'homogénéité des distributions dirigées par de grands chefs d'orchestre comme Hans Rosbaud ou Carlo Maria Giulini, le Festival s'assure dans ses premières années le concours de grands peintres contemporains (Cassandre, Masson, Derain, Balthus) pour les décors. Dès 1974, le répertoire s'enrichit, sous la direction de Bernard Lefort, de l'apport du bel canto servi par les plus grandes gloires du chant (Caballé Montserrat, Marilyn Horne, Jessy Norman…). Le répertoire baroque (Rameau, Campra, Lully ou Purcell) a été remis à l'honneur ces dernières années sous la direction de Louis Erlo tandis que la tradition mozartienne s'est étoffée, à côté des sept grands opéras donnés régulièrement depuis la création, d'ouvrages lyriques méconnus.

La rue Gaston-de-Saporta ♥

Elle constitue l'un des ultimes vestiges du plan orthogonal antique. Cet axe principal du bourg Saint-Sauveur fut colonisé, aux XVIIe et XVIIIe siècles, par les grandes familles qui substituèrent au parcellaire médiéval l'ordonnance de larges hôtels donnant sur des cours ou des jardins : au n° 23, l'hôtel Maynier-d'Oppède, dont la façade, due à Georges Vallon ▲ *227* et à Chastel ▲ *245,* date de 1757 ; au n° 21, l'hôtel Boyer-de-Fonscolombe, qui conserve un beau décor intérieur de plafonds du XVIIe siècle et de gypseries du XVIIIe siècle, déploie une façade conçue en 1757 ; l'hôtel de Châteaurenard (n° 19) abrite un superbe escalier décoré en trompe l'œil ♥.

Musée du Vieil-Aix ♥. Au n° 17, la façade de l'hôtel d'Estienne-de-Saint-Jean (fin du XVIIe siècle), due probablement à Laurent Vallon ▲ *227*, frappe par l'ordre colossal de ses hauts pilastres cannelés surmontés de chapiteaux corinthiens. Sa sévérité tranche toutefois avec la porte finement sculptée qui ouvre sur un vestibule spacieux. L'hôtel, qui a conservé une partie de son décor (plafonds peints ♥, frises murales) et de son mobilier, est aménagé depuis les années 1930 en musée d'arts et traditions populaires du pays d'Aix. Les collections furent réunies par Marie d'Estienne de Saint-Jean et Marcel Provence. Deux ensembles très originaux du XIXe siècle attireront l'attention : les marionnettes de la Crèche parlante et celles de la Fête-Dieu ▲ *223*.

Plafonds de l'hôtel de Châteaurenard
Ce décor, multipliant d'illusoires reliefs, fut réalisé en 1654 par le peintre Jean Daret.

Masques de fête
Outre ces masques portés lors de la procession de la Fête-Dieu, le musée du Vieil-Aix abrite de multiples objets évoquant les traditions d'Aix (mobilier, santons, poupées, costumes).

LE PARAVENT ▲ DE LA FÊTE-DIEU

UN DOCUMENT EXCEPTIONNEL
Le paravent de la Fête-Dieu, composé de dix panneaux double face peints sur toile, est la plus ancienne représentation que nous possédions des cérémonies de la Fête-Dieu, sans doute instituée par le roi René ▲ *214*, et qui revêtaient à Aix un éclat particulier. La Foire de la Fête-Dieu, la plus renommée et la plus longue des fêtes aixoises, durait jusqu'à six jours. Cette œuvre anonyme, tout à fait unique, a été peinte dans la première moitié du XVIIIe siècle, à la demande de Jean-François de Galice, conseiller au parlement de Provence. Légué en 1867 au musée Granet ▲ *232*, le paravent est actuellement en dépôt au musée du Vieil-Aix ▲ *221*.

CÉRÉMONIES ET RÉJOUISSANCES
Une des faces du paravent est consacrée à la procession qui se dirige solennellement vers la cathédrale (ci-contre), l'autre, plus profane, aux Jeux et à la Foire qui se déroulent autour de l'actuel cours Sextius ▲ *227*. Toutes deux s'inscrivent dans un encadrement à motif végétal, inspiré des «mais», c'est-à-dire de ces grands mâts garnis de buis et de rubans qui étaient dressés devant certaines demeures le samedi qui suit la Fête-Dieu et qui restaient en place de vingt-cinq à trente jours. Après avoir cheminé à travers les rues aixoises, la procession entre à la cathédrale pour assister à la grand-messe.
Le cortège, qui défile dans un ordre réglementé, est représenté sur quatre registres bien ordonnés. Toutes les catégories sociales et religieuses, qui participent à la procession sont minutieusement reproduits.
La face consacrée aux Jeux et à la Foire est moins ordonnancée et se présente en deux registres distincts. Le registre supérieur évoque quelques-uns des Jeux de la Fête-Dieu, scènes de la Bible que mimaient des acteurs. Le registre inférieur restitue l'ambiance de fête et de détente de la Foire.

«LE RHÔNE ET LA DURANCE»
Sculptés par Chastel ▲ *245* (1764), ils surmontent côte à côte la halle aux grains.

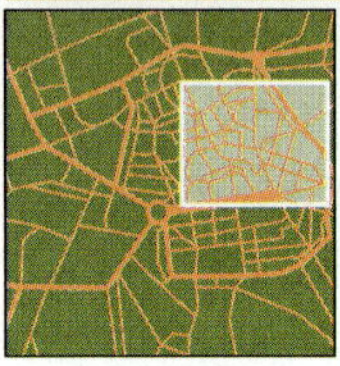

◷ 2 heures

La place des Cardeurs fut aménagée derrière l'hôtel de ville en 1963 sur l'emplacement d'un îlot insalubre.

LA VOGUE DES ATLANTES
Ils tirent leur origine du géant Atlas portant sur son dos la voûte céleste. Le baroque aixois reprit ce thème antiquisant avec une extrême diversité, témoin ces atlantes de l'hôtel d'Arbaud ♥ sculptés vers 1670 par Jean-Claude Rambot (7, rue du Maréchal-Foch) ▲ *231*. Une grande liberté a été donnée ici au mouvement des corps.

LA VILLE COMTALE

Passé le beffroi, on pénètre dans l'ancienne ville comtale, dont le noyau se groupait autour du palais des comtes de Provence.
LA TOUR DE L'HORLOGE. Elle s'appuie sur un mur romain en gros appareil. Symbole des franchises communales, elle fermait au XIIe siècle la ville comtale et fut reconstruite dès 1510 pour abriter les archives ; de l'horloge planétaire de 1661 ne subsistent que quatre figures représentant les saisons.
L'HÔTEL DE VILLE. Mis en valeur par une place ♥ créée en 1750 et qu'orne au sud la fontaine de Chastel (1756-1758), l'hôtel de ville occupe depuis le XIVe siècle le même emplacement. L'édifice actuel fut construit entre 1655 et 1671 sur les plans d'un comité d'artistes au sein duquel Pierre Pavillon (1612-1670) eut un rôle décisif. Passant sous la grille en arc surbaissé ♥, dessinée par Pavillon, on découvre, sur la droite, l'ancienne salle de l'arsenal, voûtée d'ogives, et l'escalier à double révolution (1655), première réalisation de ce type en France.
LA HALLE AUX GRAINS ♥. Les taxes sur le blé étaient l'un des principaux revenus de la ville. On fit élever, au XVIIIe siècle, une grande halle en dur à l'emplacement même où se tenait ce marché, sévèrement réglementé. Les travaux furent confiés aux Vallon ▲ *227,* qui réalisèrent successivement la moitié sud (1720) puis nord (1760).
LE PALAIS DE JUSTICE. Le palais comtal qui abritait le parlement, la Cour des comptes et la prison, fut démoli en 1786 en raison de son délabrement. Claude Nicolas Ledoux conçut alors un nouveau palais mais son projet, dispendieux, fut ajourné. L'édifice actuel est le fruit du remaniement opéré sur ces plans par Michel Penchaud, qui le construisit de 1822 à 1832 et fit bâtir dans le même temps la prison, à l'arrière. Devant, l'esplanade se termine par la place des Prêcheurs, qui fut ouverte vers 1450 par le roi René. C'était, avant l'ouverture du Cours ▲ *230*, le seul espace dégagé de la ville, où venaient se rencontrer promeneurs et badauds.

«CE QUI FAIT LE CHARME D'AIX : UN MATÉRIAU, DES PROPORTIONS, DE L'OMBRE, DE L'EAU...»

GILBERT WEIL

L'«ANNONCIATION» Sous la rosace, un minuscule bébé, plongeant vers la Vierge, figure ici l'Incarnation.

L'ÉGLISE DE LA MADELEINE. Cette ancienne chapelle d'un couvent de dominicains cache, derrière une façade de Révoil (1855), un intérieur refait de 1691 à 1703 par Vallon ▲ *227* et qui conserve le plan de l'édifice gothique antérieur.

Elle abrite une œuvre exceptionnelle de 1444, l'*Annonciation* ♥, attribuée à Barthélemy d'Eyck (ci-dessus), peintre et valet de chambre du roi René. Les volets de ce triptyque sont partagés entre les musées de Bruxelles et de Rotterdam.

AUTOUR DES PRÊCHEURS. Emprunter la RUE MIGNET ♥, qui aligne une belle série d'hôtels (d'Aillaud au n° 6, style Louis XV ; de Gassier, n° 10, porte Régence ; de Valbelle-Tourves, n° 22, édifié en 1655 pour un conseiller au parlement). En tournant à gauche dans la rue Boulegon, où mourut Cézanne, puis dans la rue Matheron, on parvient à la charmante placette triangulaire des Trois-Ormeaux ♥.

VILLENEUVE

Face au palais de justice, la RUE THIERS s'amorce, encadrée par les hôtels d'Agut, à gauche (1666), et de Roquesante (époque Louis XIII). À son extrémité, remonter sur la gauche la RUE DE L'OPÉRA, où l'on remarquera au n° 18 l'hôtel de Lestang-Parade (XVIIe siècle), l'hôtel d'Arlatan (n° 24) et l'hôtel de Grimaldi-Régusset (n° 26), édifié vers 1675. Au sommet de la rue, la PLACE MIOLLIS sert de débouché aux rues de l'agrandissement de Villeneuve réalisé en 1583 et qui découpa en lotissements les anciens jardins du roi, tombés aux mains de la famille de Lacépède. L'opération, entreprise par l'architecte parisien Jean de Baudry, fut lancée par l'administration communale. Novatrice dans ses conceptions urbanistiques, elle remporta un vif succès auprès de la noblesse, qui se sentait à l'étroit dans la vieille

CHAPELLE SAINTE-CATHERINE Elle fut construite, rue Mignet, de 1646 à 1652, par Pierre Pavillon pour les visitandines (en haut).

LA FONTAINE
Érigée en 1864, elle fut remaniée en 1912 lorsqu'on remplaça la vasque de pierre par une vasque de fonte (en haut, à droite).

ville surpeuplée. La RUE ÉMERIC-DAVID a gardé de beaux témoignages de ce quartier résidentiel de l'Ancien Régime (hôtel de Maliverny, n° 33, de Panisse-Passis ♥, n° 16 – au décor rocaille luxuriant, 1739 –, de Carcès, n° 12). La rue Lacépède, au nord, longe la façade inachevée de la CHAPELLE DU COLLÈGE ROYAL-BOURBON, construite de 1681 à 1698.

AUTOUR DE LA PLACE D'ALBERTAS ♥

La famille d'Albertas ▲ *255* est, au XVIIIe siècle, l'une des grandes familles d'Aix. En 1724, Henri d'Albertas charge Laurent Vallon de rénover son hôtel. Il achète, de 1735 à 1741, les maisons d'en face et les fait démolir. Son fils charge Georges Vallon, en 1742, de créer sur les décombres une place qui ne dépare pas sa demeure. L'espace fut conçu selon la mode parisienne des places royales, mais l'opération était également immobilière : Albertas loua les immeubles à des particuliers.

L'HÔTEL D'ALBERTAS
Vallon réinterprète ici les thèmes baroques : balcon soutenu par deux tritons, placage d'une légère ordonnance à refends et pilastres.

LE MUSÉUM ♥. À quelques pas s'élève le splendide hôtel Boyer-d'Éguilles, construit entre 1672 et 1675 par Louis-Jaubert, en pierre de Bibémus ▲ *240* pour Magdeleine de Forbin d'Oppède. La magnifique façade baroque, aux colossaux pilastres cannelés, encadre une cour fermée par un monumental portail à carrosses. L'hôtel abrite le muséum d'Aix, créé en 1838 et complété en 1896 par les collections de géologie et de paléontologie de Louis Rostan d'Arbancourt. La réputation du musée repose sur son ensemble d'œufs de dinosaure découverts sur la montagne Sainte-Victoire ▲ *236*.

PROMENADES. Tourner dans la rue Aude, que borde l'hôtel DE CROZE-PEYRONETTI, dont la façade prolonge le goût maniériste des bossages étoilés et des frises de trophées d'armes (vers 1625). On rejoint, par la rue Bédarride, la rue Espariat ♥ ; dans la perspective se détache sur la gauche le gracieux campanile (1677) de l'ancien COUVENT DES AUGUSTINS et, sur la droite, l'austère façade de l'ÉGLISE DU SAINT-ESPRIT, reconstruite par les Vallon de 1706 à 1728. De la rue Lieutaut, qui longeait autrefois le cloître des Cordeliers, on rejoint la rue des Cordeliers. En contrebas, sur le cours Sextius, l'ÉGLISE SAINT-JEAN-BAPTISTE-DU-FAUBOURG fut édifiée de 1697 à 1711 par les Vallon.

LES VALLON
Laurent Vallon (1652-1734), architecte baroque majeur, marqua Aix de son empreinte et signa, avec l'hôtel d'Albertas, son dernier ouvrage. Son fils Georges (1688-1767) poursuivit son œuvre.

Aix-en-Provence, le pavillon de Vendôme

LE PAVILLON DE VENDÔME ♥

Jadis hors des remparts, le pavillon de Vendôme fut construit pour Louis de Mercœur, duc de Vendôme en 1665.
À l'origine, le bâtiment ne comportait qu'un seul étage, une lourde frise supportant un toit à la Mansart. Remaniée au début du XVIIIe siècle, la folie, dans laquelle on n'habitait pas, fut transformée en pavillon. On l'exhaussa alors d'un étage que l'on couvrit d'une toiture provençale de tuiles romaines et les ouvertures du rez-de-chaussée furent fermées. L'intérieur a conservé de son ancien décor un plafond peint allégorique de la fin du XVIIe siècle et surtout son magnifique escalier à double révolution du début du XVIIIe siècle. Il abrite une commode signée Foullet, pièce d'une exceptionnelle qualité, que complète un ensemble de mobilier, de céramiques de Moustiers et de cuirs peints. Le vaste jardin à la française a été restitué d'après des documents gravés du XVIIe siècle.

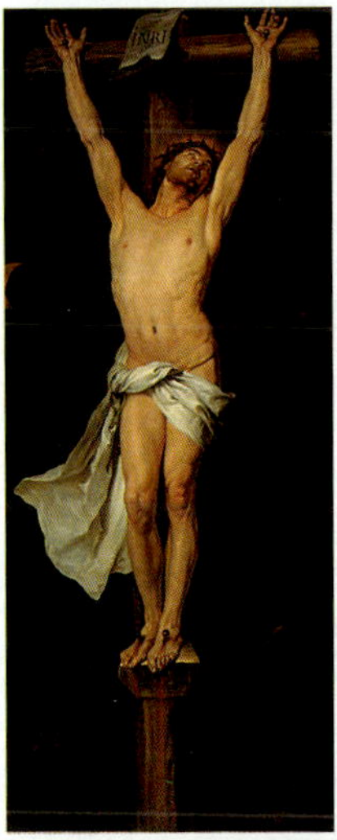

VILLEVERTE

Reprendre le cours Sextius jusqu'à la PLACE NIOLLON. Sur la gauche, la rue Victor-Leydet, ancienne rue Villeverte, constituait l'axe principal d'un agrandissement, autorisé en 1602 par Henri IV et qui devait englober dans les remparts les prairies appartenant à la famille de Joseph Bonfils, lieutenant général à la sénéchaussée d'Aix. Les rues des Bernardines, Bruyès, Fermée et d'Entrecasteaux constituent la trame de ce lotissement. Au sud de la place, le LOGIS DU BRAS-D'OR était l'une des plus importantes auberges du quartier, axe de communication des Alpes vers Marseille. C'est là qu'étaient groupés les commerces liés au voyage (charrons, maréchaux).

UNE FOLIE AMOUREUSE
Petit-fils d'Henri IV et de Gabrielle d'Estrées, devenu gouverneur de Provence, le duc de Vendôme obtint des Aixois, pour récompense de sa bonne administration, un terrain à quelque distance de la ville. Le prince, épris d'une noble Aixoise, y fit, dit-on, construire une folie, ou maison de plaisance, pour cacher ses amours. La cour, craignant le mariage, sollicita de Rome un chapeau de cardinal pour le duc, qui l'obtint en 1667.
On raconte que le cardinal y faisait introduire la nuit des personnes déguisées, que les paysans du faubourg d'alors appelaient malicieusement les chouettes. C'est là qu'il mourut en 1669, à peine âgé de 57 ans, ce qui fit dire alors aux paysans : «Les chouettes ont tué le grand duc.» Vendue par le fils qu'il avait eu d'un premier lit, la folie passa dans différentes familles et, au XVIIIe siècle, fut la propriété des Van Loo. Le pavillon fut acheté en 1906 par un amateur éclairé, Henri Dobler, qui le légua à la ville pour en faire un musée.

CHEFS-D'ŒUVRE DU SAINT-ESPRIT
Cette belle crucifixion, de Michel Dandré-Bardon (1700-1783), côtoie, dans l'église du Saint-Esprit ▲ *227*, le retable du parlement d'Aix, peint par Henri Guigues et un autre maître vers 1520, représentant les apôtres sous les traits du président et des douze premiers officiers du parlement d'Aix.

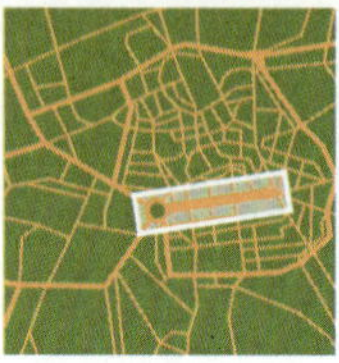

◷ 2 heures

LE COURS EN 1791
Le Cours était alors un cours à carrosses, c'est-à-dire réservé aux grands équipages de tout ce qui pouvait compter au siège du parlement : grandes familles, présidents ou hommes de loi argentés. Le charroi utilitaire ainsi que les établissements artisanaux y étaient prohibés, les cafés n'y furent tolérés qu'à la fin du XVIIIe siècle.

LE GRAND COURS ♥

● 112

Le Grand Cours, ou cours Mirabeau, fut tracé en 1649 entre quartier neuf ▲ *232* et vieille ville, sur les lisses extérieures de l'ancienne enceinte. Premier grand espace civil, le Grand Cours resta le décor fixe des représentations des classes dirigeantes en leurs hôtels particuliers, avant de devenir cette tranquille promenade urbaine qu'elle est aujourd'hui. Si, sur la rive septentrionale, adossée à la vieille ville, les demeures durent s'adapter à un contexte urbain offrant peu d'ampleur, les architectes purent jouer, côté sud, avec un espace neuf de constructions. Le corps de logis, agrandi, gagna en profondeur et devint traversant : une face sur rue, l'autre sur jardin. Aux seules salles et chambres du XVIe siècle vinrent s'adjoindre vestibules, galeries et antichambres. L'espace le plus fastueux de l'hôtel aixois devint cependant l'escalier : associé au vestibule d'entrée, il occupa en rez-de-chaussée l'essentiel de la façade sur rue et s'accorda à l'ampleur du portail, objet des plus grandes attentions et des plus grandes dépenses. Le portail se devait en effet de condenser l'éclat et le prestige de l'hôtel – et le portail à atlantes en fut la figure la plus somptueuse ▲ *224*. Le genre nouveau se généralisa, gagnant aussi la vieille ville, où, même si la profondeur des parcelles faisait défaut, la façade sacrifia aux convenances du temps (hôtels Boyer-d'Éguilles ▲ *227* et de Maliverny ▲ *226*).

UN ESPACE PRIVILÉGIÉ
Le Cours, adouci par la futaie des platanes, résume tout le charme d'Aix.

L'HÔTEL DE FORBIN (N° 20). C'est un des plus vastes hôtels du Cours, l'un des plus ordonnancés aussi, construit en 1656 et réaménagé au XVIIIe siècle. Son auteur, Pierre Pavillon, a cherché à y établir une ample symétrie qui amène une

étrange solution de jumelage des deux fenêtres par le balcon. Sur la façade tramée, le portail, attribué au sculpteur Jacques Fossé, paraît particulièrement puissant.

L'HÔTEL D'ARBAUD-JOUQUES (N° 18). Bel exemple de l'équilibre des gabarits urbains du Cours, l'hôtel d'Arbaud-Jouques développe ses huit travées sur deux étages. La porte d'entrée est décentrée, pente oblige, mais cette irrégularité est absorbée par un réseau complexe de corrections architecturales. L'étage est ionique, les pilastres ornés de chapiteaux. Le balcon du corps central, renflé, porte les armes d'Arbaud. L'ensemble est couvert d'une longue corniche à larmiers qui indique une maîtrise dans l'exécution de cet hôtel du début du XVIIIe siècle.

L'HÔTEL MAUREL-DE-PONTEVÈS ♥ (N° 38) ● *113*. Cet hôtel – dit aussi hôtel d'Espagnet – est sans doute le plus fastueux des hôtels particuliers aixois, à mi-chemin entre maniérisme et baroque. L'œuvre est de Jean Lombard et daterait de 1652. L'entrée, que désigne le portail à atlantes, est hors tout axe de symétrie. À l'étage le balcon aux serrureries Louis XIV jumelle deux fenêtres. Le portail, lui, n'est que figure, les convenances décoratives faisant place à la sculpture. Les atlantes ♥, posés par Pierre Pavillon sur la façade de Lombard, sont mis à l'échelle de l'architecture et l'édifice s'en trouve comme réduit.

L'HÔTEL GANTÈS (N° 53 BIS). Il est surtout connu pour son café *Les Deux Garçons*, dont l'intérieur ♥ conserve des traces du cercle à la mode qu'il fut au début du XIXe siècle. Sur la pierre crue récemment chaulée, l'aigu des décors est déparé par certains éléments adventices (surélévation, console métallique) qui rendent difficile une restitution d'ensemble.

L'HÔTEL DU POËT ♥. Tout en haut du Cours, l'hôtel du Poët fut réalisé dans la première moitié du XVIIIe siècle par Georges Vallon ▲ *227*, pour Henri Gautier, clerc de notaire enrichi que l'achat en 1724 des terres du Poët et de Vernègues ennoblit. Le bâtiment se distingue par la richesse de ses sculptures (mascarons, agrafes) et de sa ferronnerie.

Les hôtels donnent au Cours sa belle unité urbaine.

3 heures

L'ÉGLISE SAINT-JEAN-DE-MALTE
D'un style gothique élégant, son clocher lance contre le ciel une flèche effilée dont la base s'entoure de gâbles. L'église, reconstruite de 1272 à 1278, est le premier monument gothique de Provence. Les chapelles qui bordent l'unique nef voûtée renfermaient autrefois les riches tombeaux des comtes de Provence de la maison de Barcelone.

LE QUARTIER MAZARIN ♥

LA CRÉATION D'UN QUARTIER. En 1646, l'archevêque d'Aix, Michel Mazarin, frère du célèbre cardinal, fut autorisé par le roi à clore de murs le faubourg Saint-Jean. Il céda ses droits à l'investisseur Jean-Henri d'Hervart, qui créa le troisième agrandissement d'Aix de l'époque moderne après Villeneuve ▲ *225* et Villeverte ▲ *229*. Le plan en fut tracé par Jean Lombard, qui tint compte de deux contraintes : l'existence de l'église Saint-Jean-de-Malte et de son faubourg à l'est et les bâtiments du couvent des Bénédictines vers l'ouest. À partir de deux axes majeurs en croix, la rue du Quatre-Septembre et la rue Cardinale, à la rencontre desquelles il dégagea la placette des Quatre-Dauphins, il composa un damier à peu près régulier de trois à cinq rues orthogonales. Aéré par des jardins clos de murs, orné de fontaines adossées et ombragé de marronniers, le quartier se construisit au cours d'un siècle et demi, attirant tout d'abord les artisans, puis peu à peu la noblesse.

LE FAUBOURG SAINT-JEAN. La place Forbin s'ouvre à la tête du cours Mirabeau, sur le flanc sud de l'hôtel du Poët ▲ *231*. En 1685, dans l'enthousiasme des nombreuses édifications de places royales qui voyaient alors le jour, les consuls d'Aix commandèrent à Pierre Puget ▲ *174* un projet, amplifié par Jules Hardouin-Mansart, et pour lequel Martin Desjardins prépara une statue équestre du roi ; faute de crédits l'idée fut abandonnée. Sur le côté sud se profile la CHAPELLE DES OBLATS-DE-MARIE (actuelle église des Missions-de-Provence), construite en 1695 par Thomas Veyrier, et dont l'intérieur surprend par son baroque tempéré. Sur la droite, on emprunte la rue d'Italie, ancien chemin public de Saint-Maximin et de Toulon, le long duquel s'alignaient les hôtelleries. On tourne à droite vers la PLACE SAINT-JEAN-DE-MALTE bordée par son église du XIIIe siècle, ancienne chapelle fortifiée des hospitaliers de Saint-Jean-de-Jérusalem, et l'ancien palais de Malte.

LE MUSÉE GRANET ♥. L'hôtel qui abritait la commanderie des chevaliers de Malte fut édifié, de 1671 à 1676, par le géomètre Alphonse Dumas à la demande du prieur Jean-Claude Viany. Devenu le musée Granet, il offre une sévère façade bien restaurée, animée des saillies des corniches, des encadrements des baies et des masques-gargouilles. À l'intérieur, une des plus belles collections de peinture des musées de province est installée au-dessus de plusieurs salles d'archéologie consacrées à Entremont ▲ *242* et à Aix (mosaïques et peintures murales gallo-romaines, fragments d'architecture). La statuaire celto-ligure ♥, présentée dans une mise en scène particulièrement originale, constitue un ensemble unique en France.

AUTOUR DE LA FONTAINE DES QUATRE-DAUPHINS. Suivre la rue Cardinale, bordée par les hôtels Coriolis-de-Rousset (vers 1860, n° 15) et l'hôtel de Carondelet (1666-1670, n° 17). À l'angle nord-est de la fontaine des Quatre-Dauphins ♥ ▲ *219* se dissimule l'HÔTEL DE BOISGELIN ♥, construit par Pierre Pavillon vers 1660 ; l'ordonnance dorique s'adoucit des

ferronneries ajoutées au XVIIIe siècle. En face, la BANQUE DE FRANCE occupe l'ancien hôtel de Valori, rebâti vers 1750, dont la porte s'orne d'une tête féminine et d'agrafes rocaille, très fréquentes dans les hôtels aixois. Longeant le lycée Mignet, qui occupe l'emplacement de l'ancien couvent des bénédictines du XVIIe siècle, on tourne à droite dans la rue Laroque puis dans la RUE GOYRAND, dont le côté sud offre une séquence de maisons construites pour des conseillers au parlement à la fin du XVIIe et au début du XVIIIe siècle. Au n° 2, l'hôtel Bonnet-de-la-Baume (1786-1792) est un bel exemple du raffinement du style Louis XVI : porte à bucrane et guirlande, consoles cannelées. Débouchant rue du Quatre-Septembre, on admirera la façade rocaille au long balcon ondulant de l'hôtel de Villeneuve-d'Ansouis, rhabillé en 1757 par Georges Vallon.

Le musée Arbaud. Au n° 2, un hôtel de la fin du XVIIIe siècle abrite les collections rassemblées par Paul Arbaud, érudit bibliophile, et qu'il légua en 1910 à l'académie des sciences d'Aix : dans un savant désordre sont exposés une des plus importantes collections méridionales de faïences, une vaste bibliothèque (manuscrits du XVIe au XXe siècle) et de nombreux dessins et tableaux.

La promenade, poursuivant par la rue Mazarine, s'achève rue Cabassol devant le prestigieux HÔTEL DE CAUMONT ♥ ● 113. Bâti à partir de 1715 par Georges Vallon ▲ 227, il s'ordonne derrière un portail monumental à carrosses. Sa façade plate à fronton et refends ouvre sur un immense vestibule décoré de gypseries et où un atlante supporte un escalier aérien.

Le musée Granet
Ouvert en 1838, il porte le nom d'un de ses principaux fondateurs, François Granet (1775-1849) ● *128*, dont il conserve le beau portrait peint par Ingres (ci-dessus). Ses salles abritent une collection importante de peinture française (Le Nain, Mignard, Arnulphy, Greuze, Granet, Ingres, Cézanne – ci-dessus, *Portrait de Mme Cézanne* –, Estève) mais également flamande et italienne.

Darius Milhaud
L'hôtel de Caumont est devenu le conservatoire municipal de musique Darius-Milhaud en hommage à ce grand compositeur, enfant du pays (1892-1974).

◷ 3 heures

AIX, HORS LES MURS

LES NOUVEAUX QUARTIERS. Aix, qui occupait après guerre à peu près la même surface qu'au XVIIe siècle, dut faire face, dès les années 1950, à une véritable explosion démographique. Des premiers ensembles construits dans l'urgence, on retiendra celui des DEUX-CENTS-LOGEMENTS de Fernand Pouillon, achevé en 1952 de part et d'autre de la route des Alpes. L'architecte a su ici tirer parti de l'héritage classique aixois (modénatures, proportions, matériaux) pour créer un complexe social alors très novateur. Si les chantiers des années 1950 sont entrepris sans idée d'ensemble, un urbanisme d'envergure est mis en place dès les années 1960 avec la création de la ZUP d'Encagnane puis de la ZAC du jas de Bouffan à la périphérie ouest. À la fin des années 1980, un second plan important est envisagé avec l'opération Sextius-Mirabeau, qui prévoit d'utiliser les friches industrielles qui s'étendent à l'ouest de la place de la Rotonde. Le projet du Catalan Oriol Bohigas, primé en 1990, est d'enfermer la perspective du cours Mirabeau par un immeuble curviligne qui s'insérera dans un nouvel espace urbain, comprenant infrastructures culturelles, logements, commerces et bureaux. En 1989, la conversion en bibliothèque d'une manufacture d'allumettes du XIXe siècle avait été la première étape de l'aménagement de ce quartier.

DES LIVRES PRÉCIEUX
Parmi les titres les plus célèbres du fonds de la Méjanes, on peut citer les *Heures du roi René*, le *Missel de Murri* (XVe siècle, ci-dessus), les *Heures de la reine Yolande* (XVe siècle, ci-dessous) et le *Voyage de Breydenbach en Terre sainte*.

LA BIBLIOTHÈQUE MÉJANES ♥. La bibliothèque municipale d'Aix est née du legs que fit en 1786 le bibliophile érudit Jean-Baptiste Marie de Picquet, marquis de Méjanes, des 80 000 livres qu'il avait réunis de son vivant. Le fonds fut complété par les dons d'artistes et écrivains (Mme Émile Zola, la fille de Matisse, Darius Milhaud, Pierre Lecuire). La Méjanes, longtemps abritée dans l'hôtel de ville, a été transférée ces dernières années dans l'ancienne fabrique d'allumettes pour répondre aux besoins d'une politique de lecture publique à l'échelle d'une grande ville. L'architecte Philippe Deslandes a choisi de respecter les bâtiments d'origine, en gardant les espaces des deux grandes halles (en haut à gauche). Dans cet espace de presque 10 000 m^2, 7 600 m^2 sont occupés par la bibliothèque, le centre de documentation, une vidéothèque et la Fondation Saint-John-Perse. La seconde partie de la manufacture sera transformée dès 1994 en cité du Livre.

LA FONDATION VASARELY. La colline du jas de Bouffan est dominée depuis 1976 par les façades noir et blanc du centre architectural créé par le peintre Victor Vasarely . Des lieux d'exposition, une bibliothèque et une quarantaine d'œuvres monumentales de l'artiste illustrent les recherches qu'il mène sur les rapports entre peinture et architecture.

LES BASTIDES D'AIX

La bastide est un élément familier du paysage aixois ● *114*, ▲ *252*. Grande demeure rurale, elle accueillait ces messieurs du parlement (en vacances du 1er juin au 1er octobre) et leurs familles dès les grosses chaleurs. C'était également, à la différence du pavillon, un domaine agricole dont on tirait de substantiels revenus. Au XVIIIe siècle, la politique d'acquisition des terres, signe intangible de fortune, atteignit son apogée ; certains propriétaires firent ériger leurs bastides en fiefs qui y gagnèrent le nom de château. Dans le même temps, les plans de la bastide se fixèrent : carrée et sévère, elle perdit les allures de bâtisse fortifiée qu'elle avait un siècle plus tôt (fenêtres étroites, tours). Les appartements d'apparat, jadis au premier (servi par un escalier monumental), descendirent au rez-de-chaussée ; l'étage fut alors réservé à l'intimité.

LE PAVILLON DE LENFANT ♥. Le pavillon (sur la N 96) a gardé le patronyme de son premier propriétaire, Simon Lenfant, trésorier général de France. La sévérité de sa façade contraste avec la richesse du décor intérieur (plafonds, gypseries, coupole peinte en 1710 par Van Loo, escalier en fer à cheval). Son parc, dessiné au XVIIIe siècle, est agrémenté de bassins et de fontaines sur lesquelles s'épanouissent les thèmes rocaille (guirlandes, masques).

LA MIGNARDE ET LA GAUDE. Emprunter la D 63c ; on devine sur la gauche La Mignarde ♥, masquée par un écran de verdure. La bastide, du XVIIe siècle, fut largement remaniée par Sauveur Mignard, vers 1770. L'intérieur est aussi somptueux que l'extérieur, habillé de pierres de taille ; au bout d'une enfilade de pièces trône une énorme radassière. Juste derrière, le château de La Gaude, rénové vers 1750, est mis en valeur par un jeu savant de volumes, de terrasses et de parterres ● *114*.

UN CADRE VERDOYANT
Les jardins à la Le Nôtre de La Mignarde furent remplacés, au XIXe siècle, par un jardin anglais. Les statues, de 1784, mêlant déesses et héros mythologiques à des représentations animalières, furent cependant conservées.

LUMIÈRE SUR LENFANT
Le pavillon fut élevé en 1677 sur les plans de l'architecte aixois Pierre Devoux.

4 heures
25 km

Des œufs de taille
En 1859, Philippe Matheron (ci-dessus), géologue marseillais, découvre près de l'étang de Berre des ossements et des œufs qu'on suppose être de dinosaures. Les recherches de Matheron sont oubliées jusque dans les années 1960, quand Raymond Dughi, conservateur du muséum d'Aix ▲ *227*, découvre au pied de la Sainte-Victoire des œufs (ci-dessous) qu'une analyse attribue cette fois sans conteste à ces animaux.

Le Tholonet

La route, serpentant au creux de talus d'argile ravinée, longe Château-Noir – bâtisse que Cézanne ● *128* ▲ *242* loua comme atelier à partir de 1887 – puis coupe Le Tholonet, minuscule village flanqué d'un grand château construit en 1776 par les Gallifet et désormais occupé par la Société du canal de Provence.

L'aqueduc de Saint-Antonin. Derrière, se cachent les arches ruinées d'un aqueduc romain. Dans l'Antiquité, les sources de la montagne Sainte-Victoire alimentaient Aquae Sextiae, les eaux de la ville elle-même ▲ *214* étant réservées aux cures. Celles des alentours approvisionnaient ses fontaines, ses thermes ou encore coulaient dans ses égouts.

Les dinosaures d'Aix. 2 km après l'agglomération, on accède sur la gauche au parc départemental de Roques-Hautes ♥, créé en 1973 pour protéger le versant ouest de la Sainte-Victoire, où les strates rousses de brèches abritent un important gisement d'œufs de dinosaures, de la fin du crétacé (– 65 millions d'années) ; ils auraient été pondus par des hypselosaurus, paisibles herbivores dont les troupeaux parcouraient le bassin alluvial qui deviendra, vingt millions d'années plus tard, la Sainte-Victoire ▲ *227*. Aucun fœtus n'a été retrouvé dans ces œufs jusqu'à présent, pas plus que des squelettes de leurs géniteurs.

Saint-Antonin

Une série de lacets à forte déclivité mène au village que domine une grande

5 MONTAGNE SAINTE-VICTOIRE
6 PEYROLLES
7 SAINT-ANTONIN
8 VAUVENARGUES
9 JOUQUES
10 PUYLOUBIER
11 TRETS
12 L'ARC
13 POURRIÈRES

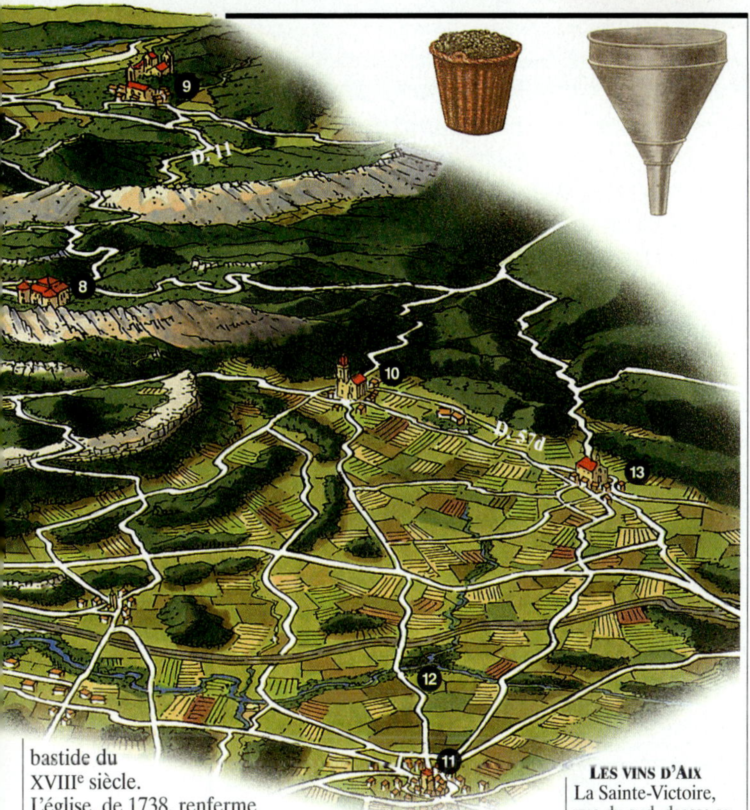

bastide du XVIIIe siècle. L'église, de 1738, renferme des reliquaires provenant du couvent des bernardins d'Aix.

L'OPPIDUM DU BAYON ♥. Un gradin sur lequel se dresse un chicot de maçonnerie, la Dent, se profile au nord du village. Ce petit plateau abrita un oppidum contemporain de celui d'Entremont ▲ *242*. Le site n'est facilement accessible qu'au nord, par un sentier le reliant aux terrasses qui bordent la montagne. On y observe de nombreuses structures de pierres sèches (limites parcellaires, ruines de cabanes de berger). La route borde ensuite le plateau du Cengle, ancienne cuvette mise en culture par les templiers qui s'y installèrent au milieu du XIIe siècle. On jouit, au sud du plateau, d'un vaste panorama sur la haute vallée de l'Arc ▲ *254*.

PUYLOUBIER

Avant la ferme de Bramefan, un sentier permet d'atteindre L'ERMITAGE DE SAINT-SER, chapelle semi-rupestre qui servit de retraite à un martyr du Ve siècle, victime des Vandales. De Puyloubier, dont l'église possède un bel autel de marbre polychrome du XVIIIe siècle, la D 57d conduit à POURRIÈRES ; c'est dans ses environs que se déroula la bataille au cours de laquelle Marius extermina les Ambres et les Teutons ● *52*.

LES VINS D'AIX
La Sainte-Victoire, vue du sud, dresse sa muraille minérale comme pour faire barrage aux vignobles qui s'étalent à perte de vue. On y produit, sous l'appellation de côte-de-provence, un vin de qualité ● *94*.

Bien que la montagne Sainte-Victoire dresse ses crêtes violacées depuis des millions d'années, sa représentation picturale ne remonte guère qu'à un peu plus de trois siècles. Les peintres la glissent dans leurs compositions aux XVIIe et XVIIIe siècles, mais comme simple accessoire, perdu dans le lointain. Il faut attendre la fin du XVIIIe siècle et Jean-Antoine Constantin, puis son élève François-Marius Granet, pour que le thème de la montagne, plus de vingt fois peinte et repeinte, prenne une véritable dimension. Mais c'est le génie de Cézanne qui immortalisera véritablement la Sainte-Victoire : devenue montagne magique, elle est grâce à lui connue aujourd'hui dans le monde entier.

«LA SAINTE-VICTOIRE DEPUIS LE THOLONET» (1904)
On a recensé plus d'une soixantaine de toiles de Paul Cézanne (1839-1906) déclinant le motif de la Sainte-Victoire (à droite). Ci-contre, *La Montagne Sainte-Victoire émergeant de la brume*, d'André Masson (1896-1987).

«LA CHARTREUSE SAINTE-MARTHE» (1686)
Première représentation (anonyme) de la Sainte-Victoire, en arrière-plan d'Aix.

«LA SAINTE-VICTOIRE» SELON GRANET
Granet (1755-1849) ● *129* ▲ *233*, qualifié d'inventeur du paysage moderne, fut un des premiers à immortaliser la Sainte-Victoire. Essentiellement travail d'étude, la montagne était enfin peinte pour elle-même, trônant au milieu de la composition.

«DEUX LAVANDIÈRES DEVANT LA SAINTE-VICTOIRE»
Paul Guigou (1834-1871) et, avec lui, les artistes de l'école provençale (notamment Émile Loubon, Engalières, Grésy), continuèrent, après Granet, d'aborder sans relâche le thème de la montagne Sainte-Victoire, cher aux Aixois.

«ON APERÇOIT LA MONTAGNE DÈS AVANT LE THOLONET.
ELLE EST NUE ET PRESQUE UNICOLORE,
DAVANTAGE UN ÉCLAT LUMINEUX QU'UNE COULEUR»
PETER HANDKE

5 heures
35 km

Les carrières de Bibémus
Les carrières de molasse ocre de Bibémus fournirent la pierre blonde si caractéristique des monuments d'Aix. Le site, peint par Cézanne ▲ *242*, est accessible depuis la D 10.

La vallée de Vauvenargues
La production de charbon de bois était jadis l'une des activités principales de la vallée : le promeneur y repérera encore des cercles de cendres que la végétation n'a pas recolonisés.

Le pin était aussi exploité pour sa résine qui donne par distillation l'huile de térébenthine. Ces productions ont cessé après la Seconde Guerre mondiale, et la seule exploitation de la forêt est désormais la coupe de bois de chauffage.

La montagne Sainte-Victoire

D'où que l'on vienne, la Sainte-Victoire ♥ impose au visiteur sa masse compacte, surgie de la campagne aixoise comme un vaisseau égaré. Sur son versant nord, le manteau de garrigue semble s'étendre jusqu'à son sommet en une débauche de verdure. Un sentier, au départ du plan d'eau ♥ du barrage de Bimont (1946), conduit au sommet de la montagne, où subsistent une chapelle et les ruines d'un couvent construit en 1657 par un bourgeois d'Aix. Au-dessus s'élève une croix métallique haute de 19 m, la croix de Provence, élevée en 1871 en réalisation d'un vœu fait pendant la guerre de 1870. Au-dessous s'ouvre le gouffre dit le Garagai, dont les voûtes sont tapissées de stalactites.

Vauvenargues ♥

Le château. L'arrivée à Vauvenargues se fait face au château, ancienne forteresse médiévale, dont subsiste l'enceinte fortifiée. L'édifice actuel (à gauche) fut construit dès 1644 par Henri de Clapiers puis remanié au XVIIIe siècle, une banale toiture à quatre pentes remplaçant celle à lucarnes et en tuiles vernissées. Picasso (à droite), qui avait acquis la propriété en 1958, y fut inhumé en 1973.

La chaîne de Concors ♥. Depuis la Sainte-Victoire jusqu'à la Durance, un boisement continu de chênes verts couvre les collines dominées par la chaîne de Concors, que coupe la route menant de Vauvenargues à Jouques. Au col du Grand-Sambuc, un chemin serpente jusqu'à la chapelle Sainte-Consorce, qui a donné son nom à la chaîne. Sur ces crêtes ventées, asphodèles, iris, crocus et tulipes déclinent au printemps leurs

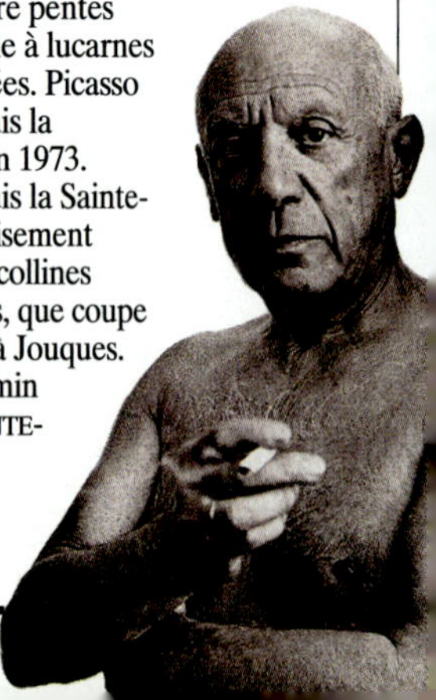

fleurs jaunes, blanches ou violettes que survolent, à la recherche de leurs proies, l'aigle royal et le faucon crécerelle.

JOUQUES ♥

Jouques, adossé à flanc de falaise (en haut), fut sous l'Ancien Régime l'une des résidences des archevêques d'Aix ▲ *220*. De leur palais subsiste encore une enfilade de portails d'entrée de style classique conduisant à un corps de bâtiment reconstruit en 1636 et, en contrebas, un bâtiment réédifié au XVIIIe siècle donnant sur un spectaculaire ensemble de pavillons, fontaines et terrasses reliées par des escaliers. L'hôtel de ville, ancien hôtel particulier des Arbaud, possède une façade d'ordre colossal construite en 1689, et qui s'inspire de celle de l'hôtel d'Estienne-d'Orves, au n° 27 du cours Mirabeau, à Aix ▲ *230*.

PEYROLLES

Le village est dominé par l'imposante masse de son château, mis en chantier en 1683 puis agrandi au XVIIIe siècle. Au sud, la chapelle romane du SAINT-SÉPULCRE ♥ renferme une *Mise au tombeau* du XVIIe siècle.

MEYRARGUES

La petite ville, massée au pied d'un imposant château médiéval remanié au XVIIe siècle, s'anime à la Pentecôte d'une Foire à la brocante qui s'installe pour trois jours sous les platanes du Mail. Derrière le château, au creux du vallon du Pas-de-l'Étroit, se dressent encore trois arcades d'un aqueduc romain, dont on ignore la date exacte de construction et qui alimentait Aix ▲ *236* des eaux de la Traconnade.

TRIPTYQUE DE JOUQUES
L'église Notre-Dame-de-La-Roque, agrandie à la fin du XVe siècle, abrite – outre ce triptyque en bas-relief représentant, debout sous des coquilles à fond d'or, saint Claude entouré de sainte Barbe et sainte Marthe – deux vitraux Renaissance et des reliquaires en bois doré.

L'AQUEDUC DE MEYRARGUES
Il était long de près de 40 km. La conduite était supportée par des ponts sur mur plein et arches pour la traversée des vallons qui jalonnent le parcours entre Jouques et Meyrargues.

PAUL CÉZANNE (1839-1906)
Ce fils de banquier fit ses études à Aix-en-Provence, où il revint habiter dans les années 1880. Il ouvrit la voie aux principaux courants de l'art du XXe siècle ● *128* (impressionnisme, fauvisme, cubisme). Portraits et paysages (notamment la Sainte-Victoire ▲ *238*) furent ses thèmes de prédilection.

TÊTE COUPÉE
Les fouilles d'Entremont ont livré le plus bel ensemble de sculptures préromaines de Gaule. Plusieurs statues de guerriers (à cheval, debout, assis) sont exposées au musée Granet ▲ *233*.

L'ATELIER DE CÉZANNE ● *158*

L'avenue Paul-Cézanne longe le jardin dans lequel le peintre fit construire, en 1902, le pavillon qui lui servit d'atelier jusqu'à sa mort et où il peignit, notamment, *Les Grandes Baigneuses*. Un petit musée comprenant des souvenirs de l'artiste restitue l'ambiance de cette maison des Lauves où il travaillait ses toiles, à l'aube, avant de partir peindre sur le motif. L'ensemble fut offert à l'université d'Aix en 1954 par des admirateurs américains du peintre puis rétrocédé à la ville.

ENTREMONT ♥ ▲ *58*

L'oppidum d'Entremont, perché à quelques kilomètres du centre-ville, fut le site de la capitale des tribus celto-ligures de la région avant la conquête romaine ● *52*. À l'intérieur de l'enceinte de pierres sèches flanquée de tours, des rues tracées au cordeau découpent le site en îlots réguliers d'habitations. L'éperon fut occupé du IIe au Ier siècle av. J.-C., d'abord par un sanctuaire, puis par une première agglomération, qui couvrait, sur 1 ha, le sommet du plateau fermé par une enceinte quadrangulaire ; une seconde agglomération, défendue par une longue fortification, vint doubler la première vers le milieu du IIe siècle av. J.-C. Les habitations, plus complexes, continrent dès lors plusieurs pièces, et des activités artisanales développées ont laissé des traces bien visibles (fours, pressoirs à huile). Un bâtiment public – un portique sur lequel étaient montées des têtes humaines coupées – fut installé au contact des deux bourgs. Cette pratique gauloise d'exposition des crânes (ennemis et ancêtres) est attestée sur d'autres sites de Provence.

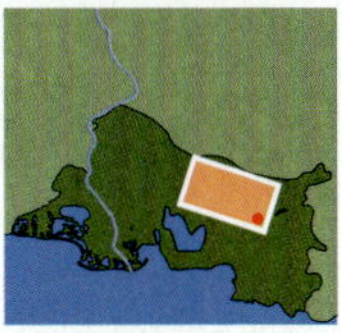

◷ 1 journée
🚗 50 km

Puyricard

Au nord du village, les ruines du château construit en 1657 par Mgr de Grimaldi couronnent la butte du Castelas (ci-contre). Aux alentours ont été édifiées au cours des XVIIe et XVIIIe siècles quelques belles bastides ● *114* ▲ *235* entourées de parcs : Alphéran au nord-est, Bourgogne à l'ouest. En sortant de Puyricard, la D 63 longe la clôture du parc du Château de Montjustin, construit en 1685 sur les plans de l'architecte aixois Pierre Devoux, et qui devint ensuite la propriété du général Miollis jusqu'à sa mort en 1828. Solide bâtisse carrée flanquée de tours, le Château de la Calade, construit en 1632, se dresse au croisement d'avec la N 7. Après le hameau de Lignane, on suivra la D 543.

Le château Saint-Jean-de-la-Salle. Fief des Baux ▲ *281* acquis au XVIe siècle par François d'Estienne, il fut reconstruit en 1583. La famille d'Estienne de Saint-Jean possédait en outre un hôtel particulier à Aix, rue Gaston-de-Saporta, qui accueille aujourd'hui le musée du Vieil-Aix ▲ *221,* ainsi que la chapelle funéraire de Saint-Jean dans la cathédrale Saint-Sauveur ▲ *216.* Les grands propriétaires fonciers qui siégeaient au parlement d'Aix se partageaient ainsi entre leurs luxueuses demeures urbaines et leurs propriétés campagnardes ▲ *235.* Les bâtiments de ferme du domaine, élevés au XVIIIe siècle, abritent toujours une exploitation agricole, aujourd'hui propriété de la ville d'Aix. À côté du château, un espace clos par un mur de pierre délimitait le défens, réserve de bois sur pied, où les arbres étaient à l'abri des troupeaux. Un chêne vert gigantesque révèle d'ailleurs l'efficacité de cette

L'église de Puyricard
Cette église romane à trois nefs s'ouvre sur un portail simplement décoré de minces colonnettes à chapiteaux historiés. L'autel en marbre polychrome provient de la chapelle du château du village.

protection. Le château est malheureusement fermé à la visite depuis que le tremblement de terre de 1909 ▲ *249* l'a dangereusement ébranlé. On peut de là pousser jusqu'au CHÂTEAU DU SEUIL (D 14a), modèle de bastide aixoise où se juxtaposent maison de maître et bâtiments agricoles ● *114* ▲ *235*. On aborde ensuite la colline de la Trévaresse.

LA TRÉVARESSE

La commune d'Aix, posée au creux d'une cuvette, s'étend vers le nord sur un plateau dont le rebord septentrional s'élève à 500 m avant de plonger vers le sillon de la Durance. Cette colline boisée, appelée Trévaresse, s'étire d'est en ouest sur une vingtaine de kilomètres et constitue un espace privilégié pour la faune et la flore, dont les éléments les plus remarquables sont le circaète, aigle mangeur de serpents, et une orchidée rarissime, l'Ophrys de Bertoloni. Tous deux sont menacés par la construction du TGV qui coupera sur toute sa longueur cette colline jusqu'alors préservée. L'activité principale de ce plateau était autrefois la culture de l'amandier, dont les fruits donnent une pâte qui sert de base à la fabrication du calisson ● *96*. Malheureusement les amanderaies du plateau de Puyricard, concurrencées par les amandes d'Espagne et de Californie, ont presque toutes disparu. Des cultures nouvelles sont apparues : tournesol, maïs, soja, tandis que le vignoble, qui bénéficie d'un label AOC, occupe des surfaces de plus en plus étendues. La plupart des domaines de la Trévaresse possèdent des caves où l'on peut acheter du vin de qualité ■ *28* ● *94*.

ROGNES

Le village fut en partie détruit lors du séisme de 1909 ▲ *249*. Son église, reconstruite au début du XVIIe siècle, est un véritable musée d'art religieux, qui abrite une spectaculaire collection de retables ♥ en bois doré du XVIIe siècle ● *246*.

LE PUY-SAINTE-RÉPARADE. Les amateurs de mobilier religieux et d'art baroque feront un détour par l'église (ci-contre, son autel)

LE GRAND-SAINT-JEAN
Le site particulièrement privilégié du domaine est occupé depuis près de deux mille ans. Le tunnel, qui conduit l'eau jusqu'à l'exploitation, est agrémenté d'une fontaine romaine d'où partent les canaux qui irriguent le parc planté de platanes multiséculaires. Le castrum du Moyen Âge subsiste sous la forme d'une ancienne tour transformée en chapelle (à gauche), tandis que le château actuel, construit tout à côté, date de la Renaissance.

RETABLE DE L'ANNONCIATION
L'église du Puy-Sainte-Réparade, d'un extérieur très sobre, est illuminée par ce splendide retable baroque ♥ exécuté en 1708 par le sculpteur aixois Claude Routier. Il provient, tout comme la chaire en bois doré qui l'accompagne, du couvent des augustins d'Aix.

de ce petit village agricole et viticole, descendu dans la plaine après l'arasement de son château, au XVIIe siècle. Sur la D 13, juste avant Canadet, le CHÂTEAU DE FONSCOLOMBE se niche au creux d'un vaste parc décoré de bassins et de statues attribuées à Jean-Pancrace Chastel (1726-1793), sculpteur avignonnais qui travailla souvent à Aix avec Georges Vallon ▲ *227*. Revenir sur Rognes pour apercevoir, sur la droite, le CHÂTEAU D'ARNAJON, dont les jardins s'étagent en terrasses bordées de balustres.

LE BAILLI DE SUFFREN
La famille de Suffren, installée en Provence depuis le XVIe siècle, s'illustra en la personne du bailli, grand amiral du roi de France. Le fameux marin servit dans l'ordre de Malte (1749-1754), dont il fut successivement chevalier, commandeur et bailli (grade qui donnait le privilège de porter la grand-croix). Il se distingua surtout lors de la guerre de l'Indépendance des États-Unis (1773-1778) et guerroya longtemps au large des côtes de l'Inde. Après avoir infligé de nombreuses défaites aux Anglais, il revint en France en 1783 et fut promu vice-amiral en 1784.

SAINT-CANNAT

Le village, coupé en deux par la nationale, vit naître le bailli de Suffren (1729-1788), dont la maison natale abrite la mairie et un petit musée évoquant sa mémoire. L'église, dominée par un clocher du XVe siècle, est à visiter pour sa cuve baptismale creusée dans un sarcophage antique.

LAMBESC ♥

L'ÉGLISE DE LAMBESC
Elle fut mise en chantier en 1702 sur l'emplacement d'une église gothique dont la flèche, qui subsistait jusqu'alors, fut détruite par le séisme de 1909 ▲ *249*. Ce vaste édifice de style classique est l'œuvre des architectes avignonnais Jean Peru et Jean-Baptiste Franque, qui l'acheva en 1741. L'église est surmontée d'un splendide dôme éclairant la nef, alors que bien des églises aixoises dissimulent leur coupole dans des tours.

La bourgade, érigée en principauté par le roi René ● *54*, fut aux XVIIe et XVIIIe siècles le siège annuel de l'assemblée des Communautés du pays de Provence, qui remplacèrent les États provinciaux, suspendus de 1639 à 1787. De cette époque, Lambesc a conservé, dans son vieux centre, un riche ensemble d'hôtels particuliers ♥ (hôtel Pagy de Valbonne, XVIIe siècle ; hôtel Cadenet Charleval, XVIe siècle) et plusieurs fontaines inspirées des fontaines aixoises ▲ *219*. Passant sous son beffroi du XVIe siècle ● *122*, coiffé un siècle plus tard d'un jacquemart, on débouche face à l'église NOTRE-DAME-DE-LA-ROSE ♥, qui abrite un véritable musée de la peinture provençale des XVIIe et XVIIIe siècles (toiles de Faudran, Daret, Jevieux, Mignard, Dandré-Bardon) et de spectaculaires retables du sculpteur Routier. Au hasard de flâneries dans l'agglomération, on remarquera un lavoir construit en 1759 sur les plans de l'architecte Charles Armelin (classé monument historique en 1986), le bâtiment de l'hôtel-Dieu, d'époque Régence. On s'arrêtera également au petit musée des amis du Vieux-Lambesc, qui offre d'attachantes collections d'archéologie et d'ethnographie locales (costumes), véritable mémoire de cette ville où Mme de Sévigné fit plusieurs séjours lorsque son gendre, M. de Grignan, présidait l'assemblée des députés des Communautés de Provence.

Après le Concile de Trente, et le renouveau de la foi catholique qui s'ensuivit, les églises et les chapelles de Provence s'enrichirent d'une foule de retables sculptés, peints et dorés, qui devaient, par une iconographie somptueuse, toucher l'âme des fidèles. Véritable profusion d'ors illuminant la nef, les compositions de l'église de Rognes sont l'œuvre d'artistes locaux : les plus anciens de ces retables, de style maniériste, ont été réalisés par les sculpteurs aixois Olivier et Joseph Isnard, Jean Bonfillon et Philippe Thonon ; les deux grands ensembles baroques, animés de statues en ronde bosse, sont dus au ciseau de Jean Armédy, sculpteur de Pertuis (retable de saint Blaise), et de Jean Fage, sculpteur d'Apt (retable de sainte Anne). Le grand retable qui occupe le fond de l'abside fut sans doute exécuté lui aussi par un atelier aixois vers 1680.

Retable de saint Éloi
Réalisé en 1661, il fait appel au répertoire décoratif maniériste : ses colonnes torses, ornées de pampres et de fleurs, soutiennent un fronton brisé au centre duquel une niche abrite une statue.

Le retable de saint Blaise (1685)
Dès le troisième quart du XVIIe siècle apparaissent des retables d'inspiration baroque, traités comme de véritables compositions architecturales, où la sculpture en ronde bosse joue un rôle prédominant.

Vers le milieu du XVIIIe siècle, le retable évolue pour n'être plus qu'une simple boiserie d'encadrement (retables de saint Crépin et de saint Erald).

Le retable du Purgatoire
Ce retable maniériste fut réalisé vers 1650. Les thèmes traités en peinture ou en sculpture sur le panneau central sont généralement des scènes de la vie du Christ, de la Vierge et des saints, notamment les saints pesteux (saint Roch, en haut à gauche), la dévotion au Rosaire ou aux âmes du Purgatoire. Les commandes faites aux peintres, sculpteurs et doreurs étaient le plus souvent dues à l'initiative de confréries, fort actives jusqu'à la fin du XVIIIe siècle. Peuvent également être rattachés à ce courant les retables de saint Denis (1650-1653) et de saint Éloi (1661).

UNE ABBAYE CISTERCIENNE

L'abbaye fut édifiée entre 1175 et 1300 sur un plan cistercien d'une grande sobriété, dans lequel art roman et art gothique ont réalisé une harmonieuse synthèse. L'abbatiale, construite entre 1175 et 1230, comporte une nef flanquée de bas-côtés, ouvrant sur un transept bordé de chapelles, et un chœur de plan rectangulaire, le tout voûté en berceau brisé. Établi en contrebas, le cloître, dont les galeries aux puissantes arcades en plein cintre encadrent un large préau décoré dans un angle d'un lavabo circulaire, s'inscrit entre le bas-côté gauche et le réfectoire, ample salle de quatre travées voûtées à croisées d'ogives. Derrière son aile orientale s'élèvent la salle des moines et la salle capitulaire, dont les voûtes sur croisées d'ogives retombent au centre sur des colonnes, et la petite sacristie couverte d'un berceau brisé. À l'étage de cette aile se trouvait autrefois le dortoir des moines.

LA ROQUE-D'ANTHÉRON

On traverse, par la D 67a ♥, la chaîne des Côtes. Au bas de la pente, dans la vallée de la Durance, s'étend le bourg de La Roque-d'Anthéron, ancien fief des Forbin ▲ *251*, dont le château se dresse en plein centre-ville. Ce vaste ensemble architectural comprend le Petit Château, d'époque Renaissance, et le Grand Château, flanqué de tours, mis en chantier en 1607 par Annibal de Forbin sur les plans d'Antoine de Bonnefille, architecte de Pertuis. À l'intérieur se déploie un bel escalier à décor de gypseries d'un atelier aixois. Le parc accueille chaque mois d'août, depuis 1980, un Festival de piano de renommée internationale ♥.

L'ABBAYE DE SILVACANE ♥

C'est la dernière en date des «trois sœurs provençales» (les deux autres étant celles de Sénanque et du Thoronet). L'abbaye de Silvacane est blottie sur la rive gauche de la

Durance. Le monastère, occupé par des moines relevant de Saint-Victor de Marseille ▲ *173* à partir du XIe siècle, fut affilié à l'ordre cistercien dès 1145 ; ses moines défrichèrent les alentours marécageux et mirent en valeur le terroir environnant. Bénéficiant de diverses donations, l'abbaye prit de l'importance et essaima à son tour. Une série de conflits avec celle de Montmajour ▲ *288* l'affaiblit pourtant ; annexée au chapitre d'Aix en 1443, pillée pendant les guerres de Religion, elle ne cessa de décliner au cours des XVIIe et XVIIIe siècles. Elle fut transformée en exploitation agricole après la Révolution et subit de nombreuses mutilations mais, depuis son rachat par l'État (1846), elle est peu à peu restaurée.

LE TEMPLE ROMAIN DE VERNÈGUES ♥

Suivre la D 22 depuis Cazan jusqu'au domaine de Château-Bas, au sud duquel se dressent les colonnes brisées d'un petit temple romain – seul vestige encore en élévation d'une agglomération antique – bâti en grosses pierres ajustées à joints vifs sur un podium mouluré.

LE TREMBLEMENT DE TERRE DANS LE MIDI DE LA FRANCE

Il comportait une chambre cultuelle (*cella*) ouvrant sur un vestibule à colonnes dont il ne reste qu'une partie du mur oriental. Sa décoration, d'ordre corinthien dont le style s'approche de celui des temples géminés de Glanum ▲ *280*, laisse supposer qu'il fut construit dans les années 20 av. J.-C. On ignore à quelle divinité il était dédié ; il fut détruit en partie à la fin de l'Antiquité, et ses ruines furent surmontées, sans doute à l'époque carolingienne, d'une chapelle. À proximité de Château-Bas ont été découvertes les installations d'un pressoir antique.

VERNÈGUES

Le vieux village fut anéanti, le 11 juin 1909, par le tremblement de terre qui ravagea le département ; les pans de mur du château, en ruine, s'écroulèrent sur les maisons : il y eut deux morts et de nombreux blessés. Il faut laisser sa voiture au parking, près des premières maisons éventrées, et marcher quelques minutes, avant d'arriver sur le plateau tapissé de thym et balayé par les vents les jours de mistral. Le panorama ♥ englobe une grande partie de la Provence.

ALLEINS

Le trajet jusqu'à Alleins se fait par une charmante succession de lacets serrés, ombragés de pins ♥. On remarquera, parmi les ruines du château du XVe siècle, la curieuse tour-escalier qui faisait jadis communiquer le village, en bas, avec la demeure seigneuriale, en haut. Alleins possède d'autres témoins intéressants de son passé, notamment quelques maisons Renaissance blotties derrière les vestiges de ses remparts ; sur la tour de l'Horloge, surmontant une porte monumentale du XIVe siècle, est enserré un fragment de frise gallo-romaine.

AURONS

Ce minuscule village perché est doté d'une non moins minuscule église romane.

SAINT-PIERRE-DES-CANONS ♥. Le territoire de la commune abrite, en revanche, plus bas dans les collines, un ensemble de grandes dimensions : l'abbaye de Saint-Pierre-des-Canons, ancien prieuré médiéval qui dépendait du chapitre Saint-Sauveur d'Aix ▲ *216*. Les observantins, qui l'occupèrent jusqu'à la Révolution, l'agrandirent et le transformèrent

LE TREMBLEMENT DE TERRE DE 1909

Le 11 juin 1909, les environs de Lambesc furent secoués par un séisme meurtrier, d'une intensité IX sur l'échelle de Mercali. On dénombra 14 morts à Rognes, 14 à Lambesc et 10 à Saint-Cannat. À Salon, 2 000 maisons furent détruites ou endommagées.

LE TREMBLEMENT DE TERRE DU MIDI

La secousse fut ressentie jusqu'à Marseille, Avignon et Montpellier. Le coût total des dégâts fut estimé à 15 millions de francs-or 1909.

L'APIER DU JAS DE BOIS

L'apier, visible quelques secondes depuis la route qui mène de Vernègues à Aurons, aligne quarante-cinq ruches d'une unité et d'une qualité de construction étonnantes. Édifié sous le Second Empire, c'est l'un des plus grands et des plus beaux murs à abeilles de Provence.

au XVIIe siècle. Les religieux, défricheurs et dévoués aux pestiférés, obtinrent le droit, pour vivre, d'accueillir des novices fortunés, des déments et des fils de famille qui faisaient pénitence sur lettres de cachet. La Révolution chassa les observantins et Saint-Pierre, prison pour un temps,

compta le père d'Adolphe Thiers au nombre des suspects détenus. Le siècle suivant vit se succéder abandons, achats, donations, restaurations, pillages. L'abbaye, après avoir abrité pendant une période une colonie de vacances, fut rachetée par un négociant salonais, dans les années 1970, et admirablement restaurée. Elle fut enfin revendue dans les années 1980 à une communauté religieuse franciscaine. C'est aujourd'hui une propriété privée, que l'on peut visiter sur rendez-vous.

PÉLISSANNE ♥

Un beffroi du XVe siècle souligne l'entrée de ce gros village animé, aux airs de petite ville. En face, la fontaine du Pélican, qui rafraîchit une placette depuis 1769, est transformée en fontaine à vin pendant une petite semaine, autour du 22 septembre, pour fêter saint Maurice, patron du village. Son église, reconstruite en 1824, a conservé son clocher, de 1621. Elle abrite un remarquable triptyque du début du XVIe siècle, ainsi qu'une série de retables sculptés et de toiles de l'école provençale des XVIIe et XVIIIe siècles. Autour se resserrent quelques belles maisons du XVIIe siècle.

LA BARBEN

Les tours du château de Forbin émergent des bouquets d'arbres au bout de la petite route bucolique qui s'échappe du village.

LE FIEF DES FORBIN. La Barben, mentionnée dès le XIe siècle, appartenait à l'origine à l'abbaye marseillaise de Saint-Victor ▲ *173*. Au XVe siècle, le château fut vendu par le roi René

SAINT-PIERRE-DES-CANONS
C'est aux observantins que l'on doit cette spectaculaire ordonnance de bâtiments, de bassins, de terrasses bordées de balustres et réunies par des escaliers en fer à cheval qui épousent la déclivité du site.

UN CHÂTEAU DE CONTE DE FÉES
Le château de la Barben est une ancienne forteresse médiévale, dont le donjon carré et les tours crénelées ont été englobés dans des constructions postérieures.
Le bâtiment central, couronné de mâchicoulis, a été remanié au XVIIe siècle, notamment par l'adjonction de l'escalier en fer à cheval qui donne accès à la dernière terrasse. Épargné lors de la Révolution française, il fut légèrement endommagé par le séisme de 1909 ▲ *249*.

«Tu m'as fait comte (de Provence),
je te fais roi.»

Devise des Forbin

● *54* ▲ *214* à Jean II de Forbin. Le «bon roi», mort sans héritier en 1480, avait testé en faveur de son neveu, Charles d'Anjou, qui, mourant l'année suivante, laissa son comté au roi de France, Louis XI. Palamède de Forbin, qui avait négocié la dévolution de la Provence, reçut de Louis XI en remerciement de ses services un pouvoir quasi absolu sur le comté: «*Regem ego comitem me comes*» («Tu m'as fait comte, je te fais roi»), lui aurait dit le souverain. Ces mots sont restés la fière devise des Forbin, occupants des lieux jusqu'en 1963. Les nouveaux propriétaires ont ouvert leur demeure – classée monument historique – à la visite.

Le château. Il possède de beaux plafonds à la française aux poutres ornées de scènes mythologiques, des décors de gypseries, des toiles peintes du XVIIIe siècle et de splendides cuirs de Cordoue. Le second étage comprend la chambre Empire de Pauline Borghèse, sœur de Napoléon, venue là pour Auguste Forbin, qui fut son chambellan et qu'elle avait connu aux eaux, à Plombières. La chapelle abrite un triptyque de l'école provençale du XVe siècle ▲ *253*. Un parc zoologique a été aménagé sur une partie du domaine.

Sur les rives de la Touloubre
C'est au pied de la Barben que le cours de la rivière est le plus sauvage et le plus attachant : la Touloubre y traverse une réserve naturelle dont l'accès est interdit, pour préserver les espèces animales et végétales rares qu'on y trouve. Les saules, les peupliers blancs et noirs ainsi que les frênes constituent sur ses bords la ripisilve, forêt riveraine

caractéristique des paysages méditerranéens. Elle est composée de feuillus à croissance rapide bien adaptés au régime torrentiel des rivières du Midi, où les fréquentes crues dévastent la végétation. Le contraste avec les garrigues environnantes ■ *46* est frappant ; pins d'Alep, chênes verts, genévriers restent verts toute l'année et résistent aux sécheresses les plus extrêmes.

▲ Aix vers Marignane

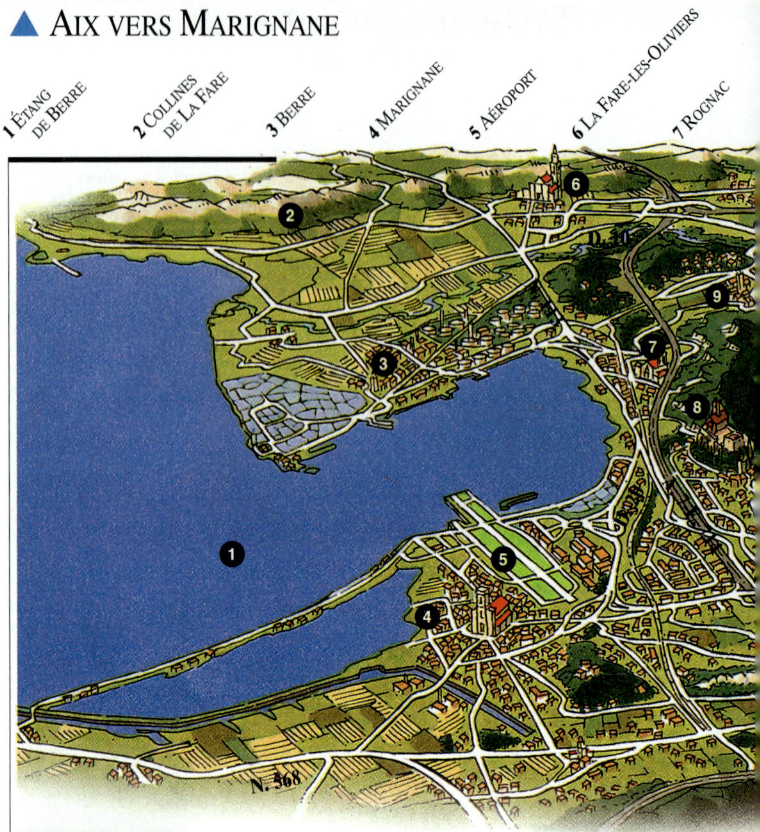

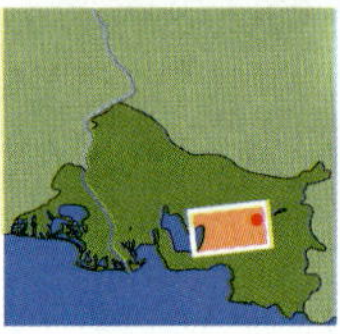

◷ 3 heures

30 km

Roquefavour
Au pied de l'aqueduc poussent d'immenses platanes, qui ont trouvé là leur biotope idéal. Le platane, importé de Grèce, puis hybridé avec son cousin américain, est devenu un arbre d'ornement typique des routes du Midi, remplaçant peu à peu les ormes et les micocouliers.

On longe, en sortant d'Aix, le Jas de Bouffan, grande bastide ● *114* ▲ *235* du XVIIIe siècle qui appartint à la famille Cézanne et où le peintre passa une partie de sa jeunesse ▲ *242*. Un détour mène à Éguilles, ancienne étape sur la via Aurelia ▲ *304*. De l'esplanade de son château (aujourd'hui mairie), bâti en 1659 pour les Boyer d'Éguilles, la vue plonge jusqu'à l'étang de Berre. L'église a été reconstruite en 1909, après le séisme ▲ *249*.

Saint-Pons ♥

Le hameau est traversé par l'Arc qu'enjambe un pont médiéval agrandi au XVIIe siècle (ci-dessus). Le château, transformé en hôtellerie, fut certainement commencé au début du XVIIe siècle ; ses soubassements à bossages piquetés, les chaînages d'angle et ses fenêtres à croisillons sont typiques du style maniériste alors en faveur à Aix ● *106*. Des hôtes illustres y ont séjourné : Malherbe,

Mme de Sévigné et son gendre, le comte de Grignan.

La basse vallée de l'Arc ▲ 254

La route, côtoyant le lit de la rivière, bute sur le gigantesque aqueduc de Roquefavour (en bas, à gauche), construit de 1842 à 1847 pour amener l'eau de la Durance à Marseille ▲ *184*. Passé l'aqueduc, on parvient à Ventabren, village perché couronné par les ruines d'un ancien château. La rivière coupe la chaîne de la Fare ▲ *266*, puis débouche sur la plaine de Berre, où elle retrouve un paysage agricole. L'Arc déposa en effet aux temps préhistoriques quantité d'alluvions sur lesquelles le maraîchage se pratique aujourd'hui sous la plus importante surface de serres de toute la France. Les oiseaux sont nombreux à fréquenter ses rives : grèbes à cou noir, cormorans, mouettes et goélands. La nationale longe Vitrolles, ville en terrasses au-dessus de l'étang de Berre.

Marignane

Son église abrite un grand retable en bois sculpté et doré du milieu du XVIe siècle. Au centre de la ville, l'ancien château de la famille Covet, construit en 1666, est devenu l'hôtel de ville. Derrière sa façade italianisante, animée de frontons et striée de refends, sont conservés de beaux décors d'origine dont un remarquable ensemble de plafonds peints ♥ et de cheminées de gypse.

L'aéroport de Marignane. Créé en 1922, il devint dès les années 1930 un important centre international à destination de l'Extrême-Orient et du bassin méditerranéen. Détruit par l'armée allemande en 1944, reconstruit après guerre, il fut totalement repensé en 1961. Marignane est aujourd'hui le deuxième aéroport français, avec plus de quatre millions de passagers par an, et possède le premier centre européen de construction d'hélicoptères, grâce au département hélicoptères de l'Aérospatiale, qui exporte 80 % de sa production dans cent quatre-vingts pays.

L'école provençale
La Provence, lieu de passage entre la Flandre et l'Italie, entre les courants artistiques du Nord et ceux du Midi, voit au XVe siècle l'émergence d'un intense foyer créatif où les apports de l'école flamande (somptuosité des draperies, goût du détail) se marquent d'influences italiennes (paysage). L'«école», formée d'une quarantaine d'artistes gravitant autour du roi René ▲ *215*, se met en place après 1425 autour de Nicolas Froment, Jean Miraillet et

Étienne Peson. À côté de chefs-d'œuvre, comme les retables *Le Buisson ardent* ▲ *217* et l'*Annonciation* ▲ *225*, s'élaborent jusqu'à la fin du siècle nombre de réalisations moins importantes. Certaines sont encore visibles dans les églises de la région, comme ici, à Ventabren, le retable dit de Pierre Artaud (Simon Masclet, 1489) où, aux pieds de la Vierge, est agenouillée la famille du donateur.

1 CABRIÈS
2 BOUC-BEL-AIR
3 SIMIANE-COLLONGUE
4 CHAÎNE DE L'ÉTOILE
5 PAVILLON DES QUATRE-TOURS
6 AIX-EN-PROVENCE
7 GARDANNE

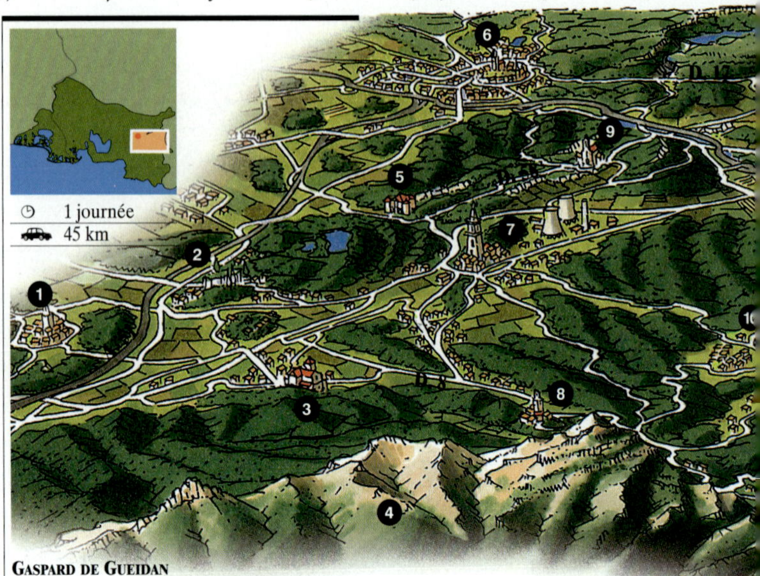

1 journée
45 km

GASPARD DE GUEIDAN
L'avocat, dont le portrait en joueur de musette fait la gloire du musée Granet ▲ *233*, consacra au XVIIIe siècle la fortune des Gueidan, grande famille aixoise.

LA SAURINE
De l'agencement des jardins réalisés au début du XVIIIe siècle, seul subsiste ce monumental escalier à double révolution.

LA HAUTE VALLÉE DE L'ARC

L'Arc, varoise de naissance, pénètre dans les Bouches-du-Rhône à Trets, arrose la plaine bordée au nord par la Sainte-Victoire ▲ *236* et au sud par les collines du Régagnas et de l'Étoile, traverse le plateau de l'Arbois, puis achève sa course sur les rives de l'étang de Berre ▲ *197*. Sur les crêtes des plateaux qu'elle a sculptés s'égrènent d'anciens villages de guet ; à leurs pieds, la plaine, plantée de céréales, maïs et tournesol, accueille les ombrages des bastides que les grandes familles parlementaires d'Aix ▲ *235* firent jadis construire.

CHÂTEAUX ET BASTIDES

On quittera Aix par PALETTE, célèbre pour son vin ● *92*, puis par le pont des TROIS-SAUTETS, dont l'arche unique a été refaite en 1656 et où Cézanne ▲ *242* peignit ses baigneuses. À l'entrée des gorges échancrées du massif du Montaiguet se cache dans une abondante végétation le CHÂTEAU DE LA SAURINE, édifié pour Pierre Saurin, éminent jurisconsulte. Il vint s'y réfugier lors de l'épidémie de peste de 1720 ● *60* et fit alors

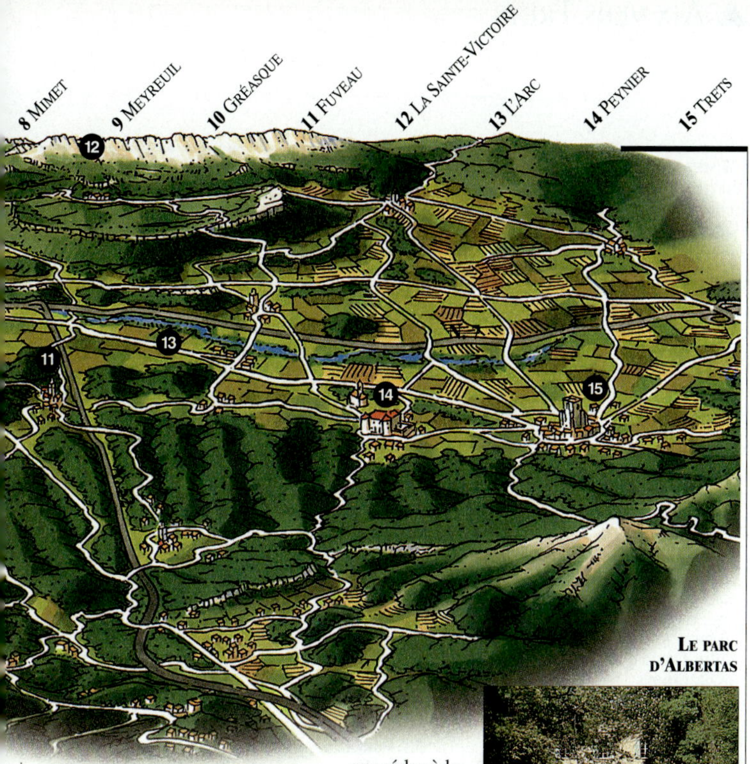

procéder à la plupart des aménagements du domaine. Le pavillon fut agrandi à la fin du XVIIIe siècle ; l'intérieur reprend les plans du pavillon de Lenfant ▲ *235*, en plus rustique. Un arrêt à l'église de MEYREUIL permettra d'admirer un monumental retable en bois doré et une toile du peintre aixois Claude Arnulphy (1742).

LE PAVILLON DES QUATRE-TOURS. La route, qui remonte le ravin de la Valabre, mène ensuite à un curieux édifice, improprement appelé pavillon de chasse du roi René ● *54*. Cette massive construction rurale, flanquée de quatre tours rondes, aurait appartenu à un conseiller au parlement d'Aix ▲ *215* Thomas de Milhaud à la fin du XVIe siècle. Ses parties les plus anciennes (pièces voûtées du rez-de-chaussée, murs extérieurs) remonteraient aux années 1580 ; sa toiture, soulignée d'une génoise, fut remaniée après les années 1640. En face, le CHÂTEAU DE GUEIDAN fut construit à la fin du XVIIe siècle. Sa façade fut réaménagée en 1734 par Jean-Baptiste Franque pour Gaspard de Gueidan (en haut à gauche).

GARDANNE

Sur le flanc sud de la plaine surgissent, inhabituels dans le paysage provençal, les terrils de Gardanne et Gréasque, qui firent la richesse de ces localités industrielles durement touchées par la crise des charbonnages. La lignite qu'on y extrait depuis le XVIIIe siècle, d'une qualité proche de la houille, représente 9 % de la production française. La ville a été entièrement modernisée ; il ne reste rien du château que le roi René y possédait, et, du site peint par Cézanne ▲ *242* vers 1885, seul subsiste le clocher de l'ancienne église.

LE PARC D'ALBERTAS

Le parc, seule réalisation d'un projet grandiose du président d'Albertas ▲ *256*, offre aux visiteurs la douceur de ses allées.
Le jardin du haut a conservé, presque intact, son tracé d'origine (1751).
La statuaire est attribuée au sculpteur Jean-Pancrace Chastel ▲ *245*.

MIMET
Juché sur un éperon détaché de la Tête du Grand Puech (ou Puy de Mimet), c'est un de ces nombreux villages perchés qui dominent la plaine du bassin de l'Arc. Ses petites rues escarpées convergent vers l'église, qui possède les deux plus anciens santons provençaux (ci-dessous) ● *80*.
Le regard plonge depuis le parvis jusqu'aux terrils de Gardanne. Du village, une route à forte pente, bordée de pins, grimpe jusqu'à l'ermitage Notre-Dame que les oratoriens d'Aix fondèrent au début du XVIIe siècle. Un dessin de Granet ▲ *233* évoque le souvenir de la grotte, qui fut transformée en chapelle, dévastée sous la Révolution.

LES MINES DE TRETS
L'exploitation des gisements de lignite s'étendait, au début du siècle, à l'est et au sud-est du bassin, jusqu'à Trets. Elle fut cantonnée, au début des années 1980, à Gardanne ▲ *255*,

où les conditions géologiques sont meilleures ■ *18*.

LES VILLAGES PERCHÉS ● *118*

BOUC-BEL-AIR ♥. Le village est tassé autour d'un rocher jadis couronné d'un château fort. Le PARC D'ALBERTAS ♥, en contrebas, épouse la déclivité du terrain. Partagé entre son fastueux hôtel d'Aix ▲ *226* et son château de Gémenos ▲ *209*, Jean-Baptiste d'Albertas, premier président à la Cour des comptes de Provence, se piqua de posséder une bastide proche d'Aix, où il pourrait venir souvent se reposer. Il fit aménager un jardin sur des terrains qui lui appartenaient au pied de Bouc-Bel-Air et fit agrandir, vers 1765, le petit pavillon de chasse qui s'y trouvait déjà, en attendant d'y faire construire un château plus digne de son rang ; son assassinat, en 1790, mit un terme définitif au projet.

CABRIÈS. Le village, groupé lui aussi autour de son ancien château, possède une église dans laquelle sont conservés plusieurs retables baroques ▲ *246* et un triptyque de l'école provençale du XVIe siècle ▲ *253*, aux légendes rédigées en latin et en provençal.
MIMET. L'église du village abrite, outre une collection de retables baroques, une crèche en bois doré, exécutée en 1644 par le sculpteur aixois Étienne Laloissier, et qui provient de l'ermitage Notre-Dame.
PEYNIER. Ce vieux village bâti autour d'une église romane remaniée au XVIIIe siècle a gardé quelques maisons du XVIe siècle. Le château, construit en bas de l'agglomération, est une bâtisse massive du milieu du XVIIe siècle flanquée de deux tours rondes et couronnée d'une génoise.

TRETS

L'itinéraire s'achève à Trets, important nœud routier depuis l'Antiquité. La ville a conservé de nombreux vestiges de son passé : une maison romane (XIIIe siècle), des éléments de l'enceinte du XIVe siècle. L'église romane ♥ a été agrandie au XVe siècle puis à l'époque classique. Le fond de l'abside est occupé par un gigantesque retable sculpté de l'Annonciation, chef-d'œuvre de l'art baroque ▲ *246* (Christophe Veyrier, 1686). De Trets, la D 12 escalade le massif du Régagnas jusqu'à l'oratoire de SAINT-JEAN-DU-PUY, ancien ermitage décoré d'ex-voto ▲ *177* qui attire, chaque 1er mai, une foule de pèlerins.

SALON ET SES ENVIRONS

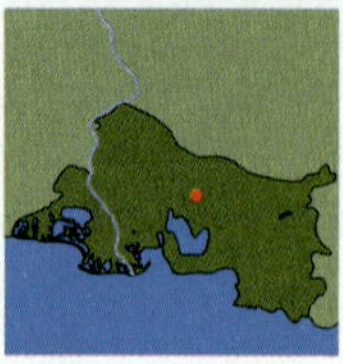

◷ 5 heures

LA PATROUILLE DE FRANCE
La Patrouille de France s'est installée à Salon en 1953, cinq ans après que l'École de l'Air s'y fut implantée. Les pilotes de combat qui la composent sont tous officiers et volontaires pour servir pendant une durée moyenne de trois ans ; ils doivent avoir une expérience minimale de mille cinq cents heures de vol sur avion à réaction. Aujourd'hui, la Patrouille de France est l'ambassadrice de l'aéronautique française et, avec ses huit appareils, est réputée comme une des meilleures patrouilles acrobatiques du monde.

HISTORIQUE

Située à la lisière de la Crau ■ *42* ▲ *270*, Salon se présente comme une ville pittoresque du Midi, blottie autour de l'imposant château de l'Empéri et traversée de cours ombragés de platanes. Carrefour de la basse Provence, la ville s'est développée le long des grands axes de circulation menant vers Avignon, Arles, Aix et Marseille.

DES ORIGINES INCERTAINES. Lors du chantier du parking de l'Empéri, en 1982, des fouilles ont révélé l'existence d'un habitat de la fin de l'âge du fer (IIe-Ier siècle av. J.-C.). Quoique aucune cité gallo-romaine d'importance ne s'y soit développée, on suppose une occupation continue du site jusqu'en 871, date à laquelle le nom de Salon apparaît pour la première fois. Au Xe siècle, Salon, propriété des archevêques d'Arles, devient un centre de négoce au cœur de la route du sel, de celle de Marseille et de la vallée du Rhône ; deux siècles plus tard, la ville a pris suffisamment d'essor pour s'abriter derrière une première enceinte, au tracé encore visible aujourd'hui. En 1550, le faubourg est ceinturé à son tour.

L'ESSOR DU COMMERCE. Salon, bourgade rurale liée pendant huit siècles à la temporalité de l'Église d'Arles, acquiert au XIXe siècle son aspect de ville animée, commerçante et industrieuse, grâce au développement du négoce de

Miles fait Salon
Créé en 1969, le festival de jazz de Salon reçoit chaque année de grands noms de la musique, comme ici Miles Davis en 1990.

l'huile d'olive et du savon ▲ *263*. C'est à cette époque que la ville rompt avec son passé rural ; elle délaisse Arles et se tourne, pour des raisons économiques, vers Marseille ou Aix.

Le château de l'Empéri ♥

Juché sur le rocher du Puech, l'Empéri est l'une des plus anciennes forteresses de Provence. Il fut, du IXe au XVIIIe siècle, la résidence des archevêques d'Arles sous la suzeraineté du Saint Empire (d'où son nom), puis des rois de France après 1481 ● *54*. Du premier château, construit au Xe siècle, il ne subsiste presque rien ; l'édifice actuel est celui que firent réaménager, au XIIIe siècle, les archevêques, et qui fut remanié aux siècles suivants (percement des fenêtres à meneaux et couronnement de la grosse tour au XVe siècle, création de la galerie de la cour d'honneur au XVIe siècle, construction de la conciergerie un siècle plus tard). Après le tremblement de terre de 1909 ▲ *249*, on fit sauter la tour nord-est, fortement lézardée. Le château abrite aujourd'hui un musée militaire.

D'illustres visiteurs
De nombreux personnages célèbres séjournèrent au château de l'Empéri : François Ier en 1516, Catherine de Médicis en 1564, Louis XIV, Anne d'Autriche et Mazarin en 1660.

MUSÉE MILITAIRE
Cent vingt mannequins armés et habillés de pièces authentiques y retracent quatre cents ans d'histoire militaire française.

LE MUSÉE D'ART ET D'HISTOIRE MILITAIRES. Les collections furent constituées à partir du début du siècle par deux frères marseillais, Raoul et Jean Brunon. En 1967, des conventions signées entre la municipalité de Salon, le musée de l'Armée et Jean Brunon ouvrirent les salles du château de l'Empéri à quelques centaines de costumes et accessoires rassemblés en un demi-siècle. Le parcours du musée, chronologique, présente en une trentaine de salles les uniformes français depuis le XVIIe siècle jusqu'à la guerre de 1914-1918. Une bibliothèque (vingt mille volumes) est également ouverte aux chercheurs.

AUTOUR DU CHÂTEAU

L'ÉGLISE SAINT-MICHEL. Construit au XIIIe siècle, l'édifice présente un aspect composite. Sur la façade occidentale s'ouvre un porche roman surmonté d'une tour d'horloge du XVe siècle ; son tympan ♥ est orné de l'archange saint Michel, les ailes déployées, tandis qu'à ses pieds se déroulent deux serpents ; saint Michel, dont le nom signifie «Qui est comme Dieu», est l'ange par excellence, le chef des armées célestes, le combattant de Dieu, foulant aux pieds le démon. Au-dessous, un *Agnus Dei* crucifère est encadré de deux rosaces. La facture archaïsante laisse à penser que le tympan, du XIIe siècle, a fait l'objet d'un remploi. À l'intérieur, le retable du maître-autel est attribué à Bernus, sculpteur venaissin (XVIIe siècle). Dans la nef, à gauche, un très bel autel surmonté d'un retable en bois sculpté encadre une toile du XVIIIe siècle, *Les Âmes du purgatoire* (à gauche).

VESTIGES DU VIEUX SALON. En sortant de l'église, à droite, on atteint la place de l'Ancienne-Halle puis la rue du MOULIN-D'ISNARD où, à l'angle, s'élève une maison du XVIIe siècle ; sur la gauche se dresse le portail Renaissance d'un hôtel détruit, ayant appartenu aux Lamanon ▲ 274. En poursuivant par la rue Trez-Castel, on parvient place de l'Ormeau, où, face à l'ancienne maison commune du XVIe siècle, dorment les eaux du dernier lavoir public de la ville. La rue s'achève au pied de la tour Galagaspe, vestige de l'enceinte du XIIIe siècle.

LE MUSÉE NOSTRADAMUS. C'est à Salon que le célèbre astrologue rédigea ses prophéties, *Les Centuries*. La maison qu'il habita, rue Nostradamus, est aménagée en musée. Sa vie y est illustrée par des mannequins de cire.

LA TOUR DU BOURG-NEUF. On quitte la vieille ville par un passage voûté sous la tour du Bourg-Neuf, autre souvenir de l'enceinte médiévale. En haut à gauche, une niche fermée par une grille protège la copie d'une «Vierge noire» du début du XIVe siècle (l'original est au musée de Salon et de la Crau). Cette Vierge, invoquée lors des

NOSTRADAMUS
Né en 1503 à Saint-Rémy-de-Provence ▲ 278, Michel de Nostre-Dame, dit Nostradamus, s'installe à Salon en 1547 après avoir épousé une jeune Salonnaise, Anne Ponsard. Il y publie en 1555 la première série de ses quatrains, qu'il complète en 1557, et meurt, torturé par la goutte, en 1566. Cet homme fut avant tout un savant et un érudit. Son œuvre, dont la poésie puise à la source de Pétrarque, est un véritable trésor intellectuel.

NOSTRADAMUS EN CONSULTATION
Catherine de Médicis vint elle-même en 1564 consulter l'astrologue à Salon.

accouchements, était jadis polychrome, mais elle a été noircie par la fumée des cierges. Le visage est une restitution maladroite de 1903. Le mur de la tour donnant sur le cours est entaillé de stries semi-circulaires, traces du carcan où étaient jadis enchaînés voleurs et usuriers.

LE COURS

Sous l'appellation de cours, on trouve ici trois avenues séparées par des places rafraîchies de fontaines : les cours Carnot, Victor-Hugo et Gimon. C'est l'artère la plus animée de la ville.

L'HÔTEL DE VILLE. Il fut construit de 1655 à 1658, dans une architecture inspirée des palais italiens. Son orientation prouve que la ville s'était alors libérée de la ceinture de remparts qui l'enserrait au Moyen Âge. Sur sa façade, deux statues symbolisent l'une la Prudence, l'autre la Tempérance. À l'intérieur, seule la salle des mariages ♥, ancienne salle du conseil, a conservé sa décoration d'origine : les murs, lambrissés, sont couverts de toiles représentant les Salonnais illustres. Sur la place, en face, la fontaine Adam-de-Craponne ▲ *270* est due au sculpteur aixois Ramus (1854).

LE COURS GIMON. Il fut ouvert en 1791 après la destruction de la chapelle du couvent des Ursulines, fondé en 1634. Revenant par la rue Lafayette, on longe l'ancien couvent des Capucins, à présent utilisé par les services municipaux.

PLACE CROUSILLAT ♥. Elle tire son nom du félibre ● *64* ▲ *314* Blaise Crousillat (1814-1899) ; sur la façade de la maison qu'il habita une ruche sculptée évoque son recueil de vers *L'Essaime* («l'essaim»). Trônant au milieu de la place (en haut, à droite), la fontaine en forme de champignon moussu (1775) est composée de deux vasques superposées, réunies par des concrétions calcaires.

LA PORTE DE L'HORLOGE ♥. Construite en pierre ornée de Salon et en pierre blanche d'Orgon, la porte de l'Horloge (1630), couronnée d'un campanile en fer forgé (1664), remplace l'ancienne porte des remparts, la porte Farreiroux.

LA TOUR DE L'HORLOGE
Elle était destinée à remplacer l'horloge de l'église Saint-Michel : sa situation, face au mistral, devait donner une bonne acoustique mais cela ne suffit pas et, en 1664, on construisit un troisième étage et le campanile. Au deuxième étage, une horloge astronomique

indiquait les phases de la lune.

LA PLACE LOUIS-BLANC

Ancienne place du Moulin-des-Grignons (les grignons sont les résidus de la pression des olives, dont on tirait l'huile nécessaire à l'industrie), elle s'ordonne face à un bel hôtel du XVIIIe siècle. À côté, deux colonnes encadrant un portail en fer forgé sont les derniers vestiges de l'ancienne chapelle des pénitents blancs (1810) détruite en 1909 ▲ *249*.

LA COLLÉGIALE SAINT-LAURENT ♥

«Voilà la plus belle chapelle de mon royaume», s'exclama en la voyant le roi Louis XIV lors d'une visite à Salon, le 17 janvier 1660. Le chantier dura de 1345 à 1480 ; l'église fut élevée au rang de collégiale en 1499. De son mobilier d'origine, il ne subsiste, dans la seconde chapelle occidentale, qu'un bas-relief de marbre du XVe siècle, représentant la Crucifixion. À l'angle nord-est de la nef, sur le pilier proche du sanctuaire, a été scellée une plaque célébrant la cérémonie de la première pierre et figurant saint Laurent sur son gril. Laurent était diacre de Rome sous l'empereur Valérien lorsque parurent plusieurs édits contre les chrétiens (257-258). Lors d'une célébration de l'Eucharistie, il fut surpris par la police impériale et condamné quelques jours plus tard à être brûlé vif sur un gril pour n'avoir pas voulu livrer les archives de l'Église dont il avait la charge. La chapelle de la Vierge, enfin, abrite les os de Michel de Nostre-Dame ▲ *260*, transférés du couvent des Cordeliers, détruit à la Révolution.

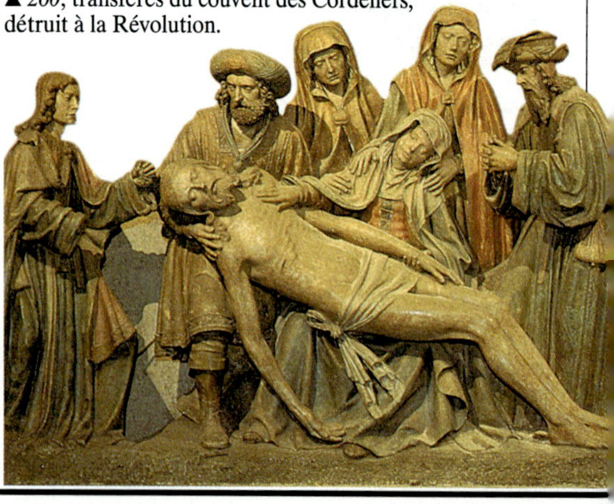

LA COLLÉGIALE SAINT-LAURENT
L'église gothique a remplacé un édifice roman, dont subsiste la base du clocher, sans doute du XIIe siècle, servant de porte d'entrée sud. La collégiale est une des plus belles réalisations du gothique méridional ; elle est simplement constituée d'une large nef unique, faiblement éclairée, à l'exception du chœur, formule architecturale mise au point dans le Languedoc. Ce type d'église convenait particulièrement aux ordres prêcheurs car, offrant un espace large et non cloisonné par des piliers, il s'adaptait bien à la proclamation de la parole. Les chapelles latérales étaient réservées aux dévotions particulières.

«DESCENTE DE CROIX»
Déplacée du couvent des Cordeliers à la collégiale pendant la Révolution, cette monumentale *Descente de Croix* date du début du XVIe siècle. Autour de la Vierge, tenant le corps de son fils sur les genoux, se tiennent, debout derrière elle, Marie Jacobé, Marie Salomé ▲ *322*, Joseph d'Arimathie, soutenant la tête du Christ, et Nicodème, à ses pieds. Le groupe est encadré par saint Jean et Marie Madeleine. Cette dernière, habillée avec raffinement, la chevelure s'échappant de sa coiffure, tient un pot d'onguent pour parfumer les pieds du Christ avant l'ensevelissement.

LES FERBLANTIERS
Le développement du commerce des huiles favorisa la ferblanterie, qui fournissait notamment les bidons pour le reconditionnement de l'huile d'olive.

LE CIRCUIT DES SAVONNIERS ♥

La petite bourgade, célèbre pour la qualité de son huile d'olive, prend son essor dans les années 1880 avec la construction de sa gare, en 1873, et la liaison à la ligne du chemin de fer P.L.M. à la gare de Miramas ▲ *267*. Le commerce transforme le paysage urbain de Salon : au début du siècle, la ville ne compte en effet pas moins de cent soixante-quinze savonneries.

LES FASTES DE LA BOURGEOISIE. Cet essor commercial change la société. Une nouvelle bourgeoisie apparaît dont la richesse, bien que fugace (1880-1914), marque encore la physionomie architecturale de la ville. Les négociants font construire des demeures ostentatoires, jouxtant, selon un schéma classique, l'entrepôt et les bureaux – l'«estive», siège de l'activité industrielle. On verra de beaux exemples de ces châteaux boulevard de la République (notamment au n° 25, le Crédit Agricole, anciennement château Ravoire). Avenue Grans (parallèle à l'avenue de la gare), une clinique, installée dans l'ancien château Couderc, côtoie la savonnerie Marius-Fabre, importante entreprise fabriquant du véritable savon de Marseille ▲ *264*. En se dirigeant vers le musée de Salon et de la Crau, on remarquera, au n° 179 de l'avenue Gaston-Cabrier, une maison de maître, la Villa Blanche, avec son escalier à double volée, et, accolé, le bâtiment commercial. Il s'agit de l'ancienne huilerie de Marcellin Cornu (père du peintre Pierre Cornu et dont le monogramme MC est gravé sur les vantaux du portail), fondée vers 1880.

VILLAS DE SAVONNIERS
De toutes les villas élevées au XIXe siècle, la plus originale est le «château Armieux», actuel palais de justice ♥ (en haut), boulevard de la République. Ce château médiéval miniature fut érigé en 1905 par un riche marchand de savon en hommage à sa femme, cantatrice à l'Opéra d'Avignon. La salle d'audience du tribunal a succédé au théâtre, immense salle desservie à l'étage par une galerie.

MUSÉE DE SALON ET DE LA CRAU ♥

Le musée de Salon et de la Crau, installé dans une belle bastide provençale de la fin du XIXe siècle, abrite une collection constituée par l'Association des amis du Vieux Salon, en 1926. Musée d'ethnographie, d'art et d'histoire, ses points forts sont axés sur l'élevage ovin (ci-contre un bâton de berger), l'histoire industrielle de Salon à la fin du XIXe siècle ♥ (savon de Marseille et huile d'olive), et les peintres de l'école provençale du XIXe siècle.

Quoique la tradition attribue l'invention du savon aux Gaulois, ce n'est qu'au Moyen Âge que sa fabrication est attestée en Provence. Au XVIe siècle, la profession des savonniers s'organise : Marseille ▲ *210* s'affirme d'emblée comme le principal lieu de production, suivie de près par Toulon et Salon ▲ *263*. Un édit de Colbert institutionnalise en 1688 l'appellation de «savon de Marseille», réglementant les matières premières et entérinant les techniques mises au point dans le Midi. Les travaux scientifiques d'Eugène Chevreul et du chimiste François Merklen codifient définitivement ce savoir-faire en 1906.

Les avantages du Midi
Le Midi disposait sur place des matières premières nécessaires à la fabrication du savon : huile d'olive ▲ *284*, cendres sodiques de salicorne, provenant de Camargue ▲ *326* (qu'on importait parfois d'Espagne ou du Levant), sel des étangs de Camargue ▲ *328*, de Crau et de l'étang de Berre.

L'apogée du savon. Au siècle dernier, la savonnerie était considérée comme la plus importante industrie de la région ▲ *210*. Le savon de Marseille, grâce à sa qualité, triompha un moment de ses concurrents. La savonnerie finit cependant par décliner avec l'apparition des détergents et le dynamisme des grandes entreprises anglaises et allemandes.

Traditions
Il subsiste quatre savonneries artisanales dans la région : deux à Marseille (savonneries du Sérail et du Midi) et deux à Salon (savonneries Fabre et Rampal).

Un manque d'organisation
La fabrication du savon au XIXe siècle était éparpillée en petites entreprises, souvent familiales. Chacune était liée à une huilerie particulière et possédait sa propre marque. Faute d'entente et de mécanisation, les savonneries provençales ne purent résister à la concurrence.

Les différents savons de Marseille
La réputation de Marseille est liée, au XIXe siècle, à la fabrication de son savon marbré, ou bleu. Ce dernier perd cependant peu à peu de son importance au profit du savon blanc. De nos jours, deux sortes de savons peuvent revendiquer l'appellation de «savon de Marseille», c'est-à-dire comprenant 72 % d'huile : le savon vert, à base d'huiles de coprah, de palme et

d'olive (coprah et palme : 60 %, olive : 40 %) ; et le savon blanc, à base d'huile de coprah, de palme et d'arachide.

Les opérations de fabrication du savon
Le procédé marseillais, ou cuisson dite à «grand feu», comprend quatre opérations.
1. L'empâtage : les matières grasses d'origine végétale sont mélangées à la soude et mises dans des chaudrons chauffés à la vapeur, afin de dissocier les huiles en acides gras et en glycérine.
2. L'épinage : on soutire les eaux glycérineuses avant la cuisson, qui s'effectue avec adjonction de soude.
3. Le relargage : la pâte obtenue est lavée à l'eau salée pour neutraliser la soude, puis à l'eau douce pour éliminer le surplus de sel.
4. La liquidation : on ajoute de l'eau douce pour rendre le savon plus fluide.
Après décantation et malaxage, on coule la pâte dans des «mises» (bassin en maçonnerie) où elle durcit ; puis on procède au découpage, au séchage et à l'estampillage des morceaux de savon.

1 FONTVIEILLE 2 SAINT-MARTIN-DE-CRAU 3 MAUSSANE 4 MOURIÈS 5 DÉCHARGE D'ENTRESSEN 6 ALPILLES 7 AÉRODROME 8 ENTRESSEN 9 LE MERLE 10 MIRAMAS

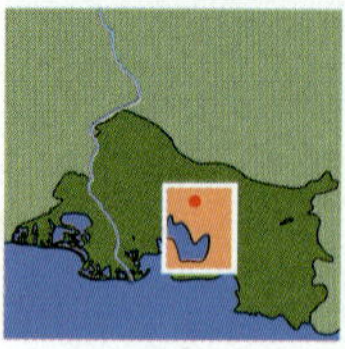

1 journée
40 km

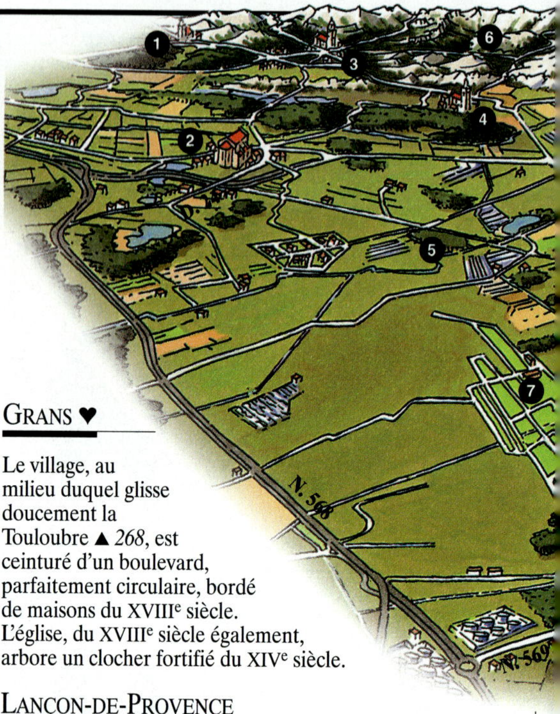

GRANS ♥

Le village, au milieu duquel glisse doucement la Touloubre ▲ *268*, est ceinturé d'un boulevard, parfaitement circulaire, bordé de maisons du XVIIIe siècle. L'église, du XVIIIe siècle également, arbore un clocher fortifié du XIVe siècle.

LANÇON-DE-PROVENCE

Lançon s'impose par la masse de son château et de ses remparts. L'église paroissiale, du XIVe, fut remaniée aux XVIIe et XVIIIe siècles. Une série de retables de bois doré, de style maniériste ▲ *246*, y côtoie une toile du peintre aixois Jean-Claude Cundier (1690). On découvre, en empruntant, à gauche de la Grand-Rue, la rue Pavé-d'Amour, l'HÔTEL DE LUXEMBOURG, du XVIe siècle. Toute proche de la N 113, l'ancienne chapelle rurale Saint-Cyr-et-Sainte-Julitte, du XIe siècle, est d'une émouvante simplicité.

L'HÔTEL DE LUXEMBOURG
Cet hôtel particulier fut bâti à Lançon dans les années 1560 pour la famille des Luxembourg, alors vicomtes de Martigues. L'hôtel est malheureusement resté inachevé et s'est largement dégradé au début du XXe siècle. Il représente pourtant un remarquable échantillon de l'architecture Renaissance aristocratique de la région ● *106*. Vers 1920, l'hôtel faillit être remonté pierre par pierre à Cannes, pour un baron belge.

L'HÔTEL DE CALISSANE
La propriété actuelle fut édifiée en 1645 par Pierre de Laidet, conseiller au parlementd'Aix ▲ *215*. Au centre de sa façade (à droite) s'ouvre un portail encadré de deux atlantes soutenant un large fronton circulaire et dont la pose est très voisine de ceux de l'hôtel d'Arbaud à Aix ▲ *224*.

COLLINES DE LA FARE ♥

On traverse les collines de la Fare qui plongent vers l'étang de Berre ▲ *197* en rochers de calcaire blanc, étincelants au soleil. Ici, point de forêt ; quelques bosquets de pins d'Alep, chênes verts et figuiers sont les seuls arbres de ce secteur désertique. Un manteau de garrigue ■ *46* recouvre le relief d'une brousse aux épines acérées où règnent l'argeiras et le kermès, régulièrement la proie des incendies ■ *48*, mais où niche pourtant une avifaune abondante (grand duc, merle bleu, traquet stapazin, martinet et coucou-geai).
CHÂTEAU-VIRANT. À 3 km du croisement de la D 21 et de la N 113 (juste après le champ de tir), un chemin de terre conduit au site préhistorique de Château-Virant. Le lieu, fouillé à plusieurs reprises, n'offre plus au regard qu'une

déserte étendue de garrigue pierreuse. Une table d'orientation y a été établie récemment.

Calissane

Calissane, domaine agricole depuis l'Antiquité, connut un grand essor à la fin du XIXe siècle sous l'impulsion de Charles Auguste Verminck, industriel marseillais du secteur des huiles et du savon. Aux activités traditionnelles (vigne, blé, olivier), il ajouta l'exploitation des carrières, renouant ainsi avec une tradition ancienne, le pont Flavien ▲ *268* et la cathédrale d'Aix ▲ *216* ayant été, entre autres, bâtis en pierre de Calissane. Le domaine est aujourd'hui une société civile produisant du vin. Autour, la plaine est irriguée par le canal de la Durançole,

L'oppidum de Constantine
Surplombant le domaine de Calissane, il est constitué d'un vaste ensemble délimité par un système défensif de pierres sèches ponctué d'une dizaine de tours. Les Celto-Ligures ● *52* y avaient construit un des oppidums les plus étendus de toute la Provence, avec tours et mur d'enceinte colossal. C'était, avec Entremont ▲ *242*, une petite capitale locale où les tribus se réfugiaient en cas d'attaque. Le site n'est pas accessible aux promeneurs.

Le pont Flavien
L'arche de ce pont romain est en calcaire jaune, ses deux arcs en pierre blanche de Calissane ▲ *267* : les pilastres sont surmontés de lions et d'aigles, dans la tradition décorative augustéenne. L'arche nord a été reconstruite au XVIIIe siècle puis restaurée en 1949 avec les pierres d'origine. Des quatre lions, seul celui du pilier sud-est est antique.

petite rivière qui naît dans la propriété pour se jeter dans l'étang de Berre et coule à 19° C été comme hiver. Ses alentours sont peuplés d'oiseaux (canepetières, œdicnèmes ▲ *270* et alouettes calandrelles).

Cornillon-Confoux

Village perché baigné par la Touloubre, Cornillon-Confoux a la tête au soleil et les pieds au frais. S'arrêter au cimetière (D 70a), jouxtant une nécropole salienne ● *52* du Ier siècle av. J.-C., sur laquelle veille une petite chapelle romane du XIIe siècle. Plus d'une cinquantaine de bories ● *120* sont recensées sur le territoire du village.

Le pont Flavien ♥

Le port de Saint-Chamas ♥
Il fut aménagé sous l'Antiquité ; s'étendant alors sur 750 m de quais, il concurrença un temps Marseille ▲ *162*. Lorsque les papes s'installèrent en Avignon, il assura le transit vers leurs terres et Colbert y fit installer en 1653 une poudrerie qui fonctionna jusqu'en 1974. Le port et son quartier ont conservé tout leur pittoresque.

Le pont Flavien, qui enjambe la Touloubre, incisée comme un trait de scie dans le petit plateau calcaire qui lui barre l'accès de l'étang de Berre, fut édifié autour du changement d'ère par un riche habitant de la région : la réussite sociale d'un individu impliquait qu'il prenne en charge des dépenses utilitaires, preuve de sa fortune et procédé de redistribution de la richesse amassée. Malgré son nom, Flavos, il n'avait aucun lien de parenté avec les empereurs ayant régné à la fin du Ier siècle de notre ère.

La Touloubre ▲ *251*. Peu après le pont, la rivière débouche sur un milieu naturel d'une extraordinaire diversité : marais d'eau douce, plage de sable et sansouire ▲ *326* constituent sur une centaine d'hectares une Camargue miniature ■ *32*. Canards et limicoles viennent y séjourner lors du passage de printemps ; rousseroles, luscinioles et bouscarles nichent dans la roselière et les flamants roses fréquentent la vasière bordant la plage où se concentre en hiver l'un des plus grands rassemblements européens de grèbes à cou noir ■ *34*.

Saint-Chamas

La ville s'ouvre sur l'étang de Berre ▲ *197* qu'on assimile ici à la Grande Bleue. Si l'on veut prendre un peu de hauteur, il suffit de monter à l'assaut de l'aqueduc du plan de l'Horloge

qui domine la ville du haut de ses 23 m. L'église, attribuée à l'architecte aixois Pierre Pavillon (1658), abrite un magnifique retable du XVIe siècle consacré à sainte Anne, et attribué au Marseillais Étienne Peson (à droite). Ici et là, d'anciens habitats troglodytes ont entaillé la falaise enserrant la ville.

MIRAMAS

Délaissant Miramas-le-Jeune, on se tournera vers Miramas-le-Vieux ♥, balcon ayant vue plongeante sur l'étang de Berre. On y séchait autrefois la morue et l'on y fabriquait tuiles et briques. Les vestiges du château, bâti au XIIe siècle par les vicomtes de Marseille, affichent une construction basse et un passage voûté sur croisée d'ogives. Remarquer, outre l'église du XVe siècle, une belle maison du XVIe siècle dans la rue Coupo-Santo ▲ *315*.

ISTRES

Au centre des lotissements et des équipements modernes de la jeune sous-préfecture, le cœur de l'ancien village bat encore. Il faut y déambuler, de la porte d'Arles ♥, du XVIIIe siècle, à l'église Notre-Dame-de-Beauvoir, se perdre dans les petites rues, admirer les façades restaurées d'hôtels des XVIIe et XVIIIe siècles. Il faut enfin grimper sur l'oppidum du Castellan, ancienne place forte celto-ligure ● *52* ▲ *242* qui surplombe l'étang de l'Olivier.

LE MUSÉE D'ISTRES. Le musée, ouvert en 1947, et devenu municipal en 1989, met en scène chronologiquement divers témoignages de fouilles archéologiques menées dans les environs (matériaux préhistoriques de l'abri Cornille et du site de Miouvin, objets romains du port de Fos ♥). Des dioramas d'animaux naturalisés et une maquette retraçant l'histoire de l'industrie salinière au XIXe siècle complètent l'ensemble.

LA GARE DE MIRAMAS-LE-JEUNE
Le village poussa comme un champignon à la fin du XIXe siècle autour d'une importante gare de triage. Construite en 1848, celle-ci donna une impulsion économique à toute la région, notamment à Salon ▲ *263*.

LE MUSÉE D'ISTRES
Il possède la plus belle collection au monde de marques peintes sur amphore ♥ – «étiquettes» des commerçants romains admirablement conservées dans la vase du port (ci-dessous) –, une figure de proue en bronze d'un bateau de guerre romain et un abondant matériel domestique, dont des objets en bois, l'une des originalités du musée, le bois ne se conservant qu'en milieu aqueux.

LES FOUS VOLANTS
En 1917 fut installée à Istres une des premières écoles de pilotage. Son Centre d'essais en vol, chargé de tester les avions, occupe à présent 1 500 ha.

◷ 4 heures
🚗 30 km

ADAM DE CRAPONNE (1527-1576)
Cet ingénieur né à Salon, précurseur audacieux et véritable bienfaiteur de la Provence (à droite), fit creuser le canal qui ramenait les eaux de la Durance vers leur ancien delta. On lui doit la transformation du nord de la Crau, drainé par l'ensemble de son réseau d'irrigation. L'ouvrage principal, long de 52 km, commence sur la Durance et se divise après Lamanon ▲ *274* en deux branches principales : l'une rejoint le Rhône à Arles après avoir traversé la Crau, l'autre aboutit à l'étang de Berre.

Croquis de moutons et d'agneaux par Théodore Jourdan.

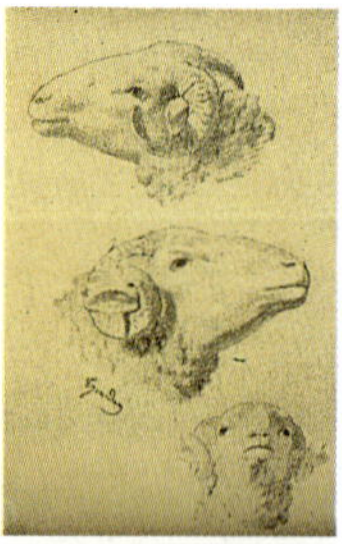

UN DÉSERT DE PIERRES ■ *42*

Arthur Young s'étonnait déjà, au XVIIIe siècle, de ces plates étendues, «une des régions les plus singulières de France [...] à cause de son sol ou plutôt du manque de sol, car c'est apparemment un pays de galets, mais qui nourrit cependant de grands troupeaux de moutons». La Crau, de tout temps, fut un désert de pierres. Mistral ● *66* ▲ *314* y fait courir Mireille, folle de douleur et de soleil ; les Allemands pendant la guerre y dressent les cailloux en tas, pour prévenir toute tentative d'atterrissage.

ENTRE LÉGENDE ET RÉALITÉ. À l'origine de ce relief, une histoire de dieux : Héraclès, se rendant au jardin des Hespérides, se heurte aux autochtones, bien décidés à lui barrer la route. Zeus, son père, lui vient en aide en faisant pleuvoir sur ses adversaires une pluie de galets. On pourra préférer une autre version : la Durance, qui jadis se jetait dans la mer, déposa là débris et alluvions, polis par ses eaux.
CRAU VERTE ET CRAU SÈCHE. Au XVIe siècle, grâce aux travaux entrepris par Adam de Craponne, le paysage se transforme. Une Crau verte et irriguée, gagnant de plus en plus vers le sud, s'oppose désormais à la Crau sèche ; une Crau méconnaissable qui, au pied des Alpilles ▲ *276*, se couvre d'arbres fruitiers et de prairies fourragères séparés par des haies de cyprès. La profondeur des sols a même permis le développement d'une culture de grande qualité reconnue à l'étranger : le foin de la Crau.

LE ROYAUME DU MOUTON ■ *44*

Le sud, en revanche, reste voué à l'élevage extensif du mouton, seul à même de tirer parti d'une terre difficile.
LE MERLE. C'est, à 6 km de Salon, la vitrine et la pièce maîtresse de l'élevage ovin régional. Un legs créa, en 1920, la Fondation Félix-Abraham, rattachée dès 1948 à l'École nationale supérieure agronomique de Montpellier et

«ON VOYAIT LE MATIN DÉCOUVRIR PEU À PEU [...] LA CRAU IMMENSE ET PIERREUSE»
MISTRAL

destinée à défendre le mouton de la Crau. Le Merle est aujourd'hui une exploitation de 450 ha pourvue d'un troupeau de deux mille brebis et trois cents béliers, à la fois école professionnelle de bergers et centre de protection du milieu, de sélection et d'amélioration de la race mérinos.

LES «HOMMES DU MOUTON». Les éleveurs sont généralement propriétaires des troupeaux mais rarement des pâturages, qu'ils doivent louer. Traditionnellement originaires des Alpes, ces hommes descendent leurs moutons en hiver dans les plaines littorales. Les bergers qu'ils embauchent étaient jadis des Piémontais mais aujourd'hui beaucoup sont d'origine nord-africaine. Les conditions n'ont guère évolué depuis des siècles ; seule nouveauté, le transport par camion de la Crau aux Alpes rendu nécessaire par la disparition des «drailles», anciennes voies de transhumance. Le voyage s'achève à pied, pour atteindre les alpages situés à plus de 2 000 m. Une chèvre du Rove ▲ *192*, *287* marche toujours en tête, guidant le troupeau.

LES BERGERIES. Des fouilles ont mis au jour un nombre important de bergeries du Ier siècle av. J.-C. environ qui disparurent au IIIe siècle apr. J.-C. Elles étaient du même type que celles que l'on trouve en Camargue, avec une charpente recouverte de gerbes de roseaux et des murs en pisé et en galets roulés. Avec le développement de la race mérinos, on édifia de nouveau des bergeries : ce sont des bâtiments isolés – construits en pisé et en galets appareillés en chevron avec des chaînes d'angle en pierre calcaire – que l'on découvre au bout des chemins de terre coupant la route nationale. Le parc à moutons est placé au sud, à l'abri du mistral.

LE MÉRINOS D'ARLES
Le mouton mérinos est le fruit de l'autochtone arlésien et de la race espagnole *Raza merina*, connue pour la finesse de sa toison. Louis XVI conclut l'affaire avec son cousin Charles III, le roi d'Espagne. Le troupeau cédé arriva à Rambouillet, en octobre 1786, et le métissage fut largement diffusé en Provence dès les premières années du XIXe siècle. Les fluctuations des cours mondiaux mènent depuis quelques années la vie dure au mérinos, élevé d'abord pour sa laine puis pour sa viande. Le troupeau représente deux cent vingt mille têtes et pratiquement 100 % du cheptel des Bouches-du-Rhône.

❝À mesure qu'on avance, les arbres [...] se chargent de frisons, de serpentins, de mousse de verre, de tortillons de paille, de flocons, de kapok, de perruques de crin. Ensuite, toute végétation disparaît [...] quand on entre dans le pays des cent collines blanches.❞
Michel Tournier

Entressen

Entressen est une petite ville accueillant la plus grande décharge d'Europe. La montagne d'ordures monte, depuis 1920, régulièrement alimentée par des trains entiers en provenance de Marseille. Sur cet océan dont les vaisseaux sont les bulldozers niveleurs, vivent d'innombrables goélands et mouettes rieuses. Les plastiques, disséminés par le mistral, polluent ainsi des centaines d'hectares de steppe. La Commission européenne a heureusement enregistré ce dossier en 1992 comme «cas décelé d'office» et il est probable qu'une solution à ce problème majeur sera bientôt trouvée. Reprendre la D 5 en direction d'Istres ▲ *269*, de Fos ▲ *196* et, de là, suivre la N 568 vers Arles.

La Grande Crau ♥

En traversant la Grande Crau, vrai désert de pierre, la vraie Crau sèche, le «Sud profond», il suffit de regarder, de laisser errer le regard sur l'immensité des coussous ■ *42*, piquetés çà et là de jas, bergeries solitaires et basses, tournant leur dos de galets au mistral. Un changement considérable risque cependant de bouleverser l'écosystème : des pêchers ont été plantés ces dix dernières années sur plus d'un millier d'hectares. Néanmoins, le coussous garde dans ce secteur une extension considérable et semble s'étaler à perte de vue dans la brume de chaleur.

Entomologie
La Grande Crau constitue l'unique habitat de deux espèces d'insectes : un criquet privé d'ailes, le *Prionotropis rhodanica*, et un coléoptère vivant dans les chardons, l'*Acmeodona perroti*.

Saint-Martin-de-Crau

Cette petite ville, séparée d'Arles en 1925, est la capitale de ce drôle de «plat pays». Elle s'anime, à la mi-février, d'une grande foire aux moutons.

Écomusée de Saint-Martin-de-Crau. Il présente la faune et les activités traditionnelles de la Crau. Des visites guidées permettent aux visiteurs de découvrir l'essentiel des richesses du coussous grâce à des animateurs expérimentés. La réserve de Peau de Meau ♥, qui en dépend, fut créée à l'initiative d'Espaces naturels de Provence. Elle présente l'écosystème typique de la plaine et la plupart des espèces d'oiseaux de la Crau peuvent y être vues du haut d'un observatoire aménagé dans la bergerie.

Les richesses ornithologiques de la Crau. Ce sont les oiseaux qui constituent la principale richesse naturelle de la Crau : pour le non-spécialiste, les alouettes dominent le paysage sonore. L'alouette des champs et la calandrelle égrènent en effet leurs notes jusqu'au cœur de l'été ; on les voit courir sur les chemins et ne s'envoler qu'à contrecœur. Pendant la nuit retentit de toutes parts le chant plaintif de l'œdicnème, grosse espèce discrète qui se confond admirablement avec les galets. Cependant, le fleuron ornithologique de la Crau, champion du mimétisme, reste incontestablement le ganga cata, appelé localement grandoule (en haut). Par petits groupes, ils trottinent entre les galets à la recherche des minuscules graines dont ils se nourrissent. Ils se tapissent au sol au moindre bruit et disparaissent. Ce n'est qu'au dernier moment qu'ils s'envolent, jetant un cri nasillard un peu semblable à celui du goéland. Paradoxalement pour des oiseaux des déserts, les grandoules ont besoin de boire souvent, car leur nourriture, constituée de graines déshydratées, est particulièrement pauvre en eau. Dans les friches, l'outarde canepetière (ci-contre) parade, exhibant son plumage noir et blanc, sautant sur place en caquetant. Son cri bref, un «pet» sonore, lui a donné son nom, qui signifie «cane qui pète». Le ciel est parcouru d'innombrables milans noirs (à droite), attirés par l'immense décharge d'Entressen, et de goélands encore plus nombreux. Le faucon crécerelle est le plus discret : quelques couples dispersés dans des bergeries isolées constituent l'unique population française de ce petit prédateur d'insectes.

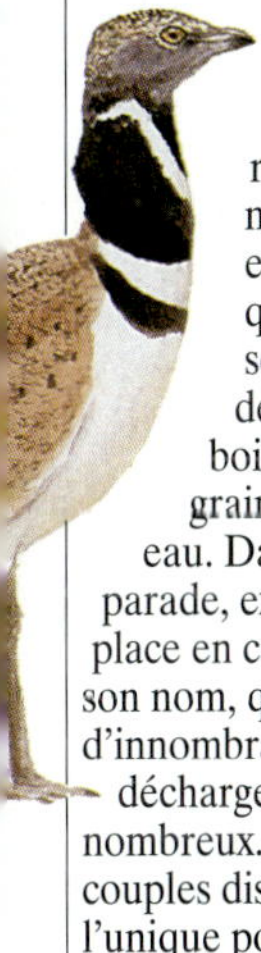

Le ganga cata
C'est en Crau que cette curieuse espèce des déserts (en haut, à droite) a trouvé son ultime refuge.

Pour désaltérer les jeunes qui ne peuvent voler, les parents trempent les plumes de leur ventre dans l'eau et reviennent au nid à tire-d'aile, où les oisillons suceront ces curieux réservoirs aériens.

La Crau en danger
Le coussous ■ *42*, peu à peu grignoté par les installations militaires, les carrières et les vergers, ne couvre plus aujourd'hui que 15 000 ha, soit le quart de sa superficie d'origine, et est de plus menacé par un projet d'autoroute. C'est ainsi tout un art de vivre, tout un pan de culture provençale, qui est en danger de disparaître. Grâce à l'action d'associations, quelques centaines d'hectares récemment achetés ont cependant pu être définitivement sauvés de la spéculation foncière.

1 ARLES
2 ABBAYE DE MONTMAJOUR
3 CHAPELLE SAINTE-CROIX
4 AQUEDUC DE BARBEGAL
5 MOULIN DE DAUDET
6 FONTVIEILLE
7 MAS D'AUGE
8 CHÂTEAU D'ESCANIN
9 LE PARADOU
10 TOURS DE CASTILLON
11 LES BAUX-DE-PROVENCE
12 MAUSSANE

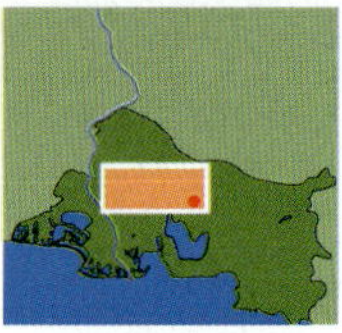

◷ 2 journées
45 km

Le pays de Mistral surgit de la plaine de la Crau comme une barrière bleutée à l'horizon. La chaîne des Alpilles, modeste par son altitude (le point culminant, les Opies, ne dépasse pas 490 m), est découpée en une multitude de ravins, de gorges et de falaises s'étirant sur une trentaine de kilomètres. Tout autour, les villages s'égrènent, nichés au creux de vallées agricoles.

LAMANON

Au départ de Salon, on empruntera, par la route d'Avignon, le chemin que suivit Jean Moulin lorsqu'il fut parachuté pour coordonner la Résistance française, en 1942. Une statue, érigée entre la route et le canal de la Durance, salue sa mémoire. Le village de Lamanon, à l'écart, s'étire au pied de la montagne du Défens (311 m) ; la Durance y passait jadis avant de se jeter dans la mer. En 1745, le marquis de Tripoly de Panisse fit construire les cinquante-deux maisons de l'agglomération pour loger ouvriers agricoles, résiniers et domestiques au service du château, bâti en 1660 par la famille des Cadenet. À côté de la bâtisse, un des plus gros platanes de Provence (53 m de haut pour 8 m de circonférence) constitue une des curiosités du village.

LES GROTTES DE CALÈS ♥. On y accède, au terme de 10 mn de marche, par un chemin fléché débutant derrière l'église. Cette vaste et longue esplanade, encadrée de falaises trouées d'habitations troglodytiques (ci-dessous), abrita un habitat rupestre dès le néolithique. Les grottes ne formaient pourtant que l'intérieur des habitations, le reste, en bois, pierres ou torchis, s'appuyait à l'extérieur, sur la falaise. Les courtines nord et sud de fortifications élevées au Moyen Âge et, sur le piton rocheux occidental, quelques vestiges d'un château, sont encore visibles. Le site fut occupé jusqu'au XVe siècle mais servit une dernière fois pour abriter, au XVIe siècle, Cartier d'Alleins, mercenaire et pillard, qui, vaincu, finit écartelé à Aix. La chapelle SAINT-DENIS (XIIe siècle) se découvre en pleine nature, à quelques mètres au nord du site.

LES LAMANON
Cette famille fut anoblie en 1572 avec le titre de coseigneur de Lamanon. Ses deux membres les plus célèbres furent Auguste (1748-1820) et Robert (1752-1787). Ce dernier (ci-dessus), botaniste et physicien, participa à l'expédition de La Pérouse et fut massacré, le 11 décembre 1787, par des indigènes, à Maouna, une des îles des Samoa (archipel des Navigateurs), dans le Pacifique.

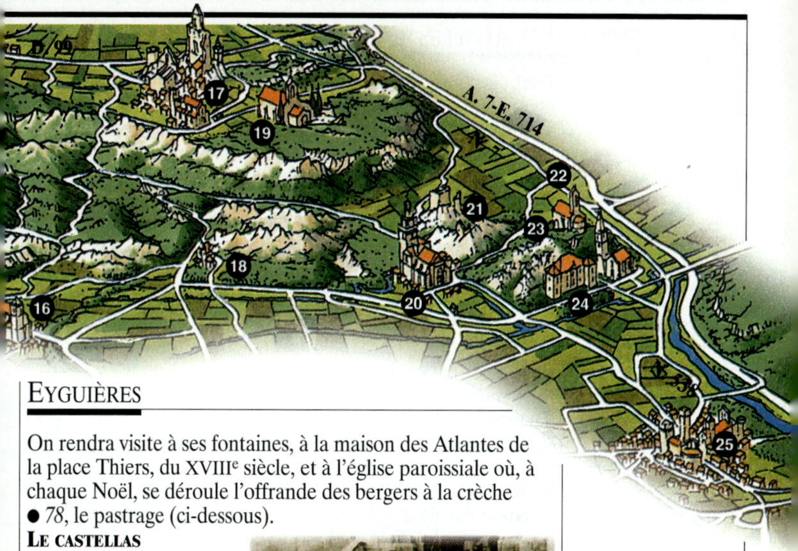

Eyguières

On rendra visite à ses fontaines, à la maison des Atlantes de la place Thiers, du XVIIIe siècle, et à l'église paroissiale où, à chaque Noël, se déroule l'offrande des bergers à la crèche ● *78*, le pastrage (ci-dessous).

Le castellas de Roquemartine. Ses ruines dominent la route de Cavaillon. Ce point de passage essentiel entre Avignon et l'étang de Berre accueillit au Moyen Âge une cour d'amour fameuse. Un détour par la D 17 mène jusqu'à Aureille, village aux petites rues pierreuses et ancien relais sur le chemin de la transhumance ■ *44*.

Eygalières ♥

Le village, perché à l'origine, a, au cours des ans, doucement glissé vers la plaine. Dominé par les ruines de son château, il offre une splendide vue sur les Alpilles, la Durance et la plaine de Mollégès. À côté du donjon, la tour de l'Horloge, du XVIIe siècle, commémore le rachat de leur terre par les habitants à leur seigneur Henri de Guise. La Grand-Rue et la rue de l'Église, qui descendent des hauteurs, sont bordées de beaux hôtels. La chapelle Saint-Sixte ♥ (XIIe siècle), route d'Orgon, est bâtie sur un ancien lieu de culte païen des eaux.

La chapelle des pénitents
Jouxtant les ruines du château d'Eygalières, la chapelle, du XVIIe siècle, abrite aujourd'hui un petit musée local (géologie, archéologie).

La main de l'homme
L'homme a, dès le Moyen Âge, façonné le paysage du massif. La région, avec ses terres agricoles et ses hivers cléments, était déjà dans l'Antiquité un véritable grenier à blé ▲ *287*. Les agriculteurs médiévaux, succédant aux moines de Montmajour ▲ *288*, asséchèrent les marais des vallées et conquirent les collines en y élevant d'innombrables terrasses, les «bancaous», qui retiennent la terre des versants trop pentus. Sur ces sols arides, les paysans plantèrent oliviers, amandiers et abricotiers, résistants à la sécheresse, au pied desquels ils semèrent des céréales. Sur les hauteurs, des moulins à vent ● *121* ▲ *286* transformaient en farine ou en huile cette production. Si l'amande et l'abricot ont régressé, l'olive reste prépondérante, notamment dans la vallée des Baux ▲ *284*. Les versants, ombragés de pins sylvestres et de chênes kermès, sont aujourd'hui ponctués de terre rougeâtre, seules traces de l'exploitation minière de la bauxite ■ *18* ▲ *281*.

Les Alpilles ♥

Pour découvrir la beauté des Alpilles, fines vagues pétrifiées, bleutées ou dorées sous le soleil, il faut les arpenter à pied : le GR 6 traverse le massif depuis Aureille (il se prend au nord du village sur un chemin carrossable qui contourne le mont Mazette), domine les crêtes jusqu'à Saint-Rémy, pousse jusqu'aux Baux puis se laisse descendre vers la plaine jusqu'à Saint-Gabriel ▲ *304*.

Buissons des cimes. Les sommets sont couverts d'amélanchier, d'éphédra et de buis, buisson au bois très dur que les bergers utilisent pour tailler des cuillères, des cannes et des clavettes de sonnaille ■ *44*. Tulipes sauvages, narcisses de Requien à fleurs jaunes, crocus versicolores à fleurs mauves, asphodèles à fleurs blanches abondent également dans les hauteurs. Au printemps, les lapiaz se couvrent des fleurs jaunes et mauves des iris sauvages, les deux couleurs étant des variantes d'une même espèce ■ *46*.

Rapaces et passereaux. Les Alpilles sont à juste titre réputées pour leur faune, notamment ornithologique, attirée par les multiples falaises du massif, son cloisonnement en vallons et collines peu fréquentées, la diversité de ses milieux et la proximité de la grande plaine de la Crau ▲ *270*. Les rapaces en constituent le fleuron, particulièrement l'aigle de Bonelli et le vautour percnoptère, représentés par deux couples de chaque espèce. Autrefois plus nombreux, ces oiseaux occupent aujourd'hui d'immenses territoires et sont toujours difficiles à repérer, sauf si l'on connaît l'emplacement de leurs aires, secret jalousement gardé par les ornithologues locaux. Le vautour percnoptère, seul oiseau à se servir d'outils (en Afrique de l'Est, on peut le voir briser un œuf d'autruche avec un caillou), fréquente surtout la plaine de la Crau, où il recherche les cadavres de lapins morts de la myxomatose et les serpents écrasés sur les routes. Les cadavres de moutons font aussi partie de son menu qu'il partage alors avec les milans noirs, bien plus nombreux que lui.

«LES ALPILLES SONT LES MÈRES AÉRIENNES DANS LA LUMIÈRE PROVENÇALE»
MAURICE PEZET

Le massif est aussi réputé pour sa florissante population de grands ducs d'Europe (plus de quarante couples). Ce prince de la nuit, dont le chant résonne au cœur de l'hiver, est discret pour qui n'est pas attentif. Pourtant, la plupart des barres rocheuses sont occupées par un couple qui niche quelquefois à proximité

d'une route ou d'une habitation. Le grand corbeau, le merle bleu, le martinet à ventre blanc et le faucon crécerelle habitent aussi ces falaises où de nombreux vautours fauves se sont réfugiés jusqu'au début du siècle.

FAUNE DES VALLÉES. Les zones de piémont, au contact des pâturages et des coussous de la Crau ■ *42* ▲ *270*, sont les plus riches en espèces animales. Dans les grands mas, les haies de peupliers et de mûriers accueillent une avifaune variée : le rollier, la huppe, la chouette chevêche, le petit duc et le choucas s'abritent dans les trous creusés par une abondante population de pics-verts, tandis que le loriot établit son nid en berceau dans la plus haute branche des frondaisons. Les prairies à bovins et les «campas» (pelouses sèches pâturées par les ovins) sont le domaine de l'œdicnème et de l'outarde canepetière ▲ *273*, espèces devenues rarissimes en France en dehors de la Crau. Un réseau de canaux fort ancien recèle un grand nombre de libellules et d'amphibiens, dont le pélodyte ponctué et le calamite, deux crapauds souvent victimes des putois. Dans les ruines d'anciens châteaux nichaient autrefois des colonies abondantes de faucons crécerellettes, éliminées par l'usage intensif des insecticides à usage agricole. Malgré tout, les Alpilles n'ont guère changé depuis des siècles et, contrairement aux massifs des environs de Marseille et de la Côte bleue ▲ *192* qui subissent régulièrement de grands dommages, le pays de Mistral a su garder son authenticité.

L'AIGLE DE BONELLI
Ce prédateur se nourrit essentiellement de lapins, de perdrix, de choucas et de lézards ocellés. Le baguage des poussins a montré ces dernières années que la plupart des jeunes s'électrocutent l'hiver qui suit leur naissance sur les trop nombreuses lignes électriques qui balafrent la Camargue.

ÉPHÉDRA ET AMÉLANCHIER
L'amélanchier (en bas), couvert de fleurs blanches au printemps, est un buisson caractéristique des crêtes. L'arbuste le plus intéressant de ces sommets battus par les vents est cependant une curieuse espèce apparentée aux conifères, l'éphédra (ci-dessous), dont les branches ressemblent à celles du genévrier. Certains individus atteignent, près des Opies, la taille record de 2 m pour un pied de 10 cm de diamètre.

L'HÔTEL MISTRAL DE MONDRAGON
On prit, au XIXe siècle, ce bel hôtel Renaissance pour la maison natale de Nostradamus, né effectivement dans la ville le 14 décembre 1503 d'une famille de juifs convertis. On pourra, en visitant le musée qu'il abrite, admirer la cour intérieure armoriée, avec son escalier à vis et ses galeries desservant les étages.

SAINT-RÉMY-DE-PROVENCE

Mi-plaine mi-Alpilles, le paysage saint-rémois est coupé en deux par le canal des Alpilles. D'un côté la plaine produit dans ses riches «jardins» les fruits et légumes, qui ont remplacé les cultures de la cardère (utilisée jadis dans l'industrie pour carder la laine) et de la garance, ruinée par les colorants chimiques. De l'autre, les terrains secs restent voués à l'olivier, l'amandier et la vigne.

HISTOIRE. Saint-Rémy doit son nom au saint évêque de Reims, Rémy, qui, selon la légende, soigna miraculeusement une jeune fille du lieu et, en reconnaissance, reçut de grands biens dans les environs. La cité, qualifiée de ville fortifiée dès 1152, dépendit tout d'abord des comtes de Provence. Elle fut cédée, en 1643, au prince de Monaco, récompensé ainsi par le roi de France pour l'avoir soutenu dans sa lutte contre les Espagnols.

L'ÉGLISE SAINT-MARTIN. L'existence de l'église paroissiale de la ville est attestée dès 1122. L'édifice roman fut prolongé d'un vaste chœur gothique à l'occasion de l'érection de l'église en collégiale par le pape Jean XXII, en 1331. L'église, agrandie d'un collatéral au nord de la nef romane en 1705, s'en trouva affaiblie et s'effondra lors de travaux, en 1818 ; le bâtiment fut donc reconstruit en 1821. L'*Oustau di Conse* (maison des consuls), qui servit de maison commune de 1657 à 1789, se dresse au nord de l'église. Prendre à droite la rue Carnot.

LE PLANET, OU PLACE FAVIER ♥. L'hôtel MISTRAL DE MONDRAGON, aujourd'hui musée des Alpilles-Pierre-de-Brun, était le domicile de la famille de Mistral, seigneurs

«Dans les paysages d'ici, bien des choses font souvent penser à Ruisdael, mais la figure des laboureurs manque»

Vincent Van Vogh

de Croze en Dauphiné. L'édifice, construit vers 1550, fut agrandi tout au long du XVIe siècle. En 1599, Paul de Mistral s'appropria deux maisons, face à la sienne, et les fit abattre pour y aménager un «planet» qui devint place publique en 1647. Le musée ♥, installé dans l'hôtel, est consacré à l'histoire et aux arts et traditions populaires de Saint-Rémy et de sa région (costumes, meubles). L'HÔTEL DE SADE, en face, a été transformé en dépôt archéologique national ♥ des objets trouvés à Glanum ▲ *280*. Y sont exposés les éléments architecturaux les plus significatifs du site (notamment une statuaire remarquable, ci-dessus) et des objets de la vie quotidienne (poteries, bijoux). On découvre, au fond de l'impasse s'ouvrant à l'est du Planet, les restes de l'ÉGLISE SAINT-PIERRE, citée dès le XIe siècle. Poursuivre la rue du Parage jusqu'à la rue Nostradamus, que borde la fontaine du même nom, du XIXe siècle (à droite). Sur la gauche s'élève l'HÔTEL ESTRINE, un bel édifice de style XVIIIe siècle, qui fut le siège de la justice seigneuriale du prince de Monaco. Il abrite désormais le centre d'art Présence Van-Gogh.

La rue Lafayette. L'HÔTEL DES ANDRÉ, au n° 9, est un magnifique hôtel Renaissance mutilé en 1863 lorsqu'on fit prolonger la rue. On longe l'HÔTEL DE VILLE qui occupe depuis 1647 un ancien couvent d'augustines. Enfin, à l'angle de la rue de la Résistance, subsiste une tourelle de l'ancien hôtel de Jean de Renaud, gouverneur de Grandville (1550). Avant de retrouver le cours, tourner dans la rue Hoche : on y voit la porte de l'ancien hôpital qui s'accote aux vestiges des remparts ainsi qu'au n° 4 la maison natale de Nostradamus ▲ *260*.

Hors les murs. La route de Maillane, au nord, mène aux vieux moulins de la ville, flanqués des tours qu'on érigea en 1887 pour activer leur force motrice. La petite route des jardins ♥, bordée par le Réal, longe «la Fabrique», ancien atelier à chardon cardère ▲ *278*.

Festivités

La ville est animée par une fête à charrette ● *74* le 15 août, la fête votive de la Saint-Rémy (le dimanche précédant le 1er octobre) avec lâchers de taureaux dans la ville, et la fête de la transhumance le lundi de Pentecôte.

Saint-Paul-de-Mausole

Son cloître s'ouvre sur quatre galeries voûtées en berceau.

Saint-Paul-de-Mausole ♥

Son nom provient du mausolée des Antiques ▲ *280*. Ce n'était qu'un prieuré qui accueillit dès 1605 des observantins qui y soignaient des aliénés. Après la Révolution, le Dr Mercurin y installa une maison de santé toujours en activité. Elle accueillit Vincent Van Gogh ● *126* ▲ *292*, qui y fut soigné de 1889 à 1890 et y réalisa les plus belles de ses œuvres. Un circuit fléché conduit les visiteurs sur les pas du peintre.

Le monastère ♥. Reconstruit au XIIe siècle, le monastère offre à la visite sa petite église, surmontée d'un vigoureux clocher apparenté à celui de Saint-Trophime ▲ *300*, et un cloître d'une émouvante simplicité.

LES ANTIQUES
C'est la seule partie du site visible depuis la route. L'arc de triomphe (à droite) fut élevé peu après le début de notre ère. Il symbolisait la grandeur de Rome et de ses armées. Le mausolée (en bas) date des années 35 av. J.-C. Il ouvrait la nécropole qui bordait la voie antique et glorifiait une famille gauloise qui, ayant su s'intégrer à Rome, avait participé à ses guerres.

LES FOUILLES
Commencées au XIXe siècle, elles se poursuivirent dans les années 1930. L'essentiel fut cependant dégagé par Henri Rolland de 1942 à 1970.

L'ÉTAT DES RUINES
Leur assez bonne conservation est due au climat provençal et à l'implantation de la cité au débouché d'un défilé : les boues et pierres entraînées par les eaux lors des orages y furent retenues.

Les vestiges furent donc recouverts d'une épaisse couche de sédiments qui les protégea en partie.

GLANUM ET LES ANTIQUES ♥

Capitale des Glaniques, un des peuples saliens confédérés de l'actuelle Provence, Glanum, s'hellénisant au contact de Marseille ▲ *162*, connut son apogée au IIe siècle av. J.-C. La ville, réprimée par Rome en 90 av. J.-C., se développa sous Auguste et fut dotée de monuments publics grandioses ; mais, écrasée par la puissance de colonies voisines, comme Arles ▲ *290*, elle s'étiola dès le Ier siècle de notre ère, avant de disparaître, vers 270, sous le coup d'incursions barbares.

LE SITE. La ville antique était beaucoup plus étendue que le site dégagé aujourd'hui. En descendant des belvédères, on prend pied dans la zone des sanctuaires, séparés du reste de la cité par un rempart, que l'on franchira pour atteindre les temples géminés construits vers 25 av. J.-C. et qui servaient sans doute au culte impérial. La salle d'assemblée des notables, à côté, suppose une organisation politique sur laquelle nous ne savons pratiquement rien. Le forum, qui suit, est l'une des zones les plus complexes : un premier temple, devenu place publique au IIe siècle av. J.-C., fut transformé en grande bâtisse un siècle plus tard, puis en forum, bordé par des édifices publics, sous Auguste. Le bâtiment qui le jouxte au nord abritait certainement le tribunal et la curie, siège du conseil municipal. Plus au nord, les thermes publics (vers 50-25 av. J.-C.) s'ordonnent selon un plan classique : salles chaude, tiède et froide ouvrant sur une cour. À l'ouest se dressent des maisons particulières, occupées depuis l'époque pré-romaine jusqu'au IIIe siècle. La richesse de certaines, que l'on devine encore, prouve le raffinement des élites glaniques, hellénisées, puis romanisées.

LES BAUX-DE-PROVENCE ♥

L'occupation du site remonte au néolithique (environ 6000 av. J.-C.) et semble se poursuivre jusqu'aux premiers siècles de notre ère, comme en témoignent les stèles funéraires gallo-romaines des Trémaïé et des Gaïé (sur la D 27a).

SPLENDEUR ET MISÈRE DES BAUX. Ce site extraordinaire prend toute son ampleur à l'aube du Moyen Âge. Son histoire se confond, dès le Xe siècle, avec celle de la puissante famille des Baux, dont l'origine légendaire remonte au Roi mage Balthazar et qui, peu à peu, étend son emprise sur tout le sud-ouest des Alpilles, créant des postes d'avant-garde, comme Castillon ▲ *285*, qui contrôlent la circulation dans la vallée. Au XIIe siècle, le château devient le siège d'une cour brillante. La dynastie s'éteint en 1426 ; les Baux entrent dans le domaine du comte de Provence puis dans le domaine royal ● *54*. Le roi de France, jaloux d'une forteresse si puissante, ordonne son démantèlement en 1483. Le village retrouve son faste au XVIe siècle grâce au connétable de Montmorency, gouverneur du Languedoc : le château est restauré en 1546, de nouveaux bâtiments sont construits (hôtels de Manville, des Porcelet ▲ *283*). La forteresse, jugée finalement trop dangereuse pour la paix du royaume, est définitivement détruite en 1632.

LA BAUXITE. Au début du XIXe siècle, le village ne compte plus que quatre cents habitants contre trois mille six siècles plus tôt. Une découverte scientifique attire cependant l'attention : en 1822, le minéralogiste Berthier découvre un minerai couleur feuille-morte et lui donne le nom du lieu de sa découverte : c'est la bauxite, dont on extrait l'aluminium (la carrière est fermée depuis quelques années).

AUJOURD'HUI. Les Baux sont devenus, depuis une quinzaine d'années, un haut lieu du tourisme culturel. Un projet de restauration de la citadelle, comprenant un chantier de fouille gigantesque (30 000 m^3 de remblais), a été mis en place récemment. L'aménagement d'un espace de spectacle, avec le château en fond de scène, est également programmé.

UN NID D'AIGLE
Le village des Baux-de-Provence, planté sur un éperon rocheux culminant à 245 m, domine deux vallons fertiles : le vallon de la Fontaine à l'ouest et le val d'Entreconque à l'est.

“C'est donc ici que se trouvent les ruines des Baux. Mais ce ne sont pas des ruines au sens courant du terme. C'est le retour de la pierre à la pierre. Autrefois, la craie était un château fort, elle est redevenue craie. Le château était en roche. La roche l'avait engendré et gardé pendant plusieurs siècles en son sein. Aujourd'hui la roche est de nouveau roche. Elle jaillit de nouveau. Elle se renouvelle et envahit les formes du château.”
Joseph Roth

«LES RUINES DOUÉES D'AVENIR, LES RUINES INCOHÉRENTES AVANT QUE TU N'ARRIVES, HOMME COMBLÉ, VONT DE LEURS PARCELLES À TON AMOUR…»

RENÉ CHAR

LE PAVILLON DE LA REINE JEANNE Niché au creux du vallon de la Fontaine, aux abords de l'ancien lavoir (près de la gendarmerie), un élégant pavillon d'angle élevé sous la Renaissance ● *106* orne un jardin qui appartenait aux comtes des Baux. La légende l'appelle le pavillon de la reine Jeanne. Mistral en fit faire une copie pour son tombeau ▲ *314*.

IMPRESSION AU SOLEIL COUCHANT Les maisons s'étagent sur le flanc occidental du plateau. Les principales rues sont orientées du nord au sud, ce qui est redoutable les jours de mistral ■ *16*.

LE VALLON DE LA FONTAINE. Depuis 1866, l'entrée du village se fait par une brèche à travers une demeure surnommée la Maison du Roi. La ville n'avait auparavant qu'une entrée à l'ouest qui demeure encore aujourd'hui la plus pittoresque : il faut descendre dans le vallon de la Fontaine, où se trouvaient l'ancienne église paroissiale Saint-André-sous-les-Baux, le cimetière, l'hôpital, et où la ramure d'un charmant jardin cache encore le pavillon de la reine Jeanne ♥. Un chemin pavé, la Calade, grimpe jusqu'à la porte fortifiée d'Eyguières ♥ (la porte de l'eau), reconstruite au XVIIe siècle.

LE VILLAGE DES BAUX

Un corps de garde troglodyte, à droite, accueille le visiteur. D'emblée, les façades Renaissance des maisons rappellent les heures brillantes que connut le village au XVIe siècle ▲ *281*.

LE MUSÉE DES SANTONS. Suivre à gauche la place de la Ville jusqu'au bâtiment du XVIIe siècle de l'ancien corps de garde de la cité, transformé un temps en hôtel de ville et, de nos jours, en musée des Santons ● *80*, où se côtoient santons napolitains du XVIIIe siècle, santons d'église du XIXe siècle et une collection de santons contemporains que complète une grande crèche, représentant la Nativité aux Baux. En sortant, suivre la Grand-Rue.

L'HÔTEL DE MANVILLE ♥. C'est le plus bel hôtel Renaissance de la ville, édifié vers 1571 par une riche famille protestante. Les adeptes de la religion réformée étaient en effet nombreux aux Baux et, grâce à la tolérance du viguier (magistrat du roi) Jean de Manville, le village était devenu leur refuge. L'hôtel abrite aujourd'hui la mairie et un musée d'art contemporain dont le fonds est constitué d'œuvres d'artistes modernes régionaux, ou ayant séjourné en Provence (Ambrogiani, Brayer, Buffet, Chabaud ▲ *315*, Prassinos). En face de l'hôtel, la façade en ruine de la maison de Brisson-Peyre ne se signale plus que par une délicate fenêtre à croisée dont l'entablement porte l'inscription calviniste *Post Tenebras Lux* («Après les Ténèbres, la Lumière»).

L'HÔTEL DES PORCELETS ♥. Au bout de la rue Neuve surgit l'élégante façade de l'hôtel des Porcelets, belle demeure de la fin du XVIe siècle. Au rez-de-chaussée, un décor peint du XVIIe siècle représente des allégories des Saisons et

des Vertus. L'hôtel, devenu le MUSÉE YVES-BRAYER, accueille une rétrospective, en soixante-quinze toiles, de l'œuvre du peintre, axée sur sa période italienne des années 1930 ; Brayer (1907-1990) vécut en effet aux Baux, où il est enterré. En face, la chapelle des pénitents, du XVIIe siècle, est décorée de fresques de l'artiste (1974) célébrant le Noël des bergers.

L'ÉGLISE SAINT-VINCENT. Une lanterne des Morts ♥ du XVIIe siècle surplombe le mur nord : une flamme y brûlait jadis lors du décès d'un Baussenc. L'église, à moitié troglodyte comme souvent aux Baux, date du XIIe siècle et fut agrandie en 1609 d'un habile pastiche roman. La façade fut restaurée au XIXe siècle par Révoil. À Noël y est célébrée la cérémonie très populaire du pastrage ● *78*.

UN PATRIMOINE INESTIMABLE
La ville, fière du trésor culturel dont elle a la charge, a décidé de redonner vie à la «cité morte». Parmi les projets, une exposition sur le travail de la pierre dans les carrières et un musée d'archéologie *in situ*.

LA CITADELLE ♥

LE MUSÉE DES BAUX. La rue du Trencat (la Tranchée) mène à l'entrée de la citadelle. On franchit le plus ancien hôtel des Baux, la maison de la tour de Brau (XVe siècle). Les armes des Baux – la comète à seize rais – figurent sur la clé de voûte de la salle ; dans le fond, un pressoir à huile a été creusé dans la roche. L'hôtel, aménagé en musée, présente l'histoire des Baux et du château : tombes antiques, céramiques gallo-romaines, éléments architecturaux sculptés (en haut, à gauche), maquettes du château. À côté, jouxtant l'HÔPITAL QUINQUERAN (XVIe siècle), la chapelle romane de SAINT-BLAISE (XIIe siècle) accueille un petit musée de l'Olivier.

L'ANCIEN CHÂTEAU. La citadelle offre, sur 5 ha, un décor minéral où roche et pierre se confondent ♥. Les vestiges de l'ancienne forteresse sont encore dominés par le donjon du XIIe siècle, tandis que les tours Sarrasine, Paravelle et de Bannes et le colombier rupestre ♥ qui faisait partie du système défensif émergent des ruines de l'enceinte. Les fouilles ont permis de dégager le rempart du XVIe siècle et son fossé, un habitat de l'Antiquité tardive (IVe siècle apr. J.-C.) et les vestiges de maisons médiévales.

❝Voilà les Baux. C'était un château fort, c'étaient des maisons autour, non pas bâties, mais creusées dans les couches de calcaire, comme si les hommes, par entêtement à rester là, s'y étaient changés en espace.❞
Rainer Maria Rilke

“Quand je dis huile, je veux dire huile d'olive, toujours d'olive, rien que d'olive, grands dieux.”
Joseph Delteil

LA FABRICATION DE L'HUILE D'OLIVE
La récolte des olives noires (olives vertes mûres) se fait, à la main, de novembre à janvier. On passe la pâte d'olive étalée dans des empilements de scourtins (récipients ronds tressés) dressés sous le pressoir (en bas, à droite). Il faut toujours 5 kg de matière première pour 1 litre d'or liquide : l'huile vierge de première pression. Les fins d'années provençales sont ainsi rythmées, dans

les vergers et dans les moulins, par ces travaux que célébra Giono : «Sur les bords de ce grand fleuve de fruits qui ruissellent dans les villages, tout notre monde assemblé chante.»

LA VALLÉE DES BAUX ♥

LE PAYS DE L'OLIVIER ■ *26.* La route laisse derrière elle les crêtes des Alpilles couronnées de pins pour se perdre au milieu des oliveraies argentées de la douce vallée des Baux. On est ici au cœur du pays de l'olivier ♥. L'arbre symbolique des pays méditerranéens dépasse rarement 2 m de haut et pousse parmi les lentisques, les arbousiers et les bruyères arborescentes. Sa culture remonte à l'Antiquité, à partir de variétés importées du Proche-Orient, dans des contrées où il atteint des tailles respectables et peut vivre deux mille ans. S'il résiste aux petites gelées, les grands froids – celui de février 1956 est encore dans toutes les mémoires – lui sont fatals.

MAUSSANE

Son moulin coopératif (le plus réputé de la vallée) pratique encore la pression traditionnelle de l'huile. L'église, construite de 1750 à 1754, est le don d'un mécène incompris, monsieur de Laugier, seigneur de Monblanc : le clocher sans flèche – parti pris architectural – le fit passer aux yeux de ses concitoyens pour

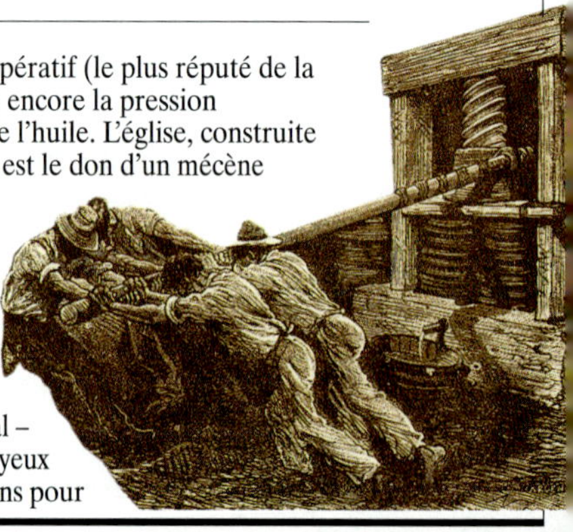

un homme n'ayant pas les moyens de sa générosité ! Sur la place de la mairie, se trouve un lavoir monumental qui date du XIXe siècle.

MOURIÈS

Ce gros bourg tranquille est, avec ses deux moulins oléicoles, la capitale de l'huile d'olive.

SERVANES. Au pied du sanctuaire celto-ligure des Caisses de Servanes, le domaine, aujourd'hui hôtellerie, appartint aux Révoil. Son château vit une fille de la famille, Louise Colet, femme de lettres, amie de Flaubert, «déesse et muse» pour Victor Hugo, rêver de liberté et de poésie. La même route de Servanes longe le MAS DE BRAU ♥, d'architecture Renaissance, avant de rejoindre Maussane.

LES TOURS DE CASTILLON ♥. De Maussane, suivre vers le sud la D 27. Surgissant d'une colline pierreuse, trois tours enserrent les vestiges d'un château, mentionné en 1156 comme dépendant de celui des Baux ▲ *281*. Des fouilles récentes ont permis de retrouver sous les ruines médiévales un oppidum protohistorique. La vue domine un paysage où les marécages ont cédé la place à des cultures depuis 1912, grâce au creusement du canal de la vallée des Baux.

LE PARADOU

L'église, des XVIIe et XVIIIe siècles, fut remaniée dans un style moyenâgeux au XIXe siècle ; c'est également à cette époque que fut aménagé l'hôtel de ville, précédé depuis 1965 du buste de Charloun Rieu (1846-1924), félibre (poète) ● *64* ▲ *314* natif de la ville.

LE CIMETIÈRE. Dans l'allée centrale se dresse une belle croix de 1660 ♥, et, à droite, se trouve le tombeau de Charloun Rieu, sculpté dans les années 1930 ; réalisé à l'imitation des sarcophages paléochrétiens, il s'orne de bas-reliefs représentant les travaux agrestes dont le poète fut le chantre. La route, au nord du cimetière, borde le MAS D'ESCANIN, mentionné depuis 1623 et célébré par les félibres. Moulins à farine et à huile, bergerie et granges enserrent, à l'image des exploitations agricoles des Alpilles, la maison du propriétaire et celle du fermier.

DU PARADOU À FONTVIEILLE. On découvre, après la sortie du village, à droite (D 17), les vestiges romains de la BURLANDE, qui associent à un bassin carré qui recevait l'eau de l'Arcoule un aqueduc et un pont datant du début de notre ère. On passe ensuite devant le château d'Estoublon de la fin du XVIIIe siècle ; un peu plus loin à droite se dresse le MAS D'AUGE (XVIe siècle), dont une tour de guet a été transformée en curieux pigeonnier ♥. Sur la D 17 s'ouvre ensuite un chemin non goudronné desservant le mas des Taillades ; 1 km plus loin sur la droite se dresse un autel romain, dit de LA COQUILLE parce que abrité par une grande coquille sculptée dans le rocher. Cet autel, lié sans doute au culte des eaux, devint, au Moyen Âge, un repère pour les pèlerins qui se rendaient à Saint-Jacques-de-Compostelle.

FLÂNERIE AU PARADOU
Le Paradou dont, selon Mistral, «les maisons ont l'air d'avoir été semées à la fronde» accueille toujours un restaurant réputé. Le village tire son nom des moulins à parer (ou à fouler) bâtis le long de l'Arcoule aux XVIIe et XVIIIe siècles. Les habitants se consacraient alors à la pêche dans les marais, à l'élevage et à la cueillette du roseau. Aujourd'hui sources ou ruisseaux coulent sous des voûtes ; les voies de passage de la draille à la voie de chemin de fer qui justifièrent le développement du village au XIXe siècle se sont, elles, estompées dans le paysage.

Le village de la pierre
Fontvieille connut au XIXe siècle un développement extraordinaire grâce à l'exploitation de carrières de molasse calcaire. Si, depuis le XVIIe siècle, ses pierres servaient à la construction des mas camarguais, l'apparition du chemin de fer, une nouvelle législation concernant l'ouverture des carrières et une demande accrue de ce matériau transformèrent en quelques décennies le village.

Un site littéraire
Alphonse Daudet, lors d'un séjour à Fontvieille au château de Montauban, fut séduit par l'abandon, au milieu de la végétation odorante de la garrigue, des moulins qui couronnaient les lignes de crêtes et dont l'activité avait été intense moins d'un siècle plus tôt. Aussi en immortalisa-t-il l'un d'entre eux dans les fameuses *Lettres de mon moulin*.

Fontvieille ♥

La petite ville se regroupe autour de son église, du XVIIe siècle, flanquée d'un campanile du XIXe siècle et que borde une charmante place arborée. Elle s'anime en mars pour la foire aux chevaux et à Noël lors du pastrage ● *78*.
Le Planet. La Grand-Rue, qui descend depuis l'église, traverse le quartier du Planet ♥, où les blottages (grottes artificielles résultant de l'extraction des blocs) ont été utilisés pour y nicher des maisons au décor raffiné (en haut, à droite), souvent précédées d'un puits. Dans ce quartier semi-troglodytique, les carriers ont mis un point d'honneur à souligner les fenêtres d'un décor mouluré ou sculpté témoignant de leur savoir-faire. Au sud-ouest du village, le maillage des maisons se distend pour faire place à des petits mas dominés par une tour crénelée de guet construite au XIVe siècle et qui était censée protéger les villageois des méfaits des grandes compagnies. Plus loin, sur la D 17a, s'organise un autre quartier résidentiel autour de l'oratoire Saint-Roch-et-Saint-Victor, érigé après la peste de 1720 ● *60*.

Le moulin de Daudet

Au bout d'une allée de pins aux troncs déformés par le mistral se dresse sur la gauche le moulin qui inspira l'œuvre de Daudet ● *150*. Doté de ses ailes, il a gardé son mécanisme intact. Au sous-sol, un petit musée présente des documents évoquant l'écrivain. À partir du moulin, un sentier fléché permet de découvrir la garrigue ♥, les moulins Remet et Tissot et d'atteindre le château de Montauban (XIXe siècle), où se tient l'exposition «Bonjour, M. Daudet». Suivre la D 33, qui s'infléchit vers les marais asséchés de la vallée des Baux. À gauche s'ouvre le chemin goudronné de Brunelly qui conduit aux aqueducs de Barbegal.

Les aqueducs et les moulins de Barbegal ♥

L'ensemble constitué par les aqueducs du vallon des Arcs et les moulins de Barbegal est un des plus remarquables sites romains que l'on puisse voir en Provence. Il réunit les vestiges bien conservés de deux ponts aqueducs et d'un bâtiment industriel qui abrita les seize roues du seul ensemble de moulins à eau à roue verticale connu pour cette époque dans le monde romain. Le sentier se fraye un passage entre les arches romaines et un verger d'oliviers pour s'arrêter net au sommet de l'à-pic où s'étage la meunerie. Le site, impressionnant, témoigne de l'importance économique qu'avait Arles ▲ *290* dans l'Antiquité. Autour, s'étend un paysage typiquement arlésien : en haut bruisse la garrigue où chassa Tartarin ; au milieu s'incurve le vallon des Arcs avec ses oliviers, ses maraîchers et le vert de ses champs où l'on produit le foin de la Crau, tandis qu'en bas l'ancien marais des Baux se couvre de champs de blé.

Les aqueducs romains
Au Ier siècle de notre ère, un premier pont fut édifié pour approvisionner Arles en eau. Un siècle plus tard, on le doubla à l'est d'un second pont pour alimenter la meunerie, visible en contrebas du site.

Les hypogées de Fontvieille ● *98*

En contrebas du parking de l'abbaye de Montmajour se distingue l'hypogée du Castellet, chambre funéraire composée de deux pièces entaillées dans le rocher et couvertes de grosses dalles plates envahies par les broussailles. Cette tombe fait partie d'un ensemble datant de l'époque chalcolithique (vers 2000 av. J.-C.) découvert en 1873 et composé d'un dolmen – celui de Coutignargues – et de quatre hypogées. Les dimensions inhabituelles de ces monuments confinent au gigantisme (10 m de long et 2,30 m de large pour le dolmen) et supposent une organisation sociale complexe, une finalité dépassant la simple fonction funéraire et un niveau de développement technique remarquable. Ces hypogées, aujourd'hui inclus dans des propriétés privées, étaient selon la légende le lieu de résidence des fées et abritaient le trésor de la Chèvre d'or.

La légende de la Chèvre d'or
Les Maures, qui occupèrent la Provence pendant deux siècles avant de se retirer vers 980, avaient, dit-on, caché dans des grottes leurs immenses richesses, sous la garde vigilante de la Chèvre aux cornes d'or «que nul mortel ne paît ni trait» (Frédéric Mistral). Ci-dessus une chèvre du Rove ■ *44*.

L'abbaye de Montmajour ♥

S'il semble que, très tôt, les hommes aient creusé des tombes dans le rocher qui porte l'abbaye, il faut attendre le Xe siècle pour qu'une communauté monastique s'y installe : les moines s'assignent alors pour tâche d'assécher les marais qui couvrent le territoire. Les comtes de Provence ayant élu sépulture à Montmajour, le monastère devient au XIe siècle un des plus importants de la région. La décadence commence à la fin

UNE CRÉATION DE CHARLEMAGNE ?
Selon la tradition répandue par les moines, Charlemagne, ayant réussi à mettre en déroute les Sarrasins retranchés sur les collines, aurait enseveli ses guerriers

sur le rocher de Montmajour et aurait fondé le monastère pour commémorer sa victoire.

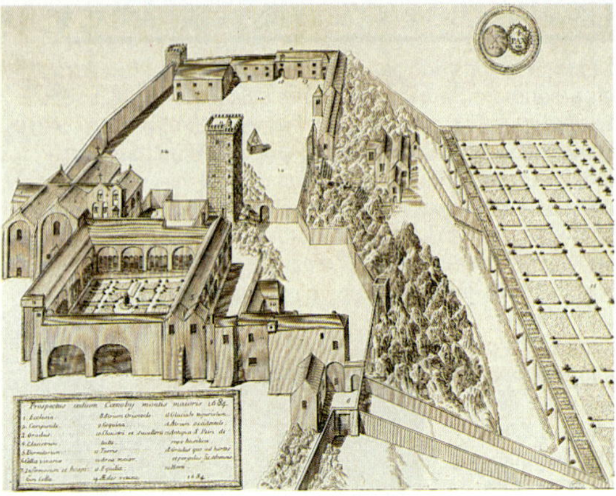

du Moyen Âge ; en 1630, une réforme est confiée à la congrégation de Saint-Maur. Le nouveau monastère, accolé au précédent, est gravement endommagé, en 1726, par un incendie. L'abbaye, sécularisée par Louis XVI et vendue comme carrière à la Révolution, est rachetée par les peintres Réattu ▲ *299* et Révoil. Sa restauration est entreprise dès 1862.

VISITE. Délaisser le parcours fléché pour atteindre la partie la plus ancienne de l'abbaye, la CHAPELLE SAINT-PIERRE ♥, adossée au flanc sud de la colline. L'église, du XIe siècle, communique avec un ermitage rupestre ♥ ; la simplicité des volumes en fait un lieu touchant et apaisant. On découvre, en remontant, la TOUR DE L'ABBÉ, édifiée en 1369 pour assurer une défense contre les grandes compagnies. On aborde ensuite l'abbaye érigée au XIIe siècle sur la butte.
Une chapelle basse, inachevée, sert de fondation à l'église haute ; cette dernière, conçue sur un plan comportant cinq travées, n'en a jamais eu que deux.
Ses trois baies sont décentrées pour éviter le mistral. Au sud de l'église, les bâtiments conventuels s'organisent autour du CLOÎTRE ♥ construit en rectangle à partir de la galerie nord. En sortant, on bute sur la volée d'escalier qui permettait d'accéder au monastère mauriste dont les plans furent confiés à Mignard en 1703 puis, après l'incendie, à Franque.
Il ne reste malheureusement du bâtiment que des pans de mur et la porterie qui clôt la terrasse méridionale. La chapelle SAINTE-CROIX, du XIIe siècle, est bâtie à quelques centaines de mètres au milieu du cimetière rupestre ♥.

LE CLOÎTRE
La galerie est s'ouvre sur le tombeau des premiers comtes de Provence. Ses chapiteaux, au décor raffiné, et ses consoles décorées de monstres ont été restaurés abusivement au siècle dernier. Les statues du comte Guillaume et de sa femme encadraient l'arc de la galerie sud conduisant au réfectoire.

Arles et ses environs

1 IRPA
2 RHÔNE
3 QUAI DE LA ROQUETTE
4 TRINQUETAILLE
5 ESPACE VAN-GOGH
6 MUSEON ARLATEN
7 THERMES DE CONSTANTIN
8 HÔTEL DE VILLE
9 MUSÉE RÉATTU
10 OFFICE DE TOURISME

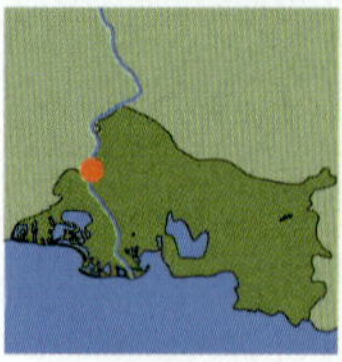

◷ 2 journées

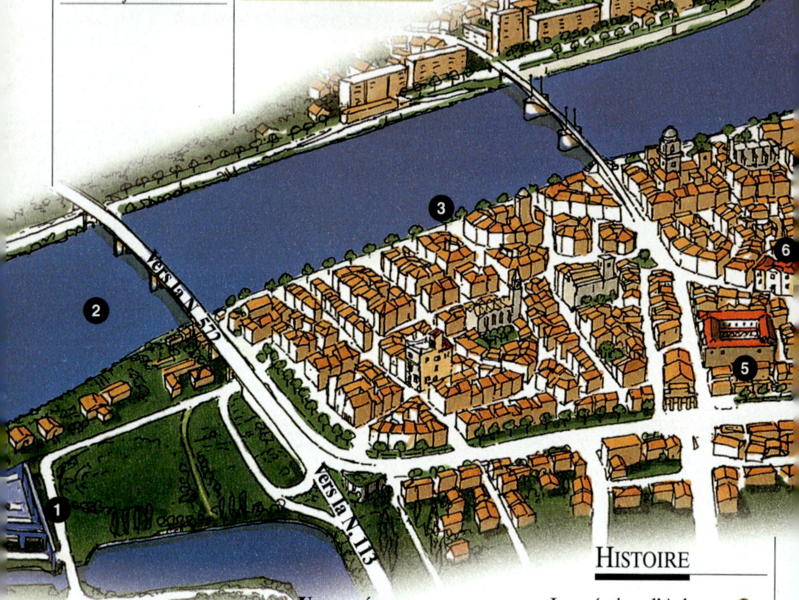

HISTOIRE

UNE «MÉTROPOLE» ROMAINE. La création d'Arles remonte au VIe siècle av. J.-C., lorsque des Grecs venus de Phocée, après avoir créé Marseille ● *162*, se sont tournés vers le Rhône, puissante artère pénétrant jusqu'au cœur de la Gaule. La véritable prospérité de la ville commence cependant avec les Romains : aidé par les Arlésiens lors du siège de Marseille, César comprend l'intérêt stratégique du site, au croisement du fleuve et de la route reliant l'Italie à l'Espagne ▲ *304* et, dès 46 av. J.-C., y crée une colonie avec les vétérans de la VIe légion. Arles connaît deux phases de construction : le forum, le théâtre ▲ *297*, des thermes, des places publiques apparaissent sous le principat d'Auguste, vers 30 av. J.-C ;

DU RHÔNE AU CHEMIN DE FER
Le chemin de fer, au XIXe siècle, fait perdre à Arles le monopole de la navigation sur le fleuve ; grâce à Lamartine, qui plaide sa défense, des ateliers ferroviaires sont installés dans la ville, qui se métamorphose en quelques décennies en cité ouvrière.

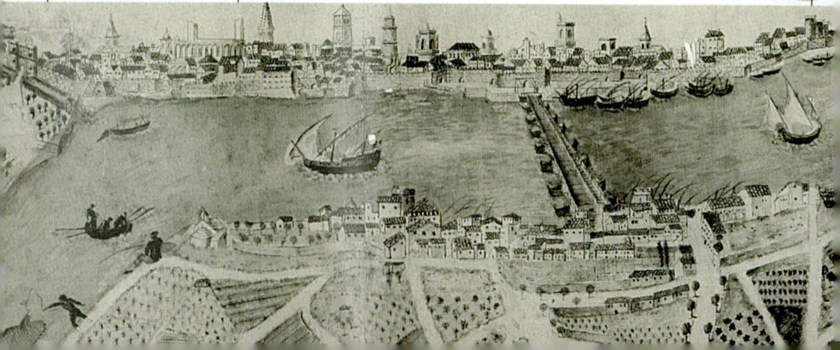

11 Église Saint-Trophime
12 Gare
13 Théâtre antique
14 Arènes
15 Porte de la Cavalerie
16 Boulevard des Lices
17 Notre-Dame-de-la-Major
18 Remparts romains
19 Alyscamps

cent ans plus tard, sous les empereurs flaviens, sont édifiés le cirque ▲ *303*, l'amphithéâtre ▲ *294* et des installations portuaires. L'expansion est pourtant brutalement stoppée, à la fin du IIIe siècle, sous le coup d'incursions barbares. Pourtant, dès le IVe siècle, favorisée par l'empereur Constantin, Arles devient résidence impériale, chef-lieu des Sept Provinces et préfecture des Gaules.

L'ère chrétienne. Au Ve siècle, Arles gagne la primatie des Gaules, grâce à l'appui d'une classe dirigeante tôt christianisée et à l'énergie d'évêques remarquables, Honorat au Ve siècle ou encore Césaire au VIe siècle. À la fin du VIe siècle, la ville n'échappe pas aux troubles qui ravagent la Provence ● *54* ; les habitants se réfugient à l'intérieur d'une enceinte très réduite, où les anciens monuments romains servent de citadelles retranchées ▲ *295*.

De l'essor au déclin. Dès le IXe siècle, les périodes de faste et de récession alternent. Ville importante de la Provence au XIIe siècle, Arles, au XVe siècle, est affaiblie par la peste noire puis par la guerre. Prospère au XVIe siècle, la ville est à nouveau durement atteinte par la peste de 1720 ▲ *60*. À partir de 1825, les ruines deviennent à la mode : les monuments sont les uns après les autres remis en valeur.

Aujourd'hui. La ville s'est tournée vers l'exploitation de son patrimoine culturel et un tourisme de qualité, ses monuments romains et romans ayant été classés par l'Unesco. Arles se veut aussi un lieu de manifestations internationales, et organise, depuis vingt ans, les célèbres Rencontres internationales de la photographie ▲ *292*.

Une commune gigantesque
Arles, qui englobe une grande partie de la Camargue, est la plus vaste commune de France.

LA PORTE DE LA CAVALERIE
Édifiée lors de l'extension de l'enceinte au XIIe siècle, elle était destinée à protéger le Bourg-Neuf. Ses deux tours rondes furent remaniées en 1560.

LA MAISON JAUNE
Son nom venait de la couleur de son enduit. Van Gogh la décrit ainsi à son frère Théo : «Le motif est d'un dur mais justement je peux le vaincre. Car c'est terrible ces maisons jaunes dans le soleil, et puis l'incomparable fraîcheur du bleu…»

LES GARDIANS DE LA MAJOR
L'église Notre-Dame-de-la-Major accueille en mai la messe traditionnelle des gardians ▲ *297*. Sur la place, un monument a été édifié en 1963, afin d'honorer deux célèbres manadiers de Camargue : Folco de Baroncelli ▲ *320* et Joseph d'Arbaud. L'église, quant à elle, fut construite au XIIe siècle (et largement remaniée au cours des siècles suivants) sans doute sur l'emplacement d'un temple romain dédié à Cybèle.

LE QUARTIER DE LA CAVALERIE

Ce quartier tire son nom de la proximité des propriétés des chevaliers de l'ordre du Temple, ou templiers, qui se trouvaient hors des murailles au Moyen Âge.

LA PLACE LAMARTINE. La place Lamartine fut nommée ainsi en hommage au poète, qui avait pris la défense de la ville ▲ *290*. S'y trouvait jadis la maison Jaune où Van Gogh avait son atelier et qui fut détruite par les bombardements de 1944.

VAN GOGH À ARLES. Vincent Van Gogh (1853-1890) s'était en effet installé à Arles en février 1888, et, séduit par la lumière provençale, y avait débuté une période de création intense. Il avait persuadé Gauguin de l'y rejoindre en octobre, mais après une violente dispute avec ce dernier, Van Gogh se taillada l'oreille ; il fut interné à Arles ▲ *302* puis à Saint-Rémy ▲ *279* avant de gagner Auvers-sur-Oise.

LE QUARTIER DE L'HAUTURE

En remontant la rue Voltaire, on est frappé par la masse imposante de l'amphithéâtre romain ▲ *294*.

LES RENCONTRES PHOTOGRAPHIQUES. À droite des arènes s'élève le bâtiment officiel des Rencontres internationales de la photographie ♥ ; créées en 1970 par Lucien Clergue, qui rêvait d'un lieu où les photographes du monde entier pourraient prendre contact et confronter leurs œuvres, ces manifestations animent au mois de juillet la ville, qui abrite également, depuis 1983, l'École nationale de la photographie.

NOTRE-DAME-DE-LA-MAJOR. À l'est de l'amphithéâtre, une petite place abrite l'église Notre-Dame-de-la-Major. En poursuivant par la rue de la Madeleine, on découvre une partie des murailles élevées sous Auguste.

LES MURAILLES ANTIQUES. On longe ici les limites orientales de la ville antique ; la route d'Italie pénétrait dans la ville à peu près face au cimetière actuel. La grande tour cylindrique, au coin des boulevards des Lices et Émile-Combes, renforçait l'angle sud-est des fortifications. Sous le Bas-Empire, afin de limiter la surface de la ville à défendre, on empila hâtivement des blocs pour relier la tour au théâtre, constitué en fortin. Ailleurs, le tracé reste incertain.

La fête des gardians place de la Major.

Saint-Jean-de-Moustiers. À l'ombre de la tour, l'abside à demi enterrée de Saint-Jean-de-Moustiers, un des rares édifices d'Arles à présenter des éléments d'architecture médiévale, fait face à l'église Saint-Blaise, également désaffectée.

Les Alyscamps ♥

En traversant le boulevard des Lices, en bas des remparts, on parvient à la nécropole des Alyscamps, dont le nom vient d'*Alysii campi* (c'est-à-dire les champs Élysées, la voie conduisant au royaume des morts les guerriers valeureux), l'un des cimetières les plus célèbres du Moyen Âge.

Un cimetière légendaire. L'origine de la ferveur qu'inspira cette nécropole vient de ce que saint Genest y fut inhumé au Ve siècle. Genest, jeune greffier au tribunal romain, avait refusé d'inscrire un édit de persécution contre les chrétiens. Condamné à mort, il réussit à traverser le Rhône à la nage, mais, rejoint, il fut décapité. En raison de cette célébrité, des fidèles de l'Europe entière souhaitèrent être enterrés le plus près possible du saint. Les archevêques d'Arles profitèrent de cette aubaine pécuniaire et financèrent ainsi l'église Saint-Honorat, qu'on atteint après avoir parcouru l'allée des Sarcophages. Le cimetière s'étendait jadis bien au-delà de cette allée, mais une partie du site fut détruite lors de l'installation des ateliers des Chemins de fer au XIXe siècle ▲ *290*.

L'église Saint-Honorat. Elle a remplacé, au XIIe siècle, une basilique dédiée à saint Genest. L'édifice resta inachevé, faute des fonds nécessaires. Le clocher était appelé, au Moyen Âge, la «lanterne des morts», car on y entretenait un feu qui, comme un phare, signalait à tous la présence du cimetière.

Les morts des Alyscamps
D'innombrables légendes entouraient le cimetière au Moyen Âge : on raconte que les morts étaient placés dans un tonneau goudronné, avec une pièce de monnaie, et qu'ils étaient confiés au cours du fleuve : les radeaux et les cercueils poissés allaient s'échouer sur la rive gauche, où un personnel spécialisé les attendait pour les transporter aux Alyscamps. D'autres légendes prétendent que les défunts étaient attachés sur des chevaux dressés qu'on laissait aller par les chemins de halage jusqu'aux Alyscamps, où l'on déchargeait l'étrange cavalier.
Ce thème de la «descente des morts» se retrouve dans la nouvelle de Frédéric Mistral, *Nerto*.

L'allée des Sarcophages ♥
Elle fut installée par les frères Minimes aux Alyscamps, lors de l'organisation, au XVIIIe siècle, d'un musée d'Art antique consacré aux objets du cimetière.
Ce musée fut pillé en 1793, puis par les amateurs d'antiquités, mais une bonne part des sarcophages sculptés sont aujourd'hui déposés à l'Irpa ▲ *303*. Cette promenade étrange, bordée de tombeaux abandonnés et ombragée de cyprès, fut si appréciée par Vincent Van Gogh qu'il en peignit quatre tableaux.

L'amphithéâtre d'Arles occupe une vaste plate-forme taillée directement dans le rocher, sur le flanc nord de la colline. Le bâtiment date de l'époque flavienne, c'est-à-dire la dernière décennie du Ier siècle apr. J.-C. L'amphithéâtre, en forme d'ellipse comme il se doit, mesure 136 m de long dans son grand axe, avec une surface d'environ 11 500 m² ; c'est le vingtième plus grand amphithéâtre du monde romain. L'ensemble des gradins est aujourd'hui détruit dans sa partie haute, ce qui donne au monument une allure étrange avec les arcades supérieures de la façade qui se détachent sur le ciel. Renouant avec son passé, l'amphithéâtre abrite aujourd'hui des corridas très prisées des aficionados.

UN SYSTÈME INGÉNIEUX
Une série de galeries, desservies par soixante ouvertures, permettait une circulation du public dans le bâtiment et un accès rapide aux gradins, grâce à des escaliers disposés alternativement. Dix niveaux d'utilisation montrent l'ingéniosité des architectes : les vingt mille spectateurs pouvaient en un instant sortir des arènes.

L'ARÈNE
La partie centrale était à l'origine un peu plus haute ; le sol était, en effet, constitué d'un plancher engravé dans une rainure. On pouvait, par une trappe, faire apparaître décor et animaux au milieu de la scène.

«La ville se dresse au-dessus de ses ruines, dont elle semble ne pas être encore détachée»

Arthur Symons

Les arènes au Moyen Âge
Après l'effondrement de l'Empire romain, l'amphithéâtre devint le dernier refuge de la population arlésienne et fut transformé, dès le VIIIe siècle, en une véritable forteresse.

Une petite ville
Les arènes abritèrent jusqu'à près de trois cents maisons, deux chapelles, des placettes...
Le dégagement fut entrepris de 1826 à 1830.

Les spectacles de l'amphithéâtre, à l'époque romaine
Alors que le théâtre ▲ *297* et l'odéon étaient réservés aux spectacles culturels, le cirque ▲ *303* et l'amphithéâtre se partageaient les représentations sportives et violentes : courses de chars pour l'un, combats de gladiateurs pour l'autre. Les jeux étaient organisés à l'occasion de fêtes fixes, de célébrations du culte impérial ou encore de victoires militaires.

Les tours de guet
Au Moyen Âge, la défense du monument se trouva renforcée par la construction des trois célèbres tours, qui donnent aux arènes d'Arles leur physionomie si caractéristique.

CORRIDA
La feria tauromachique rencontre à Arles un véritable engouement ; une école taurine vient d'ailleurs d'y être créée.

LES FÊTES TAURINES

Il est difficile d'évoquer les arènes d'Arles sans leur rattacher toute une tradition festive centrée sur le taureau, qui s'est particulièrement développée ces dernières années.

DE LA FERRADE À LA CORRIDA. Les moments forts de l'élevage taurin ont toujours donné lieu à des fêtes, surtout en Camargue ▲ *320,* où le marquage, par exemple, est suivi de la conviviale ferrade ● *70*. Ce goût pour le taureau, animal autochtone du delta du Rhône, a introduit, à partir de 1838, la vogue des grandes ferrades publiques, notamment dans les plaines de Meyran, situées dans le nord de la Camargue. Parallèlement, en 1830, lorsque l'amphithéâtre d'Arles fut définitivement débarrassé des maisons qui l'encombraient ▲ *295*, on organisa une course de taureaux, destinée à célébrer la prise d'Alger. Dès 1869, l'apparition de taureaux et de vaches de race espagnole dans la manade de Joseph Yonnet, puis chez Lescot et Pouly fils, va faciliter la présentation de spectacles à la mode espagnole et aboutir à la corrida moderne.

LES AFICIONADOS
Regroupés depuis le début du siècle en associations taurines, les aficionados suivent avec attention ces combats disputés entre des bêtes issues des plus grands élevages de la péninsule Ibérique et des toreros en habit de lumière, qu'ils soient Espagnols ou Français (quoique leur nom ait souvent des consonances hispanisantes). Au terme de la corrida, d'âpres discussions (*tertullias*) réunissent les spectateurs les plus passionnés.

LA FERIA (WEEK-END PASCAL). La feria est la présentation au public à la fois de corridas avec *matadors de toros* et de *novillades*, c'est-à-dire de jeunes matadors non confirmés. Cette fête tauromachique s'accompagne également de nombreux lâchers de taureaux dans la ville, d'expositions sur des sujets taurins et d'animations de rue par les *peñas* (sortes de fanfares).

C'est également depuis quelques années l'occasion de siroter dans des tavernes éphémères (*bodegas*) la sangria, le *fino* espagnol et d'esquisser, si le cœur en dit, des pas de danses sévillanes. Ambiance festive, qui emplit la cité trois jours et trois nuits de suite et qui rappelle que la tradition hispanique a désormais franchi les frontières de la péninsule Ibérique.

La fête de la Saint-Georges.
Les arènes voient également se dérouler les fêtes de la confrérie des Gardians, dont la fondation remonte au 2 janvier 1512. Aujourd'hui encore, le capitaine et les deux prieurs de la confrérie, élus chaque année, veillent au bon fonctionnement de la confrérie, à l'entretien de la chapelle et organisent la fête annuelle. Cette manifestation débute par la remise du drapeau à l'effigie de saint Georges au capitaine. Ensuite s'ébranle le cortège des cavaliers et des groupes folkloriques. De la sous-préfecture à l'hôtel de ville, ils remettent les pains bénits aux autorités civiles. Les cavaliers se retrouvent ensuite place de la Major, devant l'église du même nom ▲ *292*, pour être bénis face à la statue de saint Georges. La grand-messe est chantée en provençal sous les voûtes de l'église. La journée se termine par une cavalcade dans la ville et par des jeux de gardians dans les arènes (jeu de la bague, tournois de l'épervier, des écharpes, des oranges).

La confrérie des Gardians
Sous le patronage de saint Georges, brillant cavalier mort pour la foi sous Dioclétien, les gardians décident de s'organiser en 1512, en pratiquant une forme de secours mutuel. Leur fête se déroule annuellement le dimanche suivant la Saint-Georges (le 23 avril).

Le Théâtre antique ♥

À l'ouest des arènes s'étend le théâtre d'Arles, construit sous le principat de l'empereur Auguste dans le dernier tiers du Ier siècle av. J.-C., au sommet de la colline de l'Hauture. Les gradins sont établis sur un ensemble de substructions faites de galeries concentriques et de salles voûtées rayonnantes. Une partie du portique extérieur est encore bien visible du côté du jardin, où une travée avait été englobée dans le rempart méridional de la cité médiévale. Les gradins ont été reconstruits partiellement au XIXe siècle afin de permettre la tenue de spectacles, mais les rangées inférieures donnent une idée de l'appareillage utilisé par les Romains. L'*orchestra*, réservé aux évolutions du chœur, a un sol constitué par un dallage de cipolin vert encadré par de la brèche rose. La scène est encore visible avec son mur de fond de scène (*fons scenae*) qui était décoré à l'origine d'une centaine de colonnes, superposées sur trois niveaux.

Fragments de sarcophages antiques décorant la maison des Amazones, au n° 19 de la rue des Arènes.

LE THÉÂTRE EN 1880
Il ne fut dégagé qu'en 1833.

LE TEMPS DES BELLES DEMEURES
À la Renaissance, la noblesse, prospère, fait édifier des demeures somptueuses, qu'on retrouve disséminées çà et là entre les arènes et les thermes : l'hôtel de Varadier-Saint-Andiol (rue Raspail),

l'hôtel d'Arlaten, installé en partie dans les ruines des thermes, l'hôtel de Donine et la maison des Amazones (rue des Arènes) traduisent un même goût pour la magnificence et la monumentalité.

LES SPLENDEURS DE LA SCÈNE. De cette richesse subsistent deux colonnes de marbre surmontées d'un fragment d'entablement (ci-dessus). C'est sur ce mur de scène que se trouvait une partie de la statuaire aujourd'hui conservée à l'Irpa ▲ *303*. Le théâtre est toujours utilisé lors de manifestations prestigieuses comme les Rencontres internationales de la photographie ▲ *292*. On redescendra la rue Bastille, puis la rue Aristide-Briand avant de tourner dans la rue du 4-Septembre ; on longe l'ancienne boucherie royale.

LE QUARTIER DES THERMES

LE MUSÉE RÉATTU ♥. C'est le musée des beaux-arts municipal, ouvert au public depuis 1868. Il est installé dans un

édifice ayant appartenu à l'ordre de Malte au XIVe siècle. Le bâtiment, qui fut remanié au XVIe siècle, fut acheté en 1797 par le peintre Jacques Réattu (1760-1833) qui y installa son atelier. À sa mort, sa fille laissa sa propriété à la ville d'Arles afin qu'y soit créé un musée public de peinture. Le musée Réattu possède la majorité des œuvres de ce peintre, qui devint le peintre officiel de Marseille sous le Directoire, mais comprend aussi un fonds important d'art contemporain (François Morellet, Germaine Richier, Ossip Zadkine, Pol Bury) et, surtout, une collection de cinquante-sept dessins ♥ offerts par Picasso à la Ville d'Arles en 1971, série complétée par le portrait de la mère de l'artiste, *Maria Picasso Lopez,* puis par *Lee Miller en arlésienne*.

L'HÔTEL DE SAINTE-LUCE ♥. En face se trouve l'hôtel de Sainte-Luce (à gauche). Propriété des templiers au XIIe siècle, il échut aux chevaliers de Malte, qui le firent agrandir vers 1370. L'hôtel allait connaître de nombreux aménagements ; ses façades nord et sud furent notamment profondément remaniées aux XVIe et XVIIIe siècles. Aujourd'hui partie intégrante du musée Réattu, il abrite la plus importante collection de photographies des musées de province. Parmi les œuvres présentées en alternance, on peut découvrir des Westons, Adams, Cartier-Bresson, Brassaï, Man Ray, Izis...

Les thermes de Constantin. Les établissements thermaux jouaient à la fois le rôle de piscine municipale, de bains publics et de lieux de rencontre. Si les thermes du Nord sont les mieux conservés, on sait qu'il en existait dans le sud de la ville (sur le site de l'Esplanade) ; les vestiges d'un troisième établissement auraient été signalés au XVIIIe siècle sous la place de la République. Construits sous le Bas-Empire, les thermes du Nord, dits de Constantin, alternent briques et petits moellons de calcaire. Le bâtiment original était beaucoup plus vaste que ce qu'en laissent apparaître ses ruines.

Le forum

Les cryptoportiques ♥. Comme dans toute colonie romaine, la topographie d'Arles était organisée autour du forum, un peu plus au sud que l'actuelle place du même nom. La seule partie encore visible en est le cryptoportique, vaste fer à cheval de 90 m de long sur 60 m de large, constitué par trois galeries souterraines se coupant à angle droit. Enterrées, les trois galeries étaient, à la fin du Ier siècle av. J.-C., éclairées et ventilées par des soupiraux percés dans les voûtes. Bien que son utilisation exacte soit un peu mystérieuse, on suppose que le cryptoportique assurait la stabilité des fondations du forum proprement dit, qui ressemblait à une vaste cour dallée. Les galeries servirent de greniers au Bas-Empire. Au début du XXe siècle, les Monuments historiques découvrirent de somptueuses sculptures, exposées à l'Irpa ▲ *303*.

«Mort d'Alcibiade»
Cette toile de Réattu rend bien le style de ce peintre qui brilla dans la peinture inspirée par l'Antiquité.

Les thermes de Constantin
La grande salle est couverte par une voûte en cul-de-four. Une piscine pavée de marbre est encore visible, ainsi que les fours qui permettaient d'alimenter en air chaud les conduits pris dans les murs.

La place du Forum
La place, aujourd'hui bordée de cafés, est l'un des endroits les plus animés de la ville. On y voit encore les restes d'un fronton, qui tend à prouver que l'espace central du forum antique était complété par un aménagement monumental, sans doute un accès prestigieux.

Figures sculptées du portail de Saint-Trophime.

UN PORTAIL ROMAN
Les figures des saints soutiennent l'église comme des colonnes.

LE CLOÎTRE
Les galeries nord et est datent du XIIe siècle, les autres du XIVe siècle.

LA PLACE DE LA RÉPUBLIQUE

La place de la République, ancienne place du Marché, fut totalement réaménagée au XVIIe siècle.

L'ÉGLISE SAINT-TROPHIME ♥ ● *102.* Ce joyau de l'art roman fut élevé sur l'emplacement de la vieille basilique Saint-Étienne, qui datait du Ve siècle. Modifiée de nombreuses fois, l'église actuelle date du XIIe siècle, moment où elle prit le nom du saint évangélisateur de la Provence, dont on transféra alors les reliques. Saint Trophime était, en effet, devenu au XIIe siècle le saint patron de la ville, remplaçant ainsi saint Étienne. Au IXe siècle, une confusion intervint entre Trophime, l'évêque d'Arles, et Trophime, le disciple de Paul. La légende s'amplifia et fit bientôt du saint un proche du Christ qui se serait embarqué avec les saintes Maries ▲ *322.*
Le portail de l'église ♥ est consacré au thème du Jugement dernier. Sous les pieds de saint Pierre et de saint Paul, des lions androphages rappellent la présence du Malin écrasé par la Foi. Au-dessus, les symboles des évangélistes entourent le Christ en majesté. Sur le linteau sont sculptés les vieillards de l'Apocalypse dont parle saint Jean. L'édifice, enfin, fut complété vers 1180 par un clocher-tour de style lombard.
Le PALAIS DE L'ARCHEVÊCHÉ, à côté, date du Moyen Âge et fut restauré en 1669 par Mgr de Grignan, puis habillé d'une nouvelle façade au XVIIIe siècle. En empruntant le passage de l'Archevêché, on parvient au CLOÎTRE ♥.
Le chapitre d'Arles fut en effet touché, au XIIe siècle, par la réforme grégorienne imposant la vie cloîtrée aux chanoines. La galerie nord est décorée d'une série de sculptures évoquant la résurrection et les origines apostoliques de l'église d'Arles, saint Trophime et saint Étienne ornant les piles d'angle ; la galerie est décline le thème de la divinité du Christ.

L'ÉGLISE SAINTE-ANNE. Elle était la plus importante des églises paroissiales de la ville au Moyen Âge. Lors du dégagement de la place, au XVIIe siècle, l'église fut frappée d'alignement ; une porte à l'antique vint animer la façade si brutalement amputée. L'édifice fut transformé au XIXe siècle en Musée lapidaire de la ville, jusqu'à ce que les collections soient transférées en 1993 à l'Irpa ● *303.*

L'HÔTEL DE VILLE. L'ancienne maison communale étant devenue impropre aux besoins des consuls, le conseil de la ville décida la construction d'un grand hôtel de ville en 1657. Conçu par l'architecte Jacques Peytret, le bâtiment fut aménagé par Jules Hardouin-Mansart, qui redessina notamment la splendide voûte plate du hall ♥ prévue pour ne pas peser sur les cryptoportiques situés au-dessous ▲ *299.* L'ensemble,

VIERGE ET ÉVÊQUES
L'église abrite ce beau tableau de Finsonius.

inspiré de Versailles, inclut la tour de l'horloge, du XVIe siècle, et fut achevé en 1676. Pour terminer l'aménagement de la place, on y transporta l'obélisque.

L'OBÉLISQUE. Le grand obélisque de granite s'élevait dans l'Antiquité au milieu du cirque. Au XVIIe siècle, le conseil des consuls décida de le dresser sur un piédestal place du Marché, «pour la plus grande gloire de Louis XIV».

LA RUE DE LA RÉPUBLIQUE. Dans la première moitié du XVIIe siècle, la mode du maniérisme «bourguignon», art fleuri et capricieux, se répandit sur les demeures nobles de la rue aristocratique, la rue de la République : face au Museon, l'hôtel de Lauzière, de 1625, affiche deux colonnes torses supportant un entablement inspiré de l'Antiquité.

L'OBÉLISQUE
Pour l'installer, au XVIIe siècle, on fit appel à des marins de Martigues ▲ *194*, experts dans le levage des mâts de navire. Le transport, du cirque à la place, prit quarante jours !

LE MUSEON ARLATEN ♥

Cet hôtel particulier érigé par Honoré de Castellane, seigneur de Fos, témoigne du goût raffiné des grandes familles arlésiennes du début du XVIe siècle. En 1648, le bâtiment fut vendu aux Jésuites, qui décidèrent d'en faire leur collège et modifièrent la façade d'entrée.

LE POÈTE ETHNOGRAPHE. Frédéric Mistral avait élaboré à partir de 1895 l'idée d'un grand musée d'ethnographie qui évoquerait les modes de vie et de pensée provençaux et réunit vingt mille objets et documents. Le Museon fut inauguré en 1899. Au premier étage, Frédéric Mistral traita du costume, du mobilier et des objets de piété ; il réalisa deux reconstitutions de scènes provençales, la naissance et la célébration de Noël dans un mas ● *78*. Le second étage est consacré aux activités agricoles.

PLAQUE MULETIÈRE
Mistral a tenu à ce que soient présents dans son musée les multiples objets quotidiens par lesquels tout peuple exprime son particularisme.

L'ARLÉSIENNE ● *84*
Le Museon accumule les images de cette mode arlésienne (ici au temps de Louis-Philippe) que les femmes inventèrent jour après jour, et dont l'originalité réside dans la coiffure à bandeaux surmontée d'un ruban ourlé de dentelle, qui donne un port de tête élégant et fonde l'image de l'Arlésienne de légende.

Conseils de navigation
L'enluminure est extraite d'un traité d'arpentage médiéval écrit à Arles.

Le commerce sur le Rhône
Au XIXe siècle, la présence de ponts de bateaux sur le fleuve obligeait à une rupture de charge, et c'est à Arles que se faisait le débarquement des grains, du fourrage, du bois et autres pondéreux venus du centre de la France. Ils étaient ensuite redistribués par des voiliers de cabotage. Les sacs de sel y étaient déchargés des allèges, pour être embarqués sur les convois de halage remontant le Rhône ou la Saône.

L'espace Van-Gogh ♥. Rue du Président-Wilson s'élève l'ancien hôpital Van Gogh, ainsi appelé à la suite de l'internement du peintre ▲ *292*. Cet ancien hôtel-dieu, de 1573, fut longtemps le seul hôpital de la ville. La cour intérieure s'articule autour d'un délicieux jardin à la française, restitué exactement dans son état du XIXe siècle, grâce aux précisions apportées par les peintures, dessins et lettres de Van Gogh. L'espace Van-Gogh offre de multiples activités centrées autour du livre (médiathèque, archives municipales) et notamment la librairie des éditions Actes Sud, implantées dans la ville depuis le début des années 1980.

La Roquette
Ce quartier disposait, au Moyen Âge, d'une administration autonome, sous la tutelle de la famille Porcelet.

Le quartier de la Roquette

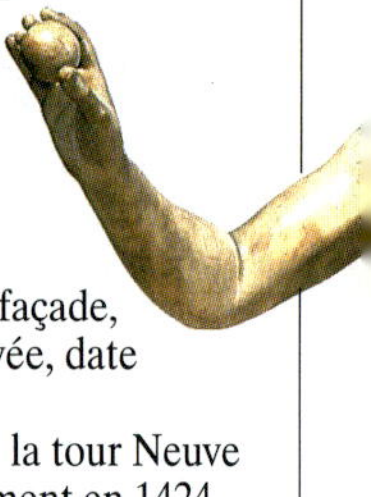

Ce quartier, ceinturé d'un rempart vers la fin du XIIe siècle, était, au Moyen Âge et à la période moderne, le quartier des marins, des portefaix et du petit peuple d'Arles.

L'hôtel d'Antoinelle ♥. Au n° 6 de la rue de la Roquette, cet hôtel somptueux, dont la façade, discrète, enserre une jolie cour intérieure pavée, date du règne de Louis XVI.

La tour Neuve. À l'angle ouest du quartier, la tour Neuve fut édifiée à partir de 1372. Remaniée totalement en 1424, dans la crainte d'un coup de force des Catalans qui, un an plus tôt, avaient saccagé Marseille, cette tour s'appela successivement la tour du Lion (on y enferma un temps un lion, symbole d'Arles), puis à la fin du XVIe siècle tour de l'Écorchoir, quand un abattoir s'y installa.

Détail tragique
Cette sculpture aux allures de masque de théâtre ornait un sarcophage de la nécropole du cirque romain.

Une ville ouverte sur le Rhône

Le Rhône est à l'origine de la richesse d'Arles. Dès l'Antiquité, le fleuve permit à la ville de commercer avec le centre de la Gaule et la Méditerranée, en faisant un port maritime et fluvial aux corporations bien différenciées : les naviculaires trafiquaient en Méditerranée ; les nautes remontaient le Rhône. Arles sut toujours adapter ses bateaux à la navigation fluvio-maritime, et le type de navire le plus célèbre sera, aux XVIIIe et XIXe siècles, l'allège d'Arles, à fond plat et de faible tonnage. Jusqu'en 1850, la flotte de la ville, avec cent cinquante-deux navires, faisait vivre quatre mille personnes. Toute cette activité cessa avec la concurrence du chemin de fer.

SARCOPHAGE CHRÉTIEN La collection de l'Irpa est la plus importante du monde après celle du Latran.

LE CIRQUE ROMAIN

Le cirque d'Arles, construit sous l'empereur Domitien (fin du Ier siècle apr. J.-C.), au même moment que l'amphithéâtre ▲ *294*, contenait le même nombre de spectateurs (environ vingt mille) que ce dernier. En raison de ses dimensions (450 m de long et 110 m de large), il se trouvait à l'extérieur des murailles, ce qui explique sa destruction complète lorsque, à la fin de l'Empire romain, on eut besoin de pierres pour consolider l'enceinte de la ville. Ce monument voyait se dérouler des courses de chars, très prisées des Romains, qui pariaient beaucoup, et des sortes de chasses à courre. Le cirque comprenait une vaste piste partagée en deux par un long mur décoré de marbre, de sculptures et d'un système visuel (dauphins crachant de l'eau) qui permettait au public de savoir facilement le nombre de tours de piste déjà effectués par les chars. Au centre de ce mur se dressait le grand obélisque ▲ *301*.

L'IRPA ♥

En continuant le long des berges du Rhône, on arrive au musée de l'Arles antique, ou Institut de recherche sur la Provence antique (Irpa). Cet étonnant triangle bleu a été dessiné par l'architecte Ciriani. Ses formes s'adaptent parfaitement au site de la presqu'île, dialoguant ainsi avec le cirque romain, en cours d'exhumation.

UNE NOUVELLE DONNE MUSÉOGRAPHIQUE. Ce musée doit rassembler l'ensemble des collections antiques de la ville, précédemment conservées dans le vieux Musée lapidaire et aux Alyscamps ▲ *293*, et marque une nouvelle étape dans l'histoire de la muséographie arlésienne. La présentation permanente y est conçue en plusieurs sections correspondant aux grandes époques du passé de la cité, depuis la préhistoire jusqu'à l'Antiquité tardive. Une salle d'expositions temporaires doit présenter les découvertes archéologiques ne pouvant figurer dans l'exposition permanente et également, à titre d'information, des présentations archéologiques de sites plus lointains.

SPLENDEURS DE PIERRE. Le musée présente une somptueuse collection de sarcophages du IVe siècle, tous réalisés dans des ateliers arlésiens, ainsi qu'un ensemble de sculptures et de mosaïques antiques provenant du territoire de la ville. À noter la statuaire augustéenne d'inspiration hellénistique découverte dans les ruines du théâtre antique ; les deux autels d'Apollon et le torse d'Auguste dans sa nudité héroïque (ci-dessus) sont particulièrement spectaculaires.

L'ANTIQUE À L'IRPA L'héroïque y côtoie le quotidien,

témoin, cette jolie lampe à huile au médaillon orné de gladiateurs.

LA VÉNUS D'ARLES Découverte dans le théâtre antique au XVIIe siècle, elle fut remarquée par un courtisan, qui s'empressa de la signaler à Louis XIV. Le roi fit savoir aux consuls qu'il serait heureux de posséder une telle œuvre. Les Arlésiens obéirent, espérant être exemptés d'impôt. En vain ! Deux siècles plus tard, Frédéric Mistral se plaignait encore de ces notables arlésiens qui «portèrent leur admirable Vénus pour recevoir en échange une croix de Saint-Louis. La Vénus d'Arles est aujourd'hui au Louvre et la copie en plâtre à Arles, c'est bien gagné !».

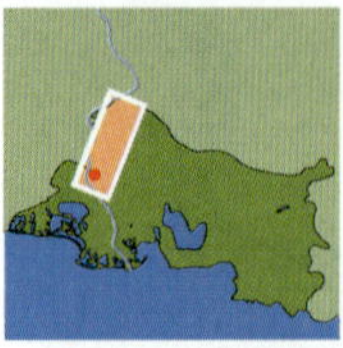

◷ 2 journées
🚗 60 km

VIA DOMITIA ET VIA AURELIA
À l'époque romaine, la liaison principale entre l'Italie et l'Espagne était assurée par la via Domitia qui franchissait les Alpes au mont Genèvre. Descendant la vallée de la Durance, elle passait le Rhône à Tarascon ▲ *306*, continuait vers les Pyrénées qu'elle traversait au Perthus. Au haut empire, elle était encore l'itinéraire le plus fréquenté de la région, quoique au changement d'ère les Romains aient prolongé vers la Gaule une autre route, la via Aurelia, qui, partant de Rome, longeait la côte et, poursuivant vers l'ouest le long des Alpilles, croisait la via Domitia à Ernaginum.

SAINT-GABRIEL ♥

On aborde le Tarasconnais par la chapelle Saint-Gabriel, dernier vestige – avec la haute tour que l'on voit dans la partie haute du contrefort rocheux – d'un village qui dominait

jadis les marais et disparut au début du XVe siècle.

UN CARREFOUR. À une première ville ligure avait succédé le site antique d'Ernaginum. Le lieu était fréquenté : la zone marécageuse bordant alors la colline mettait en effet en communication le cours inférieur de la Durance et celui du Rhône. La cité se trouvait, de plus, placée au carrefour de deux voies romaines majeures de la Gaule, les via Domitia et Aurelia.

D'ERNAGINUM À SAINT-GABRIEL. Commandant le passage vers Avignon, la petite ville continua de prospérer sous l'empire mais fut détruite en 480 par les Wisigoths. À la fin du VIe siècle, un château censé surveiller les passages dans la plaine fut construit sur l'emplacement d'Ernaginum. Les Sarrasins, aux VIIIe et IXe siècles, rasèrent l'antique chapelle qui s'élevait sur la colline ; deux siècles plus tard, le toponyme Saint-Gabriel était fixé. Puis l'assèchement progressif des marais, à la fin du Moyen Âge, entraîna le déclin du village.

LA CHAPELLE ♥. Cette chapelle, de dimensions réduites, se signale par le décor de sa façade, divisée en deux par un entablement. On saisit d'emblée en la contemplant combien l'Antiquité a marqué cet art roman provençal, tant pour les

14 Maillane
15 Avignon
16 Châteaurenard

LE TYMPAN DE LA CHAPELLE
Il puise aux thèmes du Nouveau et de l'Ancien Testament.

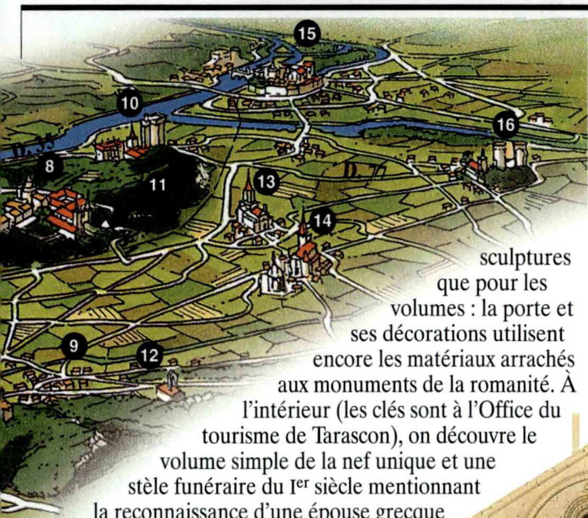

sculptures que pour les volumes : la porte et ses décorations utilisent encore les matériaux arrachés aux monuments de la romanité. À l'intérieur (les clés sont à l'Office du tourisme de Tarascon), on découvre le volume simple de la nef unique et une stèle funéraire du Ier siècle mentionnant la reconnaissance d'une épouse grecque envers son mari gallo-romain, patron de la corporation des nautes du Rhône. Quelques mètres plus haut se trouve le complexe fortifié édifié au XIIe siècle : on notera le très bel appareil à bossages et le fossé taillé dans le rocher.

SAINT-ÉTIENNE-DU-GRÈS

Le village connaît une forte animation en fin d'après-midi, lors du marché en gros aux fruits et légumes.

NOTRE-DAME-DU-CHÂTEAU. Cette petite chapelle est mentionnée depuis la fin du XIe siècle. Juchée sur un éperon rocheux, elle s'adosse à une colline dominant la plaine maraîchère. Elle se compose d'une nef à deux travées épaulée de bas-côtés.

LA BELLE BRIANÇONNAISE. Cette église est depuis 1420 le centre d'un pèlerinage s'organisant autour d'une statue de la Vierge, dite la belle Briançonnaise parce que rapportée de la vallée de la Vallouise au XIVe siècle. La procession, le dimanche qui précède l'Ascension, escorte la statue jusqu'à Sainte-Marthe de Tarascon ▲ *307*.

LA MOURGUE, OU PIERRE DE NERTHE

Cette pierre anthropomorphe, située sur le lieu-dit de LAURADE, est une ancienne borne médiévale. Une légende veut que, le soir de ses noces, la fille d'un comte d'Arles demandât à être changée en pierre au moment où elle faillit être rejointe, après une longue course, par le mari qu'elle venait de prendre et en qui elle avait reconnu le diable.

JOYAU DE L'ART ROMAN
Saint-Gabriel touche par sa simplicité. Son tympan met en scène, sur la droite, le péché originel d'Adam et Ève ; à gauche, Daniel, dans la fosse aux lions, est ravitaillé par le prophète Habacuc que l'archange Gabriel tient par les cheveux. Le bas-relief supérieur traite de la Visitation et de l'Annonciation. En haut, une très élégante archivolte enserre un oculus finement sculpté et entouré des symboles des évangélistes. La figure de Saint Matthieu ▲ *218*, représentant l'Incarnation, se trouve placée en bas, ce qui est rare.

LA MOURGUE
Des fouilles récentes laissent supposer que le lieu accueillit, à l'époque romaine, un culte lié à Priape, dieu des Jardins, fils d'Aphrodite et de Dionysos.

La fête de la tarasque
Les premières fêtes de la tarasque remontent à 1474 et se déroulent de nos jours le 29 juillet.

Sainte Marthe et la tarasque
« Il y avait à cette époque sur les rives du Rhône dans un bois, entre Arles et Avignon, un dragon moitié animal, moitié poisson, plus épais qu'un bœuf, plus long qu'un cheval, avec des dents semblables à des épées et grosses comme des cornes, qui était armé de chaque côté de deux boucliers ; il se cachait dans le fleuve d'où il ôtait la vie à tous les passants et submergeait les navires [...]. À la prière des peuples, Marthe alla dans le bois et l'y trouva mangeant un homme. Elle jeta sur lui de l'eau bénite et lui montra une croix. À l'instant le monstre dompté resta tranquille comme un agneau. Sainte Marthe le lia à sa ceinture et incontinent il fut tué par le peuple... »
Jacques de Voragine

La cour du roi René
Le château a abrité quelquefois la cour du roi René ● *54* ▲ *214*, qui y fit notamment enluminer son ouvrage *Le Cœur d'amour épris*.

Tarascon

Histoire. Le site est occupé, dès l'Antiquité, par une petite agglomération. Mais Tarascon n'entre véritablement dans l'histoire qu'au Ier siècle, lorsque sainte Marthe ▲ *322* délivre ses habitants de la tarasque, monstre fabuleux caché dans une grotte

du Rhône et qui terrorise la région. Au VIe siècle, Clovis, malade, se rend en pèlerinage sur le tombeau de la sainte ; ayant obtenu sa guérison, il dote la ville de franchises et de privilèges. Sept siècles plus tard, Tarascon, ville frontière du comte de Provence, grandit face à Beaucaire ▲ *311*, ville du roi de France. Gouvernée par des consuls élus, la cité fixe ses impôts et définit ses lois, privilèges qu'elle conserve jusqu'au XVIIe siècle. La cité vit aujourd'hui de la culture de fruits et de l'activité des Établissements de la cellulose du Rhône.

Le château ♥

C'est un des plus beaux châteaux médiévaux de France, dressé comme une sentinelle à la frontière de la Provence. Bâti à l'emplacement d'un castrum romain et d'un premier château du XIIe siècle, l'édifice actuel fut construit vers 1400 par Louis II d'Anjou, père du roi René ● *54*. Ce dernier le fit terminer en 1449.

UNE ARCHITECTURE IMPOSANTE ● *104*. L'édifice s'articule en deux parties ; il comprend au nord la basse-cour et au sud le logis seigneurial. La basse-cour, encadrée de tours carrées, renferme les cuisines médiévales. L'une d'elles abrite l'apothicairerie de l'hôpital Saint-Nicolas et ses deux cent cinquante pièces de faïence de Moustiers, Nevers et Montpellier, toutes du XVIIe siècle. Un pont en pierre, franchissant le fossé de séparation des deux édifices, mène au château proprement dit ; ses tours rondes, plus hautes que celles de la basse-cour, abritaient le logis seigneurial.

LA COLLÉGIALE SAINTE-MARTHE ♥

À l'homogénéité apparente de la forteresse s'oppose l'éclectisme de la collégiale Sainte-Marthe. Citée dès le Xe siècle, l'église est reconstruite lors de l'«invention» et de l'«élévation» des reliques de sainte Marthe en 1187 ; elle est ensuite remaniée à la fin du XIIIe siècle, puis au XVe siècle (clocher, sacristie, arcs-boutants). Alors qu'elle était sous la tutelle du diocèse d'Avignon, l'église acquiert son indépendance en 1482 avec la création du chapitre royal par Louis XI, en remerciement de prières à la sainte. Le bâtiment ne connaît plus alors que des aménagements d'ordre ornemental ; il est restauré une première fois au XIXe siècle puis après la dernière guerre.

L'ÉGLISE SAINTE-MARTHE
Si la majorité des œuvres de l'église se rapportent à l'histoire de la sainte ♥ (œuvres de Mignard, Vien ou Parrocel), des pièces majeures de couvents dispersées à la Révolution y ont aussi trouvé refuge : le triptyque de saint Jean, saint Roch et saint Laurent (ci-contre), attribué à Hans Clemer (1513), mais également un gisant en marbre de sainte Marthe (1661), le tombeau de Jean de Cossa et la dalle funéraire du chevalier Crespin (XVe siècle).

LE LOGIS SEIGNEURIAL DU CHÂTEAU
Dès l'entrée, à gauche, s'ouvre la salle d'armes. En face, un escalier mène à une terrasse et à la chapelle des chantres. La terrasse communique avec la salle à manger, dont les fenêtres sont surélevées par souci de défense. Cette immense salle de 200 m^2 se répète aux deux niveaux supérieurs ; ces pièces d'étage renferment aujourd'hui une série de tapisseries du XVIIIe siècle représentant le cycle de Scipion l'Africain ♥. Au sommet, une immense terrasse nous fait appréhender le rôle stratégique du château.

L'HÔTEL DE CLÉMENS
Connu aussi sous le nom «hôtel de Laudun et de Sabran», il est situé place Branly. Il est un des seuls bâtiments rescapés du quartier, bombardé pendant la dernière guerre, ce qui explique son isolement actuel. Il est classé monument historique depuis 1943.

LE QUARTIER DU CHÂTEAU ♥

C'est le noyau primitif de la cité : à l'origine, la maison commune se trouvait d'ailleurs établie tout près de la collégiale. Puis la ville se développa vers l'est et le sud jusqu'à la fin du XIVe siècle, fuyant sans doute les colères du Rhône aux crues redoutables. Une grande partie du quartier fut détruite par les bombardements de la dernière guerre : il faut donc imaginer que les bâtiments de la collégiale Sainte-Marthe (chapitre, doyenné) occupaient à eux seuls toute la façade est de l'actuel boulevard du Roi-René et que le parking sous le château abrita un îlot important d'habitation. En face du château, seule une grande porte classique couronnée d'un fronton témoigne encore de l'importance de l'ancien couvent des sœurs de Saint-Honorat.
HÔTELS PARTICULIERS ♥. Dans ce quartier longtemps privilégié, on découvre de très beaux hôtels particuliers : au chevet de Sainte-Marthe, l'hôtel de Sade-Cadillan (XVIe-XVIIIe siècle), l'hôtel de Clerc de Mollières (façade XVIIIe, n° 7, rue du Progrès). La rue Mollières est bordée par trois beaux hôtels : l'hôtel de la Motte (cour intérieure du XVIe siècle), l'hôtel de Lubière-Aiminy (à l'angle de la rue des Halles) et l'hôtel de Léautaud de Masblanc (angle de la rue du Progrès). On parvient place Branly, occupée par l'hôtel de Clémens ♥.

PLACE DE LA MAIRIE

L'HÔTEL DE VILLE ♥. La décision de faire construire une nouvelle maison consulaire est prise en 1644. En ce milieu du XVIIe siècle, alors qu'à Arles ▲ *298* la vogue du maniérisme provençal touche déjà à sa fin, l'hôtel de ville de Tarascon est un bâtiment «à la mode». Il s'inspire des modèles arlésiens : lambrequins, sculptures végétalistes, bouquets d'acanthes en façade et autour des fenêtres, le tout d'une grande sobriété.

L'HÔTEL DE VILLE
Il a été l'objet de nombreuses restaurations et sa façade a été classée monument historique en 1976 (ci-dessus et ci-contre). Le départ d'escalier, dans le hall d'entrée, est une création récente. À l'origine, en effet, l'entrée s'ouvrait rue de la Poissonnerie.

VERS LA PORTE CONDAMINE

LA RUE MONGE. Autrefois appelée rue Saint-Nicolas, elle prolonge la rue du Château. Au n° 3 *bis*, l'hôtel d'Abeille possède une belle façade de 1631. Un peu plus loin, à droite, on pénètre sous un arc qui est en fait une travée de l'ancienne église Saint-Nicolas : les cours, aménagées en places (Pïe et Crémieux), donnent au cœur de l'ancien couvent des Ursulines.
LES URSULINES. Création de la Contre-Réforme, cet ordre s'installe à Tarascon en 1638 ; les religieuses occupent les anciens locaux de l'hôtel-Dieu Saint-Nicolas ▲ *309* et agrandissent peu à peu leurs possessions vers l'ouest et le sud. En revenant sur la rue Monge, on longe

Fronton du théâtre municipal
Le théâtre fut installé au XIXe siècle dans un ancien couvent de dominicains.

l'impasse des Pénitents-Noirs, ouverte sur l'abside de la petite chapelle romane Saint-Nicolas.
Le domaine des Raoulx. La rue débouche sur le cours Jean-Jaurès. On entre ici dans le domaine de la famille Raoulx : au n° 55 de la rue Monge se trouve l'hôtel de Raoulx-Liman-Seillon ; au n° 1 du cours, l'hôtel de Raoulx-Laudun et au n° 18, l'hôtel de Raoulx-Mauléon, dont le style étonnant est à la charnière des XVIe et XVIIe siècles. Au bout de la rue, la porte Condamine témoigne de l'extension qu'avait prise la ville en 1379. En suivant vers le sud les boulevards, témoins fidèles du tracé des remparts, on parvient devant l'impressionnant bâtiment de l'hôtel-Dieu Saint-Nicolas.

Une grande famille tarasconnaise
Présente à Tarascon dès le XIVe siècle, la famille Raoulx commença au XVe siècle une brillante carrière au service de la communauté de Tarascon et ce, jusqu'à la Révolution. Influents dans toutes les instances de la ville, les Raoulx, dont Silvy de Raoulx, comte de Boulbon (ci-dessus), furent élevés à la charge de premier consul après leur accession à la noblesse. Cette famille marqua le paysage urbain de Tarascon, tant par la construction de ses hôtels que par sa participation aux grands projets municipaux.

L'Hôtel-Dieu Saint-Nicolas

L'hôtel-Dieu se trouvait à l'origine à l'emplacement du cinéma Rex, rue Monge. En 1566, la communauté de Tarascon en décide le transfert ; pour la réalisation de bâtiments plus importants, on choisit un terrain dans un quartier périphérique.
Un bâtiment classique. C'est d'abord, en 1568, un seul grand corps de bâtiment, auquel s'ajoutent divers édifices et annexes. Au milieu du XVIIe siècle, on envisage d'agrandir l'hôpital de part et d'autre du corps primitif, suivant un plan proposé par l'architecte avignonnais Peru. Le projet est finalement réalisé en 1746 par Jean-Baptiste Franque, autre célèbre Avignonnais, puis complété par la création du pavillon de l'apothicairerie (dont la remarquable collection de pots est visible au château ▲ *306*). En 1900, de nouveaux bâtiments vinrent prolonger le grand corps central. Une petite rue fut alors annexée ; on conserva son tracé pour dessiner l'allée centrale. L'ensemble abrite aujourd'hui la maison de retraite de la Ville, l'hôpital ayant déménagé en périphérie en 1971.

Autour de la rue Proud'hon

Poursuivant l'itinéraire des remparts, on franchit la porte Saint-Jean, ultime extension que prirent les remparts en 1759, l'ancien tracé étant aujourd'hui matérialisé par la rue Neuve.
Le théâtre municipal. Descendre la rue Pelletan, où se trouve le théâtre municipal (à droite), établi en 1825 (mais reconstruit en 1892 après un incendie) dans une ancienne église, dont subsiste le chœur, qui forme le fond de scène du théâtre.
L'église Saint-Jacques. En prenant sur la droite la rue Amy, on arrive place Saint-Jacques. Œuvre de Jean-Baptiste Franque, l'édifice date de 1745, le presbytère attenant, de 1750. L'orgue provient du couvent des Ursulines, ce qui explique la présence du saint Nicolas peint sur le panneau central.

Le théâtre municipal.

Motifs provençaux de Souleïado ● 86.

❝Enfin, il arriva
le jour solennel,
le grand jour.
Dès l'aube,
tout Tarascon était
sur pied, encombrant
le chemin d'Avignon
et les abords de la
petite maison du
Baobab. Toute cette
foule se pressait,
se bousculait devant
la porte de Tartarin,
ce bon M. Tartarin,
qui s'en allait tuer
des lions chez
les *Teurs*…❞

Alphonse Daudet

LE PONT DE TARASCON À BEAUCAIRE

Le premier pont suspendu ne fut réalisé qu'au XIXe siècle par l'ingénieur Marc Seguin ; inauguré en 1829, il fut reconstruit une première fois en 1857. Détruit par les bombardements aériens pendant la Seconde Guerre mondiale, il fut remplacé, mais, incommode et fragile, dut être réédifié en 1990.

LES ÉTABLISSEMENTS SOULEÏADO. Plus haut, prendre à droite la rue Proud'hon, «fief» des Établissements Souleïado (ci-contre). L'établissement est né de la fusion, en 1882, de la fabrique de toiles peintes de Jean Jourdan et Isaac-Léonard Quinche créée en 1818 et de l'atelier d'impression sur tissus de Guichard Véran. En 1916, Charles Démery reprend l'atelier et en fait l'entreprise aujourd'hui mondialement connue sous le nom de Souleïado. Les ateliers se visitent sur rendez-vous ♥.

LA RUE SALAIRE. Poursuivant la rue Proud'hon, on longe la chapelle de la Persévérance, fondée en 1677, dernier vestige du couvent du Refuge. Par la rue Salaire, rejoindre la PLACE BRAYE, où l'hôtel Gras de Préville abrite le Tribunal. On parvient PLACE DES CORDELIERS : l'ancien cloître des frères mineurs qu'il abrite est désormais consacré à des expositions.

LA VILLA TARTARIN. Faubourg Condamine se dresse l'ancien moulin à huile, construit en 1761, qui servit de modèle à Alphonse Daudet ● *150* pour son roman *Tartarin de Tarascon*. Tartarin aurait été inspiré à Daudet par un certain Barberin, qui lui refusa la main de sa fille : la censure changea le Barberin en Tartarin. La maison, abritant un petit musée, et son jardin sont inscrits aux Monuments historiques.

LE PONT

Tarascon a longtemps fui le Rhône et ses caprices. Au Moyen Âge, le passage, lucratif, permet à la bourgeoisie de cette cité frontière d'acquérir un statut municipal important. Les points de passage étant rémunérateurs (taxes, péage…), on se plaît à les multiplier, jusqu'à ce que Louis XIV, après une traversée mémorable sur le Rhône gelé, ordonne la construction d'un pont à bateaux, inauguré en 1673. Il faudra pourtant attendre l'époque révolutionnaire et les plaintes réitérées des autorités militaires contre l'insécurité pour que soit enfin envisagée l'édification d'un pont suspendu.

Beaucaire

Un carrefour deux fois millénaire. C'est à la croisée de la voie rhodanienne et d'une piste remontant à la nuit des temps que prend naissance la bourgade celtique d'Ugernum. À l'époque gallo-romaine elle gagne la plaine, devient un port fluvial de Nîmes et un passage obligé sur la via Domitia ▲ *304*. Rattachée au comté de Toulouse, la ville se transforme au Moyen Âge pour devenir Beaucaire («beau rocher», «belle pierre») et l'extension du domaine capétien au midi de la France en fait le siège d'une sénéchaussée : sa position de ville frontière s'en trouve alors renforcée. Mais, avec l'essor de la foire de la Sainte-Madeleine, la renommée de Beaucaire va bientôt gagner la France entière.

La foire la plus renommée du royaume. La foire ne fut sans doute pas fondée avant le XVe siècle. Le rattachement de la Provence au royaume, en 1481 ● *54*, raffermit l'axe Marseille-Lyon sur lequel se trouve Beaucaire. Au dire de l'intendant Basville, dithyrambique, la foire de Beaucaire passe déjà à la fin du Grand Siècle pour «la plus grande et la plus renommée du royaume». Elle commence le 22 juillet, jour de la sainte Marie Madeleine, patronne de la ville, et dure jusqu'au 27 ou 28. Trois jours fériés et parfois le dimanche s'ajoutent aux trois jours francs, libres de toute taxe ou imposition. L'immunité touche également personnes et marchandises pendant toute la durée du marché. Chaque nation, chaque province bénéficie d'un emplacement réservé sur l'immense prairie baignée par le fleuve. Intra-muros le commerce se trouve pareillement réglementé. Le succès de la foire est tel qu'on ne sait plus comment héberger les quelque cent mille personnes qui s'y bousculent ! À l'aube du XIXe siècle, cependant, la foire entre incontestablement dans une longue phase d'atonie et, sous la Troisième République, seules quelques piètres baraques foraines hantent désormais le champ de foire ▲ *313*.

Le point de vue d'un touriste
«Le singulier de cette foire, c'est qu'il y a foule extrême partout, et les costumes sont aussi variés que les langages…»
Stendhal

Une grande fête
L'ouverture de la foire était «criée» avec fifres, tambours et trompettes. Les rues principales de la vieille ville abritaient les gros marchands désireux de confort. On réservait des quartiers, des rues entières à tel ou tel commerce. La fête était quotidienne…

DU HAUT DE SON ÉPERON ROCHEUX
Une grosse tour polygonale, d'une forme originale, domine de son allure puissante le château.

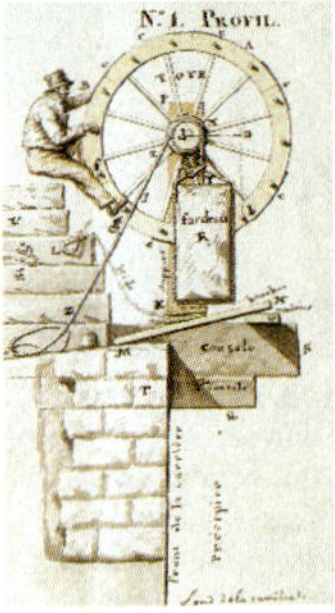

LE TRAVAIL DE LA PIERRE
Beaucaire s'est longtemps trouvée placée sous la double protection de la pierre et de l'eau. Elle doit à la première son site défensif et un matériau fort réputé ; à la seconde, sa prospérité, tôt liée aux échanges.

LE VIEUX BEAUCAIRE
L'habitation beaucairoise, immense plus que de raison, avec son vaste rez-de-chaussée voûté, était construite pour répondre aux impératifs de la foire et du commerce.

LE CHÂTEAU MÉDIÉVAL ♥

Gardien du Languedoc, surveillant la rive provençale et le château tarasconnais du roi René ▲ *306*, le château de Beaucaire est une construction particulièrement étendue, ce qui en fait l'un des ensembles les plus importants du Midi médiéval. La forteresse est composée d'une part de la basse-cour, transformée au XIXe siècle en parc romantique et qui devait jadis constituer une sorte de châtelet ; de l'autre, en haut de la colline, du château supérieur, dont les courtines relient deux tours et une chapelle.

UNE HISTOIRE MOUVEMENTÉE. Fief des comtes de Toulouse au haut Moyen Âge, le château est réaménagé par les rois de France au milieu du XIIIe siècle. En 1632, l'édifice abrite les troupes du gouverneur du Languedoc, Montmorency, hostile à Richelieu ; assiégé et vaincu, il subit l'arasement de ses courtines méridionales et tous ses corps de logis sont détruits. Sa partie supérieure n'est plus ouverte à la visite que lorsque s'y déroulent des spectacles de rapaces en vol libre.

LE MUSÉE MUNICIPAL ♥. Le musée municipal présente une grande diversité de collections archéologiques (vestiges préhistoriques, gaulois et romains) et quelques beaux objets traditionnels (meubles et costumes).

LA VIEILLE VILLE

LA PLACE DE LA RÉPUBLIQUE ♥. Parfois nommée place Vieille, car située au cœur de la ville ancienne, elle formait une sorte de rond-point entre les rues commerçantes de la ville et le champ de foire tout proche. C'est ici qu'aboutissaient les principales rues peuplées de négociants : d'un côté, la rue de la République, jadis rue Haute-de-la-Draperie, jalonnée de belles bâtisses des XVIIe et XVIIIe siècles (l'hôtel de Margailler ♥, au n° 23, remarquable par son architecture Grand Siècle, et l'hôtel de Clausonnette ♥,

au n° 21, réaménagé vers 1745 dans le style rocaille).
De l'autre côté, la rue Barbès aligne magasins et entrepôts ornés de belles façades (n° 18) présentant parfois un austère revêtement comme l'hôtel de Roys de Lédignan (n° 28), des XVIe et XVIIe siècles, ou dissimulant dans une arrière-cour une surprenante tourelle d'escalier du XVe siècle ♥ (n° 27).
HÔTELS PARTICULIERS. La ville comprend d'autres belles demeures, ornées de pilastres à chapiteau ionique (n° 11, rue Ledru-Rollin ♥), ou de décors corinthiens plus élaborés, à l'image de l'hôtel de Fermineau (rue Pascal). Une maison, d'époque Henri IV, juxtapose avec bonheur tous les styles de l'Antiquité romaine (n° 73, rue Nationale).
L'HÔTEL DE VILLE (1679-1683) ♥. Superbe réalisation de Cubizol, architecte nîmois, et de La Feuille, inspecteur des Bâtiments royaux, l'hôtel de ville a trouvé un cadre idéal depuis l'aménagement de la place Clemenceau (1824).
L'ÉGLISE SAINT-PAUL. Au XIVe siècle, l'insécurité poussa les franciscains à transférer intra-muros leur couvent installé au sud de la ville. L'exécution de la nef commença vers 1362 ; le chœur et la flèche furent érigés au XVe siècle. Le tympan, du XVIIe siècle, représente des membres éminents du tiers ordre franciscain, dont saint Antoine de Padoue et sainte Élisabeth de Hongrie.

LA COLLÉGIALE NOTRE-DAME-DES-POMMIERS. Au début du XVIIIe siècle une nouvelle construction remplace une chapelle romane dédiée à la Vierge. L'architecte avignonnais Jean-Baptiste Franque dirige les opérations de 1734 à 1744.
Au dessus de l'entrée principale, la façade monumentale s'orne d'un bas-relief représentant l'Assomption. À l'intérieur, on remarquera surtout la coupole couvrant la croisée du transept. À l'extérieur, une remarquable frise romane ♥ (sans doute du XIIe siècle) illustre onze scènes de la Passion.
LE CANAL DU RHÔNE À SÈTE. L'augmentation du commerce sur le Rhône ● *62* entraîne le creusement d'un canal de navigation depuis Sète jusqu'à Beaucaire, afin de réaliser la liaison avec le Canal des Deux-Mers. Les travaux, commencés au XVIIIe siècle, ne s'achèveront qu'au siècle suivant, entraînant la disparition des murailles de la ville (1804).

LE PRÉ, OU CHAMP DE FOIRE

Ancienne île du Rhône rattachée à la ville au Moyen Âge, le Pré abrite à partir du XVIe siècle de très nombreuses cabanes réservées aux forains.
RENDEZ-VOUS DES AFICIONADOS.
Des issues jadis ouvertes sur le célèbre Pré ne subsiste plus que la porte Roquecourbe, reconstruite par Franque, en 1730, au débouché d'une ruelle pittoresque.
Le champ de foire, aujourd'hui, n'est plus fréquenté que par les amateurs de courses camarguaises, données à la belle saison dans les arènes qui y ont été construites en 1895.
LA CROIX COUVERTE. Cet oratoire gothique, sur la route d'Arles, abritait autrefois une croix de pierre. Le monument fut certainement élevé à l'occasion du séjour à Beaucaire de Jean de France, duc de Berry, entre 1382 et 1384.

L'HÔTEL DE VILLE
On utilisait ses pièces, en période de foire, comme bureaux pour l'envoi des passeports nécessaires aux marchands.

LA FRISE ROMANE
Encastrée dans la partie supérieure du mur est de la collégiale, la frise (à gauche) représente des scènes de la Passion (la Cène, le Baiser de Judas, la Flagellation, le Portement de la Croix, la Résurrection...), qui ont été remontées dans le désordre lorsqu'on a reconstruit la nouvelle église.

TAUROMANIE OU TAUROLÂTRIE ?
Les manifestations taurines ● *70* relèvent à Beaucaire de la passion. On a ainsi élevé des monuments à la mémoire des héros de l'arène, hommes aussi bien qu'animaux !
À la belle saison, on lâche des taureaux par dizaines, de jour comme de nuit, dans les rues principales.

L'ÉCOLE DES BORDS DU RHÔNE
Ce groupe de poètes et d'écrivains de langue «provençale», dont Frédéric Mistral, soucieux de la qualité littéraire des textes et de la pureté des différents parlers occitans méditerranéens, organisa le Félibrige.

FRÉDÉRIC MISTRAL (1830-1914)
Auteur de *Mirèio* (1859), de *Calendal* (1867), de *Lis Isclos d'Or* (1876), et de *Lou Pouèmo dóu Rose* (1897), Frédéric Mistral compte parmi les premiers prix Nobel de littérature (il lui fut décerné en 1904). Il est l'un des principaux initiateurs du renouveau de la langue provençale.

RÉUNION DE FÉLIBRES
Mistral affirme avoir découvert le terme «félibre» en 1848 dans l'oraison que récitait une vieille Maillanaise. Mistral précise dans *Lou Tresor dou Felibrige*, dictionnaire encyclopédique auquel il s'est attelé dès l'âge de vingt-quatre ans, que le mot peut avoir plusieurs sens et désigner, comme dans la Bible, «docteur de la loi», mais également le «nourrisson des Muses».

L'HOMMAGE DE LA PROVENCE A MISTRAL
A l'occasion du Cinquantenaire de « Mireille »

MAILLANE

Cette petite ville est surtout fameuse pour avoir vu naître le poète Frédéric Mistral, père de la renaissance provençale au tournant du XIXe siècle. La maison qu'il habita une fois marié, en face de la célèbre maison dite au Lézard, où il vécut avec sa mère, abrite un petit musée qui lui est consacré. Son tombeau, dans le cimetière du village, est une reproduction du pavillon de la Reine-Jeanne aux Baux ● *106* ▲ *282*.

MISTRAL ET LE FÉLIBRIGE ● *66*

CRÉATION DU FÉLIBRIGE. Le 21 mai 1854, Théodore Aubanel, Jean Brunet, Anselme Mathieu, Frédéric Mistral, Joseph Roumanille et Alphonse Tavan se réunissent chez Paul Giera, au château de Paul Fontségugne. Au cours du repas, la nécessité de créer, en Provence, une école littéraire et de publier un almanach s'impose aux convives : ils décident de créer le Félibrige. Les fondateurs veulent restaurer le «provençal» en lui donnant une grammaire et une orthographe, en répertorier

La glèiso de Maiano
ounte me batejèron (Setèmbre 1830)
F. Mistral

le vocabulaire et le dispenser dans les écoles. L'édition annuelle d'un *Armana Prouvençau* permettra de renforcer le mouvement.

L'ORGANISATION. Elle ne fut établie que le 14 septembre 1862, à Apt. Le rôle de Frédéric Mistral, consacré par le succès de *Mirèio (Mireille)*, en 1859, fut alors prédominant. Les cinquante premiers félibres furent sans doute choisis par le poète lui-même. En 1876, à Avignon, de nouveaux statuts furent adoptés, prévoyant la création d'un organisme directeur, composé de cinquante majoraux. Ces statuts donnèrent un cadre rationnel au Félibrige «établi pour garder toujours mieux au Midi sa langue, sa couleur, sa liberté d'allure…».

LA COUPO SANTO. Offerte aux félibres en 1868 par les Catalans, elle devint l'un des symboles du mouvement : elle circulait, pleine de vin, à chaque réunion, chacun lui dédiant chansons et vers dans son dialecte. Elle fut, grâce à Mistral, le thème du chant *La Coupo santo*, que chacun entonne encore pour affirmer son attachement à la langue de ses aïeux.

L'ORGANISATION DU FÉLIBRIGE
Les statuts de 1876, outre la création de cartes de membres (ci-contre), instituaient des maintenances, vastes sections territoriales qui correspondaient chacune à un grand dialecte d'Oc. Ils prévoyaient l'association de correspondants du monde entier et la mise en œuvre de travaux collectifs.

GRAVESON

Ce village est le cœur agricole de la Provence mistralienne. Rafraîchi par l'eau d'une roubine (petit canal), il accueille, le dernier dimanche de juillet, la course de la charrette ● *74*. En franchissant le Grand Portail, vestige de ses anciens remparts, on parvient à l'église, dotée d'un beau chœur du XIIe siècle.

LE MUSÉE AUGUSTE-CHABAUD ♥. Ouvert en avril 1992, le musée présente une cinquantaine d'œuvres du peintre Auguste Chabaud (1882-1955). Compagnon de Matisse et de Derain, il est considéré comme un pionnier de la peinture moderne.

LA MONTAGNETTE ♥

La Montagnette tient une place privilégiée dans le cœur des Avignonnais, qui s'y déplacent en grand nombre le lundi de Pâques pour la fête de l'abbaye du Frigolet ▲ *316*.

PINS ET ROMARIN. Jadis couverte de forêts de chênes verts et de pins d'Alep, la Montagnette a été ravagée par de multiples incendies ■ *48*. Aujourd'hui, elle n'est couverte que d'une garrigue basse ■ *46*, où dominent le chêne kermès, le romarin et le thym. À la périphérie, l'homme a exploité les ressources du sous-sol, galets des anciennes terrasses du Rhône et éboulis sableux.

«PLACE DE L'ÉGLISE À GRAVESON»
Les recherches picturales d'Auguste Chabaud ● *130* s'apparentent au fauvisme et à l'expressionnisme. Après 1919, Chabaud s'installa à Graveson. Comme le fit Cézanne avec la Sainte-Victoire ▲ *238*, il peignit inlassablement la Montagnette ▲ *316*, utilisant le bleu de Prusse à l'état pur pour montrer l'intensité de la lumière.

UNE FAUNE RICHE
La Montagnette abrite diverses espèces d'oiseaux : la fauvette à lunettes, les fauvettes pitchou et mélanocéphale, le traquet oreillard, qui est devenu rare, et le guêpier d'Europe, qui colonise les falaises. On y trouve aussi la plus grosse sauterelle d'Europe, la *Saga pedo*, qui se reproduit par parthénogenèse.

SAINT-MICHEL-DE-FRIGOLET
La grande abbatiale, construite au XIXe siècle, est très riche par sa décoration picturale qui en recouvre presque totalement l'intérieur. Frédéric Mistral ▲ *314* y fit ses études, les bâtiments ayant abrité un collège au début du XIXe siècle.

SAINT-MICHEL-DE-FRIGOLET

Une communauté d'augustins est attestée dans cette abbaye, nichée dans son écrin de verdure, au XIIe siècle ; au XVIIe siècle, Anne d'Autriche et Louis XIII, en mal d'enfant, y vinrent en pèlerinage : Louis XIV étant né, la reine dota la chapelle du Bon-Remède de boiseries dorées et de toiles de l'école de Mignard. Après une interruption, la vie conventuelle reprit en 1858 avec des prémontrés et, en 1866, les chanoines entreprirent la construction de la grande église néogothique.

BOULBON ♥

Non loin du monastère du Frigolet, une route charmante conduit à Boulbon. La petite ville, nichée à l'abri des ruines de son château médiéval, compte sept églises, dont six sont romanes.

La procession des bouteilles. Dans la chapelle Saint-Marcellin a lieu, tous les 1er juin, une curieuse cérémonie, la «procession des bouteilles» : ce jour-là, tout Boulbonnais de sexe masculin (les femmes ne sont pas admises à la cérémonie) se rend en procession à la chapelle, muni d'une bouteille de vin. Après la messe, les bouteilles sont bénites ; chaque participant en boit une gorgée, tandis que, devant l'autel, le garde champêtre distribue des verres au clergé et aux autorités, qui trinquent à leur tour. Le vin bénit au nom du saint passe pour avoir de grandes vertus contre les fièvres et les maux de ventre ; chaque mas en conserve une bouteille précieusement jusqu'à la fête de l'année suivante.

Les jardins du «Trianon»
Ils furent agencés au XVIIIe siècle et sont égayés de sculptures animalières (ci-dessus). Les terrasses, à l'arrière, sont ombragées de platanes tricentenaires.

Barbentane

Bâtie sur le flanc nord de la Montagnette, la ville est dominée par la tour Anglica, donjon du château épiscopal construit vers 1365 et restauré au XVIIIe siècle. À sa gauche, la porte du Séquier, du XIVe siècle, fermait le village. En face de l'église, la maison des Chevaliers, ancienne maison forte des Puget-Barbentane, date en grande partie du XVe siècle ♥. La grand-rue aboutit à la porte Calendale, du XIVe siècle. En contrebas s'élève le château de Barbentane.

Le «petit Trianon du soleil» ♥. Il fut construit en 1674 par Paul-François de Barbentane, futur premier consul d'Aix ; ses architectes, Mignard et Franque, obéirent aux canons d'un parfait classicisme. Le château ne fut terminé qu'à la fin du XVIIIe siècle, grâce au marquis de Barbentane, Balthazar de Puget, qui fit aménager l'intérieur dans un goût tout à fait italianisant.

L'église de Barbentane
Elle date des XIIe et XIIIe siècles. Sa flèche, du XVe siècle, démolie en 1793, a été reconstruite en 1983.

Châteaurenard

Cité active par son marché d'intérêt national, Châteaurenard est née en 955, à l'ombre d'un premier château. Bien que détruit partiellement en 1792, l'édifice actuel, dominant le village, a conservé de beaux aspects d'architecture romane et gothique, et abrite un petit musée. L'église romane Saint-Denis présente des boiseries du XVIIe siècle et des tableaux de Mignard.

Le «petit Trianon»
Les pièces du château de Barbentane, somptueuses, sont pavées de marbre rapporté d'Italie par le marquis Balthazar de Puget, ambassadeur de Louis XV à Florence. Épargné par la Révolution, le château a pu garder son mobilier d'origine, de style Louis XV et Louis XVI. Le rez-de-chaussée possède en outre une très belle voûte plate, conçue par l'architecte Pierre Thibault, élève de Mignard.

UN PAYS D'EAU
Les inondations du Rhône, endiguées depuis le XIXe siècle, permettaient un apport en eau douce indispensable qu'il a fallu, depuis, remplacer. Deux systèmes de canaux – drainage et irrigation – sont aujourd'hui gérés par des systèmes de pompes extrêmement perfectionnés.

HISTOIRE

Le delta du Rhône ■ *32* est une accumulation d'alluvions, une terre instable qui n'a jamais vraiment encouragé l'implantation humaine. Il a pourtant toujours suscité les convoitises. Les facilités de transport, l'exploitation du sel, la pêche attirent Ligures et Grecs. Les Romains, eux, y cultivent la vigne et des céréales. À la chute de l'Empire romain, cependant, la Camargue subit de nombreux pillages qui la fragilisent. Elle ne se relève qu'au Moyen Âge, lorsque les cisterciens puis les templiers s'y implantent, y développent l'agriculture et exploitent les salines. À la fin du XVe siècle, la région est assez prospère. Des aménagements hydrauliques importants sont alors entrepris dans le delta, des associations d'assainissement se créent. Terre difficile et riche à la fois, la Camargue se structure peu à peu, se quadrille de tours et de mas.

L'ENDIGUEMENT DU RHÔNE. Au XIXe siècle, la mer et le fleuve sont neutralisés. L'endiguement du Rhône, en 1869, marque un nouveau tournant pour la Camargue : elle prend un visage artificiel, entièrement modelé par la main de l'homme. Le développement de Salin-de-Giraud ▲ *328* entraîne la mise sur pied d'un réseau de chemin de fer, inauguré en 1892, et desservant toute la Camargue. Il fut supprimé dans les années 1950.

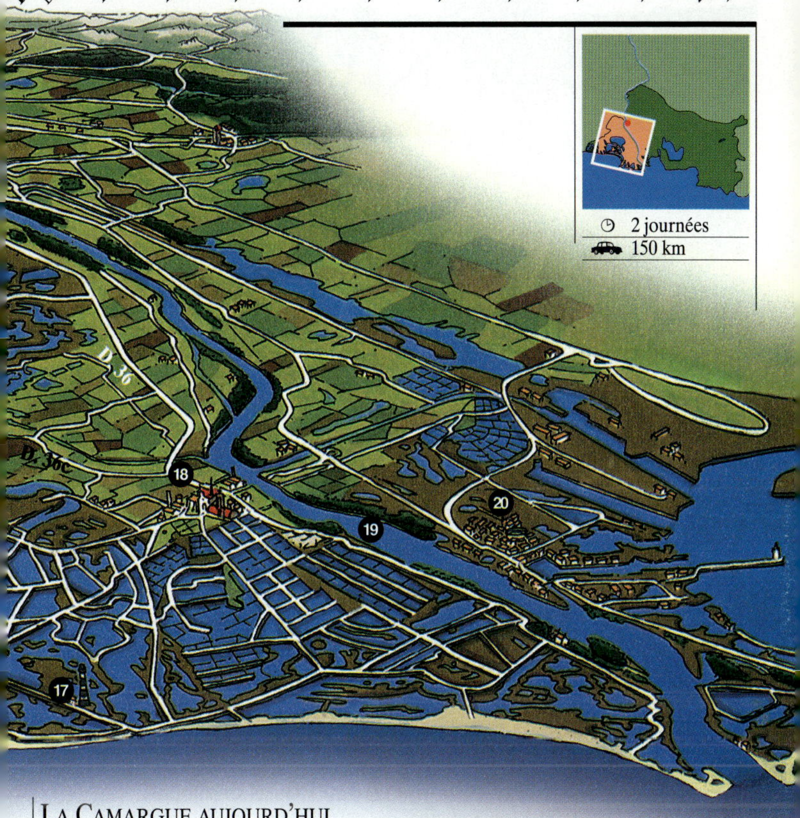

2 journées
150 km

La Camargue aujourd'hui

Un habitat dispersé. À part Saintes-Maries-de-la-Mer et quelques hameaux, l'habitat, dispersé, est fondé sur le principe de la grande propriété. Les mas ● *121*, construits en pierre taillée, sont souvent dissimulés derrière un bois les protégeant du mistral ■ *16*. Les cabanes, d'architecture plus ancienne et plus modeste ● *121*, étaient destinées aux pêcheurs, aux saliniers, aux gardians. Elles sont aujourd'hui réutilisées à des fins touristiques ou résidentielles.

Cabanes de gardians, selon Van Gogh ▲ *292*.

L'économie. La Camargue produit du riz (ci-contre, en bas ■ *32*), utilisé jadis pour dessaler les terres, et du vin (dont la qualité reste assez médiocre). Les ressources des marais sont également exploitées, comme les roseaux, que l'on récoltait pour le bétail (fourrage, litière) et la construction des cabanes, et qui sont désormais vendus dans le nord de la France ou à l'étranger. L'élevage du mouton ■ *44* ▲ *270*, très important au XIXe siècle, a presque disparu. Le cheval ■ *40*, essentiel, est le complice du gardian ▲ *320* qui surveille les taureaux sur de grandes étendues souvent immergées. Mais le taureau, surtout, est «incontournable» : son élevage fut longtemps le seul moyen de tirer parti de certaines terres, trop pauvres pour la culture. Il est désormais plutôt destiné aux jeux taurins ● *70*.

UNE TRADITION ANCESTRALE
Les gardians descendent des «pasteurs nourriguiers» de jadis, qui vivaient dans de rudimentaires cabanes ● *120*, pour veiller sur des bêtes sauvages.

LA CAMARGUE DES GARDIANS

LA FOI DU TAUREAU. Derrière l'image du gardian, coiffé du chapeau à larges bords, chevauchant à travers marécages et sansouires ▲ *326*, il y a une croyance, la *fe di biou*, la foi du taureau, véritable religion qui compte de nombreux fidèles de la Provence au Languedoc, et dont les serviteurs les plus zélés sont les gardians. Les premiers statuts officiels de leur rude métier remontent à la fondation, en 1512, de la Confrérie de Saint-Georges ▲ *297*. Au début du XIXe siècle apparaissent les premières manades, où l'on élève des animaux pour les jeux taurins ● *70*. Ces derniers étaient, à l'origine, un simple divertissement que s'offraient les gens travaillant sur les grandes propriétés : on lâchait un taureau dans la cour du mas ou dans des enclos de fortune, et chacun rivalisait d'agilité en «rasant» l'animal au plus près.

L'engouement pour ces jeux conduira les éleveurs à sélectionner leurs bêtes pour les produire en spectacle.

GARDIANS ET ÉLEVEURS. La renommée des Granon-Combet, Laborde-Caumont, Yonnet – il introduira le taureau espagnol en Camargue dans la seconde moitié du XIXe siècle –, puis celle des Reynaud, Lafont, Mailhan, Laurent, Saumade, Blatières, s'étend bientôt à toute la région. Un personnage épique, Folco de Baroncelli-Javon (1870-1943), donne aux gardians (ci-contre, Marius Lautier) leurs lettres de noblesse et à la course à la cocarde son droit de cité. Manadier de génie, il initie, autour de son mouvement, la *Nacioun gardiano*, qu'il crée en 1904, toute une tradition centrée sur le taureau, encore vivace aujourd'hui de Lunel à Châteaurenard ▲ *317*, et qui fait de l'arène de village un des centres de la vie sociale provençale.

LES ATTRIBUTS DU GARDIAN
Le trident, dit *ferre* ou *ficheiroun*, est en fer forgé, sa hampe est en bois de châtaignier.

Il ne sert que pour soumettre les bêtes récalcitrantes, et pour se défendre contre l'attaque éventuelle d'un taureau.

LE PARC RÉGIONAL DE CAMARGUE

Depuis Arles, prendre la D 570 en direction des Saintes-Maries-de-la-Mer. À quelques kilomètres, un panneau signale l'entrée dans le parc naturel régional de Camargue. Créé en 1972, il comprend la commune des Saintes-Maries-de-la-Mer et la partie deltaïque de la commune d'Arles, soit 85 000 ha au sein desquels on circule librement, à l'exception des terrains

englobés dans la réserve ▲ *325*. Outre la protection du site, le parc a pour mission de mettre en valeur le patrimoine naturel et culturel régional, particulièrement fragile. Délaisser le carrefour de Salin-de-Giraud et s'engager juste après, sur la droite, vers la R 10 de la Dougue de Gimeaux. À GIMEAUX, devant l'école, continuer tout droit. Au carrefour suivant prendre la C 113. On traverse SALIERS, un des plus grands domaines de la Camargue au Moyen Âge, puis ALBARON, ancienne place forte qui joua jadis un rôle important dans les relations entre Arles, les Saintes-Maries et le bas Languedoc. Reprendre la direction d'Arles par la D 570.

LE MUSÉE CAMARGUAIS
Installé dans une bergerie conservée en son dernier état d'utilisation (1957), le musée retrace dans une seule salle, à travers maquettes, vidéos et objets (par exemple ces girouettes),

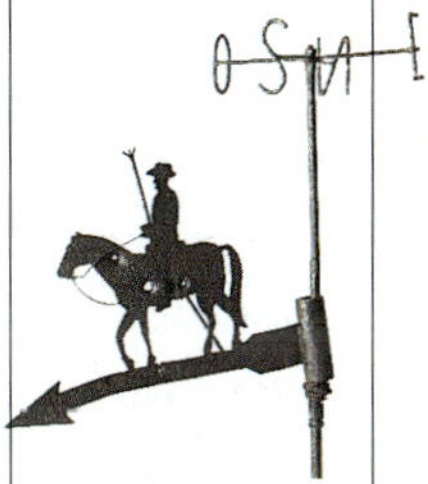

et un sentier de découverte, l'histoire et la vie quotidienne de la Camargue.

LE MUSÉE CAMARGUAIS

En 1973, la Fondation du parc naturel régional de Camargue fait l'acquisition du mas du Pont-de-Rousty, dont la bergerie va servir de cadre au musée. Conçu sur les principes d'un écomusée, le Musée camarguais présente le delta du Rhône, depuis sa formation géologique jusqu'à nos jours, à travers les activités humaines. Un sentier de découverte ♥ de 3,5 km, qui traverse les terres cultivées, les pâturages et le marais du mas de Rousty, modèle de la propriété camarguaise, lui est associé.

LE CHÂTEAU D'AVIGNON ♥

LE CHÂTEAU D'AVIGNON
Il conserve de superbes boiseries, des tapisseries d'Aubusson et des Gobelins, des tableaux de maître, des marbres et un mobilier de rare qualité.

Propriété du conseil général depuis 1984, le château est géré par le parc naturel régional de Camargue. Au XVIIIe siècle, Joseph François d'Avignon Arlatan constitue le noyau du domaine actuel, qui devient ensuite le plus étendu de Camargue. Au XIXe siècle, son nouveau propriétaire, Louis Prat-Noilly, riche industriel marseillais, le fait aménager en résidence de chasse.

LE PONT-DE-GAU

LE PARC ORNITHOLOGIQUE DU PONT-DE-GAU ♥. Créé en 1949, ce parc (60 ha) permet, grâce à sa présentation en grandes volières, ses marais et ses étangs, une approche facile et agréable de l'ensemble des espèces d'oiseaux vivant en Camargue ou transitant par elle ■ *36* (ci-contre, une avocette). À côté, le CENTRE D'INFORMATION DE GINÈS présente expositions et montages audiovisuels sur le parc. Plus loin, la D 85 rejoint les Saintes-Maries en longeant le petit Rhône.

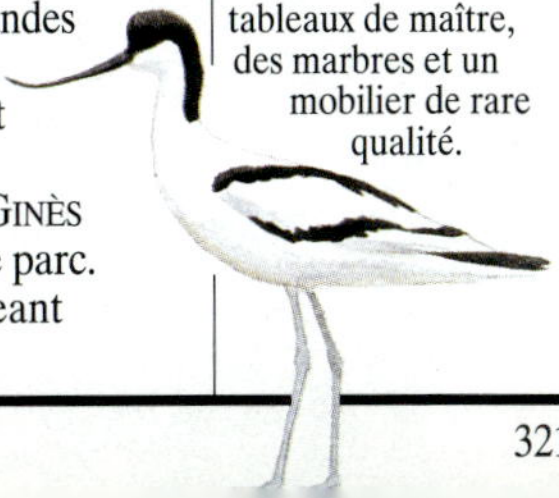

LE CULTE DES SAINTES MARIES
Au IXe siècle, une première église, préromane, remplace un oratoire, établi selon la légende par les saintes elles-mêmes. Lors d'une des nombreuses invasions, les reliques des saintes sont enterrées dans le chœur de la nouvelle église, bâtie au XIIe siècle. C'est là qu'elles seront découvertes lors des fouilles menées par René d'Anjou au XVe siècle.

UNE APPELLATION TARDIVE
Avant le XIXe siècle, le village s'est successivement appelé Santa- (ou Beata-) Maria-de-Ratis, puis Notre-Dame-du-Radeau, et enfin Notre-Dame-de-la-Mer.

LES GITANS AUX SAINTES-MARIES
Ils s'installent chaque année, une semaine avant la fête du 24 mai. Leur regroupement est l'occasion de célébrer des baptêmes en ce lieu sacré ou d'accomplir les rites de la demande en mariage.

LES SAINTES-MARIES-DE-LA-MER

HISTOIRE. Situé à l'extrémité du delta, sur une mince étendue de terre sablonneuse toujours à la merci des flots impétueux de la Méditerranée, le village des Saintes-Maries-de-la-Mer, bien que le plus important de Camargue, a longtemps été très isolé. Au Moyen Âge, il se trouvait à plusieurs kilomètres du rivage ; on le repérait pourtant déjà de loin à l'architecture imposante de son église. Le bourg est alors une place forte qui tente d'échapper aux incursions des pirates qui ravagent la Provence en remontant le Rhône. Au XIXe siècle, le village prend son nom actuel, en référence aux trois Maries : la Vierge, Marie Jacobé et Marie Salomé. Longtemps pêcheurs en mer ou en étang, les Saintois s'orientent aujourd'hui vers le tourisme.

L'ÉGLISE ♥. Bâtie au XIIe siècle sur un ancien sanctuaire gallo-romain, elle est fortifiée pendant la guerre de Cent Ans pour répondre aux attaques des Grandes Compagnies. À l'intérieur, ses chapiteaux à décor végétal, d'où émergent des figures humaines, sont remarquables. La crypte, creusée en 1448, abrite sainte Sarah, couverte d'un amoncellement de robes et de manteaux.

LE MUSÉE BARONCELLI. Du nom du marquis Folco de Baroncelli ● *320*, ce petit musée de pays présente quelques collections relatives à l'histoire locale, au folklore régional (costumes, meubles) et à la zoologie de la Camargue.

LA LÉGENDE DES SAINTES MARIES. À la mort du Christ, Marie Jacobé, sœur de la Vierge, et Marie Salomé, mère des apôtres Jacques le Majeur et Jean, accompagnées de Sarah, leur servante, originaire d'Égypte, de Lazare, le ressuscité,

«Là reposent les deux Maries [...] qui sont en grande renommée»

Jean de Venette

de Marthe, sa sœur ▲ 306, et de Marie Madeleine, la pécheresse, sont chassés de Palestine. Après une traversée en barque, sans voile ni rame, ils accostent en Camargue. Tandis que leurs compagnons partent évangéliser la Provence, les saintes, plus âgées, s'installent à l'endroit de l'actuelle église du village, où, dit-on, elles font construire un autel.

Le pèlerinage. En 1315, la constitution de la confrérie des Saintes-Maries révèle l'importance de la dévotion religieuse populaire aux saintes Marie Jacobé et Marie Salomé. L'affluence des pèlerins conduit l'évêque de Paris, Foulques de Chanac, à instituer dans tout son diocèse, en 1343, la célébration de leur fête, le 25 mai pour l'une et le 22 octobre pour l'autre. Un siècle plus tard, René d'Anjou ● 54 ▲ 214 organise dans l'église Notre-Dame-de-la-Mer les fouilles qui permettront de retrouver les reliques des saintes. Reposant dans des châsses jumelées, elles sont conservées dans la chapelle dédiée à saint Michel. Depuis 1448, une cérémonie, au cours de laquelle les reliques sont descendues dans la crypte, exposées puis remontées, se déroule les 24 et 25 mai, le 22 octobre (aujourd'hui le dimanche le plus proche) et le 3 décembre, en souvenir du jour de leur consécration par le cardinal de Foix, délégué du pape Nicolas V, en 1447.

Les gitans. La participation des gitans à la dévotion de Sarah, leur sainte patronne – jamais reconnue par l'église, mais vénérée par les Tziganes pour ses cheveux noirs et sa peau bistrée – n'est décrite dans aucun ouvrage ancien ; elle est supposée, du fait de leur présence signalée à la Foire de Beaucaire ▲ 311 et parce qu'ils effectuaient le pèlerinage de Saint-Jacques-de-Compostelle ; Folco de Baroncelli ▲ 320 a souvenance qu'ils assistaient à la célébration des 24 et 25 mai aux premiers temps de son enfance, mais que, n'ayant pas accès à l'église, ils se rendaient dans la crypte de Sarah par une porte latérale. C'est lui qui, en 1935, remédie à cette exclusion ; il obtient de l'archevêque d'Aix que la statue de Sarah sorte le 24 mai et soit conduite jusqu'à la plage en procession à l'image du culte rendu aux autres saintes. Ainsi, le 24 mai est consacré à sainte Sarah et le 25 aux saintes Maries. La semaine précédant le 24 mai, près de huit mille gitans viennent installer leurs caravanes.

Des Saintes-Maries à Méjanes. Une belle randonnée ♥ (à pied ou à vélo) part de Cacharel qu'on rejoint par la D 85. On emprunte ensuite la digue dite des Cinq-Gorges jusqu'à Méjanes. C'est un parcours à pratiquer plutôt en fin de journée, quand les étangs sont éclairés par le soleil couchant. Le point de vue est incomparable sur les lagunes, les sansouires ▲ 326 et les marais aménagés ■ 32, où pullulent les échassiers.

L'église des Saintes-Maries
L'église abrite la barque processionnelle des saintes Maries (ci-contre), l'«oreiller» des saintes (pièce de marbre sur laquelle auraient été retrouvés leurs ossements) et une très belle collection d'ex-voto ▲ 177 (ci-dessous).

La ferveur du pèlerinage
Seuls les pèlerinages des 24 et 25 mai incluent une procession jusqu'à la mer des statues des saintes. Elles sont aspergées d'eau tandis que le prêtre bénit la mer et les croyants.

D'ARLES À SALIN-DE-GIRAUD

En venant d'Arles, sur la D 570, s'engager, après le carrefour de Salin-de-Giraud, à gauche vers Bouchaud sur la C 125 de la Dougue. Passer devant le monastère de BOUCHAUD, où une communauté de bénédictins, installée depuis 1975, fait un peu d'artisanat. Au carrefour suivant, poursuivre tout droit.

GAGERON. Les vestiges découverts dans le sous-sol de ce hameau permettent de penser qu'il fut occupé dès la période romaine. Son économie est caractéristique de celle du delta : blé, vigne, riz avec, en complément, les ressources des pâturages et les marais ■ *32*.

VILLENEUVE. L'occupation de cette partie de la Camargue semble remonter à la période gallo-romaine. Au XVIIe siècle, l'archevêché d'Arles tente d'y créer une paroisse qui ne dure pas ; seul souvenir de cette tentative, la chapelle de ROMIEU, visible de la route. Le hameau, situé au sommet d'un ancien bourrelet alluvial, est entouré de prairies «à moutons», de vignes et de vestiges de forêts de chênes pubescents. Vers le sud, la forêt laisse la place aux rizières ■ *32* et aux tamaris : la nappe souterraine salée influence la végétation. Un point de vue aménagé au lieu-dit le mas Neuf permet de découvrir la faune des marais d'eau douce ■ *36*. L'amateur d'oiseaux rares fera un détour par le MAS D'AGON. C'est là que nichent butors, échasses, guifettes, hérons pourprés et crabiers, rousserolles, mésanges à moustache et nettes rousses. La glaréole vient y chasser ainsi que la rare sterne hansel. Concert de grenouilles, beuglement du butor et myriade d'insectes font de ce lieu un paradis pour le naturaliste ou le simple amateur de beauté sauvage. De retour à Villeneuve, s'engager sur la C 134 jusqu'à la Capelière. La route longe le Vaccarès.

«Sur ces vastes espaces plats, l'eau circule à son gré. Elle n'est plus sollicitée par la pente et la pesanteur mais, semble-t-il, par un désir. Elle a ses boulevards qu'elle couvre de reflets, elle paraît immobile. Il faut s'éblouir pour distinguer le frisson de son mouvement. Elle a ses rues où elle passe, puis qu'elle abandonne et la terre se dessèche et se craquelle comme un cœur. Elle a ses étangs où elle dort.»

Jean Giono

LE VACCARÈS ♥

■ 32

Entre roseaux et premières sansouires ▲ *326*, le Vaccarès, pièce maîtresse de tout le système hydraulique du delta, est une vaste lagune d'environ 6 000 ha ; sa faible profondeur (moins de 2 m), les vents quasi permanents qui brassent les eaux et son fort ensoleillement lui confèrent une extraordinaire capacité d'épuration : cela lui permet de recevoir sans dommages importants plus de 40 000 000 m^3 d'eau agricole (destinée aux rizières) nécessaire à sa survie depuis que l'endiguement du Rhône l'a privé des crues régulières du fleuve ▲ *318*.
Sa salinité peut varier de 4 à 32 g de sel par litre, sa flore et sa faune passant alors des myriophylles et des carpes aux zostères et aux daurades. C'est le lieu de rassemblement privilégié des foulques, des canards plongeurs, d'une multitude d'oiseaux pêcheurs (grèbes, sternes, mouettes, etc.), ainsi que des fameux flamants roses, symboles du delta.

LA RÉSERVE NATIONALE ♥

Depuis sa création, en 1927, elle est gérée par la Société nationale de protection de la nature. Couvrant sur 13 117 ha une zone allant du nord de l'étang du Vaccarès jusqu'à la mer, la réserve est une véritable mosaïque de zones humides douces ou saumâtres. Son accès public est limité à l'aire de la digue à la mer et au domaine de la Capelière.
LA CAPELIÈRE. C'est peu après Villeneuve qu'on atteint la Capelière, centre d'information de la Société nationale de protection de la nature. La C 134, qui mène jusqu'à la «digue à la mer», longe sur une dizaine de kilomètres des paysages grandioses, inchangés depuis des milliers d'années : sansouires, tamaris, baisses (étangs à assèchement estival) et lagunes alternent, parcourus de taureaux et survolés de flamants roses. Le dépaysement est garanti !

LA PÊCHE DANS L'ÉTANG DE VACCARÈS
Les pêcheurs professionnels qui utilisent quelques parcelles de la réserve vivent de la capture des anguilles, des muges et des

athérinidés. Ils se servent de trabacs, filets comportant une partie perpendiculaire à la rive, qui rabat les poissons vers des «cœurs» constitués de groupes de trois nasses.

LES SANSOUIRES
C'est le domaine des salicornes, ces plantes grasses caractéristiques des régions salées.

En période humide, le sol est généralement inondé ; en période sèche, il se craquelle et se couvre d'une couche de sel provenant des remontées de la nappe phréatique salée.
La combustion de la salicorne produisait jadis une partie de la soude nécessaire à la fabrication du savon de Marseille ▲ *264*.

La statice maritime, fleur sacrée des Camarguais, honore tombes et mausolées.

LA DIGUE À LA MER ♥

Longue de 20 km, la digue à la mer a été construite en 1857-1858. Son accès est strictement interdit à tout véhicule à moteur. En voiture, on quitte la route goudronnée pour emprunter une digue accessible aux véhicules par temps sec. On traverse d'abord, sur plusieurs kilomètres, une partie de l'exploitation salinière (11 000 ha ; de 600 000 à 1 000 000 t de sel récoltées chaque année), succession de vastes bassins d'évaporation où l'eau de mer, pompée à Beauduc, se concentre peu à peu.

LES RICHESSES ORNITHOLOGIQUES. La constance du niveau d'eau de mars à septembre est très favorable aux oiseaux, nombreux à choisir ce site chaque printemps pour se reproduire en colonies sur des îlots. Les flamants roses nichent ici, plusieurs milliers de couples occupant une île de l'étang du Fangassier. Les partenaires se relaient sans cesse au nid, l'un restant sur place tandis que l'autre va se nourrir, parfois très loin. Sternes (naines, pierregarains et caugeks), avocettes, mouettes et goélands, gravelots à collier interrompu survolent les étendues immobiles. Noter les exceptionnelles concentrations d'oiseaux pêcheurs en septembre, lors de l'assèchement des étangs, à la fin de la période d'exploitation. Toute cette zone, d'une étonnante beauté, est à découvrir de préférence tôt le matin.

DE LA COMTESSE AUX SAINTES-MARIES. Laisser sa voiture au parking de la Comtesse est obligatoire. En ces lieux, la complexité du système hydraulique est perceptible : de grandes vannes permettent, par fort mistral, d'évacuer à la mer le trop-plein des étangs de la réserve. Un canal d'amenée d'eau douce, venu du nord, rejoint en ce même endroit les lagunes du sud de la digue à la mer. C'est la basse Camargue sursalée, marquée par une forte sécheresse estivale (le limon se craquelle, les salicornes sont vertes) et une immersion hivernale (les salicornes sont alors rouge orangé). 2 km après le phare de la Gacholle, on peut emprunter le chemin des Douanes, qui permet de rejoindre la mer à travers les dunes et la plage de 600 m de large ! Les dunes, menacées actuellement par la montée du niveau marin, sont systématiquement protégées par des ganivelles (palissades de bois dressées pour retenir le sable).

FAUNE DES SABLES. Il importe donc d'observer la flore et la faune de loin sans jamais piétiner les dunes. On rencontre quelques raretés : le psammodrome (petit lézard des sables), le scarabée sacré et le lys des sables (fleuri en juillet). 150 espèces de coquillages témoignent de la richesse biologique du golfe de Beauduc. On peut poursuivre durant 8 km en bord de mer vers les Saintes-Maries ; on longe l'ÉTANG DE L'IMPÉRIAL, où abondent les oiseaux d'eau salée ■ *32* (flamants, avocettes, sternes, limicoles, surtout en automne et au printemps). Au carrefour Salin-de-Giraud - Bac de Barcarin, prendre la C 140 de la Bélugue. À l'embranchement qui mène à BEAUDUC, s'engager vers Salin sur la piste de terre carrossable. Passer FARAMAN et continuer en direction de Salin-de-Giraud.

Chargement du sel au XIXe siècle

Ostensoir taillé dans du sel
Les saliniers utilisaient jadis le pouvoir de cristallisation du sel pour décorer de multiples objets.

Salin-de-Giraud

L'agglomération s'est développée dans la seconde moitié du XIXe siècle pour les besoins de l'industrie salinière et chimique (notamment l'industrie savonnière de Marseille ▲ *264*). Elle frappe par son architecture directement inspirée des corons du Nord.

Un «coron» du Sud. Avant l'implantation des usines, l'étang de Giraud était destiné à la pêche et ses environs à l'élevage. C'est pour attirer la main-d'œuvre dans ce lieu isolé que les entreprises Solvay et Pechiney bâtirent des logements, en fait une véritable cité ouvrière moderne. Chaque entreprise avait son quartier distinct, séparé par un no man's land qui ne se construisit que peu à peu. Salin se caractérise autant par son architecture que par la grande diversité de ses habitants. Les Italiens, fort nombreux, sont les plus anciens ; ils furent rejoints entre les deux guerres par les Grecs – la commune abrite une église orthodoxe – et les Arméniens, puis par les Espagnols, enfin par les Turcs. En entrant dans l'agglomération, s'engager à droite au rond-point et passer devant le bureau de poste. Au bout de la ligne droite, prendre la direction de la plage de Piémanson sur la D 36. À 2 km, un belvédère dominant les salins est accessible en voiture.

Le point de vue du Sel. Le sel est exploité depuis l'Antiquité. À la fin du XIXe siècle, le salin de Giraud grandit jusqu'à devenir le plus étendu d'Europe. L'extraction du sel marin exige des conditions climatiques particulières. De la plate-forme, aménagée par la Compagnie des salins du Midi et des salines de l'Est, la vue s'ouvre sur les marais salants, la zone de récolte et de stockage. Le sel extrait ici est utilisé principalement dans l'industrie chimique (usines de Fos ▲ *196*, notamment). Poursuivre en direction de la plage jusqu'à la Palissade.

La Palissade

Le domaine de la Palissade s'étend sur 702 ha, sur la rive droite et à l'embouchure du grand Rhône. Il fut acquis le 4 mai 1976 par le Conservatoire de l'espace littoral et des rivages lacustres et est géré depuis 1980 par un syndicat mixte. Situé hors des digues qui isolent la Camargue des eaux du Rhône et de la mer, soumis aux crues et aux invasions marines, les lieux témoignent du fonctionnement original de la basse Camargue ■ *32*. On y découvre, à travers des diaporamas, des expositions et des sentiers aménagés, la faune et la flore typiques de la région.

Camelle de sel
Après que l'eau de mer est évaporée, le sel est récolté et mis en camelles (ci-dessus, à droite) pouvant atteindre 8 m de haut. Ces pyramides sont les seuls reliefs qui dominent les plates étendues du delta.

INFORMATIONS PRATIQUES

EN TRAIN

LES LIAISONS QUOTIDIENNES

◆ Paris-Marseille
10 liaisons directes.
Durée du voyage : 4 h 50 en TGV et 8 h en train Corail
392 F aller (2de cl.).

◆ Lyon-Marseille
10 liaisons directes.
Durée du voyage : entre 2 h 50 et 5 h
218 F aller (2 de cl.).

◆ Bordeaux-Marseille
5 liaisons directes.
Durée du voyage : entre 5 h 30 et 7 h
319 F aller (2de cl.).

◆ Renseignements
Tél. (1) 45 82 50 50
Minitel : 3615 SNCF.

LES RÉDUCTIONS

Les réductions (20 à 50 %) sont valables en dehors des périodes de grand trafic.

EN VOITURE

	KM	PRIX DU PÉAGE
Paris-Marseille	737 km	224 F
Lyon-Marseille	461 km	100 F
Toulouse-Marseille	404 km	116 F
Bordeaux-Marseille	648 km	199 F
Strasbourg-Marseille	803 km	220 F

Pour tout renseignement complémentaire, appeler au (1) 47 05 90 01

TRAIN + VÉLO

Mettre son vélo dans le train, c'est possible pour moins de 200 F. Votre gare peut vous indiquer le lieu d'enregistrement le plus proche de chez vous.

EN VOITURE

ITINÉRAIRES

Grâce au contournement de Lyon les automobilistes n'auront plus à subir le légendaire bouchon du tunnel de Fourvière. En outre, il est possible d'emprunter deux itinéraires bis entre Paris et Marseille. Le premier traverse le Massif central et le second emprunte la route Napoléon, par les Alpes et le Dauphiné.

ALLOSTOP

Allostop est une association qui met en contact des automobilistes et d'éventuels passagers auxquels il est demandé une participation calculée sur le kilométrage.

◆ Pour se rendre à Marseille :
- de Paris 223 F
- de Lyon 115 F
- de Bordeaux 195 F
- de Toulouse 140 F
- de Strasbourg 220 F

◆ Réservations
(Paris) 42 46 00 66
ou (1) 47 70 02 01
de province.

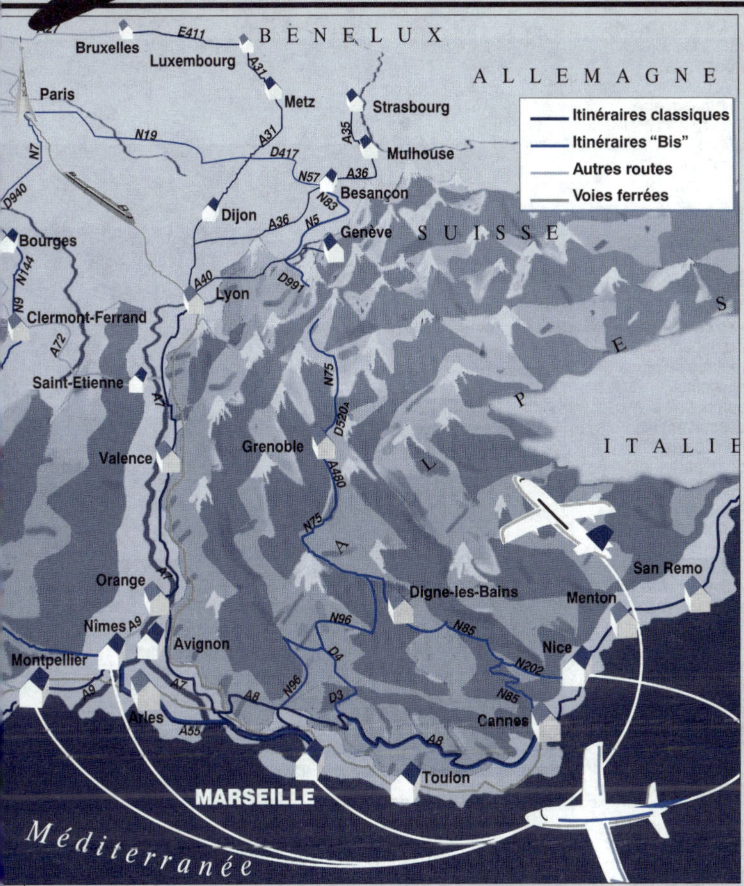

EN AVION

LES AÉROPORTS

Le département est desservi par trois aéroports : Marseille-Marignane, Nîmes-Garons, dans le Gard (à 28 km d'Arles par l'autoroute), et Avignon-Caumont, dans le Vaucluse (à 67 km d'Aix par l'autoroute).

◆ Aéroport de Marseille-Marignane Tél. 42 89 09 74

◆ Aéroport de Nîmes-Garons Tél. 66 70 06 88

◆ Aéroport d'Avignon-Caumont Tél. 90 81 51 51

LES NAVETTES

MARSEILLE-MARIGNANE

◆ Vers Marseille (ville) 1 départ toutes les 20 min, le trajet dure 30 min (40 F).

◆ Vers Aix-en-Provence : 1 départ toutes les heures, le trajet dure 30 min (30 F).

NÎMES-GARONS

◆ Vers Arles 2 navettes par jour en semaine, 20 min de trajet (33 F). Cars Ceyte, Arles, Tél. 90 93 74 90

LES RÉDUCTIONS

Les réductions sont nombreuses, elles varient de 20 à 60 % (Cartes vermeil, jeunes, Carte évasion...)

EN AVION

DESTINATION	NOMBRE DE VOLS/JOUR	PRIX ALLER (FOURCHETTE)
Bruxelles-Marseille	2	2 867 F
Genève-Marseille	3 (été) / 2 (hiver)	1 250 F / 1 900 F

Rens. : Air France (1) 44 08 24 24 ou 36 15 Air France, Sabena (1) 44 94 19 19 et Swissair (1) 40 78 10 00

Paris-Nîmes	3 à 4	920 F
Paris-Avignon	3 à 5	1 062 F
Paris-Marseille	3	315 F - 865 F
Lyon-Marseille	3	385 F - 865 F
Lille-Marseille	1	585 F - 1 385 F
Strasbourg-Marseille	1	495 F - 1 275 F
Bordeaux-Marseille	2	405 F - 1 045 F
Nantes-Marseille	1 (week-end)	570 F - 1 450 F

Rens. : Air Inter (1) 45 46 90 00 ou 36 15 Air Inter

LES AUTOCARS

LES GARES ROUTIÈRES

◆ AIX-EN-PROVENCE
4, rue Lapierre
Tél. 42 27 17 91

◆ ARLES
Av. Paulin-Talabot
Tél. 90 49 38 01

◆ MARSEILLE
3, place Victor-Hugo
Tél. 91 08 16 40

◆ SALON
Place Jules-Morgan
Tél. 90 56 50 98

LES COMPAGNIES

Au départ de la gare routière de Marseille, plusieurs compagnies desservent les trois principales villes du département.

◆ CTM (ARLES, SALON-DE-PROVENCE)
5, chemin de Brissy
13200 ARLES
Tél. 90 93 74 90

◆ SATAP (AIX-EN-PROVENCE, SALON-DE-PROVENCE)
15, rue Lapierre
13100 AIX-EN-PROVENCE
Tél. 42 26 23 78

◆ La CAP (AIX-EN-PROVENCE)
10, av. de Lattre-de-Tassigny
13090 AIX-EN-PROVENCE
Tél. 42 23 14 26

◆ Les Cars de la Camargue (AIX-EN-PROVENCE, SALON-DE-PROVENCE)
4, rue Jean-Mathieu-Artaud
13200 ARLES
Tél. 90 96 36 25

◆ RDT 13 (AIX-EN-PROVENCE)
Pont de l'Arc
13100 AIX-EN-PROVENCE
Tél. 42 27 37 16

LOCATIONS DE VOITURES

AVIS
Central réservation
Tél. 05 05 22 11

EUROPCAR
Central réservation
Tél. (1) 30 43 82 82

HERTZ
Central réservation
Tél. (1) 47 88 51 51

Pour les agences locales contacter les offices de tourisme.

LIAISONS PAR AUTOCAR

DESTINATION	NOMBRE DE LIAISONS
Marseille – Arles	7/jour
Marseille – Aix-en-Provence	1 départ toutes les 12 min
Marseille – Salon-de-Provence	12/jour
Marseille – Cassis	20/jour ; dim. 11/jour
Marseille – Aubagne	8/jour ; dim. 4/jour
Marseille – Martigues	10/jour ; dim. 7/jour
Arles – Salon – Aix	22/jour
Arles – Port-Saint-Louis-du-Rhône	8 ou 6/jour ; dim. 2 ou 4/jour
Arles – Tarascon	7/jour
Arles – Salin-de-Giraud	5/jour
Aix – Cadolive – Auriol	2/jour
Saint – Chamas – Salon-de-Provence	2/jour
Salon-de-Provence – Mallemort	3/jour ; week-end : 7/jour

Liaisons par bus (Marseille et environs)
Ligne 35 : Vieux-Port – Estaque-Riaux
Lignes 19 et 20 combinées :
Castellane – Madrague-de-Montredon – Callelongue

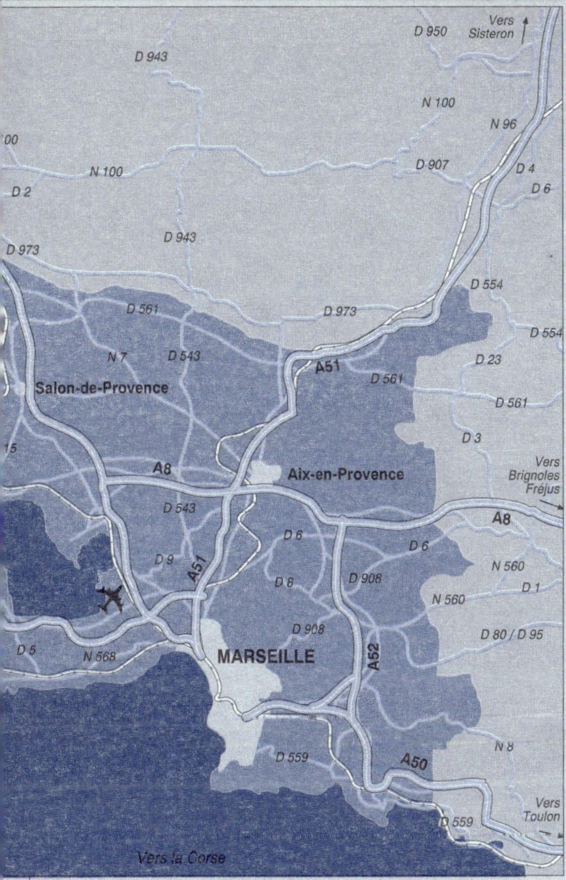

LES LIAISONS FERROVIAIRES À L'INTÉRIEUR DU DÉPARTEMENT

À partir de Marseille vers	Nombre de liaisons quotidiennes	Prix (2de classe)	Durée du voyage
Arles	14	65 F	45 min
Aix-en-Provence	25	34 F	35 min
Salon-de-Provence	9 (dont 3 directes)	50 F	1 h 15

Le train de la Côte Bleue : Marseille – Port-de-Bouc – Miramas, jusqu'à 10 liaisons par jour

Les taxis

◆ Arles
Association des taxis de la ville
Bd des Lices
Tél. 90 96 90 03

◆ Aix-en-Provence
Central 24 h/24
Tél. 42 26 29 30

◆ Marseille :
Il n'existe pas à Marseille de central téléphonique regroupant les taxis.de la ville, voici donc les coordonnées de quelques compagnies :
Marseille Taxis
Tél. 91 02 20 20
Taxis Radio France
Tél. 91 49 91 00
Taxis Plus
Tél. 91 03 60 03

◆ Salon
Compagnies
Accord Taxis Salon
Tél : 90 42 18 91
Association des Radio-Taxis salonnais
Tél. 90 53 21 39
Station
Rue des Fileuses-de-Soie
Tél. 90 56 06 47

Les transports à Marseille

Le métro (2 lignes), le tramway (1 ligne), les autobus (69 lignes) et les trolleybus (6 lignes) circulent de 5 h à 21 h. Il existe également un service réduit (autobus et trolleybus) entre 21 h et 5 h.
Les mêmes tickets sont valables dans les différents moyens de transport en commun.
Le prix du ticket est de 8 F à l'unité et 37,50 F pour un carnet de six.
Pour tout renseignement complémentaire, se renseigner auprès de la RTM (Régie des transports de Marseille).
8, rue des Fabres
13001 Marseille
Tél. 91 91 92 10

Escapade en Corse

Toute l'année des bateaux partent régulièrement de Marseille à destination de la Corse.
Ils desservent Ajaccio, Bastia, L'Île-Rousse, Calvi, Porto-Vecchio et Propriano.
Les voyages sont néanmoins plus fréquents en saison touristique.
Les embarcadères sont situés au port de La Joliette, pour les bateaux de la SNCM (Société nationale Corse-Méditerranée), et au quai d'Arenc pour ceux de la CMN (Compagnie méridionale de navigation).
Les deux compagnies ont aligné leurs prix.
Ils varient, suivant la période de l'année, entre 296 F et 316 F pour un aller simple passager. Pour une voiture, compter entre 220 F et 1 150 F suivant la période de l'année et la taille du véhicule.
Renseignements complémentaires et réservations
SNCM
Tél. 91 56 30 30
CMN
Tél. 91 91 91 26

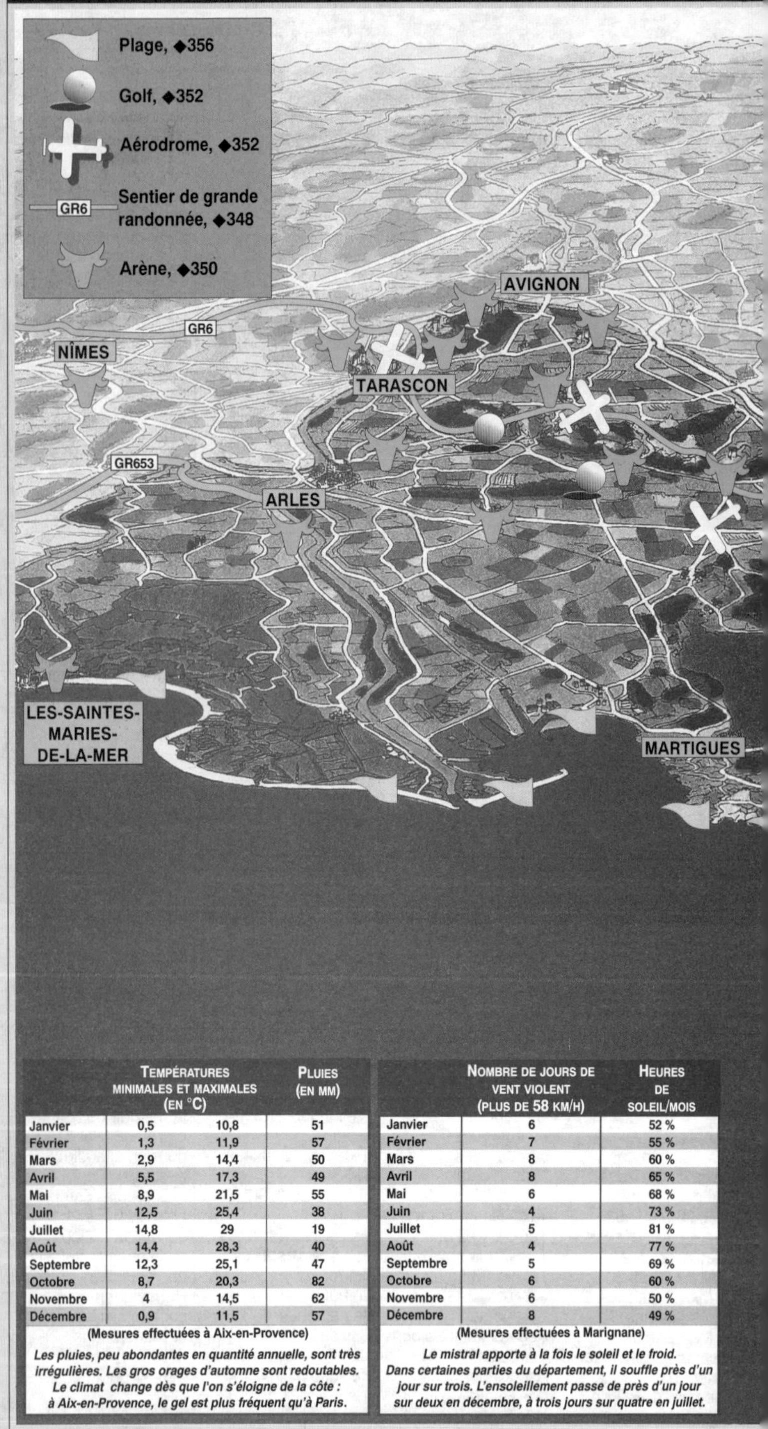

	Températures minimales et maximales (en °C)		Pluies (en mm)
Janvier	0,5	10,8	51
Février	1,3	11,9	57
Mars	2,9	14,4	50
Avril	5,5	17,3	49
Mai	8,9	21,5	55
Juin	12,5	25,4	38
Juillet	14,8	29	19
Août	14,4	28,3	40
Septembre	12,3	25,1	47
Octobre	8,7	20,3	82
Novembre	4	14,5	62
Décembre	0,9	11,5	57

(Mesures effectuées à Aix-en-Provence)

Les pluies, peu abondantes en quantité annuelle, sont très irrégulières. Les gros orages d'automne sont redoutables. Le climat change dès que l'on s'éloigne de la côte : à Aix-en-Provence, le gel est plus fréquent qu'à Paris.

	Nombre de jours de vent violent (plus de 58 km/h)	Heures de soleil/mois
Janvier	6	52 %
Février	7	55 %
Mars	8	60 %
Avril	8	65 %
Mai	6	68 %
Juin	4	73 %
Juillet	5	81 %
Août	4	77 %
Septembre	5	69 %
Octobre	6	60 %
Novembre	6	50 %
Décembre	8	49 %

(Mesures effectuées à Marignane)

Le mistral apporte à la fois le soleil et le froid. Dans certaines parties du département, il souffle près d'un jour sur trois. L'ensoleillement passe de près d'un jour sur deux en décembre, à trois jours sur quatre en juillet.

Vitesse du vent : échelle de Beaufort

Beaufort	Km/h	Dénomination
0	< à 1	calme
1	1 à 5	très légère brise
2	6 à 11	légère brise
3	12 à 19	petite brise
4	20 à 28	jolie brise
5	29 à 38	bonne brise
6	39 à 49	vent frais
7	50 à 61	grand frais
8	62 à 74	coup de vent
9	75 à 88	fort coup de vent
10	89 à 102	tempête
11	103 à 117	violente tempête
12 à 16	> à 117	ouragan

FESTIVALS

Festivals			
Festival de chant lyrique	Marseille	début avril	91 33 33 79
Festival du tambourin	Aix-en-Provence	avril	42 26 23 41
La Ciotat, berceau du cinéma	La Ciotat	fin juin	42 83 13 57
Festival des îles	Marseille	juin-juillet	91 54 91 11
"Aix en Musique"	Aix-en-Provence	juin-juillet	42 21 69 69
"Organa", festival d'orgue et de musique classique	Saint-Rémy-de-Provence	juillet-septembre	90 92 05 22
Rencontres internationales de la photographie	Arles	juillet	90 96 76 06
Festival international de la danse	Aix-en-Provence	juillet	42 63 06 75
Festival d'art lyrique et de musique	Aix-en-Provence	juillet	42 17 34 00
Les Provenciades, festival des traditions et richesses de Provence	La Ciotat	fin juillet	42 08 01 97
Mosaïque gitane	Arles	juillet	90 93 24 75
Festival international de jazz Albert-Maioli	Salon-de-Provence	juillet	90 56 24 62 90 56 82 00
Festival de jazz "Summertime"	Aix-en-Provence	juillet-août	42 21 05 57
Festival de folklore mondial	Martigues	fin juillet-début août	42 42 12 01
Festival international de piano	La Roque-d'Anthéron	août	42 50 51 15
Festival du théâtre "Coté cour"	Salon-de-Provence	août	90 56 00 82
Rencontre de la chanson francophone	Salon-de-Provence	août	90 56 05 93
Festival du film féminin	Marseille	septembre	91 33 33 79
Festival de musique sacrée à l'abbaye Saint-Victor	Marseille	fin octobre	91 33 33 79
Festival du film pour l'enfant	Marseille	décembre	91 55 03 71

FÊTES

Festivités		
Feria pascale	Arles	mi-avril
Fête des Gardians	Arles	1er mai
Fête de la Transhumance	Saint-Rémy-de-Provence	lundi de Pentecôte
Fête de la Tarasque	Tarascon	26 et 27 juin
La Pegoulado (cortège camarguais)	Arles	2 juillet
Fête vénitienne (ballet nautique sur les canaux)	Martigues	3 juillet
Fête de la Saint-Éloi	Châteaurenard	début juillet
La Feria du cheval	Les-Saintes-Maries-de-la-Mer	mi-juillet
Joutes nautiques	La Ciotat, Martigues, Port-Saint-Louis, Istres, Port-de-Bouc, Fos-sur-mer	mi-juillet
"Carreto Ramado" (fête de la Charrette)	Saint-Rémy-de-Provence	15 août
Les Prémices du riz	Arles	mi-septembre
Fête votive avec lâcher de taureaux dans la ville	Saint-Rémy-de-Provence	1er octobre

Fêtes religieuses		
La Chandeleur (hommage à la Vierge Noire)	Marseille (basilique Saint-Victor)	2 février
Pèlerinage des Gitans	Les-Saintes-Maries-de-la-Mer	24 et 25 mai
La bénédiction des bouteilles	Bouldon	1er juin
Fête mariale, procession au flambeau à Notre-Dame-de-la-Garde, dans le Panier	Marseille	le 14 août au soir le 15 août
Pèlerinage de Notre-Dame de la Pitié	Marignane	8 septembre
Pèlerinage et dévotion à Sainte-Marie Salomé (à ne pas confondre avec la fête des Gitans)	Les Saintes-Maries-de-la-mer	avant-dernier dim. d'octobre
Crèches provençales	Dans tout le département	du 15 novembre au 10 janvier
Pastrages (offrande de l'agneau par les bergers)	Aureille, Eygalières, Les Baux-de-Provence, Saint-Rémy-de-Provence, Fontvieille	24 ou 25 décembre

FOIRES		
FOIRE AUX MOUTONS	SAINT-MARTIN-DE-CRAU	mi-février
FOIRE AGRICOLE ET ARTISANAT	TRETS	mi-mars et fin août
FOIRE AUX CHEVAUX ET PRODUITS LOCAUX	FONTVIEILLE	2e dimanche de mars
BROCANTE	SAINT-RÉMY-DE-PROVENCE	1er mai
FÊTE DU CHEVAL	BARBENTANE	3e w.e de mai
BROCANTE	MEYRARGUES	Pentecôte
FOIRE AUX CHEVAUX ET BROCANTE	LAMBESC	1er wk-end de juin
FÊTE DE L'HUILE ET DES PRODUITS DU TERROIR	MAUSSANE-LES-ALPILLES	2e wk-end de juin
FÊTE DU VIN	LA DESTROUSSE	2e dim. de juin
FOIRE À L'AIL, AUX HERBES ET À LA TARRAÏETTE	MARSEILLE	mi-juin-fin juillet
FOIRE VINS ET ARTISANAT	SAINT-RÉMY-DE-PROVENCE	dernier wk-end de juillet
ARGILLA, FÊTE DE LA CÉRAMIQUE	AUBAGNE	14-15 août
FOIRE AUX OLIVES ET PRODUITS DU TERROIR	MOURIÈS	3e wk-end de septembre
FOIRE AUX VINS ET PRODUITS DES ALPILLES	MAUSSANE-LES-ALPILLES	1er wk-end d'octobre
FOIRE AUX BESTIAUX ET ARTISANAT	GÉMENOS	2e dim. d'octobre
FOIRE TOUS PRODUITS	TARASCON	début septembre et mi-octobre
FOIRE SAINT-LUC DE PRODUITS RÉGIONAUX	BARBENTANE	samedi proche du 18 octobre
FOIRE DE L'ARTISANAT ET PRODUITS RÉGIONAUX	MARTIGUES	dernier wk-end de novembre
FOIRE AUX SANTONS	MARSEILLE	fin novembre-fin décembre
FOIRE AUX SANTONS	CHÂTEAURENARD, salle de l'Étoile	début décembre
FÊTE DE L'HUILE NOUVELLE	MOURIÈS	mi-décembre
FOIRE SAINTE-BARBE D'ARTISANAT	VENTABREN	4 décembre
FOIRE TOUS PRODUITS	AIX-EN-PROVENCE	4 décembre

MARCHÉS		
● AIX-EN-PROVENCE		
Marché tous produits	centre-ville et Jas de Bouffan	mardi, jeudi, samedi
Marché des producteurs	place Richelme et place de la Madeleine	jeudi, samedi
Marché aux fleurs	Hôtel de ville	mardi, jeudi, samedi
● ARLES		
Marché tous produits	bd des Lices bd Clemenceau	mercredi, samedi
● AUBAGNE		
Marché tous produits	cours Foch, cours Voltaire et bd Jean-Jaurès	mardi, jeudi, samedi, dimanche
● FONTVIEILLE		
Marché tous produits	Champ de Foire	lundi et vendredi
● MARSEILLE		
Marché tous produits	Capucins (métro Noailles)	tlj. sauf dimanche
Marché aux poissons	Vieux-Port, quai des Belges	tous les jours
Marché forain	Velten	tous les jours
Marché produits alimentaires	cours Julien et place Notre-Dame-du-Mont	tlj. sauf dimanche
Marché produits alimentaires	Prado (métro Castellane); cours Pierre-Puget	tlj. sauf dimanche (forain lundi, mardi et mercredi)
Marché aux fleurs	allées de Meilhan	mardi et samedi
● MARTIGUES		
Marché tous produits et vêtements	centre-ville	jeudi et dimanche
● LES-SAINTES-MARIES-DE-LA-MER		
Marché tous produits	place des Gitanes	lundi et vendredi
● SAINT-RÉMY-DE-PROVENCE		
Marché tous produits, artisanat et tissus	centre-ville	mercredi
● SALON-DE-PROVENCE		
Marché tous produits	centre-ville	mercredi
● TARASCON		
Marché tous produits	centre-ville	mardi

L'art roman s'est épanoui sans contrainte dans l'incomparable lumière de la Provence. Au XIe siècle s'était fait jour un premier art roman, au décor très simple fondé sur des jeux de lignes, et qu'illustre bien la sévérité du décor de l'église Saint-Pierre à Montmajour. Mais c'est au XIIe siècle, en plein renouveau économique de la Provence, que se fixent les grands traits du roman provençal : plan dépouillé, harmonie des masses et rigueur des volumes. Les techniques sont maîtrisées, les artistes cherchent davantage l'embellissement des églises et c'est alors que la sculpture provençale, inspirée par les modèles antiques, prend toute son ampleur. Les nouveaux canons, mis au point dans les ateliers de Saint-Trophime, à Arles, sont ensuite diffusés dans tout le pays arlésien et les environs d'Aix.

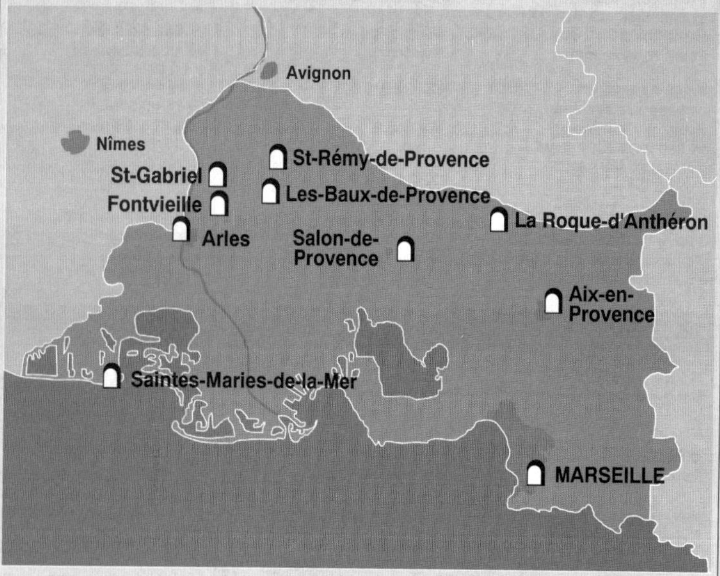

MARSEILLE

LA VIEILLE MAJOR. La communauté chrétienne de Marseille fut une des plus anciennes à s'organiser en Provence, sans doute dès le IVe siècle. Une première cathédrale fut édifiée au début du Ve siècle, et dont le baptistère subsista jusqu'à sa démolition, au XIXe siècle. L'édifice actuel fut construit vers 1150 dans le grand style des églises provençales. Malgré les nombreux remaniements postérieurs et les mutilations opérées au XIXe siècle ▲ *169*, l'église a conservé sa vaste nef couverte d'un berceau de plein cintre et une coupole octogonale dominant la croisée du transept, certainement l'élément le plus exceptionnel de l'ensemble. Cette coupole repose sur quatre trompes en cul-de-four admirablement appareillées et décorées des symboles des évangélistes représentés de profil.

ABBAYE SAINT-VICTOR. L'abbaye (à droite) fut construite au Ve siècle sur l'emplacement d'une nécropole rupestre ▲ *173*. Elle fut sans cesse modifiée jusqu'au XVIIIe siècle et constitue l'un des ensembles architecturaux les plus complexes de la région. D'un bâtiment édifié au XIe siècle subsiste, au nord, le «porche d'Isarn», dont seule la porte sud a conservé son décor : les deux colonnes appareillées qui l'encadrent supportent deux splendides chapiteaux sculptés d'acanthe et à l'allure déjà antiquisante. Le porche précède l'église haute, plus récente (commencée en 1201 et terminée avant 1279). Malgré la date tardive de construction, elle offre, dans sa grande sobriété, un très bel exemple de roman provençal. Sa nef, couverte d'un berceau brisé, était à l'origine dépourvue d'ouvertures. Le transept fut, lui, modifié au XIVe siècle.

Aix-en-Provence

La cathédrale Saint-Sauveur. Édifiée du Ve au XVIIe siècle, elle est très composite ▲ *216*. De l'édifice roman (XIIe siècle) subsiste la nef Saint-Maximin, jouxtant au sud la nef principale, et dont le berceau brisé repose sur les corniches décorées à l'antique. Le cloître, au sud-ouest, date des années 1190. Contrairement aux autres cloîtres provençaux, il n'a jamais été voûté mais fut couvert d'une charpente, ce qui explique son extrême légèreté et la finesse de ses supports. Ses chapiteaux sont surtout ornés de feuillages, sauf dans la galerie nord, où se développe une série historiée de scènes de la vie du Christ. On retrouve l'influence arlésienne dans certains thèmes (aigles de la galerie est, le Cavalier Constantin de la galerie est) et dans la facture de certains chapiteaux de la galerie nord (scène unique formant frise).

La Roque-d'Anthéron

L'abbaye de Silvacane. Par sa simplicité et l'harmonie de ses proportions, l'abbaye compte parmi les plus belles églises cisterciennes. L'ordre des Cisterciens, fondé à la fin du XIe siècle, aspirait à un retour à la pureté originelle de la règle de saint Benoît. Saint Bernard, dont la personnalité domina l'ordre au XIIe siècle, fit bannir des édifices claustraux tout décor, source pour lui de dépenses superflues et de vaines distractions. L'architecture se devait d'être dépouillée à l'extrême : l'art cistercien clôt ainsi la tradition romane, même si les proportions et les structures obéissaient encore aux anciens canons. Silvacane fut construite à partir de 1175 ▲ *248*. Elle fut, contrairement aux autres édifices cisterciens, dressée sur une éminence. Les bâtiments s'ordonnent autour du cloître (XIIIe siècle), l'église, au sud, étant, selon la tradition, édifiée sur la partie la plus élevée. Le réfectoire (ensemble actuel du XVe siècle) fut construit parallèlement au cloître et non perpendiculairement comme c'était la règle, en raison de la déclivité du terrain.

Salon-de-Provence

Église Saint-Michel. L'intérêt de ce bel édifice de transition, élevé au XIIIe siècle, réside surtout dans son porche occidental, vraisemblablement du XIIe siècle. Deux panneaux figuratifs, dont la raideur atteste la facture archaïsante (l'archange saint Michel, d'un côté, et un Agnus Dei crucifère passant entre deux rosaces, de l'autre), sont encadrés d'un décor floral très stylisé et très souple, inspiré de l'Antiquité. Au-dessus du sanctuaire, un beau clocher roman à arcades domine l'édifice.

Saint-Rémy-de-Provence

Saint-Paul-de-Mausole. L'église fut construite vers 1134, sur l'emplacement d'un édifice antérieur (XIe siècle) ▲ *279*. Le portail, refait au XVIIIe siècle, devait s'apparenter à celui de Saint-Trophime. La nef, très simple, est voûtée d'un berceau très légèrement brisé et son abside s'ouvre par un arc triomphal de plein cintre. Le cloître, édifié vers 1140-1150, a réussi une harmonieuse synthèse entre la tradition géométrique héritée du foyer de Montmajour (chapiteaux des galeries nord et est, vigueur du clocher) et l'influence de l'antique, suscitée par la proximité des ruines de Glanum et le rayonnement du chantier de Saint-Trophime (galerie sud ornée de scènes bibliques ou mythologiques et galerie ouest, au décor végétal inspiré du corinthien, toutes deux de la fin du XIIe siècle).

LES BAUX-DE-PROVENCE

ÉGLISE SAINT-VINCENT. Elle date du XIIe siècle et est à moitié troglodytique ▲ *282*. Elle comprenait, à l'origine, une nef centrale à deux travées, voûtée en berceau brisé, et qui s'ouvrait par des arcades de plein cintre sur un bas-côté roman au sud et des chapelles gothiques au nord. Elle fut allongée au XVIIe siècle d'une nouvelle travée à l'est, l'appareil restant «roman», et fut restaurée au XIXe siècle (porche). La chapelle Saint-Blaise, à côté de l'hôpital, est également du XIIe siècle.

TARASCON

CHAPELLE SAINT-GABRIEL. C'est un des édifices romans majeurs du département ▲ *304*. Elle fut certainement édifiée vers 1175, époque de l'apogée du goût antiquisant. Si son volume, constitué d'une seule nef, est d'une extrême simplicité, la sculpture de son porche, en revanche, est d'une grande richesse.
Le portail est encadré d'un décor à l'antique (chapiteaux dérivés du corinthien) ; son tympan juxtapose deux scènes : Adam et Ève après la faute et Daniel entre les lions. Un ange, tirant Habaquq par les cheveux, domine le tout. Ces deux scènes, dont la plastique se rapproche des sarcophages paléochrétiens, rappellent, symboliquement, la leçon du portail de Saint-Trophime sur la faute : Adam et Ève représentent les chrétiens ayant succombé à la tentation ; Daniel, le chrétien qui, lui, a résisté au péché figuré par les lions, thème constant de l'iconographie arlésienne.
Au-dessus, un autre bas-relief représente la Vierge de l'Annonciation. L'archaïsme de ces deux bas-reliefs, s'opposant à la maîtrise de la réalisation du décor floral, laisse penser qu'il pourrait s'agir d'un remploi. Tout en haut, un somptueux oculus alterne rosaces, masques humains et feuilles d'acanthes de grande qualité. Sa facture s'apparente aux chapiteaux et tailloir de la galerie nord de Saint-Trophime à Arles.

MONTMAJOUR

C'est un des monuments les plus représentatifs de l'art roman provençal en pays d'Arles ▲ *288*. On y retrouve les grandes étapes de l'élaboration du roman provençal, de ses balbutiements à sa plénitude.

ÉGLISE SAINT-PIERRE. Cet édifice, le plus ancien de l'abbaye (vers 1040), communique à l'est avec un ermitage rupestre ; il est précédé, à l'ouest, d'un vestibule formant narthex. Cette formule architecturale, rare en Provence, fut pratiquement abandonnée au XIIe siècle. Elle est à rapprocher du porche d'Isarn à Saint-Victor de Marseille. L'église proprement dite s'articule entre un premier vaisseau, au nord, creusé dans le rocher, et une seconde nef, construite en appentis contre le rocher, procédé habituel de l'habitat semi-troglodytique en Provence calcaire. Les colonnes qui supportent les grandes arcatures, sans doute romaines, sont des remplois mais les chapiteaux des colonnes nord marquent une étape essentielle dans l'élaboration du premier art roman provençal : rosaces à motifs géométriques, décor floral très stylisé, volutes, entrelacs ou stries se terminant par des petites feuilles trilobées.

ABBATIALE. Les deux églises, inférieure et supérieure, datent de la seconde moitié du XIIe siècle. L'église, au décor rare, se distingue par l'équilibre de ses volumes, la simplicité des grands plans géométriques et la qualité de son appareillage, proche de la facture romaine. Elle se superpose à

l'église inférieure, remarquable par l'élaboration de son plan (transept, absidioles, déambulatoire et chapelles rayonnantes).

CLOÎTRE.
Il fut commencé tout de suite après l'abbatiale, au XIIe siècle. Si, en dehors de ceux qui couronnent les pilastres, seuls les chapiteaux de la galerie est sont romans (décor végétal et Tentation de Jésus traitée dans l'esprit arlésien), le volume général reste roman. Il suit le même parti architectural et le même répertoire ornemental pour ses pilastres (cannelures, monstres androphages, feuillage masquant des têtes humaines) que Saint-Trophime, particulièrement la galerie nord, la plus ancienne (vers 1065). Dans la galerie ouest, les sculptures des consoles supportant la retombée des arcs-doubleaux sont particulièrement expressives (animaux et monstres dévorants). Des autres bâtiments romans, seul subsiste le réfectoire.

CHAPELLE SAINTE-CROIX.
Bâtie au milieu du cimetière rupestre de Montmajour à la fin du XIIe siècle, elle se distingue par l'extrême qualité de ses volumes, en forme de croix grecque (absides voûtées en cul-de-four). Un élégant clocheton ajouré de baies surmonte l'édifice.

ARLES

ÉGLISE SAINT-TROPHIME.
C'est à Saint-Trophime, église à reliques située sur le chemin de Compostelle et siège majeur de l'épiscopat provençal, que s'est élaboré le second art roman provençal. Symbiose de l'art antique et de la vision romane, il prit au XIIe siècle l'ampleur d'une véritable renaissance. L'édifice (terminé en 1152) frappe d'emblée par l'ornementation de son porche, le seul grand ensemble sculpté de Provence avec celui de l'abbaye de Saint-Gilles. Il s'ouvre comme un véritable arc de triomphe romain. Son registre iconographique développe le thème du Jugement dernier, que domine un Christ triomphant et justicier. À l'intérieur, on est frappé par la hauteur des voûtes et l'extraordinaire qualité des volumes.

CLOÎTRE.
C'est le plus célèbre de Provence, tant pour son élégance que pour la richesse de sa décoration sculptée. Les galeries est et nord sont romanes (fin du XIIe siècle) ; les deux autres, gothiques, furent ajoutées au XIVe siècle. C'est sur la galerie nord, la plus ancienne, que la perfection du volume intérieur et l'harmonie de la décoration ont été poussées le plus loin. Deux thèmes fondamentaux y sont associés : une méditation sur la résurrection du Christ et l'exaltation des saints patrons d'Arles. Sur la galerie est, le récit de la passion du Christ se déroule du sud au nord.

LES SAINTES-MARIES-DE-LA-MER

ÉGLISE NOTRE-DAME-DE-LA-MER.
L'église actuelle fut édifiée dans la seconde moitié du XIIe siècle. L'extérieur roman a disparu,

au XIVe siècle, sous un habillage fortifié ▲ *322*, mais l'intérieur, agrandi au XIVe siècle pour accueillir les pèlerins venus honorer les Saintes Maries, a conservé des chapiteaux qui comptent, par l'habileté de leur composition, parmi les plus belles pièces de la Provence romane (au fond de l'abside). Ils s'ornent de feuillages à masques humains, de têtes de diable et de scènes historiées (représentant l'Incarnation, la Visitation et l'Annonciation), dans un style qui se rattache aux frises de la cathédrale de Nîmes et de la galerie nord du cloître d'Arles.

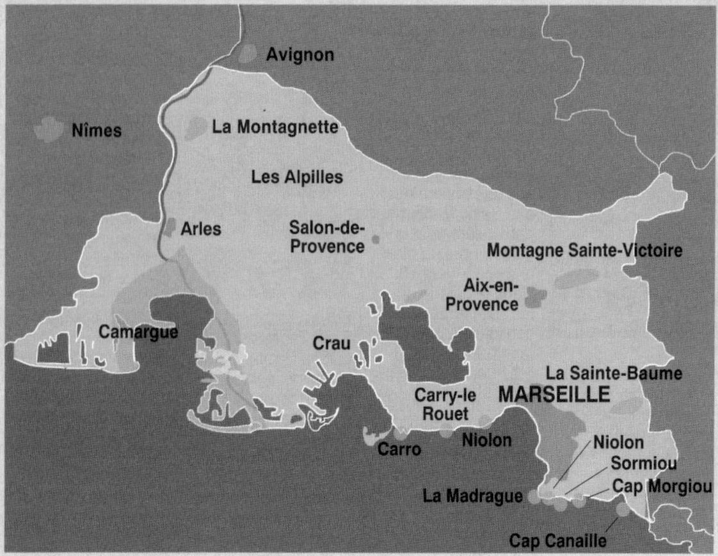

Des itinéraires bien différents... C'est évidemment la mer qui leur sert de toile de fond, la mer aux sourires innombrables avec sa côte rocheuse et découpée, ses golfes, ses calanques abruptes, ses plages et ses petits ports paisibles où dansent les barques de pêche. Mais de cet univers marin, il faut s'enfoncer sans transition dans un autre monde, celui de la Camargue sauvage et marécageuse, refuge des taureaux, des chevaux sauvages et des flamants roses, pénétrer la Provence romaine qui recèle des trésors à l'ombre des Alpilles et de la montagne Sainte-Victoire, parcourir les coussous de la Crau. Ce sont d'insaisissables régions. Quand vous croyez les connaître, elles vous surprennent encore.

DEPUIS MARSEILLE

◆ **LA NERTHE**
De l'Estaque à Martigues s'étend une chaîne de collines arides, la Nerthe, séparant l'étang de Berre de la mer sur une trentaine de kilomètres. Sur son flanc sud, s'égrènent des villages où le tourisme remplace peu à peu l'activité traditionnelle de la pêche : Niolon, La Redonne, Carry, Le Rouet, Sausset, La Couronne, Carro. De faible altitude (279 m), le massif est constitué d'une succession de collines et de ravins ravagés par des incendies trop fréquents, où la végétation se réduit à une garrigue basse et dégradée ; point de bois ou de forêt, hormis quelques pinèdes bruissantes du chant des cigales au cœur de l'été. Dans ce paysage pagnolesque, l'élevage de la chèvre constituait l'activité dominante, grâce à une race particulière originaire du village du Rove. Cette chèvre caractérisée par sa robe rousse et ses cornes en lyre, produit un lait qui sert de base à la fabrication d'un yaourt local appelé «brousse du Rove», que les marchands ambulants vendent sur les marchés de Marseille et d'Aix. Du port de Niolon, niché dans une calanque, partent les sentiers de douaniers qui longent le littoral. Si cette partie de la côte a perdu son aspect traditionnel, on retrouvera à Carro un vrai port de pêche, d'où partent barques et chaluts. Cette partie de la côte est

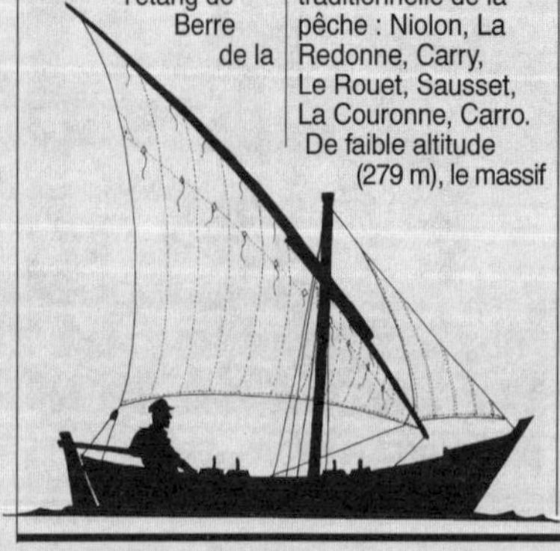

«Une jouissance de plus, qui est, je crois, toute spéciale aux pays du Midi, est celle des parfums puissants que l'on respire»

Élémir Bourges

réputée chez les botanistes pour la présence de plantes rarissimes poussant au creux des lapiaz proches du littoral. Dans ces poches de terre pousse un ail minuscule aux fleurs blanches s'épanouissant au ras du sol : Allium chamaemoly, tandis que dans les zones soumises aux embruns poussent trois staticés protégées : Limonium minutum, L. girardianum et L. celifolium. Une autre espèce rare pousse au bord des lagunes : Cressa cretica, une convolvulacée (famille des liserons) aux minuscules fleurs blanches. Enfin, en arrière de la plage, pousse une géophyte dont les fleurs violettes couvrent le sol en octobre-novembre : Merendera filifolia, autre espèce protégée qui se trouve là dans son unique station française.

◆ **Les calanques**
Depuis Marseille, il faut suivre la Corniche surplombant la mer, traverser la pointe Rouge, qui abrite un petit port de plaisance, et pousser jusqu'à La Madrague-de-Montredon : sur le chemin s'ouvre la campagne Pastré et ses vastes espaces préservés pour les promeneurs et, en face, sur les derniers contreforts de Marseilleveyre, la grotte Rolland, qui, par ses dimensions imposantes (120 m de long sur plus de 20 m de hauteur), est réservée aux spéléologues confirmés. On arrive alors aux calanques proprement dites, dont les plus célèbres sont Sormiou, Morgiou, Sugiton,

l'Oule, En-Vau, Port-Pin et Port-Miou. Ces calanques, du provençal *calenco* (escarpé), donnent à ce littoral calcaire tourmenté, abrupt et désolé, un décor de tragédie grecque. Site classé sur 5 000 ha, cet espace sauvage et inhabité est traversé par un sentier de grande randonnée tracé en 1973, qui permet de parcourir en onze heures de marche les 28 km qui vont de Marseille à Cassis par le littoral, en suivant les crêtes et les calanques. De nombreux itinéraires jalonnés et entretenus par les Excursionnistes marseillais et la section provençale du Club alpin français permettent d'atteindre une à une les calanques par dix points d'accès différents. Sous le cap Morgiou, la grotte Cosquer (du nom de son découvreur) renferme d'exceptionnels témoignages d'art rupestre paléolithique (mis au jour en juillet 1991) qui donneraient à Marseille non pas vingt-six siècles mais plus de vingt millénaires d'histoire. À partir de Sugiton, le chemin devient escarpé et s'accroche au flanc des grandes falaises du Dévançon. Il est plus facile d'accéder à la plus célèbre des calanques, la plus belle aussi, En-Vau, par la maison forestière de la Gardiole, reliée au Logisson par la départementale qui va de Marseille à Cassis : la seule à posséder une plage de sable, elle est fréquentée par une foule de randonneurs, de baigneurs et de varappeurs qui exercent leur sport sur des à-pics de 80 à 100 m à l'aplomb de l'anse qui peut accueillir une dizaine d'embarcations en mouillage forain. Le moins fatigant, toutefois, pour y accéder est de se faire tout simplement déposer par les bateaux qui vont visiter les autres calanques de Port-Miou, Port-Pin, à partir de Cassis...

◆ **La Sainte-Baume**
Aucune intervention humaine n'a perturbé ici l'existence tranquille des arbres majestueux qui occupent les lieux. Sans exploitation du bois, ni pâturage, ni incendie, un microclimat local s'est maintenu et toutes les espèces vivantes, liées à la hêtraie, ont poursuivi leur cohabitation fragile, parfois mêlées aux espèces méditerranéennes qui occupent le voisinage. Les hêtres accompagnés de tilleuls, chênes, érables sont les arbres dominants, mais le sous-bois est aussi une richesse du lieu. Les ifs y sont très anciens, les houx abondants et vigoureux. À proximité des sentiers, le magnifique lys martagon dresse sa tige frêle. Sur la crête rocheuse qui domine la forêt, la végétation rase est constituée par un mélange d'espèces alpines et méditerranéennes. Ainsi le fameux genêt de Lobel forme de petites touffes compactes qui, hérissées de rameaux piquants, est appelé localement «coussins de belle-mère». Le panorama justifie l'ascension : au sud, la Méditerranée, des îles d'Hyères aux calanques de Cassis, au nord, les sommets enneigés des Écrins.

Depuis Aix-en-Provence

◆ **La montagne Sainte-Victoire**

D'où que l'on vienne, la Sainte-Victoire impose au visiteur sa masse compacte, surgie de la campagne aixoise comme un vaisseau échoué. Vu du nord, par les plateaux boisés de Jouques et de Rians, le manteau de garrigue semble s'étendre jusqu'à son sommet en une débauche de verdure que ne perce la toiture d'aucun mas. Vue du sud, depuis les campagnes de la vallée de l'Arc, elle dresse sa muraille minérale comme pour faire barrage aux vignobles qui s'étalent à perte de vue. La route en fait le tour complet au départ d'Aix, en une boucle d'une soixantaine de kilomètres. Après le barrage de Bimont, point de départ d'un réseau de chemins pédestres qui sillonne garrigues, forêts d'yeuses et de pins d'Alep, on arrive à l'austère combe Vauvenargues, encaissée entre des plateaux calcaires où les caractères méditerranéens de la végétation s'effacent peu à peu. En suivant toujours la D 10, on passe le col de Claps dont la crête, qui se prolonge vers le nord, conduit à la Citadelle : là, dans une enceinte néolithique, les bergers conduisaient leurs troupeaux il y a 4 000 ans. Au Puits-de-Rians, la route continue dans de petites gorges avant de déboucher sur le vignoble de la plaine de l'Arc à Pourrières, village fameux où fut conduite la victoire de Marius sur les Teutons.

À Puyloubier, dont le nom signifie «la montagne aux loups» (Podium Luperium), la route grimpe sur le plateau du Cengle, qui constitue le piédestal naturel de la montagne : les falaises blanches tombent à pic sur un dénivelé de 500 m jusque sur le plateau aux formes douces, où est implanté le charmant village de Saint-Antonin. En surplomb, la croix de Provence, haute de 18 m, commémore le souvenir d'un marin miraculeusement sauvé (1875).

Après les lacets qui descendent vers Beaurecueil et le Tholonet, on emprunte la route Cézanne, ainsi nommée car elle constituait l'un des itinéraires favoris du peintre, qui peignit la montagne à de très nombreuses reprises : le décor n'a guère changé, et le promeneur pourra contempler encore longtemps ce panorama désormais protégé.

Depuis Salon-de-Provence

◆ **La Crau**

C'est au sud, sur la route menant d'Arles à Fos, qu'il faut aller découvrir la Grande Crau. On entre là, aux abords de l'étang des Aulnes, dans la vraie Crau sèche, le «Sud profond», où le coussous (maigre végétation) garde une extension considérable et semble s'étaler à perte de vue. En été, c'est un désert. Les bergeries sont vides, le bétail ayant été transporté par camion jusqu'en Savoie et en Dauphiné ; les oiseaux se sont tus et sur le tapis jaunâtre brûlé par le soleil des myriades de criquets sautent en tous sens déployant des ailes rouges ou bleues du plus bel effet. Quand arrive le soir, ce sont les moustiques qui investissent la place et fondent par légions sur le promeneur non averti. Pourtant, pour qui sait regarder, la Crau recèle des richesses. L'entomologiste y trouvera deux espèces d'insectes typiques, un curieux criquet anoptère (*Prionotropis rhodanica*) et un coléoptère discret vivant dans les chardons (*Acmeodona perroti*). Près de Saint-Martin-de-Crau, la réserve de Peau de Meau, créée à l'initiative d'Espaces naturels de Provence (CEEP), permet aux visiteurs de découvrir l'écosystème typique de la plaine. La plupart des espèces d'oiseaux de la Crau peuvent y être observées du haut d'un affût aménagé

dans la bergerie : le milan noir qui parcourt le ciel, l'alouette des champs et la calandrelle qui égrènent leurs notes jusqu'au cœur de l'été, le faucon crécerelle, plus discret, et surtout le ganga cata, appelé localement grandoule, qui jette un cri nasillard un peu semblable à celui du goéland quand on vient à le surprendre. Des visites guidées, organisées à partir de l'écomusée de Saint-Martin-de-Crau (90 47 07 01, entrée gratuite), permettent aux visiteurs de découvrir l'essentiel des trésors du coussous.

◆ Les Alpilles

Pour découvrir toute la beauté des Alpilles, il faut les arpenter à pied : le GR 6 traverse le massif depuis Aureille (il se prend un peu au nord du village sur un chemin carrossable qui contourne le mont Mazette), domine les crêtes jusqu'à Saint-Rémi, pousse jusqu'aux Baux et se laisse doucement glisser vers la plaine jusqu'à Saint-Gabriel. Les Alpilles sont à juste titre réputées pour leur faune, notamment ornithologique. Les rapaces constituent le fleuron de cette avifaune. Les multiples falaises du massif, son cloisonnement en vallons et collines peu fréquentés, la diversité de ses milieux et la proximité de la plaine de la Crau expliquent cette richesse.

Depuis Arles

◆ La Montagnette

Depuis Arles, prendre la direction d'Avignon, puis suivre celle de l'abbaye Saint-Michel-de-Frigolet. Jadis couvertes de forêts de chênes verts et de pins d'Alep, ces collines ont été ravagées par de multiples incendies et elles ne sont plus tapissées aujourd'hui que d'une garrigue basse où dominent le chêne kermès, le romarin et le thym. Les falaises friables ont été colonisées par une grande variété d'oiseaux. Plusieurs chemins, au départ de Barbentane (un parking, sur la route menant de la ville à l'abbaye en marque le départ) et de l'abbaye Saint-Michel-du-Frigolet, permettent de découvrir à pied les beautés de la forêt de Barbentane.

◆ La Camargue

Enserrée par les deux bras du fleuve, mais surtout parcourue de nombreux canaux et trouée de mille étangs, cette terre de marais, de dunes et de rizières, rude et sauvage, est le domaine des chevaux, des taureaux et, dans la réserve naturelle de Vaccarès, des oiseaux de toutes races et toutes couleurs. À partir d'Arles, prendre la D 570 en direction des Saintes-Maries-de-la-Mer et de Salin-de-Giraud. À quelques kilomètres, un panneau signale l'entrée dans le parc naturel régional de Camargue. Créé en 1973, il comprend la commune des Saintes-Maries-de-la-Mer et la partie deltaïque de la commune d'Arles, soit 85 000 ha. Outre la protection du site, le parc naturel a pour mission de mettre en valeur ce patrimoine naturel et culturel particulièrement fragile. La même année, la Fondation du parc naturel régional de Camargue fait l'acquisition d'une partie des bâtiments et des terres du Mas du Pont-de-Rousty ; la bergerie, en tous points comparable aux autres bergeries construites en Camargue au début du XIXe siècle, va servir de cadre à un écomusée. Le Musée camarguais présente le delta du Rhône depuis la formation géologique jusqu'à nos jours, à travers les activités humaines. Lui est associé un sentier de découverte de 3,5 km traversant les terres cultivées, les pâturages et le marais du Mas de Rousty. Suivre la direction des Saintes-Maries-de-la-Mer. Une belle randonnée (à pied ou à vélo) part de Cacharel qu'on rejoint par la D 85. On emprunte ensuite (à pied ou à vélo) la digue dite des «Cinq Gorges» jusqu'à Méjanes. C'est un parcours à pratiquer plutôt en fin de journée, quand les étangs (à l'est) sont éclairés de manière somptueuse par le soleil couchant.

De nombreuses manifestations publiques marquent Noël en basse Provence occidentale. Si certaines sont éphémères, d'autres ont lieu chaque année, comme les foires aux santons et les concours de crèches. La messe de minuit est restée la cérémonie liturgique la plus authentiquement provençale, tant par les chants que par la présence fréquente de tambourinaïres ou encore la cérémonie des offrandes (pastrage lorsqu'il s'agit de l'offrande de l'agneau par les bergers ; offrandes de poissons sur le littoral). L'affluence peut être considérable dans les sites les plus célèbres (Les Baux, Allauch). Des cérémonies d'une grande authenticité subsistent, discrètes, dans la Provence mistralienne.

MARSEILLE

◆ AUTOUR DU VIEUX-PORT

- La plus ancienne FOIRE AUX SANTONS se tient sur la Canebière, en général du dernier dimanche de novembre à la fin décembre. Inauguration à l'issue de la messe des santonniers, célébrée en provençal et animée par les groupes de maintenance félibréens dans l'église des Réformés, en haut de la Canebière.
- MUSÉE DU VIEUX-MARSEILLE, rue de la Prison (91 55 10 19) : exceptionnelle collection de crèches et santons anciens ; nombreux moules de J.-L. Lagnel, le premier santonnier ; crèche mécanisée de la fin du XIXe siècle. Le musée possède aussi de belles figures italiennes.
- ÉGLISE SAINT-FERRÉOL-LES-AUGUSTINS, quai des Belges : crèche avec santons de Thérèse Neveu ; messe de minuit avec offrande de poissons et tambourins.
- ATELIERS ET MUSÉE MARCEL-CARBONEL, sur la Rive Neuve 47, rue Neuve-Sainte-Catherine (91 54 26 58) : visite d'un atelier de crèches et santons ; collection personnelle du santonnier Marcel Carbonel ; vidéo. À proximité, FOUR DES NAVETTES (rue Sainte) et BASILIQUE SAINT-VICTOR : octave de la Purification du 2 au 9 février.

◆ AUTRES ADRESSES

- THÉÂTRE MAZENOD, 88, rue d'Aubagne (91 54 04 69), siège d'une pastorale réputée ; en face, ATELIER DU SANTONNIER AILHAUD.
- THÉÂTRE NAU, 9, rue Nau (91 92 36 97) : la pastorale Maurel y fut créée (1842-1844) et y est encore donnée chaque année.
- ÉGLISE SAINT-JOSEPH, 124, rue Paradis : grande crèche avec santons de l'abbé Sumien, le créateur du santon habillé.
- BASILIQUE NOTRE-DAME-DE-LA-GARDE : très vaste crèche dressée dans le bâtiment d'accueil des pèlerins, santons de T. Neveu, S. Jouglas...
- ÉGLISE SAINT-PIERRE, 14, place Pol-Lapeyre : grande crèche réalisée par un paroissien.
- ÉGLISE SAINTE-MARIE-MADELEINE-LES CHARTREUX place Edmond-Autran : crèche aux santons animés, la plus vaste de Marseille après celle de Notre-Dame-de-la-Garde.
- CHÂTEAU-GOMBERT, MUSÉE DES ARTS ET TRADITIONS DU TERROIR MARSEILLAIS, 5, place des Héros, 13013 ; (91 68 14 38) : reconstitution d'une cuisine traditionnelle le soir de Noël avec les treize desserts ; collection de crèches et de santons ; expositions sur le thème de Noël. Dans le village, pastorale salle Saint-Matthieu, boulevard Bara.

ENVIRONS DE MARSEILLE

◆ LA PETITE ÉGLISE DE MIMET
Rarement ouverte, elle renferme le saint Joseph et la Vierge en bois sculpté des Oratoriens de Notre-Dame-des-Anges, appartenant à la plus ancienne crèche provençale (1644).

◆ BOUC-BEL-AIR
Dans l'église romane du vieux village, sur le rocher, grande crèche peuplée de beaux santons anciens, dressée chaque année de façon différente par une paroissienne.

◆ ÉGLISE DE MEYREUIL
jolie crèche animée.

◆ LE MUSÉE DU VIEUX-MARTIGUES
Expose en dehors de la période de Noël les santons anciens de la crèche du quartier Saint-Julien.

ALLAUCH, AUBAGNE ET VALLÉE DE L'HUVEAUNE

◆ ALLAUCH
«Descente» des bergers (de la COLLINE NOTRE-DAME-DU-CHÂTEAU, dominant la ville) et offrande, lors de la messe de minuit, dans l'église qui renferme une belle crèche ancienne ; dans la salle d'expositions du VIEUX-BASSIN, crèche géante du santonnier Gilbert Orsini ; petit MUSÉE DE SANTONS à l'étage du vieux moulin, siège du syndicat d'initiative et du musée du Vieil-Allauch, près de l'église. Entre Allauch et Aubagne, belle crèche dans l'église du hameau d'ÉOURES.

◆ AUBAGNE
Second centre santonnier après Marseille. Foire des santonniers d'Aubagne du 1er au 31 décembre, COURS MARÉCHAL-FOCH, et, au même endroit, «Le petit monde de Marcel Pagnol», vaste diorama permanent réalisé par les santonniers locaux, qui se transforme en crèche géante pour la Noël. Les grandes manifestations des fêtes de l'argile, «Argilia» (tous les deux ans), incluent également une participation santonnière. L'ÉGLISE PAROISSIALE possède une crèche de Thérèse Neveu (1866-1946), la grande santonnière d'Aubagne (une rue derrière l'église lui est dédiée). Boutiques et ateliers de santonniers dans la vieille ville.

◆ «PAYS D'AUBAGNE», VALLÉE DE L'HUVEAUNE
Ils rassemblent de

belles crèches d'églises, ainsi celle de PONT-DE-L'ÉTOILE, réalisée par le santonnier René Pesante, peuplée de ses santons et de ceux de T. Neveu (Circuit des crèches édité chaque année par le syndicat d'initiative d'Aubagne).

AIX

◆ FOIRE AUX SANTONS
Sur la PLACE DE LA ROTONDE et l'AVENUE VICTOR-HUGO, fin novembre-décembre. Possibilités de visites d'ateliers, en particulier ceux de Paul Fouque 65, cours Gambetta (42 26 33 38) et dans la banlieue de Luynes, celui de Roger Jouve, «La Mirèio», 2, allée Capricorne, Luynes (42 24 01 40).

◆ MUSÉE DU VIEIL-AIX
17, rue Gaston-Saporta (42 38 38 95) seule collection conservée de figurines et décors des «crèches parlantes» (théâtres de marionnettes disparus à la fin du XIXe siècle) ; collection de santons.

◆ CATHÉDRALE SAINT-SAUVEUR
Crèche ancienne, l'une des dernières en Provence à représenter, le 2 février, la scène de la Présentation au Temple. Exécution rituelle par les tambourinaïres de la «marche des rois» de Lully au moment de l'Épiphanie.
- Pastorale au Théâtre municipal.

CONDITIONS DE VISITE
La plupart des églises présentent des crèches entre le 24 décembre et le 2 février. Les vols et déprédations dans les églises conduisent souvent à leur fermeture en dehors des offices. Les plus connues et les plus remarquables font désormais l'objet de mesure de gardiennage ou de protection. Seuls quelques ateliers de santonniers (signalés nommément ci-dessous) ont prévu d'accueillir des visiteurs isolés ou en petits groupes ; la formule de l'atelier magasin se développe cependant, en particulier dans les centres anciens des villes touristiques, où l'on trouve aussi des revendeurs.

ARLES

◆ LE MUSEON ARLATEN
Rue de la République (90 96 08 23) expose dans la «salle du costume» des figurines d'une crèche d'église et dans la «salle des rites» une belle collection de crèches anciennes et des santons.

◆ LE SALON INTERNATIONAL DES SANTONNIERS se tient en décembre-janvier dans les salles romanes du cloître Saint-Trophime (exposition de crèches et santons réalisés par des amateurs ou des professionnels de la région ; œuvres des pays à tradition de crèches et exposition-hommage à un santonnier, chaque année).

◆ CRÈCHE AVEC SANTONS ANCIENS
Dans la cathédrale. Vente de santons dans le centre ville.

LA PROVENCE MISTRALIENNE

◆ PETIT MUSÉE DU SANTON AUX BAUX-DE-PROVENCE
Et présence diffuse d'ateliers dans cette région très touristique.

◆ LES PASTRAGES
(Offrande de l'agneau au cours de la messe de minuit) s'y sont maintenus ou ont été parfois repris. Le plus célèbre est celui des BAUX mais d'autres ont lieu ordinairement à BARBENTANE, SAINT-RÉMY, TARASCON, CHATEAURENARD, EYGUIÈRES, FONTVIEILLE, GRAVESON, MAILLANE, RAPHÈLE-LÈS-ARLES, SAINT-MARTIN-DE-CRAU, ROGNONAS et à l'abbaye des prémontrés de SAINT-MICHEL-DE-FRIGOLET, dans la Montagnette.

◆ À EYGUIÈRES
La «pastorale Riboun» est l'œuvre d'auteurs locaux, les frères Perret.

Par la diversité de leurs paysages naturels (Camargue aquatique, Crau désertique, plateau et escarpements calcaires, montagnes Sainte-Victoire et de la Sainte-Baume, calanques), les Bouches-du-Rhône, permettent une infinité de randonnées, tant à pied qu'à cheval ou à vélo. L'été, en raison des risques d'incendies, de nombreux itinéraires sont interdits. Il est donc préférable de les emprunter en automne et au printemps. Vous pourrez ainsi découvrir, en toute tranquillité et à votre rythme, ce pays, ses habitants, sa faune, ses paysages et ses parfums.

LES SENTIERS DE GRANDE RANDONNÉE

Quatre chemins de grande randonnée (GR) sillonnent les Bouches-du-Rhône :

◆ Le GR 6 conduit, sur les traces de Daudet et Mistral, de Tarascon au pied du massif du Lubéron (Vaucluse). Il traverse la pittoresque chaîne des Alpilles et son joyau, le village perché des Baux.

◆ Une variante, le GR 653, traverse la pointe nord de la Camargue, entre Arles et Saint-Gilles (Gard).

◆ Plus à l'est, le GR 9 descend du Lubéron et rejoint la Sainte-Baume par la Sainte-Victoire.

◆ Une variante, le GR 98, relie la Sainte-Baume aux calanques et aboutit à Marseille. Les randonneurs peuvent accéder toute l'année à ce massif (carte IGN au 1/25 000 n° 269).

L'HÉBERGEMENT

Les gîtes d'étapes, les auberges de jeunesse et les refuges sont destinés aux randonneurs individuels ou en petits groupes. Ces lieux offrent toutes commodités (cuisine, lits avec couvertures, toilettes, douches). Cependant, il est recommandé d'apporter son sac de couchage et de réserver à l'avance, surtout en été. La plupart du temps les chiens ne sont pas admis.

RESPECT DU MILIEU NATUREL
Ne pas laisser de déchets derrière soi.
Refermer les clôtures après son passage.
Ne pas effrayer les troupeaux.
Respecter la faune et la flore (éviter de cueillir les fleurs).

CONSEILS PRATIQUES

La randonnée est une activité ouverte à tous. Il convient cependant de suivre quelques règles élémentaires de prudence.

◆ Une course d'un après-midi demande un équipement minimal : des vêtement légers contre le froid, le vent et la pluie, des chaussures de marche et, contre le soleil, un chapeau. Prendre aussi un sac à dos contenant de quoi se désaltérer, des aliments énergétiques, un canif et une carte IGN au 1/25 000 ou au 1/50 000.

◆ Les randonnées en terrain difficile ou de plusieurs jours nécessitent une boussole, une pharmacie légère, un sac de couchage et des vêtements de rechange. Enfin, éviter de partir seul, prévenir son entourage de l'itinéraire choisi et de sa durée.

EN CAS D'ACCIDENT
Eviter de laisser un blessé seul. Le couvrir contre le froid et alerter les secours.

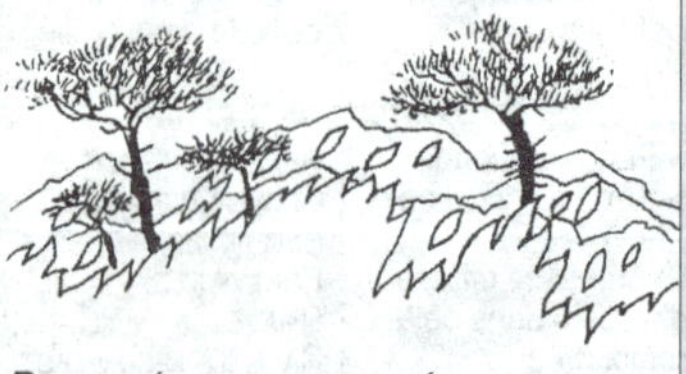

RANDONNÉES : PARTICULARITÉS PROVENÇALES
La plupart des itinéraires provençaux sont fermés en été en raison des risques d'incendies (se renseigner auprès des mairies et des syndicats d'initiative). Par fort mistral et par temps de brouillard, il est fortement déconseillé de s'engager dans les massifs de collines et de montagnes.
ATTENTION : ALLUMER UN FEU EST STRICTEMENT INTERDIT DANS TOUTE LA PROVENCE.

BALISES
GR : rouge et blanc.
«GR de pays» : jaune et rouge.

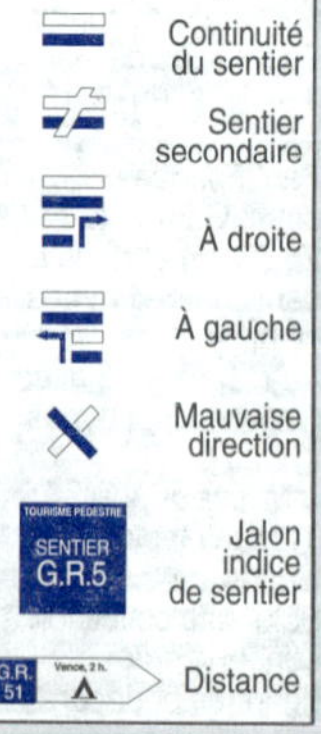

① DÉPARTS DE RANDONNÉES PÉDESTRES

◆ *Montagnette*
1. Abbaye de Saint-Michel-de-Frigolet
◆ *Alpilles*
2. Saint-Étienne-du-Grès
3. Saint-Rémy-de-Provence
4. Les Baux-de-Provence
5. Aureille / 6. Eyguières
7. Lamanon (grottes de Calès)
◆ *Vallée de la Durance*
8. Meyrargues
9. Jouques
◆ *Montagne Sainte-Victoire*
10. Vauvenargues-Croix de Provence
11. Barrage de Bimont
12. Le Tholonet
13. Puyloubier
◆ *Montagne de Regagnas*
14. Trets-Saint-Jean-du-Puy
◆ *Massif de la Sainte-Baume*
15. Plan-d'Aups (Var)
16 . Géménos
17. Parc de Saint-Pons
◆ *Le Garlaban*
18. Aubagne / 19. Allauch
◆ *Chaîne de l'Étoile*
19. Allauch / 20. Mimet
◆ *Falaises Soubeyranes-Cap-Canaille*
21. La Ciotat / 22. Cassis
◆ *Massif des Calanques*
22. Cassis / 23. Col de la Gineste / 24. Marseille
◆ *Côte bleue*
25. Ensuès-la-Redonne
26. Madrague-de-Gignac
◆ *Camargue*
27. Digue à la Mer

❶ DÉPARTS DE RANDONNÉES EN VTT

1. Route des paysages lacustres et des flamants-roses / 2. Route du sel
3. Route du riz

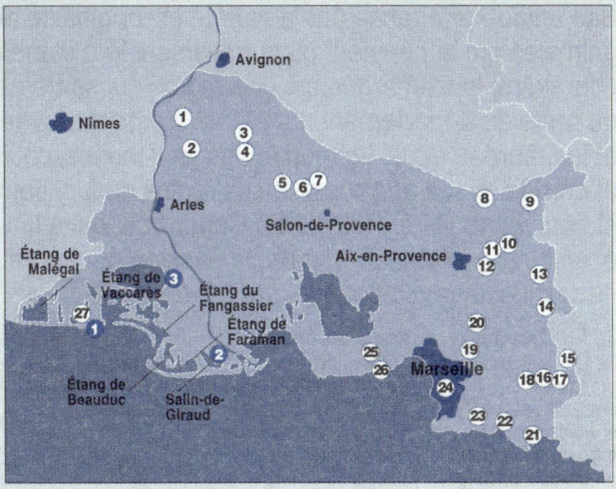

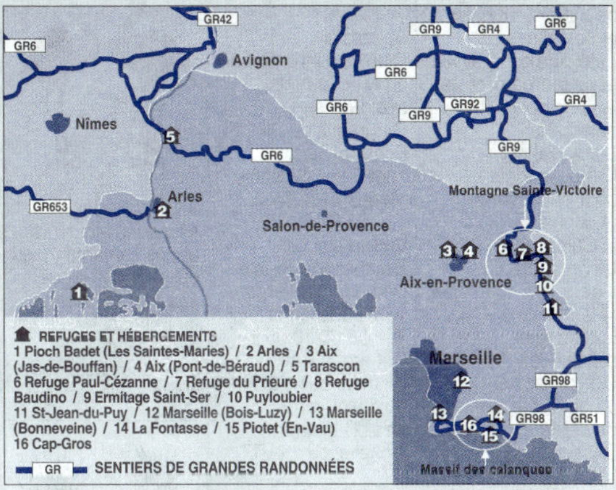

ADRESSES UTILES

FÉDÉRATION FRANÇAISE DE LA RANDONNÉE PÉDESTRE
9, rue Geoffroy-Marie
75009 Paris
Tél. 48 01 80 80

COMITÉ DÉPARTEMENTAL DE LA RANDONNÉE PÉDESTRE
48, avenue de Frais-Vallon,
13013 Marseille
Tél. 91 66 09 80

COMITÉ DÉPARTEMENTAL DU CYCLOTOURISME ET VTT
Chez Stanis Kowalczyk,
5, rue de Bretagne
13117 Lavéra
Tél. 42 81 59 05

ASSOCIATION CAMARGUAISE DE TOURISME ÉQUESTRE
Hôtellerie du Mas Calabrun,
route Cacharel
13460 Les Saintes-Maries-de-la-Mer
Tél. 90 97 83 23

CYCLOTOURISME

VTT ET INCENDIE
Il n'y a pas de circuit permanent, balisé, de VTT dans les Bouches-du-Rhône, car, du 1er juillet au 15 septembre, tous les circuits qui traversent un massif forestier sont interdits d'accès pour prévenir les risques d'incendies. Sachez-le pour éviter les amendes…

RANDONNÉES À VÉLO
De nombreuses randonnées sont organisées par les associations locales de cyclotourisme. Pour y participer, prendre contact avec les organisateurs. Le cyclisme est un sport ouvert à tous qui ne nécessite pas un entraînement particulier. La location de vélos dans la région est peu développée, il est donc recommandé d'apporter avec soi sa bicyclette.

RANDONNÉES ÉQUESTRES

Pour s'informer sur les différents circuits :

COMITÉ DÉPARTEMENTAL DES SPORTS ÉQUESTRES
M. Girard,
Les Décanis
chemin de Collavery
13760 Saint-Cannat
Tél. 42 57 35 42

Site unique en France par la variété et l'originalité des espèces animales qui la peuplent ou la traversent lors d'une étape migratoire, la Camargue est une région qui se démarque nettement du reste du département. La nature y est préservée, les chevaux et les taureaux rois. Le monde des jeux taurins, course camarguaise et corrida, a ses *aficionados*, ses règles de fonctionnement et son vocabulaire d'initiés. En Camargue, dans la Crau, les Alpilles et jusqu'aux portes d'Avignon, la passion du taureau rythme l'année de manifestations attendues. (■ *32-40*, ● *70*)

La Camargue, paradis du cheval

La Camargue, presqu'île entre Rhône et Méditerranée, offre un site unique en Europe d'étangs, de marais, de rizières et de salines. L'élevage de chevaux et de taureaux reste la principale activité pastorale. Le cheval est le moyen idéal pour découvrir et connaître la Camargue de l'intérieur. Il permet d'approcher la faune sans la déranger ni l'effrayer, tout en passant un agréable moment de détente. L'Association camarguaise de tourisme équestre (◆ *349*) aux Saintes-Maries vous propose des visites guidées pour tous niveaux

Adresses :
Centre d'information du parc naturel régional de Camargue de Ginès
Pont-de-Gau
13460 Les Saintes-Maries-de-la-Mer
Tél. 90 97 86 32
Loisirs-accueil Bouches-du-Rhône
Domaine du Vergon,
13370 Mallemort
Tél. 90 59 18 05
Cet organisme propose des circuits de découverte de la Camargue à cheval ou en VTT.

Randonnées pédestres

Promenades sur la digue à la Mer (20 km de circuit pédestre dans la réserve, sur la digue et le littoral).

Pour se renseigner :
Soc. nat. de protection de la nature (SNPN)
Tél. 90 97 00 97
(◆ *349*)

Randonnées en VTT

La Camargue offre trois grands circuits de découverte :

◆ La route des paysages lacustres et des flamants roses passe par la digue à la Mer et l'étang du Fangassier. 22 km peu sportifs mais avec des passages sur le sable.

◆ La route du sel : parcours entre les marais salants pour photographes.

◆ La route du riz : visite du musée du Riz et de la réserve de La Capellière.

Renseignements :

Offices du tourisme d'Arles et des Saintes-Maries.

Mas Saint-Bertrand
Digue à la Mer
13129 Salin-de-Giraud
Tél. 42 48 80 69
Ouvert du 15 mars au 15 novembre. Hors saison, durant vacances et week-ends (◆ *349*).

POUR DÉCOUVRIR LA FAUNE ET LA FLORE
Domaine de la Palissade
B.P. 5, route de la Plage, 13129 Salin-de-Giraud
Tél. 42 86 81 28

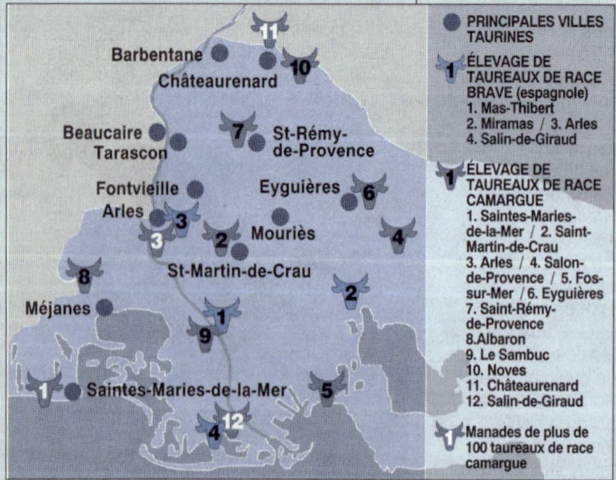

Ornithologie

Pour avoir des renseignements sur les parcours ornithologiques balisés et sur les stages nature, se renseigner auprès de :

Société nationale de protection de la nature (SNPN)
Réserve nationale
La Capellière
13200 Arles
Tél. 90 97 00 97
Parc ornithologique
Pont-de-Gau
13460 Saintes-Maries
Tél. 90 97 82 62

PRINCIPALES MANIFESTATIONS TAURINES DANS LES BOUCHES-DU-RHÔNE

Villes	Noms	Types de jeux	Dates
ARLES	Féria pasquale	Corrida	Pâques
Tél. 90 96 03 70 (arènes)	Fête d'Arles	Course camarguaise (Cocarde d'or), novillade	1er week-end de juillet
	Fête des Gardians	Course camarguaise	1er mai
	Fête de l'Assomption	Corrida	Le 15 août
	Féria du Riz	Corrida	2e week-end de sept
1 an sur 2 en ARLES ou à NÎMES	Trophée des As (finale)	Course camarguaise	Fin octobre
CHÂTEAURENARD	Super Royale	Course camarguaise	Mai
Tél. 90 94 23 27 Syndicat d'initiative (SI)	Trophée des Maraîchers (1re journée)	Course camarguaise	1er dim. de juillet
	(2e journée)	Course camarguaise	1er dim. d'août
	(finale)	Course camarguaise	1er dim. de sept.
	Finale du petit trophée du *Provençal*	Course camarguaise	Début octobre
MOURIES	Fête votive	Course camarguaise	3e wk-end d'août
Tél. 90 47 50 01 (mairie)	Trophée Soler	Course camarguaise	1er novembre
SAINTES-MARIES-DE-LA-MER	Printemps des novillades	Novillade	Début mars
Tél. 90 97 82 55 Office du tourisme (OT)	Fête pasquale	Course camarguaise, abrivado, bandido	Pâques
	Trophée Avenir	Course camarguaise	Mi-avril et courant mai
	Concours des manades	Course camarguaise	Fin mai
	Course de l'Avenir	Course camarguaise	Fin juin
	Féria du cheval	Corrida espagnole et portugaise, novillade	Mi-juillet
SAINT-MARTIN-DE-CRAU Tél. 90 47 38 88 (OT)	Ouverture du trophée Sanjuan	Course camarguaise	Mai
Tél. 90 47 19 18 (Office municipal des sports)	Finale du trophée Sanjuan	Course camarguaise	Octobre
SAINT-RÉMY-	Nuit taurine	Encierro	Mi-juillet
DE-PROVENCE Tél. 90 92 05 22 (OT)	Féria	Encierro, abrivado, corrida portugaise	Mi-août
TARASCON Tél. 90 91 03 52 (OT) Tél. 90 91 00 07 (Comité des fêtes)	Fêtes de la Tarasque	Course camarguaise (trophée Arénas) Novillade (Montéra d'argent)	Fin juin
DANS LE GARD			
BEAUCAIRE Tél. 66 59 26 57 (SI)	Palme d'or	Course camarguaise	Dimanches de juillet
		Corrida	Fin juillet
NÎMES	Féria de printemps	Corrida, abrivado	Entre mi et fin févr.
Tél. 66 67 28 02	Féria de Pentecôte	Corrida, abrivado	Pentecôte
(location arènes)	Féria des vendanges	Corrida, abrivado	Septembre

Journées camarguaises

Organisées par les mas et les manades, pour les groupes uniquement. Suivant les possibilités du domaine et la demande, la Journée camarguaise peut comporter une ferrade, des courses de vachettes, des jeux gardians et des promenades à cheval. Il est impératif de réserver, et cela, souvent plusieurs mois à l'avance.

Tauromachie

De très nombreuses manifestations ont lieu dans tout l'ouest du département de mars à novembre. Les trois quotidiens des Bouches-du-Rhône consacrent des pages spéciales aux jeux taurins (dont des suppléments spéciaux lors des férias d'Arles) :

◆ *La Marseillaise* annonce les compétitions de course camarguaise et de corrida le vendredi et assure les comptes rendus le lundi. Elle décerne en mars, le trophée taurin Ovation du meilleur espoir raseteur et toréro.

◆ *Le Provençal* et *Le Méridional* consacrent, en saison, une rubrique aux annonces (jeudi), et aux comptes rendus (lundi) des courses camarguaises. La corrida bénéficie d'une chronique annuelle le samedi.

Qu'il soit écrasé de soleil ou dans la fraîcheur de l'hiver, l'arrière-pays, un peu moins fréquenté que la côte, mérite qu'on le visite et qu'on s'y distraie. À pied, sur ou sous terre, sur les rivières ou dans les airs, toutes les vitesses et tous les loisirs ont leurs avantages, suivant vos préférences et vos talents.

Dans l'air

Les aéroclubs et les terrains d'aviation sont nombreux dans le département. Mais attention, en contrepartie, le ciel des Bouches-du-Rhône est très encombré. De plus, une quarantaine de jours par an, un mistral supérieur à 50 km/h perturbe la pratique de l'aéronautisme. De leur côté, le vol à voile et le planeur sont presque exclusivement pratiqués dans le massif des Alpilles, où le mistral et les courants ascendants favorisent ces activités. (carte ◆ *346*)

Quelques adresses

Comité départemental de parachutisme
10, rue Ranque 13001 Marseille
Tél. 91 08 58 54

Aéroclub Provence Aviation
Chemin Badesse 13100 Aix-en-Provence
Tél. 42 24 46 61

Hélicoptère Méditerranée, centre d'aviation générale
Aéroport Marseille-Provence 13700 Marignane
Tél. 42 79 63 69.

Centre de vol à voile de la Crau
Aérodrome, route d'Eyguières 13651 Salon Cedex
Tél. 90 42 00 91

Escalade et spéléologie

La roche ne manque pas dans ce pays aride où abondent monts de calcaires et grottes sombres. Les Bouches-du-Rhône sont une région d'escalade et de spéléologie. Les associations locales peuvent fournir le matériel et les conseils indispensables aux débutant; elles entretiennent aussi les circuits.

Adresses

◆ Spéléologie :
Association spéléo du Sud-Est
Meyreuil
Tél. 42 51 37 82

◆ Escalade
Comité départemental Mont-Alp-Escalade et «Sud Grimpe»
11, Grand-Rue
13114 Puyloubier
Tél. 42 66 35 05

Chasse

Les bartavelles, vous vous souvenez ? Ce sont les célèbres perdrix rouges qui faisaient la «gloire» du père de Marcel Pagnol. Bien que le gibier ne soit plus aussi abondant qu'au début du siècle, il est encore possible de chasser pendant ses vacances. À condition de faire partie d'une société de chasse locale, et d'avoir passé et payé son permis de chasse.

Adresse

Fédération départementale des chasseurs
Quartier Maleverny
13540 Puyricard
Tél. 42 92 16 75
ou 42 92 07 80

Golf

Bien que le climat méditerranéen n'ait rien à voir avec celui de la Grande-Bretagne, les Bouches-du-Rhône n'en sont pas moins une région fort bien pourvue en golfs.
Il y a 7 golfs de 18 trous et 5 autres de 9 trous dont un à Marseille même ! Attention, chaque golf a ses conditions d'entrée.
Pour le handicap exigé comme pour les tarifs, renseignez-vous directement auprès des clubs. Enfin, les practices, où les joueurs s'échauffent, sont accessibles à tous.

Adresse
Ligue de golf Provence-Alpes-Côte d'Azur
Domaine Riquetti
chemin dptal 9
13100 Aix-les-Milles
Tél. 42 39 86 83

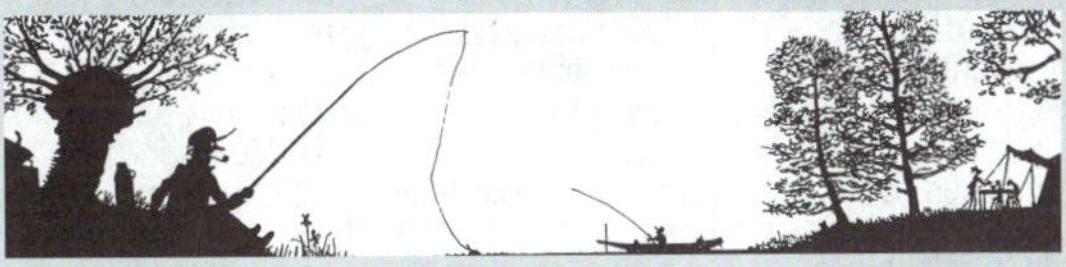

Dans l'eau

Il y a plusieurs manières de profiter des eaux de l'arrière-pays.

La baignade (carte ◆ *354*)
Des plages ont été aménagées le long du Rhône, de la Durance et de l'étang d'Entressen.

Les sports nautiques (carte ◆ *354*)
Sur l'étang de Berre, le motonautisme est autorisé.
Le bateau à voile s'y pratique aussi, comme sur les étangs de Vaccarès, d'Entressen, et sur la retenue d'eau du barrage de Bimont.

La pêche (carte ◆ *354*)
Les rivières du département (et leurs truites) s'y prêtent, ainsi que les étangs de l'Olivier et d'Entressen.
Ne pas oublier de prendre sa carte de pêche, et de se renseigner auprès de la fédération sur les conditions d'accès à chaque lieu de pêche.

Adresse
Fédération de pêche
Chemin Beauvalle
13100 Aix-en-Provence
Tél. 42 26 59 15

La pêche dans les Bouches-du-Rhône

Espèces	Période d'ouverture des rivières de 1re catégorie	Période d'ouverture des rivières de 2e catégorie
Espèces communes	Début mars à mi-septembre	Toute l'année
Truites de mer	Périodes fixées par arrêté ministériel	Périodes fixées par arrêté ministériel
Truites fario	Début mars à mi-septembre	Début mars à mi-septembre
Saumon de fontaine	Début mars à mi-septembre	Début mars à mi-septembre
Ombre commun	Début mai à mi-septembre	Mi-mai à mi-septembre
Anguilles d'avalaison	Début mars à mi-septembre	Début janvier à mi-février et début octobre à fin décembre
Brochet	Début mars à mi-septembre	Janvier et début avril à fin décembre
Écrevisses	Mi-août à fin août	Mi-août à fin août
Grenouilles	Début avril à mi-septembre	Janvier et début avril à fin décembre

La majorité des rivières du département sont des rivières de 2e catégorie
Attention, il existe des particularités locales, se renseigner auprès des fédérations ou des mairies.

Les Bouches-du-Rhône sont un endroit idéal pour pratiquer les sports nautiques. Les vents sont fréquents, les températures agréables, les côtes riches en abris naturels. Dans les ports de plaisance, nombreux et bien équipés, vous pourrez pratiquer votre activité favorite ou vous initier à un nouveau sport, auprès de moniteurs diplômés.

LES VENTS

◆ Le mistral, venu du nord, souffle souvent en rafales le long des côtes mais devient plus stable en haute mer. Certaines parties de la côte, baies de Cassis et de La Ciotat, rade sud de Marseille, sont protégées par les reliefs qui les entourent. Mais attention, à peine quittées les zones d'abris, la mer devient vite grosse. De plus, sur la rade nord de Marseille, Martigues et la Camargue, le mistral pousse au large.

◆ Le vent d'est est surtout gênant dans la baie de La Ciotat, qu'il prend en enfilade et rend ainsi difficile à pratiquer. Sur la rade sud de Marseille, il a tendance à pousser au large.

◆ Les brises côtières sont idéales pour les débutants car sans dangers majeurs.

◆ Enfin, le labé, vent du large provenant du sud-ouest, annonce les dépressions. Il est souvent associé à une mer forte.

LES SPORTS DE VOILE

LA NAVIGATION DE PLAISANCE

La pratique de la voile permet de découvrir les merveilleux paysages côtiers que sont les falaises des calanques, les îles rocheuses au large de Marseille et, soumise aux caprices du mistral, la côte basse de Camargue.

LA PLANCHE À VOILE

La planche à voile n'est pas un sport difficile à condition de disposer d'un matériel adapté et de ne pas craindre les bains forcés...

LE FUN BOARD

Le fun board, forme extrême de glisse sur l'eau, se pratique avec une planche plus petite et plus nerveuse.

LES MEILLEURS «SPOTS» DE LA CÔTE

Un «spot» est un endroit où les vents sont propices à la pratique de la planche et du fun board.

◆ Les Saintes-Maries-de-la-Mer et Port-Saint-Louis-du-Rhône : ces deux stations sont équipées chacune d'un chenal de vitesse réputé.

◆ Marseille : Épluchures Beach-Plage du Prado.

◆ Plage de Carro. Toutes deux pour niveaux confirmés. Cette dernière est le «spot» de la Méditerranée où se déroulent la plupart des compétitions.

ÉCOLES FRANÇAISES DE VOILE

PORTS	CENTRE	DÉRIVEUR	PLANCHE	CATAMARAN	CROISIÈRE	PERMIS	TÉLÉPHONE
FOS-SUR-MER	Centre Fossen de voile	●	●	●			42.05.32.90
SAINTES-MARIES	Semis voile	●	●	●			90.97.85.87
MARTIGUES	CV Martigues	●	●	●		●	42.80.12.94
SAINT-CHAMAS	CN Saint-Chamas	●	●			●	90.50.75.19
CARRY-LE-ROUET	ASV Carry	●	●	●	●		42.45.47.07
MARIGNANE	CN Marignanais	●	●				42.09.02.18
MARSEILLE	SN Estaque-Mourepiane	●		●	●		91.46.01.40
	ASPTT Marseille	●	●				91.73.14.03
	CMV Marseille	●	●		●		91.76.31.60
	ATSCAF Voile	●	●	●	●		91.25.14.58
	USPEG	●	●		●		91.73.00.91
	CNPRS	●	●				91.22.40.44
	YC Pointe-Rouge	●	●				91.73.06.75
	Voile Impulsion				●		91.03.71.56
LA CIOTAT	SR La Ciotat	●	●		●		42.08.50.28
	SN La Ciotat		●	●	●		42.71.67.82

(Source : *Voiles et voiliers*, mars 1993)

BIBLIOGRAPHIE

◆ *Votre livre de bord, bloc marine, Méditerranée*, Interval Éditions. Parution annuelle. Indispensable à tous les plaisanciers.

◆ *L'Annuaire du nautisme*, Éditions de Chabassol.

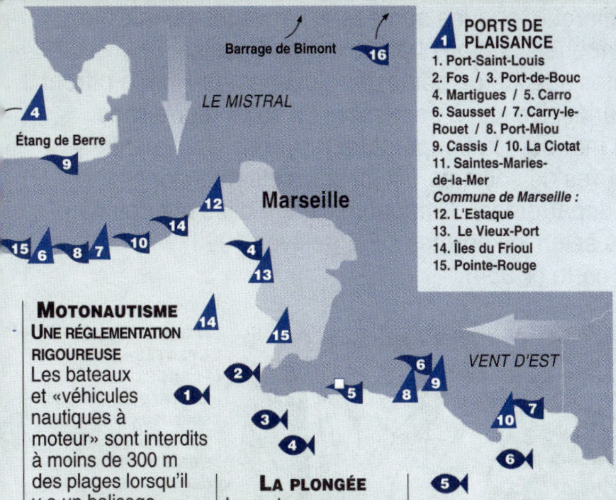

PORTS DE PLAISANCE
1. Port-Saint-Louis
2. Fos / 3. Port-de-Bouc
4. Martigues / 5. Carro
6. Sausset / 7. Carry-le-Rouet / 8. Port-Miou
9. Cassis / 10. La Ciotat
11. Saintes-Maries-de-la-Mer

Commune de Marseille :
12. L'Estaque
13. Le Vieux-Port
14. Îles du Frioul
15. Pointe-Rouge

PLAGES (eaux de très bonne qualité)
1. Salin-de-Giraud
2. Port-Saint-Louis-du-Rhône / 3. Saintes-Maries-de-la-Mer
4. Marseille
5. Les calanques
6. Cassis-Bestouan
7. La Ciotat / 8. Carry-le-Rouet / 9. Châteauneuf-les-Martigues
10. Ensuès-la-Redonne
11. Fos-sur-Mer
12. Carro
13. Port-de-Bouc
14. Le Rove-la-Vesse
15. Sausset-les-Pins
16. Pont-de-Mirabeau (eau douce)

Sites ayant des plages naturistes

Sites de plongée
1. Le Chaouen
2. La Drôme / 3. Le Liban
4. Les Impériaux
5. La Cassidaigne
6. L'île Verte

VENTS

MOTONAUTISME

UNE RÉGLEMENTATION RIGOUREUSE

Les bateaux et «véhicules nautiques à moteur» sont interdits à moins de 300 m des plages lorsqu'il y a un balisage. S'il n'y en a pas, leur vitesse est limitée à 5 nœuds.

> **À NOTER**
> Les planches à voile, ainsi que les scooters des mers, skis nautiques et jet-skis, ne peuvent évoluer à plus de 1 mille marin de la côte, soit 1 852 m.

DES PERMIS OBLIGATOIRES

◆ La carte mer est indispensable pour piloter toute embarcation équipée d'un moteur compris entre 6 et 50 chevaux dont la jauge brute ne dépasse pas 2 tonneaux. L'aire de navigation est limitée à 5 milles d'un abri.

◆ Le permis mer remplace depuis 1992 les permis A, B, et C. La réglementation est simplifiée. La distance, la taille et la puissance ne sont plus limitées (sauf hors-bords).

◆ Seules les Écoles de conduite françaises sont habilitées à assurer la formation. Se renseigner auprès des auto-écoles ou de votre club motonautique.

LA PLONGÉE

La route des «fonds marins de Méditerranée» offre six sites au large du département :

◆ Le Chauoen : cargo marocain échoué sur l'île de Planier (au large de Marseille). Pour tous niveaux, entre 3 et 28 m.

◆ La Drôme : l'épave, cassée en deux, est bien conservée. Elle repose par 51 m de fond. Pour les bons plongeurs.

◆ Le Liban : éperonné par l'«Insulaire», ce paquebot sombra en 1903 devant l'île Maïre. Entre 30 et 36 m, réservé aux moyens et bons plongeurs.

◆ Les Impériaux : la plongée la plus célèbre de la baie de Marseille pour ses immenses gorgones rouges. Attention à l'euphorie des profondeurs (70 m).

◆ La Cassidaigne : ce phare, situé à 4 milles de Cassis, est une zone de passage de poissons. Entre 15 et 50 m, très beaux fonds.

◆ L'île Verte : au large de La Ciotat, des poissons et une flore abondante. Pour tous niveaux.

ADRESSES UTILES

FÉDÉRATION FRANÇAISE DE VOILE, LIGUE ALPES-PROVENCE
6, promenade Georges-Pompidou, 13008 Marseille
Tél. 91 77 19 38
Plaisance, yachting, planche à voile et fun board.

FÉDÉRATION FRANÇAISE D'ÉTUDES ET DE SPORTS SOUS-MARINS,
24, quai de Rive-Neuve, 13007 Marseille
Tél. 91 33 99 31

COMITÉ REGIONAL DE LA FFESSM
Résidence Saumaty, imm. «Le Carré», 2, allée Sacoman, 13016 Marseille
Tél. 91 09 36 31

COMITÉ DÉPARTEMENTAL DE CANOË-KAYAK
142, avenue Joseph-Vidal, 13008 Marseille
Tél. 91 76 54 42

PRINCIPAUX PORTS DE PLAISANCE DES BOUCHES-DU-RHÔNE

PORTS	PLACES à l'année	PLACES visiteurs	TÉLÉPHONE
SAINTES-MARIES ▲	350	80	90.97.85.87
PORT-SAINT-LOUIS	250	30	42.86.09.63
FOS-SUR-MER ▲	620	60	42.47.70.57
PORT-DE-BOUC ▲	400	75	42.06.38.50
MARTIGUES	600	20	42.07.00.00
CARRO	150	20	42.80.76.28
SAUSSET-LES-PINS ▲	500	16	42.44.55.01
CARRY-LE-ROUET ▲	512	20	42.45.25.13
MARSEILLE			
- ESTAQUE ▲	1 400	50	CLUBS PRIVÉS
- VIEUX-PORT ▲	3 000	20	91.33.25.44
- ÎLE DU FRIOUL ▲	500	100	91.59.01.82
- POINTE-ROUGE ▲	1 200		91.73.13.21
PORT-MIOU	500	30	PORT ABRIS
CASSIS ▲	189	12	42.01.24.95
LA CIOTAT ▲	640	20	42.71.46.01

Les plaisanciers de passage peuvent être accueillis sur les places réservées à l'année en fonction des disponibilités du moment.

▲ CARBURANT À QUAI

Sable fin de Camargue, criques abritées et sauvages de la Côte bleue et des calanques, stations balnéaires de Cassis et de La Ciotat, les 282 km de côtes des Bouches-du-Rhône offrent des paysages variés. De juin à septembre, le soleil règne sans partage sur une mer dont la température moyenne oscille entre 20 °C à 22 °C. Près de soixante-dix plages s'étirent le long du littoral de ce département. Cinquante d'entre elles ont des eaux de bonne qualité selon les normes CEE (relevés 1993).
Se reporter à la carte (◆ *354*).

GÉOGRAPHIE DES PLAGES

En Camargue, les plages de sable fin s'étirent sur des kilomètres, entre Méditerranée et étangs.

Sur la Côte bleue, entre Martigues et Marseille, elles se lovent dans de petites criques situées aux pieds de la chaîne de l'Estaque. Au sud de la métropole phocéenne jusqu'à Cassis s'étend, dans un cadre préservé, le massif des calanques avec ses petits coins de paradis pour baigneurs aventureux. À l'est du département, Cassis et La Ciotat proposent de véritables complexes balnéaires le long de magnifiques baies.

LA QUALITÉ DE L'EAU

Consulter le Minitel 3615 ou 16, code IDEAL (rubrique INFO PLAGES) pour connaître la qualité des eaux. Les mairies des stations balnéaires sont tenues d'afficher les résultats des analyses des eaux de leurs plages qui leurs sont transmis par l'administration.

LA DÉSHYDRATATION

Les nourrissons et les enfants y sont particulièrement sensibles car leurs besoins en eau sont proportionnellement supérieurs à ceux des adultes. Il faut donc toujours avoir avec soi de l'eau et faire boire régulièrement les enfants. Enfin, en été, il convient de protéger les petits d'une exposition trop directe au soleil.

TEMPÉRATURE DE L'EAU DE MER À MARSEILLE (EN °C)

J	F	M	A	M	J	J	A	S	O	N	D
13	12	13	15	18	20	22	22	21	18	16	14

Attention : Il s'agit de moyennes. En juillet-août, par exemple, la température de l'eau peut varier entre 15 et 30 °C

DEUX PETITES «PESTES» DES PLAGES

La vive et la rascasse sont deux petits poissons qui s'enfouissent dans les sables. Ils causent de vives douleurs lorsque la peau entre en contact avec leur épine dorsale. Pour s'en prémunir, marcher avec des sandales. Pour en guérir, leurs venins étant détruits par la chaleur (50-60 °C), il suffit d'approcher le bout incandescent d'une cigarette et de chauffer la zone piquée jusqu'à ce que la cigarette soit consumée. Ensuite, consulter un médecin qui extraira l'épine de la plaie.

LA MAUVAISE RENCONTRE DE LA BAIGNADE

Les méduses urticantes, qui, l'été, envahissent parfois les abords des côtes, provoquent des rougeurs qui peuvent durer plusieurs mois. Frotter immédiatement et doucement les zones touchées avec de l'eau et du sable pour en retirer les filaments. Ensuite, appliquer délicatement une solution alcoolisée puis une crème aux corticoïdes.

La pétanque est synonyme dans le monde entier de Provence et de convivialité. Immortalisée par les films de Pagnol, elle est devenue le plus célèbre des jeux de boules. La passion pour ce sport dépasse de loin le Vieux-Port puisqu'on le pratique jusqu'en Chine. Mais ce n'est qu'en Provence que la pétanque prend tout son charme, sur les cours ombragés de platanes, au milieu des Provençaux et de leur faconde. Plus qu'un jeu, la pétanque et la longue, sa forme traditionnelle, sont, entre Rhône et Méditerranée, un art de vivre. (● *68*)

Le jeu

La pétanque oppose soit deux joueurs, soit deux équipes de deux (doublettes) ou de trois (triplettes). Seul ou en doublette, chaque joueur joue trois boules. En triplette, il n'y a que deux boules par joueur. Le but du jeu est simple : il s'agit d'approcher le plus près possible du cochonnet, petite boule en bois de 25 à 35 mm de diamètre, que l'on lance au début de chacune des manches d'une partie à une distance comprise entre 6 et 10 m. Les joueurs lancent ensuite leurs boules. Ils doivent être derrière la ligne de jeu, immobiles, pieds joints (tanqués). Une partie de pétanque se joue en 13 points.

Le jeu provençal, ou longue

Forme traditionnelle et originelle du jeu de pétanque, la longue se joue sur un terrain plus grand (de 15 m à 21 m) et, surtout, le joueur s'élance : il doit faire un pas en avant hors du cercle s'il pointe sa boule, et trois s'il la tire.

«Le pointage»

Le pointage vise à placer la boule le plus près possible du cochonnet pour enlever le point. Le pointeur est, le plus souvent, accroupi et fait rouler sa boule plutôt qu'il ne la lance. Si le coup est réussi, la boule doit venir «mourir» contre le cochonnet.

«Le tir»

C'est l'action la plus spectaculaire. Son objectif : chasser une boule adverse qui soit emporte le point, soit empêche, par son placement, un accès aisé au cochonnet. Le tireur projette sa boule en hauteur sur, ou près de la boule visée, la chassant directement ou après un court parcours sur le terrain.

«Faire un carreau»

Tirer de telle manière que la boule du lanceur déloge celle de son adversaire en prenant exactement sa place.

Les grands concours de l'été

Des centaines de concours de pétanque et de longue sont organisés chaque année dans le département. Voici les principaux rendez-vous de l'été :

- ◆ début juillet : Mondial organisé par *La Marseillaise*, à Marseille.
- ◆ Mi-juillet : concours du *Provençal* , Marseille.
- ◆ Fin août : concours du *Méridional*, La Ciotat et Grand prix de Fos-sur-Mer.

Les boules de concours

Les joueurs utilisent des boules métalliques d'un diamètre compris entre 7,05 et 8 cm, pour un poids variant de 620 à 800 g.

La pétanque dans les Bouches-du-Rhône

La pétanque est un vrai sport populaire. En 1992, on reconçait 22 113 licenciés répartis en 276 associations, soit deux fois plus que de communes !

Les adresses indispensables

Fédération française de pétanque et de jeu provençal
12, cours Joseph-Thierry
13001 Marseille
Tél. 91 50 53 58
ou 93 80 23 97
de 15 h à 18 h
en semaine.

Comité des Bouches-du-Rhône
130/132, La Canebière
13001 Marseille
Tél. 91 48 22 24
Permanence mardi et vendredi de 15 h à 18 h.

Vous pouvez aussi consulter les syndicats d'initiative du département. Enfin, les concours même ceux des plus petits villages sont annoncés dans la presse régionale.

La Provence a sa langue, elle a aussi son art de vivre, ses couleurs, ses rites, ses odeurs. Du costume d'Arlésienne qui continue d'inspirer le grand couturier Christian Lacroix aux tissus provençaux qui assortissent scrupuleusement des couleurs vives, des meubles de Provence aux célèbres santons, l'artisanat local perpétue l'identité rayonnante du pays d'Oc.

Les bonnes adresses

Salons de thé, bars

◆ Les Deux Garçons
53, cours Mirabeau
13100 Aix-en-Provence
Tél. 42 26 00 51
Une institution. Une terrasse sous les platanes, un décor intérieur fait de moulages, de colonnes, de fresques dorées : ce café, fondé en 1792, est classé monument historique. Cézanne, Churchill, Édith Piaf, Sartre le fréquentèrent assidûment.

◆ Pâtisserie Riederer
6, rue Thiers
13100 Aix-en-Provence
Tél. 42 38 19 69
Fondée en 1780. Ses spécialités sont renommées, notamment la fameuse tarte Émilie, sorte de tarte tatin, enrichie d'une crème chibouste. Autre exclusivité : les «merveilles de Provence», confiserie pralinée aux noix avec un zeste de kirsch et enrobée de chocolat. M. Riederer a obtenu en 1989 le titre de meilleur ouvrier de France.

◆ Simple Simon
61, rue de La-Palud
13006 Marseille
Tél. 91 55 53 28
Salon de thé à l'anglaise. Crumbles, scones, buns, tartes aux fruits sont confectionnés sur place. Brunches et breakfasts à toute heure.

◆ Café Van Gogh
11, place du Forum
13200 Arles
Tél. 90 49 83 30
Ce café avait pour client assidu le célèbre peintre, à qui il a inspiré deux toiles : *Le Café la nuit* et *Le Café le soir*. Les originaux sont à New York. Des copies ornent les murs du café. Concerts de jazz tous les soirs en hiver.

Bouquinistes, éditeurs :

◆ Les Arcenaulx
25, cours Honoré-Estienne-d'Orves
13001 Marseille
Tél. 91 54 14 44
Librairie-restaurant. Réimpression de vieux ouvrages et publication d'écrits régionaux ou de marins.

◆ Rue des Bouquinistes-Obscurs
2, rue Boulegon
13100 Aix-en-Provence
Tél. 42 96 03 19
Au cœur du vieil Aix, l'endroit idéal pour débusquer des livres et des disques introuvables. Le nom est un clin d'œil au roman de Patrick Modiano : *Rue des Boutiques-Obscures*, prix Goncourt 1978 (Éditions Gallimard).

Les artisans

La Provence est idéale pour qui cherche étoffes, tissus d'ameublement, carrelages et meubles lazurés. À Tarascon, visiter la fabrique d'indiennes Souléïado (tissus et motifs rapportés des Indes au XVIIe siècle), réalisées à partir de blocs d'impression en bois du XVIIIe siècle et qui servent aussi à la création de collections de mode. Les amateurs de meubles en noyer ou en bois précieux se rendront en Arles ou à Aix. Les collectionneurs de faïence (● *90*) seront comblés à Marseille, qui fut le berceau de la création de grands feux ; Marseille qui produit aussi le célèbre savon (▲ *264*).

Avertissement

La plupart des boutiques ferment entre 12 h et 14 h et le soir à 19 h.

Création de meubles

◆ Pierre Lacoste
Quartier de Servières
Mas de Berne
13210 Saint-Rémy-de-Provence
Tél. 90 92 32 27
Installée dans l'ancien sanatorium de la ville de Saint-Rémy, une fabrique de meubles traditionnels style Louis XV. Des meubles en noyer blond, à la patine toute provençale. Collection de boutons et de poignées de portes anciens.

◆ Galerie La Poutre
206, rue Paradis
13006 Marseille
Tél. 91 37 10 93
Restaure les tableaux les plus classiques et confectionne les cadres les plus insolites. Spécialiste du verre éclaté. Vente par correspondance.

◆ En fer et contre tout
116, promenade de la Corniche John-Kennedy
13007 Marseille
Tél. 91 59 37 05
Le fer forgé décliné à l'infini, complété avec des matériaux variés (bois, lave émaillée, verre) pour obtenir tables, sièges et guéridons des plus originaux. Création de chandeliers, bibelots et tissus. (rideaux, nappes...) Vente par correspondance.

LE SAVON DE MARSEILLE

(▲ *264*)

◆ **COMPAGNIE DE PROVENCE**
1, rue Caisserie
13002 Marseille
Tél. 91 56 20 94

◆ **LA SAVONNERIE LE SÉRAIL**
50, bd Anatole-de-la-Forge
13014 Marseille
Tél. 91 98 28 25

◆ **SAVONNERIE DU CAPRICORNE**
66, rue Jules-Moulet
13006 Marseille
Tél. 91 37 17 59
Fabrication sur commande de savon.

◆ **SAVONNERIE DU MIDI**
51, bd Longchamp
13001 Marseille
Tél. 91 95 90 23

◆ **MARIUS FABRE JEUNE**
146, avenue Grans
13300 Salon-de-Provence
Tél. 90 53 24 77

◆ **SAVONNERIE RAMPAL PATOU**
71, rue Félix-Pyat
13300 Salon-de-Provence
Tél. 90 56 07 28

POTERIE

◆ **POTERIES RAVEL**
Avenue des Goums
13400 Aubagne
Tél. 42 03 05 59
Depuis 1830, cette entreprise familiale et artisanale propose tout un choix d'objets usuels en terre naturelle ou vernissée.

FAÏENCE

Cet artisanat est en pleine renaissance. (● *90*)

◆ **FAÏENCERIE FIGUÈRES-ESTELLO**
12, avenue Lauzier
13008 Marseille
Tél. 91 73 06 79

◆ **FAÏENCERIE D'ART INNOCENTI & FILS**
C.D.2
13400 Aubagne
Tél. 42 03 18 36

LES SANTONS (● *80*)

Ces figurines pieuses animent de leur présence les crèches provençales entre Noël et l'Épiphanie. Fabriqués en terre cuite et peints à la main, certains santons sont parés de vêtements provençaux. Depuis quelques années les santonniers proposent aussi des décors : moulins, puits, ânes, bœufs et moutons.
Se reporter p.*346* pour le circuit des plus belles foires aux santons, crèches et pastorales.
Pour réussir sa crèche, quelques bonnes adresses d'artisans santonniers traditionnels :

◆ **GILBERT ORSINI**
6, rue du Pilon
13190 Allauch
Tél. 91 68 28 25

◆ **SANTONS FOUQUE**
65, cours Gambetta
13100 Aix-en-Provence
Tél. 42 26 33 38

◆ **SANTONS CARBONEL**
47, rue Neuve-Sainte-Catherine
13007 Marseille
Tél. 91 54 26 58

◆ **ATELIER ÉLIANE SMIGLIO**
53, rue Voltaire
13200 Arles
Tél. 90 96 30 57

◆ **SOCIÉTÉ AMY**
2 bd Émile-Combe
13400 Aubagne
Tél. 42 70 12 92

TISSUS-VÊTEMENTS

◆ **LES OLIVADES**
Chemin des Indienneurs
13103 Saint-Étienne-du-Grès
Tél. 90 49 19 19
Créent et fabriquent sur place les motifs de leurs imprimés. Nappes, sets de table, serviettes assorties, linge de maison, carrés, robes, accessoires. Liste des boutiques sur demande
(Arles : 2, rue Jean-Jaurès
Tél. 90 96 22 17).

◆ **MADAME ZAZA OF MARSEILLE**
73, cours Julien
13006 Marseille
Tél. 91 48 05 57
La créatrice marseillaise d'avant-garde en matière de couture.

◆ **SOULÉÏADO**
39, rue Proudhon
13150 Tarascon
Tél. 90 91 08 80
Depuis les années cinquante, toute la Provence, ses couleurs et saveurs sur des tissus. Des motifs traditionnels actualisés. Couettes, jetés de canapé, nappes, rideaux. Collection de vêtements et de foulards. Un musée Souléïado retrace l'histoire des tissus provençaux. Liste des boutiques sur demande
(Arles : 18, bd des Lices
Tél. 90 96 37 55).

Pour les gourmets comme pour les gourmands, la Provence est terre bénie. L'aïoli, la bouillabaisse, la bourride, la ratatouille, la pissaladière, la daube, la soupe au pistou, l'anchoïade, la brandade, pour ne citer que quelques spécialités, mêlent à la poésie des noms des qualités culinaires reconnues. La cuisine provençale est simple, variée, parfumée, elle aime les produits frais qui proviennent directement du marché.

La gastronomie

Gastronomie du soleil, la cuisine provençale est à base de tomates, d'oignons, de safran, d'ail, de poivrons, d'anchois, d'huile d'olive et d'herbes aromatiques : farigoulette, fenouil, origan, romarin, sarriette et thym.

◆ Les pains y ont le parfum du pays : fougasses aux anchois ou aux olives, petits pains d'Aix.

◆ Les légumes y sont mis en valeur : fèves, courgettes, asperges de Camargue, aubergines, cébettes (petits oignons frais).

◆ Les produits de la mer y sont honorés : rascasses, fielas, loups, oursins, poissons de roche, rougets, saint-pierre, supions, tellines.

◆ Les viandes d'agneau et de taureau y sont appréciées ainsi que le gibier : bécasse, perdreau...

◆ Le fromage, (chèvre ou brebis), agrémenté d'un filet d'huile d'olive, n'est pas oublié et les fruits, précoces et sucrés, clôturent agréablement les repas : abricots de Roquevaire, amandes, melons de Trets et de Crau, raisins, pêches de Cabannes.

◆ L'heure du digestif est le moment des sucreries provençales : calissons d'Aix, chiques, gratons, nougats et suce-miels d'Allauch, chocolats de Puyricard, nostradamus de Salon, tartarinades de Tarascon, pompes à l'huile et navettes à la fleur d'oranger de Marseille.

◆ À quatre heures, quand les enfants ont une petite faim, un goûter tout simple les ravira : du pain de pays tartiné avec du miel de lavande et de romarin.

◆ Enfin, vers les six heures du soir, outre l'inévitable pastis, laissez-vous séduire par une des multiples préparations à base d'olives accompagnée de saucisson d'Arles (bœuf et porc légèrement aillé et fumé).

Quelques spécialités

◆ L'aïoli : mayonnaise à l'ail et à l'huile d'olive. Se sert avec de la morue et des légumes.

◆ La bourride : poissons blancs, servis dans un bouillon relevé d'aïoli.

◆ L'anchoïade : tartines d'anchois pilés à l'huile d'olive, servies accompagnées de légumes crus.

◆ La brandade : morue pilée, mélangée avec de l'huile d'olive, du lait et de l'ail.

◆ La soupe au pistou : ail et basilic pilés, mélangés avec une julienne de légumes recouverte de fromage râpé.

◆ La rouille : ail, piment, mie de pain, huile d'olive. Accompagne les poissons.

◆ Tapenade : crème d'olives noires, confites et concassées dans leur huile, à tartiner à l'apéritif.

◆ Pieds-paquets de Marseille : tripes et pieds de mouton farcis d'ail, d'oignons, de persil et de poitrine salée farcie.

◆ Et aussi : poutargue (purée d'œufs de poissons), brousse du Rove, gratin d'aubergines, beignets de courgettes. Dans le pays d'Arles, on servira un catigot d'anguilles en matelote ou le gardiano (ragoût d'épaule de mouton accompagné de pommes de terre), ou bien encore le fricot des barques, à base de bœuf, d'anchois, d'oignons, d'ail et d'huile d'olive.

Les poissons

Souvent cuisinés en grillades, préparés avec un brin de fenouil et flambés au pastis, le tout servi avec un filet de citron et d'huile d'olive.

Bibliographie

J.-B. Reboul, *La Cuisinière provençale*, Tacussel, 1989. Ce livre à l'écriture savoureuse et aux recettes détaillées est la réimpression d'un ouvrage de la fin du siècle dernier. Il vous fera découvrir les richesses de la cuisine provençale à l'ancienne.

Andrée Maureau, *Recettes en Provence*, Édisud, 1992. Des recettes traditionnelles et actuelles.

Marion Nazet, *Cuisine et Fêtes en Provence*, Édisud, 1992. Des recettes adaptées à chaque fête, religieuse, votive et patronale.

Les vins

Les appellations d'origine contrôlée

◆ Les côtes-de-provence : les terroirs de l'est du département représentent 8 à 10% de l'appellation. La production se répartit entre des rosés (75%), des rouges (20%) et des blancs (5%).

◆ Les coteaux d'Aix et ceux de Palette donnent des rosés légers et frais, des rouges savoureux et des blancs secs et fruités. Les cépages carignan et cinsault produisent les vins rouges, l'ugni, les rosés et les clairettes, les blancs. La production se répartit en 50% de rosés, 30 % de rouges (très appréciés des professionnels) et 20% de blancs. Des rouges de longue garde (5 à 10 ans) sont produits sur certains domaines (notamment Palette).

◆ Les vins de Cassis : 170 ha de vignes, plantées dans un cirque face à la mer, produisent 4 000 hectolitres. Les rouges sont à boire chambrés, les rosés, frais. Les blancs, secs et fruités, se boivent dans l'année.

Les vins délimités de qualité supérieure

◆ Les coteaux des Baux.

Les vins de pays

◆ Vins de pays du golfe du Lion : vins des sables. Les rouges, secs, accompagnent le taureau à la broche. Les rosés, fruités, sont à déguster à l'apéritif.

◆ Vins de pays des Bouches-du-Rhône : cépages datant de 1965. Rouges : cépage caladoc, métissage de grenache et de malbec. Vin charpenté à consommer avec les viandes rouges. Rosé : cépage caladoc. Vin rond, pour accompagner les viandes grillées et les poissons. Blanc : cépage chasan métissé de chardonnay et de listan. Vin moelleux, il se boit avec les poissons, les viandes blanches en sauce ainsi que les fromages.

La route des vins côtes-de-provence

La route des vins Provence-Alpes-Côte d'Azur vous permettra, de mas en châteaux, de déguster des vins authentiques directement chez les producteurs.

Renseignements :
Comité interprofessionnel des vins côtes-de-provence,
83460 Les Arcs, tél. 94 73 33 38

Les marchés (◆ *337*)

La cuisine provençale se découvre sur les marchés. Les maraîchers y proposent leurs produits frais, les charcutiers, bouchers, boulangers, fromagers, artisans oléicoles leurs préparations colorées et parfumées. C'est au marché que se décident, en fonction de la saison et des arrivages du jour, les repas de la semaine.

Les bonnes adresses

Le saucisson d'Arles

◆ **Charcuterie Pierre Milhaud**
11, rue Réattu
13200 Arles
Tél. 90 96 16 05
Vente par correspondance.

Le casse-dents : ce biscuit dur à base d'amandes est réalisé artisanalement et sans conservateur. La recette se transmet, depuis 1932, dans la famille Eymery.

◆ **Le Moulin Bleu**
7, cours du 11-Novembre
13190 Allauch
Tél. 91 68 19 06

Les calissons : mélange de pâte d'amandes, de sucre cuit, d'orange et de melon confits, recouvert d'une glace royale, cette confiserie existait déjà au Moyen Âge.

◆ **Fruidoraix**
13, avenue des Belges
13100 Aix-en-Provence
Tél. 42 26 00 61

◆ **Les Calissons du Roy René**
7, rue Papassaudi
13100 Aix-en-Provence
Tél. 42 26 67 86
Vente par correspondance.

◆ **Confiserie d'Entrecasteaux**
2, rue d'Entrecasteaux
13100 Aix-en-Provence
Tél. 42 27 15 02

◆ **Puyricard**
7, rue Rifle-Rafle
13090 Aix-en-Provence
Tél. 42 21 13 26
Cette célèbre confiserie fabrique aussi un chocolat réputé. Il en existe quatre-vingt-douze variétés. Les maîtres chocolatiers de Puyricard réalisent ganaches, pâte d'amandes, nougatine, praliné, calissons enrobés de chocolat, à partir de produits frais et naturels. Vente par correspondance.

Les navettes marseillaises (de «Saint-Victor») : depuis 1781, les navettes sont fabriquées artisanalement à la Chandeleur. Elles sont cuites dans un four entièrement rond, construit il y a deux cents ans selon le modèle romain.

◆ **Le Four des navettes**
136, rue Sainte
13007 Marseille
Tél. 91 33 32 12

Huile d'olive : Les plus grands crus naissent autour des Alpilles.

◆ **Union du groupement des oléiculteurs**
22, av. Henri-Pontier
13100 Aix-en-Provence
Tél. 42 23 01 92

◆ **Le Moulin de maître Cornille, Coopérative oléicole de la vallée des Baux**
13520 Maussane
Tél. 90 54 32 37

Fromages :

◆ **Bataille**
25, place Notre-Dame-du-Mont
13006 Marseille
Tél. 91 47 06 23

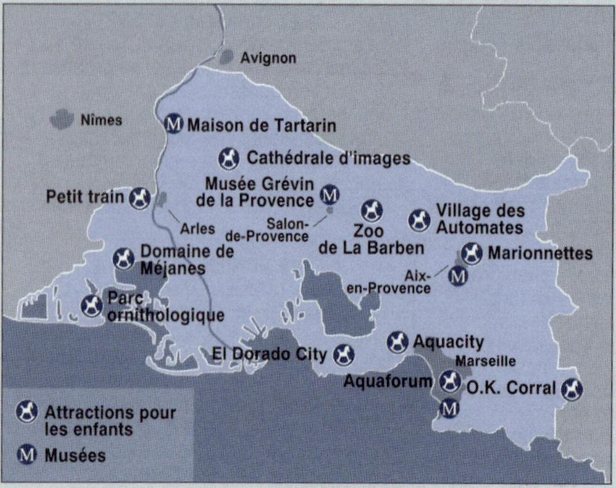

Vous vous demandez souvent où emmener vos enfants pour les distraire lorsque la plage les lasse. Les Bouches-du-Rhône offrent quantité d'activités qui raviront et étonneront les petits : parcs d'attractions, musées, marionnettes, petits trains, poissons et animaux du monde entier.

JEUX, PARCS D'ATTRACTIONS

Pour les aventuriers, il y a les cow-boys du village western, avec «saloon» et mine d'or hantée. D'autres préfèreront les frissons du «looping star» et des toboggans géants. Ceux qui apprécient la découverte, iront voir des poissons tropicaux. Les sportifs s'ébattront dans une vaste piscine à vagues.

ADRESSES

◆ **EL DORADO CITY**
Chemin dptal 9
13220 Châteauneuf-lès-Martigues
Tél. 42 79 86 90

◆ **O.K. CORRAL**
13780 Cuges-les-Pins
Tél. 42 73 80 05
ou 42 73 82 75

◆ **MARSEILLE AQUAFORUM**
(aquariums) Prado-Plage, 59, av. Georges-Pompidou
13008 Marseille
Tél. 91 71 00 46

◆ **AQUACITY (PISCINE)**
Route de Septème-les-Vallons, lieu dit «Le Petit Péage»
13270 Pennes-Mirabeau
Tél 91 96 12 13

ACTIVITÉS DE DÉCOUVERTES

S'il fait beau, autant visiter, se promener et s'instruire en plein air. Les oiseaux de Camargue, les ferrades, jeux gardians, courses à la cocarde et toute la culture camarguaise vous attendent aux Saintes-Maries-de-la-Mer. Si vous aimez les animaux de tous pays, le parc zoologique de La Barben est ouvert toute l'année. À Arles l'antique, la ville se visite en petit train, tandis que, aux Baux-de-Provence, les parois blanches d'une ancienne carrière servent de grand écran pour un spectacle géant renouvelé chaque année. Enfin, vous pouvez flâner au milieu des automates de la Belle au bois dormant ou des Mille et Une Nuits, ou bien découvrir un spectacle de marionnettes dans le parc floral de la ville d'Aix-en-Provence.

DANS LES MUSÉES, LES MERVEILLES DE L'HISTOIRE

Les trésors des musées ne sont pas que pour les adultes ! La préhistoire, les œufs de dinosaures, une épave de navire romain, des costumes anciens ou les maquettes des bateaux de la marine intéresseront aussi vos enfants (carnet d'adresses ◆ 368).

CROISIÈRE FLUVIALE SUR LE PETIT RHÔNE

LE «TIKI-III»
Route d'Aigues-Mortes
13460 Les Saintes-Maries-de-la-Mer,
à 2,5 km du bourg
Tél. 90 97 81 68
Découverte, en bateau à aubes, de la faune et de la flore. Visite commentée (pensez à prendre un appareil photo).

ADRESSES

◆ **DOMAINE DE MÉJANES**
Ferrades de la mi-avril à mi-juillet.
Étang du Vaccarès
13460 Les Saintes-Marie-de-la-Mer
Tél. 90 97 10 62
Petit train
Tél. 90 97 10 10

◆ **PARC ZOOLOGIQUE**
Route du Château
13330 La Barden
Tél. 90 55 19 12

◆ **PARC ORNITHOLOGIQUE DU PONT-DE-GAU**
13460 Les Saintes-Marie-de-la-Mer
Tél. 90 97 82 62

◆ **PETIT TRAIN D'ARLES**
Tél. 90 18 41 20
(de pâques à octobre)

◆ **CATHÉDRALE D'IMAGES**
De février à novembre.
Prévoir des lainages.
Route de Maillane
13520 Les Baux-de-Provence
Tél. 90 54 38 65

◆ **VILLAGE DES AUTOMATES**
Route N 7
13760 Saint-Cannat
Tél 42 57 30 30

◆ **PARC SAINT-MITRE, MARIONNETTES**
Les mercredis, samedis, dimanches et vacances scolaires.
Route de Berre
quartier Saint-Mître
13090 Aix-en-Provence
Tél 42 20 08 17

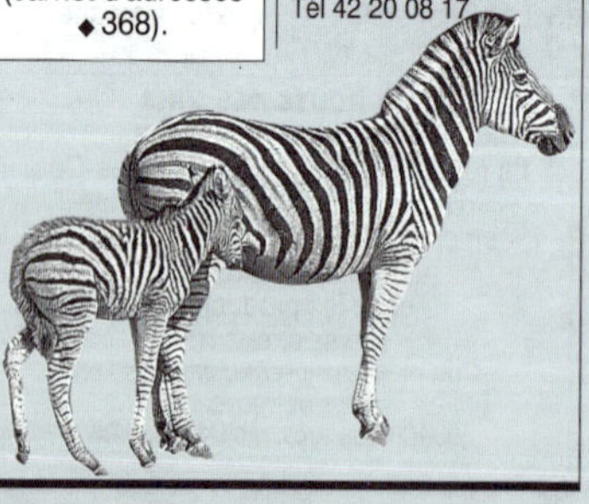

Carnet d'adresses

- Panorama
- Centre-ville
- Isolé
- Restaurant de luxe
- Restaurant typique
- Restaurant économique
- Hôtel de luxe
- Hôtel typique
- Hôtel économique
- Parking
- Garage surveillé
- Télévision
- Calme
- Piscine
- Cartes de crédit
- Prix enfants
- Animaux interdits
- Musique
- Orchestre

◆ < 150 F
◆◆ 150 à 400 F
◆◆◆ 400 à 600 F
◆◆◆◆ > 600 F

	PRIX	CALME	HOTEL-RESTAURANT	CADRE	PARKING	PISCINE	NBRE de CH
MARSEILLE							
ASTORIA ** (MARSEILLE)	◆◆◆						58
CAPITAINERIE DES GALÈRES ** (MARSEILLE)	◆◆	●	●		●		142
CONCORDE PALM BEACH **** (MARSEILLE)	◆◆◆◆		●		●	●	145
ESTÉREL ** (MARSEILLE)	◆◆				●		27
GRAND HÔTEL DE GENÈVE *** (MARSEILLE)	◆◆◆						39
IBIS PRADO ** (MARSEILLE)	◆◆		●		●		116
LE CORBUSIER ** (MARSEILLE)	◆◆		●		●		22
LUTETIA *** (MARSEILLE)	◆◆						29
MERCURE *** (MARSEILLE)	◆◆◆◆		●		●		199
NEW HÔTEL BOMPARD *** (MARSEILLE)	◆◆				●	●	46
NOVOTEL ** (MARSEILLE)	◆◆		●		●	●	121
NOVOTEL PHARO *** (MARSEILLE)	◆◆◆		●		●	●	90
PÉRON ** (MARSEILLE)	◆◆				●	●	29
PETIT NICE **** (MARSEILLE)	◆◆◆◆		●		●	●	15
PULLMAN BEAUVAU **** (MARSEILLE)	◆◆◆◆			●			72
SAINT-FERRÉOL ** (MARSEILLE)	◆◆						19
SELECT ** (MARSEILLE)	◆◆◆						60
SOFITEL **** (MARSEILLE)	◆◆◆◆		●		●	●	130
MARSEILLE VERS FOS-SUR-MER							
ALTÉA PROVENCE *** (FOS-SUR-MER)	◆◆◆◆		●		●	●	67
PLAGE ** (SAUSSET-LES-PINS)	◆◆		●		●	●	11
MARSEILLE VERS CASSIS							
LE BESTOUAN ** (CASSIS)	◆◆◆		●	●			30
JARDINS DU CAMPANILE *** (CASSIS)	◆◆◆◆		●		●	●	36
JOLI BOIS * (CASSIS)	◆◆		●		●		10
MAGUY ** (CASSIS)	◆◆				●		8
ROCHES BLANCHES *** (CASSIS)	◆◆◆◆		●		●	●	28
ROYAL COTTAGE *** (CASSIS)	◆◆◆◆				●	●	25
BEAURIVAGE ** (LA CIOTAT)	◆◆		●				
MARSEILLE VERS LA SAINTE-BAUME							
HOSTELLERIE DE LA SOURCE *** (AUBAGNE)	◆◆◆		●		●	●	26
RELAIS DE LA MAGDELEINE (GÉMENOS)	◆◆◆		●		●	●	24
AIX-EN-PROVENCE							
CARDINAL **	◆◆						30
FRANCE **	◆◆						27
HÔTEL SAINT-CHRISTOPHE **	◆◆		●		●		57
LA CARAVELLE **	◆◆				●		32
LA RENAISSANCE **	◆◆						34
LE MANOIR ***	◆◆◆			●	●		42
LE PRIEURÉ **	◆◆				●		23
LES AUGUSTINS ***	◆◆◆◆						30
LES INFIRMERIES DU ROI RENÉ ***	◆◆◆			●	●	●	66
MAS DES ÉCUREUILS ***	◆◆◆◆		●		●	●	23
NÈGRE COSTE ***	◆◆◆◆			●	●		37
PULLMAN ROI RENÉ ****	◆◆◆◆		●		●	●	134
QUATRE DAUPHINS **	◆◆						13
VILLA GALLICI ***	◆◆◆◆			●	●	●	
AIX-EN-PROVENCE VERS LA SAINTE-VICTOIRE							
MAS DE LA BERTRANDE ** (BEAURECUEIL)	◆◆◆		●		●	●	10
RELAIS SAINTE-VICTOIRE (BEAURECUEIL)	◆◆◆		●		●	●	9
AIX-EN-PROVENCE VERS SALON-DE-PROVENCE							
MAS DE LIVANY ** (LA ROQUE-D'ANTHÉRON)	◆◆		●		●		20
AIX-EN-PROVENCE VERS MARIGNANE							
ARQUIER ** (LES MILLES)	◆◆		●		●		16

	PRIX	CALME	HÔTEL-RESTAURANT	CADRE	PARKING	PIISCINE	NBRE de CH.
Château Pioline ** (Les Milles)**	◆◆◆◆		●		●	●	21
La Bastide * (Les Milles)**	◆◆		●		●	●	18
AIX-EN-PROVENCE VERS TRETS							
Refuge du Prieuré (Trets)							
SALON-DE-PROVENCE							
Abbaye de Sainte-Croix ** (Salon-de-Provence)**	◆◆◆◆		●		●	●	19
SALON-DE-PROVENCE VERS ISTRES							
Devem de Mirapier * (Cornillon-Confoux)**	◆◆◆				●	●	16
SALON-DE-PROVENCE VERS ARLES							
Auberge provencale * (Eygalière)**	◆◆◆		●		●		5
Crin Blanc ** (Eygalière)	◆◆		●		●	●	10
La Régalido ** (Fontvieille)**	◆◆◆◆		●		●		14
Saint-Victor * (Fontvieille)**	◆◆◆◆		●		●	●	11
Val Majour ** (Fontvieille)	◆◆◆		●		●	●	32
Hostellerie de la Reine Jeanne ** (Les-Baux-de-Provence)	◆◆◆		●				10
La Cabro d'or * (Les Baux-de-Provence)**	◆◆◆◆		●		●	●	24
Mas d'Aigret * (Les Baux-de-Provence)**	◆◆◆		●		●	●	15
Le Val Baussenc * (Maussane-les-Alpilles)**	◆◆		●		●		
Magnanarelles ** (Maussane-les-Alpilles)	◆◆		●			●	18
Pré des Baux * (Maussane-les-Alpilles)**	◆◆◆				●	●	10
Touret ** (Maussane-les-Alpilles)	◆◆	●			●	●	16
Le Mas de l'Ange (Mollégès)	◆◆			●			5
Castelet des Alpilles * (Saint-Rémy-de-Provence)**	◆◆		●		●	●	21
Château de Roussan ** (Saint-Rémy-de-Provence)	◆◆◆◆	●	●		●		21
Château des Alpilles ** (Saint-Rémy-de-Provence)**	◆◆◆◆		●	●	●		15
Cheval Blanc ** (Saint-Rémy-de-Provence)	◆◆				●		22
Hostellerie du Vallon de Valrugues ** (Saint-Rémy-de-Provence)**	◆◆◆◆		●		●	●	53
Villa Glanum ** (Saint-Rémy-de-Provence)	◆◆			●	●	●	23
ARLES							
Arlatan * (Arles)**	◆◆◆				●		41
Hôtel du Musée ** (Arles)	◆◆				●		20
Hôtel Gauguin * (Arles)	◆◆						18
Jules César ** (Arles)**	◆◆◆◆		●		●	●	55
Mas de la Chapelle ** (Arles)**	◆◆◆◆		●		●	●	15
Nord Pinus ** (Arles) (Grand hotel Dunp)**	◆		●	●	●		23
ARLES VERS AVIGNON	◆◆◆◆						
Castel Mouisson ** (Barbentane)					●	●	17
Auberge de Noves (Noves)	◆◆		●		●	●	23
Echevins ** (Tarascon)	◆◆◆◆				●		40
Les Mazets des Roches * (Tarascon)**	◆◆				●	●	24
Provence * (Tarascon)**	◆◆◆						11
ARLES VERS LA CAMARGUE	◆◆						
Etrier Camarguais * (Les Saintes-Maries-de-la-Mer)**		●	●		●	●	32
Hostellerie de Cacharel * (Les Saintes-Maries-de-la-Mer)**	◆◆◆ ◆◆◆		●	●	●	●	11
Lou Marquès ** (Les Saintes-Maries-de-la-Mer)		●					14
Lou Mas du Juge * (Les Saintes-Maries-de-la-Mer)**	◆◆			●	●		7
Mangio Fangio ** (Les Saintes-Maries-de-la-Mer)	◆◆◆◆	●	●		●	●	14
Mas de la Fouque ** (Les Saintes-Maries-de-la-Mer)**	◆◆◆ ◆◆◆◆	 ●	●	●	●	●	14
Mas du Clarousset * (Les Saintes-Maries-de-la-Mer)**			●	●	●	●	10
Mas du Tadorne * (Les Saintes-Maries-de-la-Mer)**	◆◆◆◆		●		●	●	15
Pont des Bannes * (Les Saintes-Maries-de-la-Mer)**	◆◆◆◆		●		●	●	27

♦ < 150 F
♦♦ 150 à 400 F
♦♦♦ 400 à 600 F
♦♦♦♦ > 600 F

	PRIX	CADRE	TERRASSE	CUISINE PROVENÇALE	ÉTAPE GASTRO
MARSEILLE					
CAI-BAT	♦	●			
CHEZ FONFON	♦♦				
CHEZ LOURY	♦♦		●		
CHEZ MADIE	♦♦		●		
CHEZ MICHEL	♦♦				
L'ART ET LES THÉS	♦		●		
L'ASSIETTE MARINE	♦♦		●		
L'ATELIER DU CHOCOLAT	♦	●	●		
LA BAIE DES SINGES	♦	●	●		
LA COUPOLE	♦	●			
LA GARBURE	♦♦		●		
LA GROTTE	♦	●	●		
LE CARRÉ D'HONORÉ	♦♦		●		
LE LUNCH	♦♦		●		
LE PANIER DES ARTS	♦	●			
LES ARCENAULTX	♦♦	●	●		
LES ÉCHEVINS	♦♦				
LES PETITS ANGES	♦	●	●		
MIRAMAR	♦♦			●	●
PASSÉDAT, LE PETIT NICE	♦♦♦		●		
PATALAIN	♦♦				●
VIA MERMOZ	♦				
MARSEILLE VERS FOS-SUR-MER					
LA BRISE (CARRY-LE-ROUET)	♦♦		●		
MARSEILLE VERS CASSIS					
LE CLOS DES ARÔMES (CASSIS)	♦		●		
MONSIEUR BRUN (CASSIS)	♦	●	●		
NINO (CASSIS)	♦♦		●		
MARSEILLE VERS LA SAINTE-BAUME					
LE TERROIR ALSACIEN (AUBAGNE)	♦				
BARON BRISSE (GÉMENOS)	♦♦		●		
AIX-EN-PROVENCE					
CHEZ MAXIME	♦♦		●		
LA TABLE DU ROI	♦♦		●		
LE BISTRO LATIN	♦♦				
LE CLOS DE LA VIOLETTE	♦♦♦				
LE PAGOPON	♦♦				
LE PIGONNET	♦♦		●		
ETAPE LANI	♦♦♦	●	●	●	●
PUYFOND	♦		●		
TAILLE-FAIM	♦♦				
TRATTORIA (CHEZ ANTOINE)	♦	●	●		

	PRIX	CADRE	TERRASSE	CUISINE PROVENÇALE	ÉTAPE GASTRONOMIQUE
AIX-EN-PROVENCE VERS LA SAINTE-VICTOIRE	◆◆				
DELIKATESSEN (POURRIÈRES)			●		
RELAIS SAINTE-VICTOIRE (BEAURECUEIL)	◆◆		●		
LES SARMENTS (PUYLOUBIER)	◆◆		●		
AIX-EN-PROVENCE VERS TRETS	◆				
L'ÉTAPE LANI (BOUC BEL AIR)					
AIX-EN-PROVENCE VERS SALON-DE-PROVENCE	◆◆				
LES OLIVARELLES (ROGNES)			●		
AIX-EN-PROVENCE VERS MARIGNANE	◆◆				
LE ROMARIN (MARIGNANE)					
SALON-DE-PROVENCE	◆◆				
DOMAINE ROQUEROUSSES (SALON-DE-PROVENCE)			●		
FRANCIS ROBIN, LE MAS DU SOLEIL (SALON-DE-PROVENCE)	◆◆		●		
LE VINCENNES (SALON-DE-PROVENCE)	◆◆◆		●		
SALON-DE-PROVENCE VERS ISTRES	◆				
LA JASSE (ISTRES)			●		
SALON-DE-PROVENCE VERS ARLES	◆◆				
LE RÉGALIDO (FONTVIEILLE)			●		
BÉRANGÈRE (LES BAUX-DE-PROVENCE)	◆◆				
L'OUSTAU DE BAUMANIÈRE (LES BAUX-DE-PROVENCE	◆◆◆		●		
LA RIBOTO DE TAVEN (LES-BAUX-DE-PROVENCE	◆◆◆		●		
OU RAVI PROVENÇAU (MAUSSANE-LES-ALPILLES)	◆◆		●		
DOMAINE DE VALMOURIANE (SAINT-RÉMY-DE-PROVENCE)	◆◆		●		
LE BISTROT DES ALPILLES (SAINT-RÉMY-DE-PROVENCE)	◆◆		●		
LE JARDIN DE FRÉDÉRIC (SAINT-RÉMY-DE-PROVENCE)	◆	●	●		●
LE VALLON DE VALRUGUES (SAINT-RÉMY-DE-PROVENCE)	◆◆		●		
ARLES	◆◆				
L'OLIVIER (ARLES)	◆◆		●		
LE MÉDIÉVAL (ARLES)		●	●		
LE POISSON BANANE (ARLES)	◆	●	●		
LE SALON PROVENÇAL (ARLES)	◆◆		●		
LE VACCARÈS (ARLES)	◆		●		
LOU CALEU (ARLES)	◆				
LOU MARQUÈS (ARLES)	◆◆		●		
ARLES VERS AVIGNON	◆				
L'OUSTALET (MAILLANE)	◆◆		●		
AUBERGE DE NOVES (NOVES)			●		
LE SAINT-JEAN (TARASCON)	◆◆◆	●			
LE CROQUE-CHOU (VERQUIERES)	◆◆			●	
ARLES VERS LA CAMARGUE	◆◆				
LE DELTA (LES SAINTES-MARIES-DE-LA-MER)			●		
LOU MAS DU JUGE (LES SAINTES-MARIES-DE-LA-MER)	◆				
MAS DE LA FOUQUE (LES SAINTES-MARIES-DE-LA-MER)	◆◆		●		

1. Le Panier des Arts
2. L'Art et les Thés
3. Chez Madie
4. Le Marseillois
5. Miramar
6. Mercure
7. Grand Hôtel de Genève
8. La Cave à Jazz
9. Pullman Beauveau
10. Le Carré d'Honoré
L'Atelier du Choco
Le Pelle-Mêle

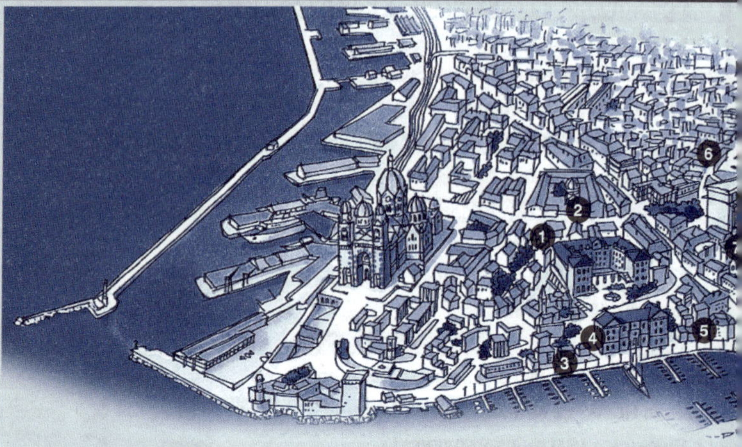

GÉNÉRALITÉS

URGENCES

POLICE SECOURS 17
POMPIERS 18
SAMU 15

VIE PRATIQUE

MÉTÉO
36 15 METEO

MÉTÉO RÉGIONALE
Tél. 36 68 02 13

COMITÉ RÉGIONAL DU TOURISME
Tél. 93 37 78 78
55, promenade des Anglais
06000 Nice

HÉBERGEMENT

36 15 CAFE COUETTE
Chambres d'hôtes, gîtes.

36 15 GITES DE FRANCE

36 15 RESINTER
Réservations hôtelières.

RELAIS DÉPARTEMENTAL DES GÎTES RURAUX
Centre de réservation Loisirs-accueil
Domaine du Vergon
Tél. 90 59 18 05

CENTRE RÉGIONAL D'INFORMATION JEUNESSE CÔTE D'AZUR
19, rue Gioffredo
Tél. 93 80 93 93
Ouvert lun.-ven. 8 h 45-18 h 45
Fermé wk-end
Hébergement jeunesse.

◆

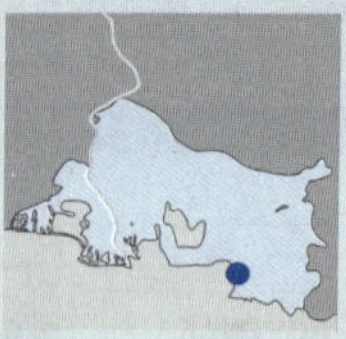

MARSEILLE

13001 à 13016

VIE PRATIQUE

POSTE PRINCIPALE
Pl. de l'Hôtel-des-Postes (Ier)
Tél. 91 95 47 32

COMMISSARIAT CENTRAL
Rue du Commissaire-Becker (IIe)
Tél. 91 39 80 00
ou, la nuit : 91 39 83 84.

MAIRIE
Quai du Port (IIe)
Tél. 91 55 11 11
Ouvert lun.-ven. 10 h-18 h

INFORMATIONS TOURISTIQUES
4, La Canebière
Tél. 91 54 91 11
Marseille (13003)

GARE SAINT-CHARLES
Tél. 91 50 59 18

TRANSPORTS PAR MER
GROUPEMENT DES ARMATEURS CÔTIERS MARSEILLAIS (VIIe)
Tél. 91 55 50 09
Voyage en bateau pour les îles du Frioul. Départs du quai des Belges.

VIE CULTURELLE

"CITÉ RADIEUSE" LE CORBUSIER
280, bd Michelet (VIIIe)
Visites organisées par les résidents.

ABBAYE SAINT-VICTOR
Pl. Saint-Victor (VIIe)
Tél. 91 33 25 86
Ouvert tlj. 8 h 30-18 h 30
Spectacles.

ARCHIPEL DU FRIOUL
(VIIe)
Tél. 91 55 50 09
ou 91 54 91 11
Accessible uniquement par bateaux.

BASILIQUE NOTRE-DAME-DE-LA-GARDE
(VIIe)
Ouvert tlj. 6 h-19 h en été, 7 h 30-19 h en hiver

BASTIDE MAGALONE
Cité de la Musique
245, bd Michelet (VIIIe)
Tél. 91 71 12 83
En travaux pour quelques mois en 1994. Visites sur demande écrite.

CATHÉDRALE DE LA VIEILLE-MAJOR
Port de la Joliette (IIe)
En travaux en 1994.

CATHÉDRALE SAINTE-MARIE-MAJEURE (NOUVELLE-MAJOR)
Pl. de la Major (IIe)
Ouvert mar.-sam. 9 h-12 h et 14 h-17h, dim. 8 h 30-12 h et 14 h 30-17 h 30

CHÂTEAU D'IF
Îlot d'If (VIIe)
Tél. 91 55 50 09
ou 91 59 02 30
Accessible uniquement par bateau.

CHÂTEAU PASTRE
Av. de Carthage (VIIIe)
Pas de visite de l'intérieur.

CIMETIÈRE SAINT-PIERRE
380, rue Saint-Pierre (Ve)
Ouvert tlj. 7 h -19 h, juin-août, jusqu'à 18 h 30 sep. et mai-juin, jusqu'à 18 h avr. et oct., jusqu'à 17 h 30 nov.-déc, jusqu'à 17 h jan.-fév.

COMPLEXE DES ARSENAUX
25, cours d'Estienne-d'Orves (Ier)
Pas de visite.

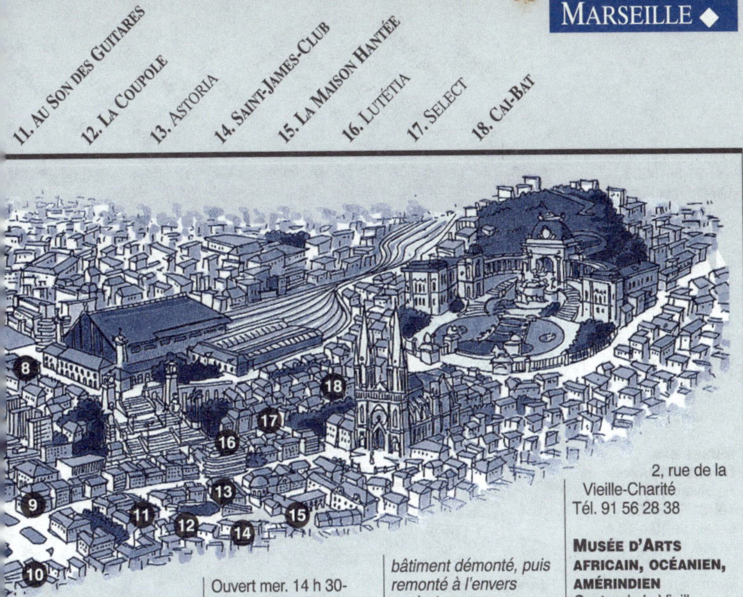

Consigne sanitaire
Quai du Port (IIe)
Façade XVIIIe. En travaux en 1994. Pas de visite de l'intérieur.

Domaine de Luminy
163, av. de Luminy (IXe)
Tél. 91 26 90 00
Pas de visite.

Église des Carmes
Pl. des Grands-Carmes (IIe)
Travaux en 1994. Fermée depuis des années.

Église des Réformés-Saint-Vincent-de-Paul
8, cours Franklin-Roosevelt (Ier)
Tél. 91 42 35 52
Ouvert mar.-sam. 9 h-12 h et 14 h 30-18 h 30, lun.14 h 30-18 h 30
Fermé dim.

Église Les Augustins-de-Saint-Férréol
Quai des Belges (Ier)
Ouvert tlj. 7 h 30-19 h 30, sam. 7 h 30-12 h et 15 h-19 h 30
Adoration permanente tlj. Appareils photo interdits, discrétion demandée.

Église Saint-Cannat
Rue des Prêcheurs (Ier)
Ouvert tlj. 8 h 30-18 h

Église Saint-Laurent
Esplanade de la Tourette (IIe)
Tél. 91 90 99 81
Ouvert mer. et dim 14 h 30-18 h, juin-sep.

Ouvert mer. 14 h 30-17 h, 2e et 4e dim. du mois, oct.-mai

Fort Saint-Jean
Quai du Port (IIe)
Tél. 91 54 44 75
Expositions temporaires.

Fort Saint-Nicolas
Bd Charles-Livon (VIIe)

Gare Saint-Charles
Square Narvik (Ier)
Tél. 91 08 50 50

Gœthe Institut
171, rue de Rome (VIe)
Tél. 91 47 63 81

Hospice de la Vieille-Charité
Rue de la Charité (IIe)
Tél. 91 56 28 38
Ouvert tlj. 10 h-17 h.
Fermé lun.
Visites commentées sam. et dim. 14 h et 16 h.

Hôtel Daviel
2, place du Mazeaud (IIe)
Tél. 91 55 11 11
Annexe de la mairie. Visites organisées par l'office de tourisme.

Hôtel de Cabre
27 *bis*, Grand-Rue (IIe)
Ne se visite pas ; beau bâtiment démonté, puis remonté à l'envers après la guerre.

Institut culturel italien
6, rue Fernand-Pauriol (Ve)
Tél. 91 48 51 94

Jardin de la Colline
Cours Puget (VIIe)
Ouvert tlj. 7 h 45-20 h, en été, jusqu'à 17 h 30, en hiver

Jardin des Vestiges ou "fouilles de la Bourse"
Rue Henri-Barbusse (Ier)
Ouvert tlj. 10 h-20 h, en été, jusqu'à 17 h, en hiver
Vestiges de l'enceinte antique de la ville, mis au jour récemment.

Musée Cantini
19, rue Grignan (VIe)
Tél. 91 54 77 75
Ouvert mar.-dim. 11 h-18 h en été, 17 h, en hiver
Fermé lun. et j. fér.
Art contemporain.

Musée d'Archéologie méditerranéenne
Centre de la Vieille-Charité (IIe)

2, rue de la Vieille-Charité
Tél. 91 56 28 38

Musée d'Arts africain, océanien, amérindien
Centre de la Vieille-Charité (IIe)
2, rue de la Vieille-Charité
Tél. 91 56 28 38
Ouvert mar.-ven. 10 h-17 h, sam. et dim 12 h-19 h.
Fermé lun.

Musée d'Histoire de Marseille
Centre Bourse (Ier)
Tél. 91 90 42 22
Ouvert lun.-sam. 12 h-19 h
Fermé dim.

Musée d'Histoire naturelle
Palais Longchamp
Bd Philippon (IVe)
Tél. 91 62 30 78
Ouvert tlj. 11 h-18 h juin-sep. et 10 h-17 h oct.-mai
Fermé lun. et j. fér.

Musée de la Marine et de l'Économie de Marseille
Hall du palais de la Bourse (Ier)
Tél. 91 39 33 33
Ouvert mer.-lun., 10 h-12 h/14 h-18h
Fermé mar.

Musée des Arts et Traditions populaires
Château-Gombert
5, pl. des Héros (XIIIe)

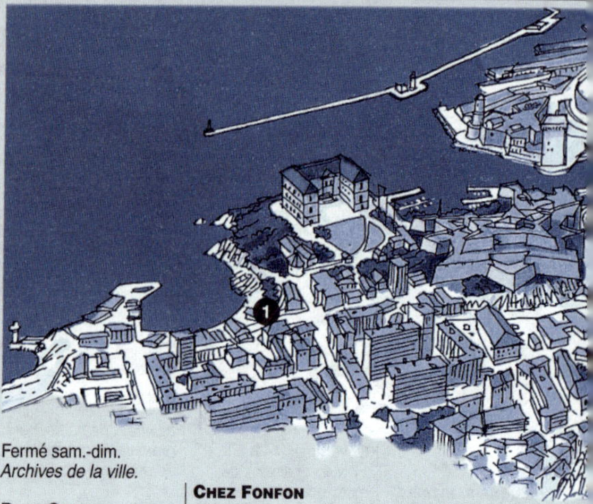

Tél. 91 68 14 38
Ouvert mer.-lun.
14 h 30-18 h 30
Fermé mar.

Musée des Beaux-Arts
Palais Longchamp
Bd Philippon (IVe)
Tél. 91 62 21 17
Ouvert mar.-dim.
11 h-18 h, juin-sep., jusqu'à 17 h, oct.-mai
Fermé lun.

Musée des Docks romains
Pl. Vivaux (Ier)
Tél. 91 91 24 62
Ouvert tlj. 10 h-18 h en été, jusqu'à 17 h en hiver
Fermé lun.

Musée du Vieux-Marseille
Maison Diamantée
2, rue de la Prison (IIe)
Tél. 91 55 10 19
Ouvert mar.-dim.
11 h-18 h en été, jusqu'à 17 h, en hiver
Fermé lun.
La Maison diamantée est célèbre par la taille "en pointes de diamant" des pierres de sa façade.

Musée Grobet-Labadié
140, bd Longchamp (IVe)
Tél. 91 62 21 82
Ouvert tlj. 11 h-18 h, juin-sep., et 10 h-17 h, oct.-mai
Fermé lun. et j. fér.

Palais et parc du Pharo
Bd Charles-Livon (VIIe)
Seul le parc se visite.

Palais de justice
6, rue Joseph-Autran (VIe)
Tél. 91 57 72 00

Palais des Arts
1, pl. Carli (Ier)
Tél. 91 55 33 75
Ouvert lun.-ven. 8 h 30-12 h et 13 h-17 h
Fermé sam.-dim.
Archives de la ville.

Parc Chanot
Rond-Point du Prado (VIIIe)
Tél. 91 76 16 00

Parc et château Borély
Av. du Parc-Borély (VIIIe)
Tél. 91 73 21 60
Ouvert tlj. 6 h-21 h
Entrée libre dans le jardin. Château en travaux.

Port autonome
23, place de la Joliette (IIe)
Tél. 91 39 47 24
Fermé sam.-dim et j. fér.
Visite accompagnée gratuite sur réservation un mois à l'avance par groupe de 10 personnes au moins.

Théâtre national de la Criée
30, quai Rive-Neuve (VIIe)
Tél. 91 54 42 16
ou 91 54 70 54
Cinéma Art et Essai.

Restaurants

Cai-Bat
43, rue A.-Thiers (Ier)
Tél. 91 42 33 78

Chez Fonfon
140, vallon des Auffes (VIIe)
Tél. 91 52 14 38
Fermé dim., lun. et 23 déc.-2 jan.

Chez Loury
"Le Mistral",
3, rue Fortia (Ier)
Tél. 91 33 09 73
Fermé dim.

Chez Madie
138, quai du Port (IIe)
Tél. 91 90 40 87
Fermé dim.-lun. et août

Chez Michel
6, rue des Catalans (VIIe)
Tél. 91 52 64 22
Ouvert toute l'année

L'Art et les Thés
Musée de la Vieille-Charité (IIe)
2, rue de la Charité
Tél. 91 56 01 39
Ouvert le midi toute l'année
Fermé j. fér.

L'Assiette marine
Espace Borély
142, av. Pierre-Mendès-France (VIIIe)
Tél. 91 71 04 04
Ouvert toute l'année

♥ **L'Atelier du chocolat**
18, pl. aux Huiles (Ier)
Tél. 91 33 55 00
Fermé dim., lun. soir, mar. soir et août

♥ **La Baie des Singes**
Cap Croisette (VIIIe)
Tél. 91 73 68 87
Ouvert avr.-sep.
Restaurant en plein air typiquement marseillais.

♥ **La Coupole**
5, rue Saxo (Ier)
Tél. 91 54 88 57
Fermé dim. et fin août

La Garbure
9, cours Julien (VIe)
Tél. 91 47 18 01
Fermé 14 juil.-août
Fermé sam. midi et dim.

La Grotte
Rue Callelongue (VIIIe)
Tél. 91 73 17 79
Ouvert toute l'année

Le Carré d'Honoré
34, pl. aux Huiles (Ier)
Tél. 91 33 16 80
Fermé sam. midi, dim. et 15-31 août

Le Lunch
Calanque de Sormiou (VIIIe)
Tél. 91 25 05 37
Ouvert avr.-sep.
Pour le coucher de soleil sur la mer.

♥ **Le Panier des Arts**
3, rue du Petit-Puits (IIe)
Tél. 91 56 02 32
Ouvert toute l'année
Fermé sam. midi et dim.

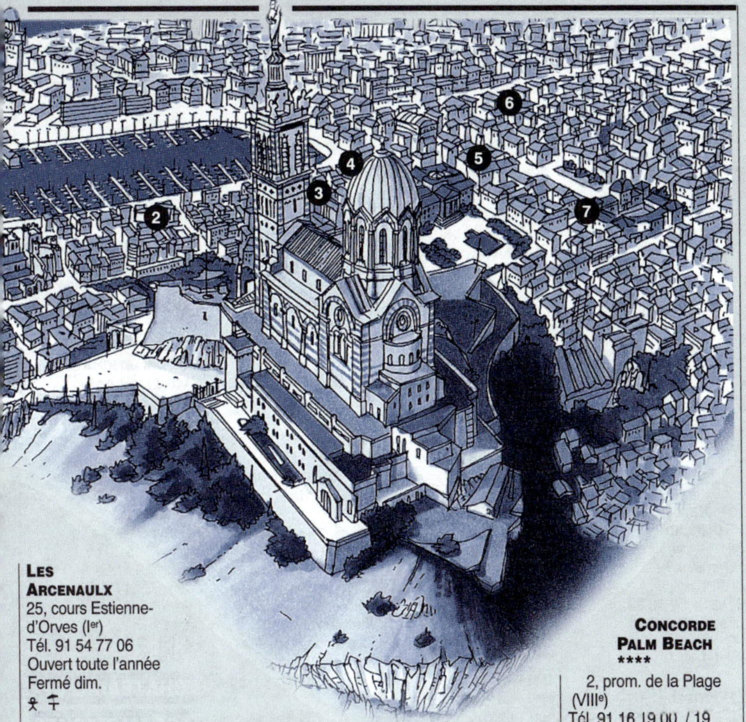

LES ARCENAULX
25, cours Estienne-d'Orves (Ier)
Tél. 91 54 77 06
Ouvert toute l'année
Fermé dim.

LES ÉCHEVINS
44, rue Sainte (Ier)
Tél. 91 33 08 08
Fermé sam. midi, dim. et 1er-15 août

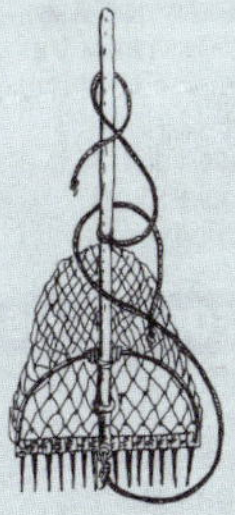

♥ LES PETITS ANGES
41, bd Édouard-Herriot (VIIIe)
Tél. 91 77 60 77
Fermé dim. et en août
Dans ce restaurant, M. Passédat, fils du grand chef marseillais, sert à des prix très abordables les plats préparés par son père et conservés sous vide.

MIRAMAR
12, quai du Port (IIe)
Tél. 91 91 10 40
Fermé dim., 3 sem. en août et 26 déc.-6 jan.
Remarquable bouillabaisse.

PASSÉDAT, LE PETIT NICE
Anse Maldormé, Corniche J.-F.-Kennedy (VIIe)
Tél. 91 59 25 92
Fermé sam. midi-dim., oct.-mars

PATALAIN
49, rue Sainte (Ier)
Tél. 91 55 02 78
Fermé sam. midi, dim. et 14 juil.-4 sep.
Très bonne table.

VIA MERMOZ
4, rue Jean-Mermoz (VIIIe)
Tél. 91 37 88 33
Ouvert toute l'année
Fermé dim.

HÉBERGEMENT

AUBERGE DE JEUNESSE
Château de Bois-Luzy
Allée des Primevères (XIIe)
Tél. 91 49 06 18

AUBERGE DE JEUNESSE
47, av. Joseph-Vidal
Impasse du Dr-Bonfils (VIIIe)
Tél. 91 73 21 81
Fermé 15 déc.-15 jan.

ASTORIA **
10, bd Garibaldi (Ier)
Tél. 91 33 33 50
Fax 91 54 80 75
Ouvert toute l'année

♥ CAPITAINERIE DES GALÈRES **
46, rue Sainte (Ier)
Vieux-Port
Tél. 91 54 73 73
Fax 91 54 77 77
Ouvert toute l'année

CONCORDE PALM BEACH ****
2, prom. de la Plage (VIIIe)
Tél. 91 16 19 00 / 19
Fax 91 16 19 39
Ouvert toute l'année

ESTÉREL **
124, rue Paradis (VIe)
Tél. 91 37 13 90
Fax 91 81 47 01
Ouvert toute l'année

GRAND HÔTEL DE GENÈVE ***
3 bis, rue Reine-Elisabeth (Ier)
Près du vieux port
Tél. 91 90 51 42
Tlx 440 672
Ouvert toute l'année.

IBIS PRADO **
6, rue de Cassis (VIIIe)
Tél. 91 25 73 73
Fax 91 25 63 02
Ouvert toute l'année

LE CORBUSIER **
3e étage
280, bd Michelet (VIIIe)
Tél. 91 77 18 15
Fax 91 71 09 93
Ouvert toute l'année

LUTÉTIA ***
38, allée Gambetta (Ier)
Tél. 91 50 81 78

Fax 91 50 23 52
Ouvert toute l'année

MERCURE ***
Centre Bourse (Ier)
Rue Neuve-Saint-Martin
Tél. 91 39 20 00
Fax 91 56 24 57
Ouvert toute l'année

♥ NEW HÔTEL BOMPARD ***
2, rue des Flots-Bleus
Corniche Kennedy (VIIe)
Tél. 91 52 10 93
Fax 91 31 02 14
Ouvert toute l'année

NOVOTEL **
CD 2, St-Menet (XIe)
Marseille - Est
Tél. 91 43 90 60
Fax 91 27 06 74
Ouvert toute l'année

NOVOTEL PHARO ***
36, bd Charles Livon (VIIe)
Tél. 91 59 22 22
Fax 91 31 15 48
Ouvert toute l'année

♥ PÉRON **
119, corniche Kennedy (VIIe)
Tél. 91 31 01 41
Fax 91 59 42 01
Ouvert toute l'année

PETIT NICE ****
Corniche Kennedy (VIIe)
Anse de Maldorné
Tél. 91 59 25 92
Fax 91 59 28 08
Ouvert toute l'année

♥ PULLMAN BEAUVAU ****
4, rue Beauvau (Ier)
Tél. 91 54 91 00
Fax 91 54 15 76
Ouvert toute l'année
Vue sur le Vieux-Port.

♥ SAINT-FERRÉOL **
9, rue Pinson (Ier)
Tél. 91 33 12 21
Fax 91 54 29 97
Fermé 1er-21 août
Jaccuzi.

SELECT **
4, allées Gambetta (Ier)
Tél. 91 50 65 50
Fax 91 50 45 56
Ouvert toute l'année

SOFITEL ****
36, bd Charles-Livon (VIIe)
Près du vieux port
Tél. 91 52 90 19
Fax 91 31 46 52

SPORTS

GOLF CLUB DE LA SALETTE
Imp. des Vaudrans
La Valentine (XIe)
Tél. 91 27 12 16

GOLF SAINT-ANGE
45, chem. des Anémones
Les Caillols (XIIe)
Tél. 91 89 91 88

VIE NOCTURNE

AU SON DES GUITARES
18, rue Corneille (Ier)
Tél. 91 33 11 47
Ouvert à partir de 23 h
Fermé dim. et 1-15 sep.
Boîte de nuit. Soirées à thème, tradition de guitares corses.

BAR DE LA MARINE
15, quai de Rive-Neuve (VIIe)
Tél. 91 54 95 47
Ouvert lun.-sam. 7 h-2 h
Fermé dim.
Bar de nuit.

BLACK NOTE
131, rue d'Aubagne (VIe)
Tél. 91 47 86 10
Ouvert lun.-sam. 18 h-2 h
Fermé dim. et 15 j. en août
Bar de nuit.

L'X
30, rue Saint-Saëns (Ier)
Tél. 91 54 95 55
Ouvert lun.-sam. 16 h 30-2 h
Fermé dim.
Bar musical.

LA CAVE À JAZZ
4, rue Bernard-du-Bois (Ier)
Tél. 91 39 28 28
Ouvert lun. à partir de 21 h
Fermé vac. scol.
Bar musical de la cité de la musique. Concert. 180 places.

LA MAISON HANTÉE
10, rue Vian (VIe)
Tél. 91 92 09 40
Ouvert lun.-mer. et ven.-sam. 19 h-2 h
Fermé jeu. et dim.
Bar de nuit.

LE MARSEILLOIS
Quai du Port (IIe)
Tél. 91 91 61 44
Ouvert lun.-sam. 10 h-14 h et 20 h-22 h
Fermé dim.
Restaurant, soirées à thème théâtral ou musical deux fois par mois.

♥ LE PELLE-MÊLLE
45, rue d'Estienne-d'Orves (Ier)
Pl. aux Huiles
Tél. 91 54 85 26
Ouvert lun.-sam. 17 h-2 h
Fermé dim.
Bar musical. Jazz.

SAINT-JAMES CLUB
7, rue Ventura (Ier)
Tél. 91 33 10 63
Ouvert ven.-sam.
Boîte de nuit. Années 70. N'accepte pas les cartes de crédit.

CARRY-LE-ROUET

13620

INFORMATIONS TOURISTIQUES
Espace Fernandel
Av. Aristide-Briand
Tél. 42 44 93 56

RESTAURANTS

LA BRISE
Quai de Vayssière
Tél. 42 45 30 55
Ouvert tlj. 12 h-14 h et 19 h 30-21 h 30, juil.-août
Fermé dim. soir-lun. sept.-juin

CHÂTEAUNEUF-LES-MARTIGUES

13220

VIE CULTURELLE

MUSÉE DES AMIS DE CASTRUM VETUS
4, montée des Ruines
Tél. 42 79 84 83
Ouvert dim. 15 h-18 h 15 juin-15 oct.
Archéologie. Gratuit.

FOS-SUR-MER

13270

INFORMATIONS TOURISTIQUES
Pl. de l'Hôtel de Ville
BP 528
13895 Fos-sur-mer
Tél. 42 47 71 96

VIE CULTURELLE

CHÂTEAU DE L'HAUTURE
Ouvert jour et nuit
Pour les groupes, visites guidées par l'office de tourisme.

PORT MARCHAND
Tél. 91 39 47 24
Visites organisées par le Port autonome de Marseille, pour des

groupes d'au moins 10 personnes, sur rdv. pris 15 j. à l'avance.

HÉBERGEMENT

ALTÉA PROVENCE ***
Rte d'Istres
Tél. 42 05 00 57
Fax 42 05 51 00
Ouvert toute l'année

MARTIGUES

13500

INFORMATIONS TOURISTIQUES
2, quai Paul-Doumer
Tél. 42 80 30 72

VIE CULTURELLE

CHAPELLE DE L'ANNONCIADE
Rue du Dr-Sérieux
Tél. 42 80 66 06
Visite organisée par le musée Ziem les mer., rdv. devant la chapelle à 10 h 30. Autres jours sur demande pour les groupes.

ÉGLISE DE LA MADELEINE
Pl. Rouget-de-Lisle
Tél. 42 42 10 65
En travaux en 1994.

ÉGLISE SAINT-GENIÈS
Pl. Lamartine
Tél. 42 42 10 65
Ouvert tlj. 9 h-18 h

GRANDE HALL DE GRUMBACH
Quartier de l'Hôtel-de-Ville
Tél. 42 42 16 42
Ouvert lun.-ven. 8 h 30-12 h et 13 h 30-17 h 30

HÔTEL DE VILLE
Av. Louis-Sommet
Tél. 42 44 33 33
Ouvert lun.-ven. 8 h 30-12 h et 13 h 30-17 h 30

MUSÉE MUNICIPAL FÉLIX-ZIEM
Bd du 14-Juillet
Tél. 42 80 66 06
Ouvert mer.-lun 10 h 30-12 h et 14 h 30-18 h 30, juil.-août
Ouvert mer.-dim. 14 h 30-18 h, sep.-juin
Fermé mar., j. fér. et lun., sep.-juin

SAUSSET-LES-PINS

13960

INFORMATIONS TOURISTIQUES
Syndicat d'initiative
Bd Charles-Roux
Tél. 42 44 71 48

HÉBERGEMENT

PLAGE **
19, av. Siméon-Gouin
Tél. 42 45 06 31
Fax 42 45 12 65
Ouvert toute l'année
Air conditionné dans le restaurant.

◆

CASSIS

13260

INFORMATIONS TOURISTIQUES
Maison de Cassis
Place Baragnon
Tél. 42 01 71 17

VIE CULTURELLE

MUSÉE D'ART ET DE TRADITIONS POPULAIRES
Rue Xavier-d'Authier
Tél. 42 01 88 66
Ouvert 15 h 30-18 h 30, en été
Ouvert 14 h 30-17 h 30, en hiver
Fermé dim.-mar.
Entrée gratuite.
Groupes sur rdv.

RESTAURANTS

LE CLOS DES ARÔMES
10, rue Abbé-Paul-Mouton
Tél. 42 01 71 84
Fermé nov.-fév
Ouvert vac. de Noël

♥ MONSIEUR BRUN
2, quai Calendal
Tél. 42 01 82 66
Fermé 10 déc.-mi-jan. et jeu. hors saison
Restaurant en plein air.
Hiver : coquillages.
Été : snack.

NINO
1, quai Barthélemy, sur le port
Tél. 42 01 74 32
Fermé 20 déc.-15 jan.
Fermé lun.

HÉBERGEMENT

AUBERGE DE JEUNESSE
Les Calanques
La Fontasse
Tél. 42 01 02 72

♥ LE BESTOUAN **
Plage du Bestouan
Tél. 42 01 05 70
Fax 42 01 34 82
Ouvert mars-oct.
Court de tennis.

JARDINS DU CAMPANILE ***
Rue Auguste-Favier
Tél. 42 01 84 85
Ouvert 15 mars-15 sep.

JOLI BOIS *
Rte de la Gineste
RN 559
Tél. 42 01 02 68
Ouvert toute l'année

MAGUY **
Av. du Revestel
Tél. 42 01 72 01
Ouvert avr.-mi oct.

♥ ROCHES BLANCHES ***
Rte des Calanques
Tél. 42 01 09 30
Fax 42 01 94 23
Ouvert toute l'année

ROYAL COTTAGE ***
6, av. du 11-Novembre
Tél. 42 01 33 34
Fax 42 01 06 90
Ouvert toute l'année

LA CIOTAT

13600

INFORMATIONS TOURISTIQUES
Bd Anatole-France
Tél. 42 08 61 32

VIE CULTURELLE

MUSÉE CIOTADEN
1, quai Ganteaume
Tél. 42 71 40 99
Ouvert mer., ven-lun., 16 h-19 h, 15 juin-15 sep.
Ouvert mer., ven-lun. 15 h-18h, 16 sep.-14 juin
mar. et jeu.
Entrée 15 F.

HÉBERGEMENT

BEAURIVAGE **
1, av. Beaurivage
Tél. 42 83 09 68

◆

ALLAUCH

13190

INFORMATIONS TOURISTIQUES
Syndicat d'initiative
Place de la Mairie
Tél. 91 05 31 21

VIE CULTURELLE

CHAPELLE NOTRE-DAME-DU-CHÂTEAU
Sur la colline
Ouvert mer., sam. et dim. 14 h-18 h
La chapelle est en restauration durant l'année 1994.

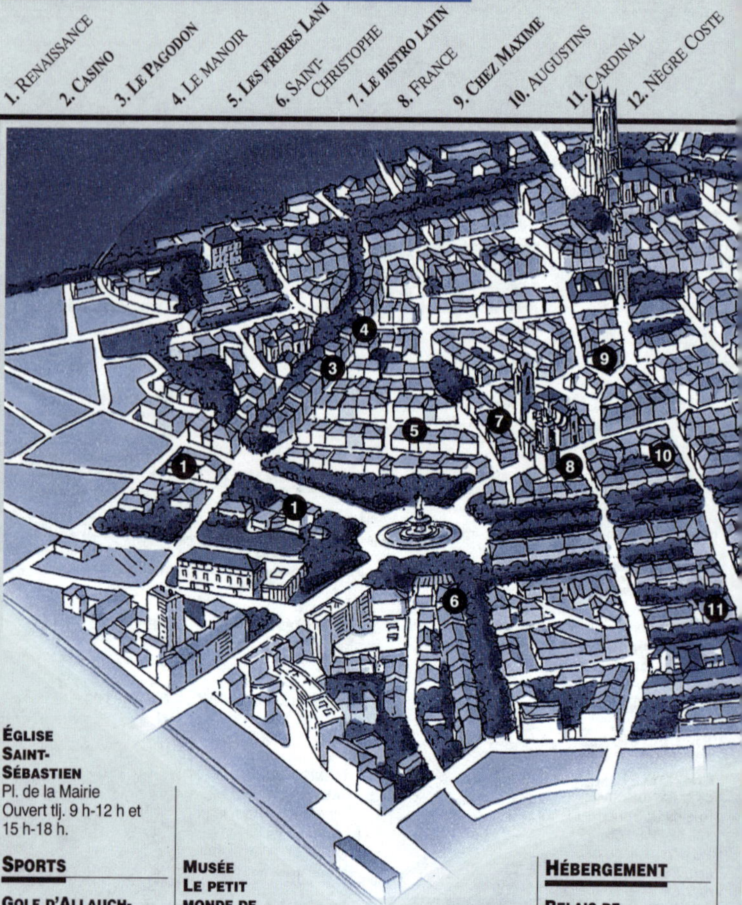

ÉGLISE SAINT-SÉBASTIEN
Pl. de la Mairie
Ouvert tlj. 9 h-12 h et 15 h-18 h.

SPORTS

GOLF D'ALLAUCH-MARSEILLE
Domaine de Fontvieille
Tél. 91 07 28 22

AUBAGNE

13400

INFORMATIONS TOURISTIQUES
Av. Antide-Boyer
Tél. 42 03 49 98

VIE CULTURELLE

AGORA
Zone industrielle des Paluds
Av. des Paluds
Tél. 42 18 08 08
Centre de congrès.

ESCALE SAINT-MICHEL
Les Aires-Saint-Michel
Tél. 42 03 15 32
Rock, jazz, variétés.

MUSÉE LE PETIT MONDE DE PAGNOL
Esplanade de-Gaulle
Tél. 42 03 49 98
Ouvert tlj. 9 h-12 h et 14 h-18 h
Ouvert 25 déc. 16h-18h, et 1er jan. 10 h-12 h et 16 h-18 h
Fermé 1er mai
Crèche du 27 nov.-2 fév., petit monde de Pagnol du 3 fév. au 26 nov.

RESTAURANTS

LE TERROIR ALSACIEN
40, av. des Goums
Tél. 42 84 90 55
Ouvert lun. et mer-sam. 12 h-14 h et 19 h-21 h 30
Fermé dim., mar. soir et août

HÉBERGEMENT

HOSTELLERIE DE LA SOURCE ***
Lieu dit St-Pierre-les-Aubagne
Tél. 42 04 09 19
Fax 42 04 58 72
Ouvert toute l'année

GÉMENOS

13420

INFORMATIONS TOURISTIQUES
Cours Pasteur
Tél. 42 32 18 44

VIE CULTURELLE

HÔTEL DE VILLE
Pl. du Général-de-Gaulle
Tél. 42 32 04 46
Ouvert lun.-jeu. 8 h-12 h et 13 h 30-17 h 30
Ouvert ven. 8 h-12 h et 13 h 30-16 h 30
Ouvert sam. 8 h-12 h
Fermé dim.
Fermé j. fériés
Visite sur demande.

RESTAURANTS

BARON BRISSE
48, chemin de Jouques
Tél. 42 32 00 60
Fermé dim. soir, lun., Fermé vac. scol. de fév. et 15 août-8 sep.

HÉBERGEMENT

RELAIS DE LA MAGDELEINE ****
RN 96
Tél. 42 32 20 16
Fax 42 32 02 26
Ouvert 16 mars-nov.

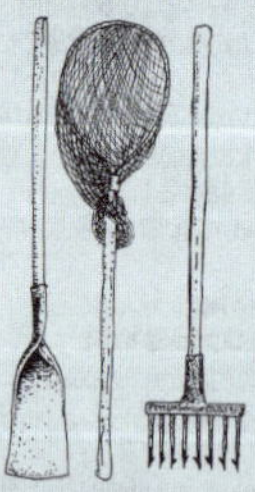

LE-PLAN-D'AUPS-SAINTE-BAUME

83640

VIE CULTURELLE

HÔTELLERIE DE LA SAINTE-BAUME
Tél. 42 04 54 84
Visite de la grotte de Marie Madeleine jusqu'à 18 h.

13. Taille-Faim
14. Trattoria Chez Antoine
15. Pullman Roi René
16. 4 Dauphins
17. Les Deux Garçons
18. La Caravelle

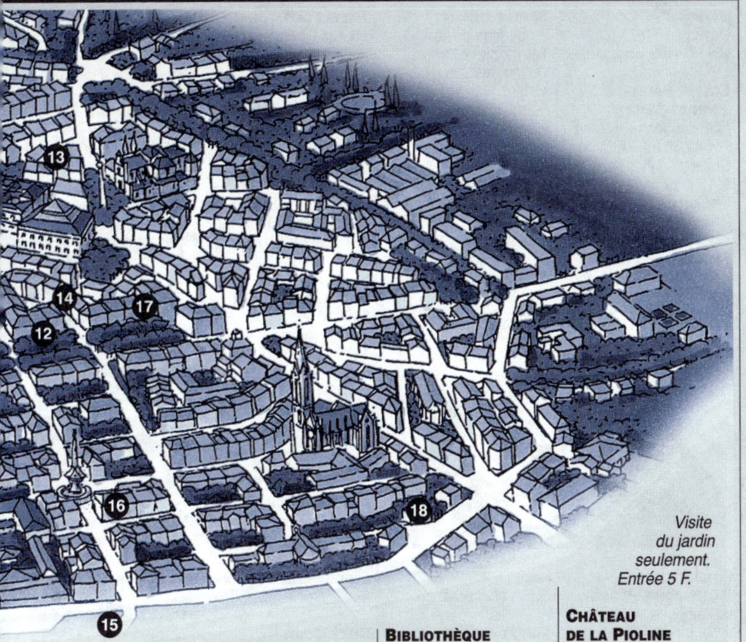

Visite du jardin seulement. Entrée 5 F.

◆

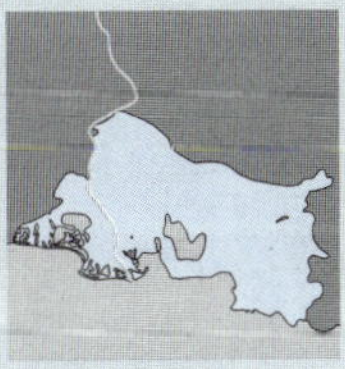

AIX-EN-PROVENCE

13100

VIE PRATIQUE

MAIRIE
Pl. de l'Hôtel-de-Ville
Tél. 42 25 95 95

POSTE PRINCIPALE
2, rue Lapierre
Tél. 42 16 01 50

COMMISSARIAT CENTRAL
10, pl. Jeanne-d'Arc
Tél. 42 93 97 00

GARE SNCF
Pl. de la Gare
Tél. 91 08 50 50

INFORMATIONS TOURISTIQUES
2, place du Général-de-Gaulle
Tél. 42 16 11 61

VIE CULTURELLE

ATELIER DE CÉZANNE
9, av. Paul-Cézanne
Tél. 42 21 06 53
Ouvert lun.-ven.
10 h-12 h et 14 h 30-18 h, juin-sep.
Ouvert lun.-ven. 10 h-12 h et 14 h-17 h, oct.-mai
Fermé mar. et j.fér.
Visites commentées, organisées par l'office de tourisme.

BARRAGE DE BIMONT
Sur la D10
Ouvert 7 h-22 h, mars -oct.
Ouvert 9 h-18 h, nov.-fév.

BIBLIOTHÈQUE MÉJANES
8-10, rue des Allumettes
Tél. 42 25 98 89
Ouvert mar.- ven. 12 h-18 h
Ouvert sam. 10 h-18 h
dim.-lun.

CATHÉDRALE SAINT-SAUVEUR
34, pl. des Martyrs-de-la-Résistance
Tél. 42 21 10 51
Ouvert tlj. 7 h 30-12 h et 14 h-18 h
Visite triptyque 10 h-11 h 30 et 14 h-16 h 30 sf dim.

CHAPELLE DES OBLATS-DE-MARIE
60, cours Mirabeau
Tél. 42 38 12 30
Ouvert tlj. 7 h-12 h et 15 h-18 h
Discrétion demandée.

CHAPELLE SAINTE-CATHERINE
20, rue Mignet
Tél. 42 23 48 98
Expositions temporaires.

CHÂTEAU DE LA GAUDE
Rte des Pinchinats
Tél. 42 96 93 73
Ouvert lun.-ven 10 h-12 h et 15 h-18 h, juin-sep.
Fermé sam.-dim., j. fér. et oct-mai

CHÂTEAU DE LA PIOLINE
Tél. 42 20 07 81
Visites guidées par l'office de tourisme. Hôtel-restaurant.

COUVENT DES AUGUSTINS
Rue Espariat
Ancien couvent, aujourd'hui hôtel et pressing.

ÉGLISE DE LA MADELEINE
Pl. des Prêcheurs
Tél. 42 38 02 81
Ouvert tlj. 15 h-18 h 45, juil.-août
Ouvert tlj. 8 h-11 h 45 et 15 h-18 h 45

ÉGLISE DU SAINT-ESPRIT
40, rue Espariat
Tél. 42 26 19 47
Ouvert lun.-sam. 8 h 30-19 h
Ouvert dim. 8 h 30-12 h

ÉGLISE SAINT-FRANÇOIS-D'ASSISE
Bd des Deux-Ormes
Tél. 91 37 07 49
Ouvert tlj. 9 h 30-18 h
Concerts.

ÉGLISE SAINT-JEAN-BAPTISTE-DU-FAUBOURG
34, cours Sextius
Tél. 42 26 00 65
Ouvert tlj. 9 h-12 h,

juil.-août
Ouvert tlj. 9 h-12 h
et 14 h-18 h, sep.-juin

Église Saint-Jean-de-Malte
Pl. Saint-Jean-de-Malte
Tél. 42 38 25 70
Ouvert tlj. 9 h-12 h
et 15 h-19 h
Clés au presbytère, 24, rue d'Italie.

Faculté de droit
3, av. Robert-Schumann
Tél. 42 17 27 18
Pas de visite.

Musée Granet
Pl. St-Jean-de-Malte
Tél. 42 38 14 70
Ouvert mer.-lun. 10 h-12 h et 14 h-18 h
Fermé mar., j. fér., 26 déc. et 2 jan.

Musée des Tapisseries d'Ameublement ancien
Archevêché
Pl. des Martyrs-de-la-Résistance
Tél. 42 23 09 91
Ouvert mer.-lun.
10 h 30-18 h

Fermé mar.
Guide sur demande.

Fondation Saint-John-Perse
Bibliothèque Méjanes
8-10, rue des Allumettes
Tél. 42 25 98 85
Ouvert mar.-ven. et dim.
9 h-12 h et 14 h-18 h
Ouvert sam. 14 h-18 h
Fermé lun. et j.fér.
Entrée gratuite.

Fondation Vasarely
1, av. Marcel-Pagnol
Tél. 42 20 01 09
Ouvert mer.-lun. 9 h 30-12 h 30 et 14 h-17 h 30
Fermé mar.
Entrée 35 F.

Halle aux grains
Pl. de l'Hôtel-de-Ville
Tél. 42 23 44 17
Bureau de poste.

Hôtel de Caumont
Conservatoire national de Musique Darius-Milhaud
3, rue Joseph-Cabassol
Tél. 42 26 38 70
Ouvert lun.-sam.
8 h-18 h
Fermé dim., juil.-août et vac. scol.

Hôtel de ville
Pl. de l'Hôtel-de-Ville
Tél. 42 25 95 95
Ouvert lun.-ven. 8 h-16 h

La Mignarde
Les Pinchinats
Tél. 42 96 41 86
Visite sur rdv., ou avec l'office de tourisme.

Musée du Vieil-Aix
17, rue Gaston-de-Saporta
Tél. 42 21 43 55
Ouvert mar.-dim. 10 h-12 h et 14 h 30-18 h, avr.-oct.
Fermé 17 h, nov.-mars
Fermé lun. et j. fér.

Musée Paul-Arbaud
2 A, rue du 4-Septembre
Tél. 42 38 38 95
Ouvert lun.-sam.
14 h-17 h
Fermé dim.
et 15 sep.-15 oct.

Muséum d'Histoire naturelle
6, rue Espariat
Tél. 42 26 23 67
Ouvert lun.-sam. 10 h-12 h et 14 h-18 h
Ouvert dim. 14 h-18 h
Fermé j. fér., 26 déc et 2 jan.

Oppidum celto-ligure
Plateau d'Entremont
Ouvert mer.-lun. 9 h-12 h et 14 h-18 h
Fermé mar. et j. fér.

Palais de justice
Pl. de Verdun
Tél. 42 33 83 00
Ouvert lun.-ven. 9 h-12 h et 14 h-17 h
Visite de la salle des Pas perdus.

Palais des Congrès
26, rue du Maréchal-Joffre
Tél. 42 38 54 64

Pavillon de Vendôme
13, rue de la Molle
Tél. 42 21 05 78
Ouvert mer.-lun. 8 h 30-12 h et 14 h-18 h, en été
Ouvert 8 h 30-12 h
et 13 h-17 h, en hiver
Fermé mar.

Pavillon Lenfant
346, rte des Alpes
Les Pinchinats
Tél. 42 23 48 80
Ouvert lun.-ven.
8 h 30-17 h
Visite gratuite du jardin sur demande.

Restaurants

Chez Maxime
12, pl. Ramus
Tél. 42 26 28 51
Fermé 15-30 jan.
Fermé dim et lun. midi

Côté Cour
19, cours Mirabeau
Tél. 42 26 32 39
Fermé dim. soir-lun.

La Brocherie
5, rue Fernand-Dol
Tél. 42 38 33 21

La Table du roi
24, bd du Roi-René
Tél. 42 37 61 00

Le Bistro latin
18, rue Couronne
Tél. 42 38 22 88
Ouvert toute l'année
Fermé dim.-lun. midi

Le Clos de la Violette
10, av. Violette
Tél. 42 23 30 71
Fermé dim.-lun. midi

♥ **Le Pagodon**
23, rue Lisse-des-Cordeliers
Tél. 42 26 47 88
Fermé dim. soir
et lun. midi
Restaurant asiatique.

Le Pigonnet
5, av. Pigonnet
Tél. 42 59 02 90
Ouvert toute l'année
Fermé sam. midi
et dim. midi

Les Bacchanales
10, rue Couronne
Tél. 42 27 21 06
Fermé mer. et jeu. midi

♥ **Les Frères Lani**
22, rue Victor-Leydet
Tél. 42 27 76 16
Fermé lun. midi et dim., 3 sem. en août
et 1 sem. en jan.

Puyfond
7 km au nord.
par N.96 et D.13,
Rte de St-Canadet
Tél. 42 92 13 77
Fermé 3 semaines fin août-mi sep.
et fin fév.-mi-mars.
Fermé dim. soir et lun.

Taille-Faim
14, rue Constantin
Tél. 42 96 41 03
Fermé dim. midi

♥ **Trattoria chez Antoine**
3, rue Clemenceau
Tél. 42 38 27 10
Service jusqu'à 0h30
Fermé dim., 1er-15 jan.
et 1er-15 août

Hébergement

Auberge de jeunesse
3, av. Marcel-Pagnol
Tél. 42 20 15 99
Fermé 21-31 déc.

Cardinal **
24, rue Cardinale
Tél. 42 38 32 30

CHÂTEAU DE LA PIOLINE
Les Milles
Tél. 42 20 07 81
Fax 42 59 96 12
Fermé fév.
Dans un jardin à la française.

FRANCE **
63, rue Espariat
Tél. 42 27 90 15
Fax 42 26 11 47
Ouvert toute l'année

GÎTE D'ÉTAPE AMIS DE LA NATURE
Pont-de-Géraud
Rte de Vauvenargues
Réserver à l'avance aux Amis de la Nature, 1175, chem. de Beauregard, 13100 Aix.

GÎTE D'ÉTAPE SAINTE-VICTOIRE
Les Amis de la Sainte-Victoire
40, cours Mirabeau

HOSTELLERIE LA BASTIDE
Route de Luynes, par D7
Tél. 42 24 48 50
Fax 42 60 01 36

HÔTEL DES ARTS SULLY
69, bd Carnot
Tél. 42 38 11 77

HÔTEL SAINT-CHRISTOPHE **
2, av. Victor-Hugo
Tél. 42 26 01 24
Fax 42 38 53 17
Ouvert toute l'année

LA CARAVELLE **
29, bd du Roi-René
Tél. 42 21 53 05
Fax 42 96 55 46
Ouvert toute l'année

LA RENAISSANCE **
4, bd de la République
Tél. 42 26 04 22
Fax 42 27 28 76
Ouvert toute l'année

LE MANOIR ***
8, rue Entrecasteaux
Tél. 42 26 27 20
Fax 42 27 17 97
Fermé 9 jan.-16 jan.
Cadre agréable.

LE MOZART
49 *ter*, cours Gambetta
Tél. 42 21 62 86
Fax 42 96 17 36

LE PRIEURÉ **
Rte des Alpes
Tél. 42 21 05 23
Ouvert toute l'année

LES AUGUSTINS ***
3, rue Masse
Tél. 42 27 28 59
Fax 42 26 74 87
Ouvert toute l'année

♥ LES INFIRMERIES DU ROI RENÉ ***
Chem. des Infirmeries
Tél. 42 37 83 00
Fax 42 27 54 40
Ouvert toute l'année

MAS D'ENTREMONT
Route de Celony
Tél. 42 233 45 32
Fax 42 21 15 83
Fermé 15 mars-1er nov.

MAS DES ÉCUREUILS ***
Chem. du Castel-Blanc
Petite route des Milles
Tél. 42 24 40 48
Ouvert toute l'année

♥ NÈGRE COSTE ***
33, cours Mirabeau
Tél. 42 27 74 22
Fax 42 26 80 93
Ouvert toute l'année

NOVOTEL BEAUMANOIR
Route de Sautets
Tél. 42 27 47 50
Fax 42 38 46 41

PAUL
10, av. Pasteur
Tél. 42 23 23 89
Fax 42 63 17 80
Ouvert toute l'année

PULLMAN ROI RENÉ ****
24, bd du Roi-René
Tél. 42 37 61 00
Fax 42 37 61 11
Ouvert toute l'année

LES QUATRE DAUPHINS **
54, rue Roux-Alphèran
Tél. 42 38 16 39
Fax 42 38 60 19
Fermé 3 sem. en fév.

♥ VILLA GALLICI ***
18 *bis*, av. Violette
Tél. 42 23 29 23
Fax 42 96 30 45
Ouvert toute l'année

SPORTS

SET GOLF CLUB
Le Pey Blanc
Chemin Granet
Tél. 42 64 11 82

VIE NOCTURNE

LES DEUX GARÇONS
53, cours Mirabeau
Tél. 42 26 00 51
Ouvert tlj. 6 h-4 h 30, juin-août
Fermé 2 h sep.-mai

VIE GOURMANDE

PÂTISSERIE RIEDERER
6, rue Thiers
Tél. 42 38 19 69
Établissement fondé en 1780. Célèbre pour sa tarte Émilie et ses «merveilles de Provence».

◆

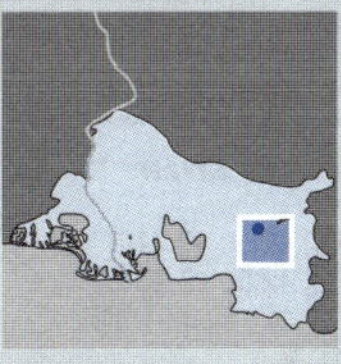

JOUQUES

13490

INFORMATIONS TOURISTIQUES
74, rue Grande
Tél. 42 63 72 97

VIE CULTURELLE

ÉGLISE NOTRE-DAME DE-LA-ROQUE
Pas de visite.

HÔTEL DE VILLE
Bd de la République
Tél. 42 63 73 65
Visite sur demande.

MUSÉE
Mairie
Tél. 42 63 74 24
Ouvert 14 h 30-18 h 30 mai-sep.
Ouvert 14 h-18 h, oct.-avr.
Fermé mar. et dim.

PEYROLLES-EN-PROVENCE

13860

VIE CULTURELLE

CHAPELLE DU SAINT-SÉPULCRE
Pl. du Saint-Sépulcre
Visite sur rdv. auprès de Mme Antoine. Contact par mairie, 42 57 80 05.

◆

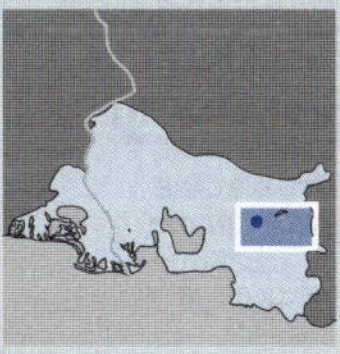

BEAURECUEIL

13100

RESTAURANTS

♥ RELAIS SAINTE-VICTOIRE
Tél. 42 66 94 98
Ouvert toute l'année
Fermé dim. soir et lun.

HÉBERGEMENT

MAS DE LA BERTRANDE **
Chem. de la Plaine
Tél. 42 66 90 09
Fax 42 66 82 01
Ouvert mars-oct.

Relais Sainte-Victoire
Tél. 42 66 94 98
Ouvert toute l'année

POURRIÈRES

83470

Restaurants

Delikatessen
Quartier Sacaron
Rte de Pourcieux
Tél. 94 78 49 01
Ouvert jeu.-dim.
12 h-14 h 30
et 19 h 30-21 h 30
Fermé mar.-mer et jan.

PUYLOUBIER

13114

Informations touristiques

Tél. 42 66 34 45

Vie culturelle

Église
Pl. de l'Église
Tél. 42 66 30 74
ou 42 29 20 11

Restaurants

Les Sarments
4, rue Qui-Monte
Tél. 42 66 31 58
Fermé jan. et fév.
Fermé lun. soir et mar.

Hébergement

Gîte d'étape Lou Garagai
11, Grand-Rue
Tél. 42 66 35 05

◆

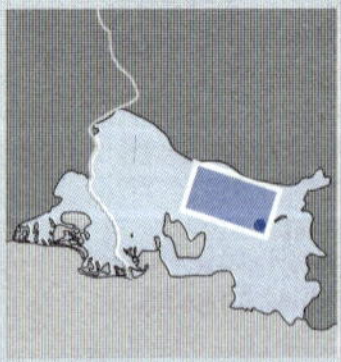

AURONS

13121

Vie culturelle

Abbaye Saint-Pierre-des-Canons
Association Les Sources
Tél. 90 56 10 90
Pas de visite intérieure.

LA BARBEN

13330

Vie culturelle

Château de La Barben
Par Pélissanne
Tél. 90 55 19 12
Ouvert tlj. 10 h-12 h
et 14 h-18 h, juin-août
Fermé mar. hors saison
Zoo ouvert tlj. 10 h-18 h

LA-ROQUE-D'ANTHÉRON

13640

Informations touristiques

Tél. 42 95 70 70

Vie culturelle

Abbaye de Sylvacane
RN 561
Tél. 42 50 41 69
Ouvert tlj. 9 h-19 h,
avr.-sep.
Ouvert mer.-lun.
11 h-18 h, oct.-mars
Fermé mar., oct.-mars
Fermé j fér.

Château de Florans
Tél. 42 50 43 34
Ne se visite pas. Parc ouvert lors du festival de piano.

Hébergement

Mas de Livany **
Av. du Parc
Tél. 42 50 47 41
Fax 42 50 49 26
Fermé 15 jan.-15 fév.

LAMBESC

13410

Informations touristiques

2, av. de la Résistance
Tél. 42 92 81 62

Vie culturelle

Église Notre-Dame-de-l'Assomption
5, place des Poilus
Ouvert tlj. 8 h-12 h
et 14 h-18 h, en été,
Fermé 17 h, en hiver

LE PUY-SAINTE-RÉPARADE

13610

Informations touristiques

Tél. 42 61 82 36

Vie culturelle

Église
5, Grand-Rue
Tél. 42 61 97 82
Ouvert tlj. 8 h-12 h
et 14 h-18 h

MALLEMORT

13370

Sports

Pont-Royal golf club de Provence
Pont-Royal
Tél. 90 57 40 79

PÉLISSANNE

13330

Vie culturelle

Église
Tél. 90 55 02 63
Ouvert (irrégulièrement)
8 h 30-12 h

PUYRICARD

13540

Vie culturelle

Église
Place de l'Église
Tél. 42 92 10 04
Ouvert mar.-ven.
8 h 30-12 h
Fermé sam.-lun.

ROGNES

13840

Informations touristiques

Tél. 42 50 13 36

Vie culturelle

Église Saint-Denis
Tél. 42 50 25 63
Ouverture sur demande, par téléphone ou au presbytère, rue de Lambesc.

Restaurants

Les Olivarelles
Chemin Font-du-Vabre
Tél. 42 50 24 27
Ouvert mar.-sam. 12 h-13 h 30 et 19 h 30-21 h 30
Fermé dim. soir-lun.,
Toussaint et 15-30 jan.

SAINT-CANNAT

13760

Informations touristiques

Tél. 42 57 20 12

Vie culturelle

Musée Suffren
Pl. de la République
Tél. 42 57 20 01
Ouvert 1er dim. du mois
10 h-12 h et 14 h-17 h

◆

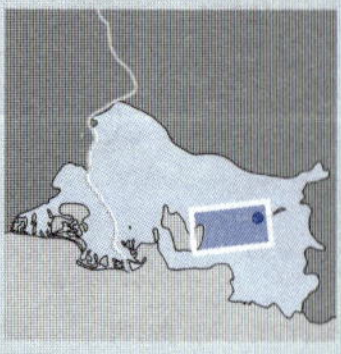

BERRE-L'ÉTANG

13130

Vie pratique

Office de tourisme
Av. Roger-Salengro
Tél. 42 85 01 70

Vie culturelle

Installations industrielles
Visites en cours d'organisation en 1994 par l'office de tourisme.

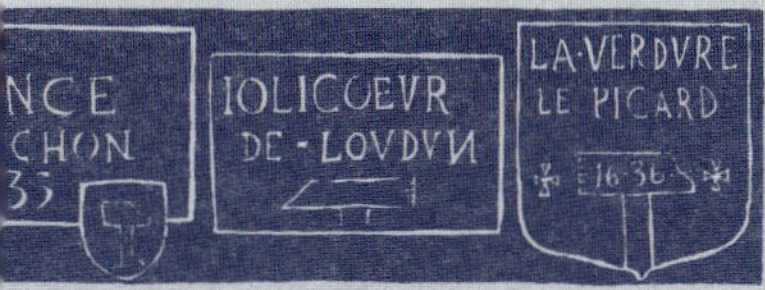

LES MILLES

13290

Hébergement

Arquier **
Lieu-dit Roquefavour
Tél. 42 24 20 45
Fermé fév.

Château Pioline ****
Quartier Pioline
Tél. 42 20 07 81
Fax 42 59 96 12
Ouvert toute l'année

La Bastide ***
Chem. Montrobert
Tél. 42 24 48 50
Fax 42 60 01 36
Ouvert toute l'année

Sports

Golf club d'Aix-Marseille
Domaine Riquetti
Tél. 42 24 20 41

MARIGNANE

13700

Informations touristiques

4, bd Frédéric-Mistral
Tél. 42 09 78 83

Vie culturelle

Salle Saint-Exupéry
Bd Jean-Mermoz
Tél. 42 88 13 06

Restaurants

Le Romarin
Aéroport
Tél. 42 89 04 76
Fax 42 75 07 48
Fermé sam.-dim.

ROGNAC

13340

Vie culturelle

Église
Tél. 42 87 07 50

VITROLLES

13127

Informations touristiques

Place Nelson-Mandela
Centre urbain
BP 102
Tél. 42 75 90 27

◆

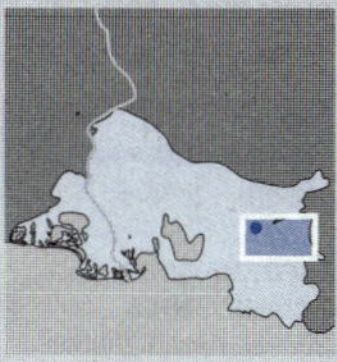

BOUC-BEL-AIR

13320

Vie culturelle

Parc du château d'Albertas
RN 8
Tél. 42 22 29 77
Ouvert tlj. 15 h-19 h, juin-août
Ouvert sam.-dim., j. fér. 14 h-18 h, mai et sep.-oct.
Visite du parc seulement.

Restaurants

L'Étape Lani
Route de Gardanne à Marseille, D.6
Tél. 42 22 61 90
Fax 42 22 68 67
Fermé dim. soir-lun., 15-31 août et 24-31 déc.

CABRIÈS

13480

Vie culturelle

Église
Rte dép. 543
Tél. 42 69 06 34
Clés au secrétariat paroissial, face à l'église.

Sports

Golf de Cabriès-Calas
Tél. 42 22 45 73

FUVEAU

13710

Sports

Golf international de Château-l'Arc
D 6
Tél. 42 29 08 41

GARDANNE

13120

Vie culturelle

Pavillon des Quatre-Tours
Quartier Valabre
Tél. 42 58 00 20
Ouvert tlj. 10 h-12 h et 14 h-18 h
Fermé j. fér.
Expositions.

MEYREUIL

13590

Vie culturelle

Église
Pl. de l'Église
Tél. 42 58 31 16
Ouvert tlj. 9 h-12 h et 15 h-18 h

MIMET

13120

Vie culturelle

Église
Pl. de l'Église
Tél. 42 58 92 20
Ouvert mar. 12 h 30-13 h 30, mer. et ven. 11 h-12 h, sam. 9 h 30-11 h
Perm. salle paroissiale jeu. 17 h 30-18 h, sf vac.

TRETS

13530

Informations touristiques

Tél. 42 37 55 00 (hors saison)
Tél. 42 37 55 40 (en saison)

Vie culturelle

Église
Av. Pasteur
Tél. 42 29 20 11

Hébergement

Refuge du Prieuré
Les Amis de Saint-Jean-du-Puy
Quartier de Brest
Tél. 42 61 49 14
ou 42 61 43 22

VENTABREN

13122

Informations touristiques

Tél. 42 28 80 14

Vie culturelle

Église
Tél. 90 42 62 73
Visite sur rdv. S'adresser à l'abbé H. Bard, 19, av. Pasteur 13580 La-Fare-les-Oliviers

◆

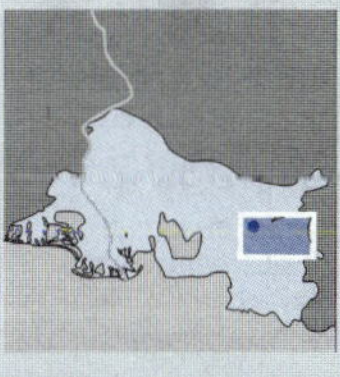

SALON-DE-PROVENCE

13300

Vie pratique

Mairie
Pl. de l'Hôtel-de-Ville
Tél. 90 53 05 06

Informations touristiques
56, cours Gimon
Tél. 90 56 27 60

Commissariat central
5, rue Amiel
Tél. 90 56 86 00

Gare SNCF
Pl. Pierre-Semard
Tél. 90 82 50 50
ou 90 82 56 29

Vie culturelle

Château d'Armieux
Palais de justice
481, bd de la République
Tél. 90 56 03 56

COLLÉGIALE SAINT-LAURENT
Square Jean-XXIII
Tél. 90 56 06 40
Ouvert tlj. 7 h-18 h
Pour l'éclairage de la voûte, demander au presbytère.

DOMAINE DE CALISSANE
Chem. départemental 10
Tél. 90 42 63 03
Visite de l'exploitation viticole sur rdv. pris 15 j. à l'avance.

E.N.S. D'AGRONOMIE
Domaine du Merle
Rte d'Arles
Tél. 90 53 18 74
Centre de formation des bergers. Centre de recherche. Visite de l'exploitation sur rdv.

ÉGLISE SAINT-MICHEL
Pl. Saint-Michel
Tél. 90 56 06 40
Ouvert tlj. 8 h 30-19 h 30

MAISON NOSTRADAMUS
11, rue Nostradamus
Tél. 90 56 64 31
Ouvert tlj. 9 h 30-12 h et 14 h-18 h 30, juin- sep.
Fermé 18 h, oct.-mai

MUSÉE DE L'EMPÉRI
Château de l'Empéri
Tél. 90 56 22 36
Ouvert mer.-lun. 10 h-12 h et 14 h 30-18 h 30, avr.-sep.
Fermé 18 h, oct.-mars
Fermé mar., 1er jan., 1er mai, et 25 déc.

MUSÉE DE SALON ET DE LA CRAU
Av. Roger-Donadieu
Tél. 90 56 28 37
Ouvert lun. et mer.-ven. 10 h-12 h et 14 h-18 h
Ouvert sam.-dim. 14 h-18 h
Fermé mar. et j. fér.

MUSÉE GRÉVIN DE PROVENCE
Pl. des Centuries
Tél. 90 56 36 30
Ouvert tlj. 9 h 30-12 h et 14 h-18 h 30, juin- sep.
Ouvert tlj. 9 h-12 h et 14 h-18 h, oct.-mai

RESTAURANTS

DOMAINE ROQUEROUSSES
Rte d'Avignon, N 538
Tél. 90 59 50 11
Fermé 24 déc.

FRANCIS ROBIN, LE MAS DU SOLEIL
Le Pilon Blanc
Chem. Saint-Côme
Tél. 90 56 06 53
Fermé dim. soir-lun.

LE VINCENNES
Rte de Pélissanne
Tél. 90 42 08 67
Ouvert toute l'année
Fermé mar. et sam. midi

HÉBERGEMENT

♥ ABBAYE DE SAINTE-CROIX ****
Rte du Val de Cuech
Tél. 90 56 24 55
Ouvert tlj. mars-oct.

◆

CORNILLON-CONFOUX

13250

INFORMATIONS TOURISTIQUES
Place de l'église
Tél. 90 50 43 17

VIE CULTURELLE

ÉGLISE
Tél. 90 50 94 25
Ouvert tlj. 9 h-18 h

HÉBERGEMENT

♥ DEVEM DE MIRAPIER ***
Rte de Grans, RD 19
Tél. 90 55 99 22
Fermé 15 déc.-15 jan. et wk end d'oct.-mars

ISTRES

13800

INFORMATIONS TOURISTIQUES
30, allée Jean-Jaurès
Tél. 42 55 51 15

VIE CULTURELLE

MUSÉE
Pl. du Puits-Neuf
Tél. 42 55 50 08
Ouvert tlj. 14 h-19 h, juin-sep. et mer.-lun. 14 h-18 h, oct.-mai

RESTAURANTS

LA JASSE
Quartier Craux-de-Boisgelin (chem. Bord-de-Crau)
Tél. 42 56 41 86

Fermé 26 juil.-14 août, 23 -27 déc.
Fermé dim. soir et lun.

MIRAMAS

13140

INFORMATIONS TOURISTIQUES
Place Jean-Jaurès
Tél. 90 58 08 24

VIE CULTURELLE

CENTRE CULTUREL LE COMŒDIA
Rue Vaillant-Couturier
Tél. 90 50 31 65

ÉGLISE
8, rue de l'Église
Tél. 90 58 01 10
Ouvert tlj. 8 h 30-11 h 30 et 13 h 30-18 h 30

SAINT-CHAMAS

13250

VIE CULTURELLE

ÉGLISE
Rue Voltaire
Tél. 90 50 94 25
Ouvert tlj. 7 h-19 h en été et 7 h-17 h en hiver

SAINT-MARTIN-DE-CRAU

13310

VIE CULTURELLE

ÉCOMUSÉE DE LA CRAU
Av. de Provence
Tél. 90 47 02 01
Ouvert tlj. 9 h-12 h et 14 h-18 h
Fermé 25 déc.

◆

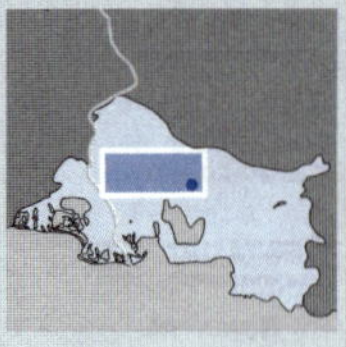

EYGALIÈRE

13810

VIE CULTURELLE

MUSÉE MAURICE-PEZET D'HISTOIRE LOCALE
Chapelle des pénitents
Tél. 90 95 91 52
Ouvert dim. et j. fér. 15 h-18 h 30., mars-déc.
Fermé jan.-fév.

HÉBERGEMENT

AUBERGE PROVENCALE ***
Pl. de la Mairie
Tél. 90 95 91 00
Fermé nov.

CRIN BLANC **
Av. Jean-Moulin
Tél. 90 95 93 17
Fax 90 90 60 62
Fermé 15 nov.-20 mars

FONTVIEILLE

13990

INFORMATIONS TOURISTIQUES
Tél. 90 54 67 49

VIE CULTURELLE

MOULIN DE DAUDET
Tél. 90 54 60 78
Ouvert tlj. 9 h-12 h
et 14 h-19 h, mai-sep.
et jusqu'à 17 h oct.-déc.
et fév.-avr.
Fermé jan.

RESTAURANTS

LE RÉGALIDO
Rue F.-Mistral
Tél. 90 54 60 22
Fermé déc.-janv.
Fermé lun. et mar. midi
Ouvert lun. soir, en saison

HÉBERGEMENT

LA RÉGALIDO ****
Rue Frédéric-Mistral
Tél. 90 54 60 22
Fax 90 54 64 29
Fermé jan.

SAINT-VICTOR ***
Chemin des Fourques
Tél. 90 54 66 00
Fax 90 54 67 88
Ouvert toute l'année

VAL MAJOUR **
22, rte d'Arles
Tél. 90 54 62 33
Fax 90 54 61 57
Fermé 16 oct.-20 mars

LES BAUX-DE-PROVENCE

13520

INFORMATIONS TOURISTIQUES
Îlot «Post Tenebras Lux»
Tél. 90 54 34 39

VIE CULTURELLE

ÉGLISE SAINT-VINCENT
Pl. de l'Église
Ouvert tlj. 9 h-20 h

HÔTEL DE MANVILLE
Mairie, Grand-Rue
Tél. 90 54 34 03
Ouvert tlj. 9 h-20 h,
en été et 9 h-12 h
et 14 h-17 h, en hiver

HÔTEL DES PORCELETS
Musée Yves Brayer
Pl. de Herain
Tél. 90 54 36 99
Ouvert mer.-lun. 10 h-12 h et 14 h-18 h 30 de Pâques à la Toussaint
et jusqu'à 17 h 30 de la Toussaint à Pâques
Fermé mar.

MUSÉE ARCHÉOLOGIQUE LA TOUR-DE-BRAU
Mairie
Tél. 90 54 37 37
Ouvert tlj. 8 h 30-20 h, en été et 9 h-17 h, en hiver

MUSÉE DES SANTONS
Rue de l'Ancienne-Mairie-à-l'Église
Tél. 90 54 34 03
Ouvert tlj. 9 h 30-18 h, en été et lun.-ven 9 h -12 h et 14 h-17 h, en hiver

RESTAURANTS

BÉRANGÈRE
Rue Treincat
Tél. 90 54 35 63
Fermé mar. soir, mer.

L'OUSTAU DE BAUMANIÈRE
Val d'Enfer
Tél. 90 54 33 07
Fermé mer.-jeu. midi hors saison et 16 jan.-4 mars

LA RIBOTO DE TAVEN
Val d'Enfer
Tél. 90 54 34 23
Fermé mer., mar. soir de mars-juin et 4 nov.-15 déc., 5 jan.-13 mars
2 chambres troglodytes.

HÉBERGEMENT

HOSTELLERIE DE LA REINE JEANNE **
Grand-Rue
Tél. 90 54 32 06
Fax 90 54 32 33
Fermé 15 nov.-20 déc.

LA CABRO D'OR ***
Carita, rte Arles
Tél. 90 54 33 21
Fax 90 54 45 98
Fermé 12 nov.-21 déc. et lun.-mar. midi hors saison

MAS D'AIGRET ***
RD 27 A
Tél. 90 54 33 54
Fax 90 54 41 37
Fermé jan.-fév.

SPORTS

GOLF
GOLF DES BAUX-DE-PROVENCE
Domaine de Manville
Tél. 90 54 37 02

MAUSSANE-LES-ALPILLES

13520

INFORMATIONS TOURISTIQUES
Tél. 90 54 30 06 le matin.

VIE CULTURELLE

ÉGLISE
Tél. 90 54 30 23

RESTAURANTS

OU RAVI PROVENÇAU
34, av. de la Vallée-des-Baux
Tél. 90 54 31 11
Fermé mar.

HÉBERGEMENT

LE VAL BAUSSENC ***
1222, av. de la Vallée-des-Baux
Tél. 90 54 38 90
Fax 90 54 33 36
Fermé jan.-fév.

MAGNANARELLES **
104, av. de la Vallée-des-Baux
Tél. 90 54 30 25
Fermé jan.-fév.

PRÉ DES BAUX ***
Rue du Vieux-Moulin
Tél. 90 54 40 40
Fermé 10 jan.-15 mars

TOURET **
Quartier du Touret
Av. Vallée-des-Baux
Tél. 90 54 81 93
Fax 90 54 51 31
Ouvert toute l'année

MOLLÉGÈS

13940

HÉBERGEMENT

♥ LE MAS DE L'ANGE
Petite rte de Saint-Rémy-de-Provence
Tél. 90 95 08 33

Fax 90 95 48 69
Ouvert toute l'année

MOURIÈS

13890

SPORTS

GOLF CLUB DE SERVANES
Domaine de Servanes
Tél. 90 47 59 95

PARADOU

13520

VIE CULTURELLE

VESTIGES ROMAINS DE LA BURLANDE
Musée La Petite Provence
75, av. de la Vallée-des-Baux
Tél. 90 54 35 75
Ouvert tlj. 10 h 30-19 h
Fouilles récentes.

SAINT-RÉMY-DE-PROVENCE

13210

INFORMATIONS TOURISTIQUES
Place Jean-Jaurès
Tél. 90 92 05 22

VIE CULTURELLE

CLOÎTRE SAINT-PAUL-DE-MAUSOLÉ
Quartier Saint-Paul
Ouvert tlj. 9 h-12 h et 14 h-18 h

DÉPÔT ARCHÉOLOGIQUE DE GLANUM
Hôtel de Sade
Rue du Parage
Tél. 90 92 13 07
Ouvert tlj. 10 h-12 h et 14 h-18 h 30, juil.-août, jusqu'à 17 h, sep.-oct. et avr-juin, jusqu'à 16 h, nov.-déc
Fermé jan.-mars

ÉGLISE SAINT-MARTIN
Pl. de la république
Tél. 90 92 10 51
Ouvert tlj. 8 h-18 h.
Superbe orgue.

HÔTEL DE VILLE
Pl. Jules-Pélissier
Tél. 90 92 08 10
Ne se visite pas.

HÔTEL ESTRINE
Centre d'art présence Van-Gogh
8, rue Estrine
Tél. 90 92 34 72
Ouvert mar.-dim. 10 h-12 h et 15 h-19 h, en été, jusqu'à 18 h, en hiver
Fermé lun.
Fermé jan.-15 mars

MUSÉE DES ALPILLES
Hôtel de Mistral-Mondragon
Pl. Favier
Tél. 90 92 08 10
Ouvert tlj. 10 h-12 h et 15 h-20 h, juil.-août. et 10 h-12 h et 14 h-18 h, sep.-juin
En travaux au printemps 1994.

SITE ARCHÉOLOGIQUE DE GLANUM
Route des Baux-de-Provence
Tél. 90 92 23 79
Ouvert tlj. 9 h-19 h avr.-sep. et 9 h-12 h et 14 h-17 h, oct.-mars

RESTAURANTS

DOMAINE DE VALMOURIANE
Petite route des Baux, 5 km par la N 99 et D 27
Tél. 90 92 44 62

LE BISTROT DES ALPILLES
15, bd Mirabeau
Tél. 90 92 09 17
Fermé dim.

LE CAFÉ DES ARTS
"Hôtel des Arts"
30, bd V.-Hugo
Tél. 90 92 08 50
Fermé 30 jan.-2 mars, 30 oct.-12 nov et mer.
P

♥ **LE JARDIN DE FRÉDÉRIC**
8 *bis*, bd Gambetta
Tél. 90 92 27 76
Ouvert toute l'année
Fermé mer.

LE VALLON DE VALRUGUES
Chem. Canto-Cigalo
Tél. 90 92 04 40
Ouvert tlj. toute l'année.
P

HÉBERGEMENT

CASTELET DES ALPILLES ***
6, pl. Mireille
Tél. 90 92 07 21
Fax 90 92 52 03
Fermé 1er nov.-31 mars
P

CHÂTEAU DE ROUSSAN **
Rte de Tarascon
Tél. 90 92 11 63
Fax 90 92 37 32
Ouvert toute l'année
P

♥ **CHÂTEAU DES ALPILLES ******
Rte du Rougadou, D 31
Tél. 90 92 03 33
Fax 90 92 45 17
Fermé jan.-mi mars
P

CHEVAL BLANC **
6, av. Fauconnet
Tél. 90 92 09 28
Ouvert toute l'année
P

HOSTELLERIE DU VALLON DE VALRUGUES ****
Chemin Canto-Cigalo
Tél. 90 92 04 40
Ouvert toute l'année

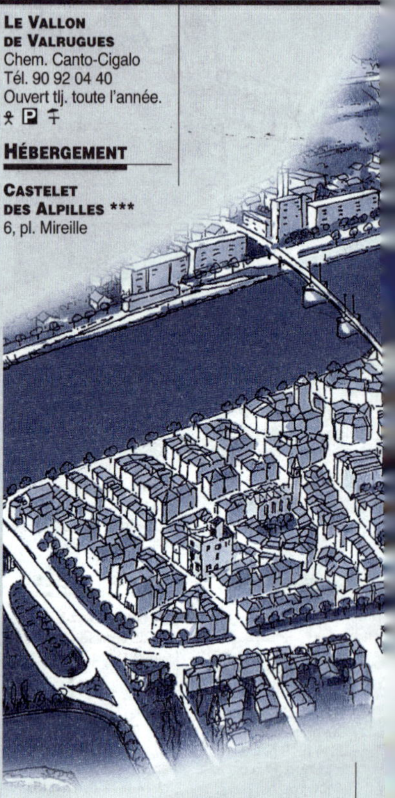

♥ **VILLA GLANUM ****
46, av. Vincent-Van-Gogh
Tél. 90 92 03 59
Fax 90 92 00 08
Fermé nov.-fév.
P

VIE NOCTURNE

LE CAFÉ DES ARTS
30, bd Victor-Hugo
Tél. 90 92 13 41
Ouvert tlj. jusqu'à 0 h 30
Fermé 2-17 nov. et fév.

1. Arlatan
2. Le Poisson Banane
3. Le Médiéval
4. Nord Pinus
5. Le Vaccarès
6. L'Olivier
7. Le Musée
8. Jules César Lou Marques
9. Le Salon Provençal
10. Hôtel Gauguin
11. Lou Caleu

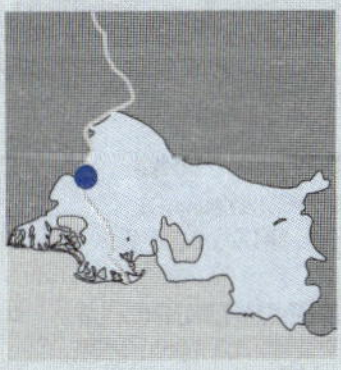

ARLES

13200

VIE PRATIQUE

MAIRIE
Pl. de la République
Tél. 90 49 36 36

INFORMATIONS TOURISTIQUES
Esplanade Charles-de-Gaulle
Bd des Lices
Tél. 90 18 41 20

COMMISSARIAT CENTRAL
1, bd des Lices
Tél. 90 93 00 00

POSTE PRINCIPALE
5, bd des Lices
Tél. 90 18 41 00

GARE SNCF
Av. Paulin-Talabot
Tél. 90 82 50 50

VIE CULTURELLE

ABBAYE DE MONTMAJOUR
Rte de Fontvieille
Tél. 90 54 64 17
Ouvert tlj. 9 h-17 h, avr.-sep.
Ouvert tlj. 9 h-12 h et 14 h-17 h, oct.-mars

AMPHITHÉÂTRE
Rond-point des Arènes
Tél. 90 49 36 86
Ouvert tlj. 9 h-12 h 30 et 14 h-19 h, mai-sep.
Ouvert tlj. 9 h-12 h 30 et 14 h-18 h, oct. et mars
Ouvert tlj. 9 h-12 h et 14 h-17 h, nov. et fév.
Ouvert tlj. 9 h-12 h et 14 h-16 h 30, déc.-jan.
Fermé 1er jan., 1er nov. et 25 déc.

CHAPELLE SAINT-GABRIEL
Carrefour des rtes de Fontvieille et de Saint-Rémy
Pas de visite de l'intérieur.

CHAPELLE SAINTE-CROIX
Abbaye de Montmajour
Rte de Fontvieille
Tél. 90 54 64 17
Domandor la clé au gardien de l'abbaye de Montmajour.

CLOÎTRE SAINT-TROPHIME
Pl. de la République
Tél. 90 49 36 36
Ouvert tlj. 9 h-12 h 30 et 14 h-19 h, avr.-sep.
Ouvert tlj. 10 h-12 h 30 et 14 h-18 h, oct.

Ouvert tlj. 10 h-12 h 30 et 14 h-17 h 30, nov.-fév.
Ouvert tlj. 9 h 30-12 h 30 et 14 h-18 h, mars
Fermé 1er jan., 1er nov. et 25 déc.

COMMANDERIE SAINTE-LUCE
Rue du Grand-Prieuré
Tél. 90 49 37 58
Visite à l'occasion des expositions. Se renseigner au musée Réattu, juste en face.

CRYPTOPORTIQUES
Rue Balze
Tél. 90 49 36 36
Ouvert tlj. 9 h-12 h 30 et 14 h-19 h, mai-sep.
Ouvert tlj. 9 h-12 h 30 et 14 h-18 h, oct. et mars
Ouvert tlj. 9 h-12 h et 14 h-17 h, nov. et fév.
Ouvert tlj. 9 h-12 h et 14 h-16 h 30, déc.-jan.
Fermé 1er jan., 1er nov. et 25 déc.

ÉCOLE NATIONALE DE PHOTOGRAPHIE
Galerie Aréna
16, rue des Arènes
Tél. 90 99 33 33
Expositions.

ÉGLISE NOTRE-DAME-LA-MAJOR
Pl. de la Major
Tél. 90 96 07 38
Ouvert tlj. 9 h-18 h
En hiver, visite de la crèche.

ÉGLISE SAINT-HONORAT
Les Alyscamps
Mêmes périodes d'ouverture que les Cryptoportiques ◆ 383.

ÉGLISE SAINTE-ANNE
Pl. de la République
Fermé. Pas de visite.

MUSÉE RÉATTU
Rue du Grand-Prieuré
Tél. 90 49 38 34
ou 90 49 37 58
Ouvert tlj. 9 h-12 h 30 et 14 h-19 h, avr.-sep.
Ouvert tlj. 10 h-12 h 30 et 14 h-18 h 30, oct.
Ouvert tlj. 10 h-12 h 30 et 14 h-17 h 30, nov.-fév.
Ouvert tlj. 9 h 30-12 h 30 et 14 h-18 h, mars
Fermé 1er jan., 1er nov. et 25 déc.

ESPACE VAN-GOGH
Rue Félix-Rey
Tél. 90 49 36 36
Visite de la cour et de la médiathèque.

FONDATION VINCENT-VAN-GOGH
Palais de Luppée
26, rond-point des Arènes
Tél. 90 49 94 04
Ouvert tlj. 9 h 30-12 h 30 et 14 h-19 h

INSTITUT DE RECHERCHE SUR LA PROVENCE ANTIQUE
Av. Première-Division-France-Libre
Tél. 90 96 92 00
Ouverture du musée prévue pour 1995.

LES ALYSCAMPS
Av. des Alyscamps
Tél. 90 46 36 86
Mêmes périodes d'ouverture que les Cryptoportiques.

MAS D'AGON
Privé. Pas de visite.

MONASTÈRE DE BOUCHAUD
Prieuré Notre-Dame-des-Champs
Lieu-dit Bouchaud
Tél. 90 97 00 55
Ouvert tlj. 9 h-11 h et 14 h-16 h
Les visites ont lieu de préférence l'après-midi.

MUSÉE CAMARGUAIS
Mas du Pont-de-Rousty
Tél. 90 97 10 82
Ouvert mer.-lun. 9 h 15-18 h 45, avr.-sep.
Ouvert mer.-lun. 10 h-16 h 15, oct.-mars
Fermé mar.

MUSEON ARLATEN
29, rue de la République
Tél. 90 96 08 23
Ouvert tlj. 9 h-12 h et 14 h-19 h, juil.-août
Ouvert tlj. 9 h-12 h et 14 h-18 h, sep.
Ouvert mar.-dim. 9 h-12 h et 14 h-17 h 30, oct
Ouvert mar.-dim. 9 h-12 h et 14 h-17 h, nov.-mars
Ouvert mar.-dim. 9 h-12 h et 14 h-18 h, avr.-mai
Ouvert mar.-dim. 9 h-12 h et 14 h-18 h 30, juin
Fermé lun., oct.-juin

PALAIS DE L'ARCHEVÊCHÉ
35, pl. de la République
Tél. 90 18 41 20
Université.
Pas de visite.

RÉSERVE NATIONALE DE CAMARGUE LA CAPELIÈRE
RD 36 b
Tél. 90 97 00 97
Ouvert lun.-sam. 9 h-12 h et 14 h-17 h
Fermé dim.

THERMES DE CONSTANTIN
Rue Dominique-Maisto
Mêmes périodes d'ouverture que les Cryptoportiques ◆ 383.

RESTAURANTS

L'OLIVIER
1*bis*, rue Réattu
Tél. 90 49 64 88
Fermé lun. midi et dim.

♥ LE MÉDIÉVAL
9, rue Truchet
Tél. 90 96 65 77
Fermé15 fév.-28 fév. ; mer. midi et ven. midi

♥ LE POISSON BANANE
6, rue du Forum
Tél. 90 96 02 58
Ouvert toute l'année, le soir seulement.
Fermé mer.

LE SALON PROVENÇAL
65, rue Amédée-Pichot
Tél. 90 96 13 32
Ouvert toute l'année
Fermé lun.

LE VACCARÈS
Pl. Forum, entrée rue Favorin
Tél. 90 96 06 17
Fermé jan., dim. soir, et lun. (sf fêtes).

LOU CALEU
27, rue Porte-de-Laure
Tél. 90 49 71 77
Fermé jeu.

LOU MARQUES
Bd des Lices
Hôtel Jules-César
Tél. 90 93 43 20
Fax 90 93 33 47
Fermé nov.-23 déc.

HÉBERGEMENT

AUBERGE DE JEUNESSE
20, av. Foch
Tél. 90 96 18 25
Fermé 23 au 31 déc.

ARLATAN ***
26, rue du Sauvage
Tél. 90 93 56 66
Fax 90 49 68 45

HÔTEL DU MUSÉE **
11, rue du Grand-Prieuré
Tél. 90 93 88 88
Fax 90 49 98 15
Fermé 15 jan.-15 fév.

HÔTEL GAUGUIN *
5, pl. Voltaire
Tél. 90 96 14 35
Ouvert 10 mars-6 nov.

JULES CÉSAR ****
Bd des Lices / BP 116
Tél. 90 93 43 20
Fax 90 93 33 47
Fermé 1er wk-end nov.-22 déc.

MAS DE LA CHAPELLE ****
Petite rte de Tarascon
Tél. 90 93 23 15
Fermé fév.

♥ NORD PINUS ****
14, pl. du Forum
Tél. 90 93 44 44
Fax 90 93 34 00
Ouvert toute l'année

◆

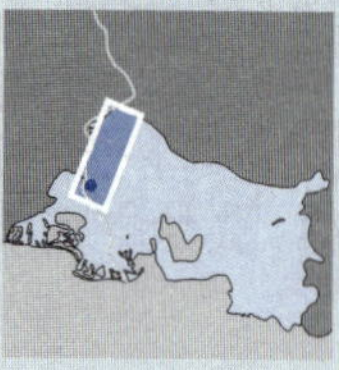

BARBENTANE

13570

INFORMATIONS TOURISTIQUES
Tél. 90 95 50 39

VIE CULTURELLE

CHÂTEAU DE BARBENTANE
Tél. 90 95 51 07
Ouvert jeu.-mar. 10 h-12 h et 14 h-18 h, Pâques-oct.
Ouvert dim. et j. fér., nov.-Pâques
Fermé mer.

ÉGLISE
Rue du Puits
Tél. 90 95 52 29
Ouvert tlj. 8 h-21 h en été

Ouvert tlj. 8 h-17 h
en hiver

HÉBERGEMENT

CASTEL MOUISSON **
Quartier Castel
Mouisson
Tél. 90 95 51 17
Ouvert 15 mar.-15 oct.
Tennis.

BEAUCAIRE

30300

INFORMATIONS TOURISTIQUES
24, cours Gambetta
Tél. 66 59 26 57

VIE CULTURELLE

COLLÉGIALE NOTRE-DAME-DES-POMMIERS
Rue Ledru-Rollin
Ouvert tlj. 10h-12 h

ÉGLISE SAINT-PAUL
Impasse Saint-Paul
Ouvert tlj.
Visite en groupe sur demande écrite à l'office de tourisme, ou téléphoner à M. Roche, 66 58 57 60 ou 66 59 52 26.

HÔTEL DE VILLE
Pl. Georges-Clemenceau
Tél. 66 59 10 06
Ouvert lun.-ven.
8 h 45-12 h et 14 h-18 h
Fermé sam.,dim. et j.fér.

MUSÉE MUNICIPAL DE LA VIGNASSE
Château
Tél. 66 59 47 61
Ouvert tlj. 10 h-12 h
et 14 h 15-19 h,
avr.-sep.
Ouvert tlj. 10 h 15-12 h
et 14 h-17 h, oct.-mars
Fermé 24 déc.-2 jan.

BOULBON

13150

INFORMATIONS TOURISTIQUES
Tél. 90 43 95 47

VIE CULTURELLE

CHAPELLE SAINT-MARCELLIN
Demander les clés au 10, rue de l'Enclos.

CHÂTEAU-RENARD

13160

VIE CULTURELLE

CHÂTEAU
Ouvert dim.-jeu.
10 h-12 h et 15 h-17 h
Ouvert sam. 15 h-17 h

ÉGLISE SAINT-DENIS
Pl. de l'Église
Tél. 90 94 13 45
Ouvert tlj. 8 h-18 h

GRAVESON

13690

INFORMATIONS TOURISTIQUES
Cours National
Tél. 90 90 53 02

VIE CULTURELLE

MUSÉE DE RÉGION AUGUSTE-CHABAUD
Cours National
Tél. 90 90 53 02
Ouvert tlj. 10 h-12 h
et 15 h-19 h, juin-sep.
Ouvert mer.-lun. 13 h 30
h-18 h 30, oct.-mai
Fermé mar. d'oct.-mai

MUSÉE DES ARÔMES ET DES PARFUMS
La Chevêche
Petite rte du Grès
Tél. 90 95 81 72
Ouvert tlj. 10 h-12 h et
14 h-18 h, sf j. fér.

MAILLANE

13910

INFORMATIONS TOURISTIQUES
Tél. 90 95 74 06

VIE CULTURELLE

MUSÉE
Av. Lamartine
Fin des travaux prévue pour 1994. Rens. mairie 90 95 74 06

RESTAURANTS

L'OUSTALET
16, rue Lamartine
Tél. 90 95 74 60
Fermé dim. soir-lun.
et nov.-fév.

NOVES

13550

RESTAURANTS

AUBERGE DE NOVES
Rte de Châteaurenard
Tél. 90 94 19 21
Fermé mer. soir
Fermé fin déc.-5 fév.
Court de tennis.

HÉBERGEMENT

AUBERGE DE NOVES
Rte de Châteaurenard
Tél. 90 94 19 21
Fermé fin déc.-5 fév.
Court de tennis.

SAINT-ÉTIENNE-DU-GRÈS

13150

VIE CULTURELLE

ÉGLISE NOTRE-DAME-DU-CHÂTEAU
Tél. 90 49 16 46
Clés disponibles à la mairie, prévenir à l'avance de préférence par courrier.

TARASCON

13150

INFORMATIONS TOURISTIQUES
59, rue des Halles
Tél. 90 91 03 52

VIE CULTURELLE

ABBAYE DE SAINT-MICHEL-DE-FRIGOLET
Frigolet
Tél. 90 95 70 07
Ouvert tlj.
Visites lun.-sam. 14 h 30 ; dim. 16 h.

CHAPELLE SAINT-GABRIEL
Rte de Fontvieille
Clés à l'office de tourisme en échange d'une pièce d'identité et d'une caution (chèque accepté).

CHAPELLE SAINT-VICTOR
Rte de Boulbon
La mère de saint François d'Assise fut baptisée ici. Pas de visite de l'intérieur.

CHÂTEAU DU ROI RENÉ OU DES COMTES DE PROVENCE
Bd du Château
Tél. 91 90 01 93
ou 90 91 01 93
Ouvert tlj. 9 h-19 h,
avr.-sep.
Ouvert tlj. 9 h-12 h
et 14 h-17 h, oct.-mars

CLOÎTRE DES CORDELIERS
Pl. Frédéric-Mistral
Tél. 90 91 00 07
Ouvert tlj. 10 h-12 h
et 14 h 30-19 h
Fermé jan.-dim. des Rameaux

COLLÉGIALE ROYALE SAINTE-MARTHE
Pl. de la Concorde
Ouvert tlj. 9 h-12 h
et 14 h-17 h

ÉGLISE SAINT-JACQUES
Pl. Saint-Jacques
Ouvert tlj. 8 h-12 h

Possibilité de visite l'après-midi, sur rdv. avec l'office de tourisme.

ÉGLISE SAINTE-MARTHE
Pl. de la Concorde
Tél. 90 91 09 50
Ouvert tlj. 8 h-12 h
et 14 h-18 h 30

HÔTEL DE GRAS DE PREIGNE
Rue Frédéric-Mistral
Tribunal. Pas de visite.

HÔTEL DE VILLE
Rue Poissonnerie
Tél. 90 91 00 07
Ouvert lun.-jeu. 8 h -12 h
et 13 h 30-17 h
Ouvert ven. 8 h -12 h
et 13 h 30-16 h
Fermé sam., dim et j. fér.

MAISON DE TARTARIN
55 *bis*, bd Itam
Tél. 90 91 05 08
Ouvert tlj. 10 h-12 h
et 13 h 30-19 h,
16 mars-15 déc.
Ouvert tlj. 9 h-12 h
et 13 h 30-17 h,
15 déc.-15 mars

MUSÉE DEMERY
39, rue Proudhon
Tél. 90 91 08 80
Ouvert lun.-ven.
10 h-18 h, juil.-sep.
Fermé sam.-dim. et j. fér.
En été, expositions temporaires variées. Visites du musée à 10h et 15 h sur rdv. une sem. à l'avance.

RESTAURANTS

LE SAINT-JEAN
24, bd Victor-Hugo
Tél. 90 91 13 87
Fermé ven., sam. midi
et 15 déc-15 jan.

HÉBERGEMENT

AUBERGE DE JEUNESSE
31, bd Gambetta
Tél. 90 91 04 08

LES ÉCHEVINS **
26, bd Itam
Tél. 90 91 01 70
Fax 90 43 50 44
Fermé jan.-fév. et j. fér.

LES MAZETS DES ROCHES ***
Rte de Fontvieille
Tél. 90 91 34 89
Ouvert toute l'année

MAS DE MONGE
Rte d'Avignon
Tél. 90 43 56 55
6 appartements à louer avec jardins. Au pied de la Montagnette.

VERQUIÈRES

13670

RESTAURANTS

♥ LE CROQUE-CHOU
Pl. de l'Église
Tél. 90 95 18 55
Ouvert toute l'année
Fermé lun.-mar.

LES SAINTES-MARIES-DE-LA-MER

13460

INFORMATIONS TOURISTIQUES
5, avenue Van-Gogh
B.P. 34
13732 Cedex
Tél. 90 97 82 55

VIE CULTURELLE

CENTRE D'INFORMATION GINÉS
Parc naturel régional de Camargue
Pont-de-Gau
Tél. 90 97 86 32
Ouvert tlj. 9 h-18 h,
avr.-sep.
Ouvert sam.-jeu.
9 h 30-17 h, oct.-mars
Fermé ven., oct.-mars
et j. fér.

CHÂTEAU D'AVIGNON
Parc naturel régional de Camargue
Tél. 90 97 86 32
Ouvert 10 h-12 h et
13 h 30-16 h 30, avr.-oct.
Réserver pour les groupes.

ÉGLISE
Pl. de l'Église
Tél. 90 97 80 25
Ouvert tlj. 8 h-12 h
et 14 h-18 h, en été
Ouvert tlj. 8 h-18 h,
en hiver

MUSÉE BARONCELLI
Rue Victor-Hugo
Tél. 90 97 87 60
Ouvert 10 h-12 h et 14 h-18 h
Fermé mar., oct-mars

PARC ORNITHOLOGIQUE DU PONT-DE-GAU
Pont-de-Gau
Tél. 90 97 82 62
Ouvert tlj. 9 h-fin du jour
Fermé 25 déc. et 1er jan.

RESTAURANTS

LE DELTA
Pl. Mireille
Tél. 90 97 81 12
Ouvert tlj.
Fermé 10 jan.-10 fév.

LOU MAS DU JUGE
Quartier Pin-Fourcat
Rte d'Aigues-Mortes
Tél. 66 73 51 45
Ouvert tlj.
Sur réservation seulement. Il est possible de déterminer le menu du jour. Pas de carte.

MAS DE LA FOUQUE
Rte d'Aigues-Mortes,
à 4 km (D 38)
Tél. 90 97 81 02
Fermé mar. midi ;
nov.-23 déc et jan.-15 mars

HÉBERGEMENT

AUBERGE DE JEUNESSE
École communale
Lieu-dit de Pioch Badet
Tél. 90 97 51 72

ÉTRIER CAMARGUAIS ***
Chem. Bas
Tél. 90 97 81 14
Fax 90 97 88 11
Fermé 15 nov.-Pâques
et lun.
Tennis.

♥ HOSTELLERIE DE CACHAREL ***
Rte de Cacharel
Tél. 90 97 95 44
Fax 90 97 87 97
Ouvert toute l'année
Cadre agréable et promenades à cheval. Assiettes campagnardes de 9 h à 21 h.

LOU MARQUES **
Rue du Vibre
Tél. 90 97 82 89
Fax 90 97 72 24
Fermé nov.-mars

LOU MAS DU JUGE ***
Rte du bac-du-Sauvage
Tél. 66 73 51 45
Fax 66 73 51 42
Ouvert toute l'année
Cadre agréable. Promenades à cheval.

MANGIO FANGIO **
Rte d'Arles
Tél. 90 97 80 56
Fax 90 97 83 60
Ouvert toute l'année

♥ MAS DE LA FOUQUE ****
Rte d'Aigues-Mortes
Tél. 90 97 81 02
Fax 90 97 96 84
Ouvert avr.-oct.
Cadre agréable et court de tennis.

♥ MAS DU CLAROUSSET ***
Rte de Cacharel
Tél. 90 97 81 66
Fax 90 97 88 59
Ouvert toute l'année
Cadre agréable.

MAS DU TADORNE ***
Chem. Bas-des-Launes
Tél. 90 97 93 11
Fax 90 97 71 04
Ouvert toute l'année

PONT DES BANNES ***
Rte d'Arles
Tél. 90 97 81 09
Fax 90 97 89 28
Ouvert toute l'année

Chaque commune est rattachée à un itinéraire. Les numéros renvoient aux pages.

ANNEXES

◆ Généralités ◆

◆ Bertrand (Régis), Bromberger (Christian), Berger (Claude), Martel (Claude), Mauron (Claude), Onimus (Jean), Ferrier (Jean-Paul) : *Provence* (Christine Bonneton Éditeur, Paris, 1989)
◆ Duby (Georges, sous la dir. de) : *Atlas historique de la Provence – Comtat venaissin, Orange, Nice, Monaco* (Librairie Armand Colin, Paris, 1969)

◆ Monographies ◆

◆ Berni (Georges) : *Dans les pas de Marcel Pagnol* (Office de tourisme, Aubagne, 1990)
◆ Bertrand (Régis), Tirone (Lucien) : *Le Guide de Marseille* (La Manufacture, Besançon, 1991)
◆ Boissieu (Jean) : *Les Arsenaux de Marseille ; l'histoire d'un quartier* (association culturelle Les Arsenaux, Marseille, 1980)
◆ Coste (Jean-Paul) : *Aix-en-Provence et le pays d'Aix* (Édisud-Pierre Coste, Aix-en-Provence, 1981)
◆ Dupuy (Pierre) : *Le Guide de la Camargue* (La Manufacture, Besançon, 1991)
◆ Guild Jr (Rollins) : *La Cathédrale d'Aix-en-Provence* (Éditions du CNRS, Marseille, 1987)
◆ Fustier-Dautier (Nerte), Coulet (Noël), Dautier (Yves), Jean (Raymond) : *Le Guide d'Aix-en-Provence* (La Manufacture, Lyon, 1988)
◆ Rouquette (Jean-Maurice), Sintès (Claude) : *Arles antique* (Imprimerie nationale, Paris, 1989)

◆ Nature ◆

◆ Debelmas (Jacques, sous la dir. de) : *Géologie de la France.* Tome 1 : *Vieux Massifs et grands bassins sédimentaires* ; tome 2 : *Les Chaînes plissées du cycle alpin et leur avant-pays* (Doin, Paris, 1980)
◆ Déjean-Arrecgros (Josette) : *Guide d'observation de la nature* («Collection verte», Masson, Paris, 1986)
◆ Harant (Hervé), Jarry (Daniel) : *Guide du naturaliste dans le midi de la France* (Delachaux & Niestlé, Neuchâtel, Suisse, 1991)
◆ Lartigues (Charles de) : *Les Plus Belles Balades autour d'Aix et de Marseille* (Le Pélican, Montpellier, 1992)
◆ Triat (Jean-Marie) : *Pierres utiles de Provence* (Cahiers de documentation de la Chambre de commerce et d'industrie de Marseille, Marseille, 1982)

◆ Histoire ◆

◆ Baratier (Édouard, sous la direction de) : *Documents de l'histoire de la Provence* (Privat, Toulouse, 1971)
◆ Baratier (Édouard) : *Histoire de Marseille* (Privat, Toulouse, 1973)
◆ Baratier (Édouard, sous la direction de) : *Histoire de la Provence* (Privat, Toulouse, 1990)
◆ Bayle (Pierre) : *Histoire de la navigation fluviale à Lyon et le long de sa Majesté la "Vallée Impériale"* (La Pensée universelle, Paris, 1980)
◆ Cosquer (Henri) : *La grotte Cosquer, plongée dans la préhistoire* (Solar, Paris, 1992)
◆ Masson (Paul, sous la dir. de) : *Bouches-du-Rhône. Encyclopédie départementale* (Conseil général, Marseille, 1932)
◆ Penaud (Cécile) : *Le Rhône de nos pères,* (Ternet-Martin, Vienne, 1974)

◆ Culture ◆

◆ Benoît (Fernand) : *La Provence et le Comtat Venaissin : arts et traditions populaires* (Aubanel, Avignon, 1989)
◆ Niel (Nicole) : *L'Art du costume d'Arles* (édité par l'auteur, Arles, 1989)
◆ Nougier (Simon et Estelle) : *Lou Vèsti prouvençau* (Simon et Estelle Nougier, Marseille, 1980)
◆ Pelen (Jean-Noël) et Martel (Claude, textes réunis par) : *L'Homme et le Taureau en Provence et Languedoc* (Glénat, Grenoble, 1990)
◆ Spiteri (Émile, sous la dir. de) : *Notre opéra ; petite histoire et grands événements* (Émile Spiteri, Marseille, 1987)

◆ Religion ◆

◆ Agulhon (Maurice) : *Pénitents et francs-maçons de l'ancienne Provence* (Fayard, Paris, 1984)
◆ Arditti (Thierry), Deschamps (Jacques) : *L'Abbaye de Silvacane* (Éditions CNMHS, Paris, 1991)
◆ *Histoire du diocèse d'Aix* (Beauchesne, 1975)
◆ Pressouyre (Léon) : *Le Rêve cistercien.* («Découvertes» Gallimard, Paris, 1986)
◆ Vovelle (Michel) : *Piété baroque et déchristianisation en Provence au XVIIIe siècle* (Point Seuil histoire, Paris, édition abrégée, 1978)
◆ Vovelle (Michel) : *Vision de la mort et de l'au-delà en Provence du XVe au XXe siècle, d'après les autels des âmes du Purgatoire* (Cahier des Annales, Colin, Paris, 1975)

◆ Économie ◆

◆ Baral (Roland), Troadec (Yvon) : *Vignes et vins en Provence ; les appellations d'origine de la Provence et de la vallée du Rhône* (Collection de l'université du vin, Suze-la-Rousse, 1989)

◆ Architecture ◆

◆ Atelier du patrimoine : *Le Bâti ancien à Marseille* (EDF-At. du patrimoine, Paris, 1981)
◆ Bromberger (Christian), Lacroix (Jacques), Raulin (Henri) : *L'Architecture rurale française ; Provence* (Éditions Berger-Levrault, Paris, 1980)
◆ Fustier-Dautier (Nerte) : *Les Bastides de Provence et leurs jardins* (SERG, Aix-en-Provence, 1977)
◆ Jean-Nemy (dom Claude) : *Les Sœurs provençales ;* Silvacane Sénanque, Le Thoronet (Zodiaque, abbaye Sainte-Marie-de-la-Pierre-qui-Vire, Yonne, 1991)
◆ Massot (Jean-Luc) : *Maisons rurales et vie paysanne en Provence* (SERG-Berger-Levrault, Paris, 1990)
◆ Massot (Jean-Luc) : *Architecture et décoration du XVIe au XIXe siècle* (Édisud, Aix-en-Provence, 1992)
◆ Norberg-Schulz (Christian) : *Architecture baroque* (Histoire de l'architecture, Gallimard/Electa, Milan, 1992)
◆ «Provence», *Monuments historiques,* n° 133 (Paris, juin 1984)
◆ Rouquette (Jean-Maurice) : *Provence romane* (Zodiaque, abbaye Sainte-Marie-de-la-Pierre-qui-Vire, Yonne, 1980)

◆ Peinture ◆

◆ Arrigoni (Luisa) : *Van Gogh, Catalogo completo* (Cantini Editore, Florence, 1990)
◆ Arrouye (Jean) : *La Provence de Cézanne* (Édisud, Aix-en-Provence, 1982)
◆ Bonnafoux (Pascal) : *Van Gogh ; le soleil en face* («Découvertes» Gallimard, Paris, 1991)
◆ Cachin (Françoise) : *Gauguin : «ce malgré moi de sauvage»* («Découvertes» Gallimard, Paris, 1989)
◆ Genova (Alauzen di) : *La Merveilleuse Provence des peintres* (AGEP, Marseille, 1991)
◆ Hoog (Michel) : *Cézanne «puissant et solitaire»* («Découvertes» Gallimard, Paris, 1989)
◆ Laclotte (Michel, sous la direction de) : *Dictionnaire de la peinture* (Larousse, Paris, 1991)
◆ Soubiran (Jean-Roger) : *Le Paysage provençal et l'école de Marseille avant l'impressionnisme – 1845-1874* (Réunion des musées nationaux/musée de Toulon, Toulon, 1992)

◆ Littérature ◆

◆ D'Arbaud (Joseph) : *La Bête du Vaccarès* (Grasset, Paris, 1985)
◆ Bosco (Henri) : *Malicroix* (Gallimard, Paris, 1948)
◆ Cendrars (Blaise) : *L'Homme foudroyé* (Denoël, 1945)
◆ Daudet (Alphonse) : *Tartarin de Tarascon* (Le Livre de Poche, Paris, 1985)
◆ De Brosses (Charles) : *Lettres d'Italie* (Mercure de France, Paris, 1986)
◆ Giono (Jean) :

Ennemonde et autres caractères (Gallimard, Paris, 1968)
◆ HANDKE (Peter) : *La Leçon de la Sainte-Victoire* («Arcades», Gallimard, Paris, 1985)
◆ JAMES (Henry) : *Voyages en France* (Robert Laffont, Paris, 1987)
◆ MAURRAS (Charles) : *L'Étang de Berre* (Librairie ancienne Édouard Champion, Paris, 1915)
◆ MISTRAL (Frédéric) : *Œuvres complètes* (Culture provençale et méridionale, Marcel Petit, Raphèle-lès-Arles, 1979)
◆ SÉVIGNÉ (Mme de) : *Correspondance complète* (Gallimard, La Pléiade, Paris, 1963)
◆ TOURNIER (Michel) : *Les Météores* (Gallimard, Paris, 1975)
◆ VAN GOGH (Vincent) : *Correspondance complète* (Gallimard, Paris, 1960)
◆ YOUNG (Arthur) : *Voyages en France* (Union générale d'Éditions, Christian Bourgois éditeur, Paris, 1970)
◆ ZOLA (Émile) : *La Fortune des Rougon* (Gallimard, 1981)

◆ CATALOGUES DE MUSÉES ◆

◆ *De la porte royale à la porte d'Aix* (musée d'Histoire de Marseille, juillet-sept. 1989)
◆ *Le Fauvisme des Provençaux* (musée de l'Annonciade, Saint-Tropez, 1984)
◆ *Granet ; paysages de Provence* (musée Granet, Aix-en-Provence)
◆ *Guide des collections des musées de Marseille* (Association pour les musées de Marseille, Marseille, 1990)
◆ *Jean-Antoine Constantin* (musée des Beaux-Arts de Marseille, nov. 1985/févr. 1986)
◆ *Marseille au XIXe siècle ; rêves et triomphes* (musées de Marseille, nov. 1991-févr. 1992)
◆ *Parcours.* (Catalogue guide du musée des Beaux-Arts, 1990)
◆ *Picasso ; La Provence et Jacqueline* (Espace Van-Gogh, Arles, févr.-mai 1991)
◆ *Sainte-Victoire, Cézanne* (musée Granet, Aix-en-Provence, 1990)
◆ *Van Gogh et Arles* (ancien hôpital Van-Gogh, Arles, févr.-mai 1989)

◆ REVUES ◆

◆ «Autour de Salon», *Grands Reportages*, n° 115 (Paris, juillet 1991)
◆ «Camargue», *Géo*, n° 110 (Paris, avril 1988)
◆ *Marseille* (revue culturelle de la ville, mensuel)
◆ «Marseille», *Géo*, n° 164 (Paris, oct. 1992)
◆ «Marseille dans le monde antique», *Les Dossiers de l'archéologie*, n° 154 (Dijon, nov. 1990)
◆ «Provence», *Partance*, n° 8 (Paris, 1992)

◆ RANDONNÉES ◆

◆ CHIVAS (Chantal), LOMBARDI (René) : *Randonnées pédestres dans les Alpilles* (Guide de randonnée Édisud, n° 18, Aix-en-Provence, 1990)
◆ *Massifs provençaux (Sainte-Victoire, Sainte-Baume, les Maures, les Calanques)* GR 9 Topo-Guide réf. 906
◆ *Montagne de Lure Alpilles* (Sisteron, Tarascon) GR 6 Topo-Guide réf. 601

◆ BANDES DESSINÉES ◆

◆ AUTHMAN : *L'Arlésien* (Actes Sud-*Arles Magazine*, Arles, 1992)
◆ SAVARD : *La Conspiration des poissonniers* (Dargaud, Paris, 1993)
◆ SAVARD : *L'Ombre du torero* (Dargaud, Paris, 1984)
◆ SAVARD : *Les Voleurs d'oreilles* (Dargaud, Paris, 1993)

◆ ENFANTS ◆

◆ HÉGO (Jean-Marie), LE BŒUF (Christine) : *Les Alpilles racontées aux enfants* (Actes Sud, Arles, 1984)
◆ LACROIX (Jacques) et LAMBLARD (Jean-Marie, texte réunis par) : *Récits et contes populaires de Provence*, tome I (Gallimard, Paris, 1979)

◆ A ◆

◆ Acanthe : Feuille stylisée qui orne les chapiteaux des ordres corinthiens.
◆ AGRAFE : Ornement sculpté sur le parement extérieur de la clef d'une arcade de porte ou de fenêtre. Élément essentiel de la décoration des façades aux XVIIe et XVIIIe siècles.
◆ ATTIQUE : Étage placé au sommet d'une construction.

◆ B ◆

◆ BOSSAGE : Appareillage de moellons grossièrement équarris.
◆ BUCRANE : Motif ornemental figurant une tête de bœuf sculptée.

◆ C ◆

◆ CLAVETTE : Cheville de bois ou de métal.

◆ D ◆

◆ ENTABLEMENT : Combinaison des parties principales supportées par la colonne (l'architrave, la frise et la corniche).

◆ E ◆

◆ GÉNOISE : frise composée de tuiles rondes superposées et fixées dans le mortier.
◆ GROTESQUES : Décors muraux mêlant motifs végétaux et figures fantasques.
◆ GYPSERIE : ouvrage sculpté dans du plâtre.

◆ H ◆

◆ HYPOGÉE : Sépulture souterraine.

◆ J ◆

◆ JAQUEMART : figurine allégorique,en métal ou en bois, mue par un mécanisme pour frapper les heures sur une cloche, ou une enclume.

◆ L ◆

◆ LAMBREQUIN : ornement découpé, généralement en bois, que l'on pose autour du toit d'un pavillon pour dissimuler les goutières ou les cheneaux.
◆ LAPIAZ : microformes karstiques où la roche nue est burinée de profondes cannelures, de trous, de cavités tourmentées, séparées par des crêtes aiguës et souvent coupantes.
◆ MANIÉRISME : Courant architectural né en Italie vers 1520 caractérisé par une profusion d'éléments architecturaux librement inspirés de l'Antiquité (frontons, colonnes, festons décoratifs). Ce style, tourmenté et raffiné, perdura hors d'Italie jusqu'au tout début du XVIIe siècle.
◆ MASCARON : masque de fantaisie décorant les portes, les clefs, les corniches, les entablements ou les consoles.

◆ P ◆

◆ PENTÉCONTORE : Navire à cinquante rames.
◆ PILASTRE : Partie visible d'une colonne carrée encastrée dans un mur.
◆ PISÉ : Maçonnerie réalisée avec de la terre argileuse.

◆ R ◆

◆ RADASSIÈRE : Vaste canapé intégré à un décor, servant de lieu de repos, caractéristique des grandes bastides aixoises.
◆ RADOUB : Réparation de la coque d'un navire.
◆ REFEND : Dans une construction, ligne creuse tracée dans le parement d'une façade.
◆ ROCAILLE : ouvrage qui imite les rochers. Le goût pour la rocaille commença avec les grottes dont la Renaissance orna les jardins. Dès l'époque de la Régence, le «style rocaille», opposé à la symétrie du siècle précédent, régna dans les arts décoratifs jusque vers 1760. La rocaille est également un décor en trompe-l'œil réalisé en ciment.
◆ ROUBINE : En Provence rhodanienne, canal de dessèchement ou de dérivation, tranchée d'écoulement.

◆ T ◆

◆ TRAVÉE : Division verticale constituée par la superposition des baies d'une façade.

Autel en bois doré, Chapelle du Bon Remède © D. Faure/Scope.
316-317 *Saint Michel du Frigolet*, A. Chauvin, litho, XIXe. Musée P. Arbaud, Aix-en-Provence. Cl. J. Bernard/Gallimard.
317 Sculptures, parc du château de Barbentane © L. Clergue. *L'église du XIIe et XIIIe*, Barbentane, carte postale, Coll. part. Dallage en marbre (détail), Château de Barbentane © G. Bouchet.
318 *Le marais camarguais*, in *Traité d'Arpentage*, B. Boysset, XIVe. Bibl. Inguimbertine, Carpentras.
319 *Mas à Saintes Maries*, V. Van Gogh, huile. London Christie's. © Bridgeman-Giraudon. Rizière © L. Clergue.
320-321 *Gardians en Camargue*, photo de Carle Naudot, circa 1920. Coll. Musée Camarguais. Arles.
320 Chevaux © Hellio-Van Ingen. *Marius Lautier*, photo de Carle Naudot, circa 1920. Coll. Musée Camarguais, Arles. Trident, fer forgé, hampe de châtaignier © Museon Arlaten, Arles. Cl. M. Delgado/Gallimard.
321 Girouettes. Musée camarguais, Arles. Cl. D. Faure/Gallimard. Château d'Avignon © L. Giraudou.
322-323 *Marie Salomé et Marie Jacobé*. Église des Saintes-Maries-de-la-Mer © D. Faure/Gallimard.
322 *Vue des Saintes Maries*, V. Van Gogh, huile. Rijksmuseum Kröller-Müller, Otterlo. *Gitans aux Saintes Maries*, photo, Carle Naudot, début XXe. Coll. Musée camarguais, Arles.
323 Ex-voto, 1840. Église des Saintes-Maries-de-la-mer © D Faure/Gallimard. Pèlerinage des gitans aux Saintes-Maries © L. Giraudou
324 Rainette © Hellio-Van Ingen. Paysage de Camargue © *Idem.* Cormoran © *Idem.*
324-325 *Pêcheurs*, photo, Carle Naudot, circa 1920. Coll. Musée camarguais, Arles.
325 Barges à queues noires, mouettes rieuses, Lys de sables © Hellio-Van-Ingen. Pêche à la téline. P.N.R.C. Cl. E.-Henri. Filets de pêche. *Idem.*
326 Sansouire © Hellio Van-Ingen. Digue à la mer © D. Faure/Gallimard.
327droite (ht, bas) Vol de flamants roses © Hellio-Van-Ingen. Canards plongeurs © *Idem.* *Aigrettes Garzetes* © J-D Sudres/Scope. Taureaux © J. Boutin Camargue , paysage © Hellio-Van Ingen Étang du Vaccarès © *Idem.* Gauche (ht, bas) Envol de sarcelles © *Idem.* *Flamants roses* © J-D Sudres/Scope. *Idem* © Hellio-Van Ingen. Chevaux dans les marais © J-D Sudres/Scope. Digue à la mer © *Idem.* Roseaux des marais © *Idem.*
328 *Vue d'un chargement de sel par barque et charette*, in *Manuel du Saulnier*, 1830, F. Vivare. Musée de Frontignan. Kamel de sel © J. Boutin. Ostensoir, sel cristalisé et armature de bois blanc. Muséon Arlaten, Arles. Cl. M. Delgado/Gallimard.` *Obligations de la Cie Gale des Salins.* Coll C.C.I., Marseille. Cl. J. Bernard/Gallimard.

Plan perspective de Marseille : D. Duplantier.
Cartes itinéraires : V. Brunot, E. Gillion, S. Girel
Mise en couleur I.-A Chatelard.
Infographie : E. Calamy. P. Coulbois. A. Leray. K. Chemineau P. Merienne
Illustrateurs :
F. Bony : 26-27
D. Brumaud : 102-103
N. Castle : 106-107
J. Chevallier : 24-25, 32-35, 42-43, 46-47, 48-49
G. Curiace : 26-27, 30-31
F. Desbordes : 24-25, 36-39, 44-45, 48-49
S. Doyle : 108-109
B. Duhem : 40-41, 46-47
C. Felloni : 32-35, 38-39, 42-43, 46-47, 48-49, 50
C. Faweey . 80-81
J.B. Héron : 112-113, 226-227, 230-231
T. Hill : 104-105.
R. Hutchins : 100-101
P. Kostel : 112-113
C. Lachaud : 30-31, 46-47
R. Lindsay : 114-115
V. Marchand : 170, 308
M. Simier : 98-99, 120-121
B. Pearson : 20-21
A. Phillips :110-111.
F. Place : 22-23, 26-27, 44-45
C. Rivière : ?
P. Robin : 20-21, 22-23
F. Stephan : 16-17

Illustration du cahier pratique : M. Pommier.

Nous tenons à remercier les personnes et institutions suivantes pour leur aide précieuse et efficace :
Archives départementales, Marseille (Mme M. Chandrolin, directeur, Mr F. Laffó, documentaliste) Archives municipales d'Arles. Archives municipales d'Avignon. Archives municipales, Marseille (Mme I. Rambaud, directeur, Mme M-N Perrin attachée de conservation) Bibliothèque Méjanes, Aix-en-Provence (Mme D. Oppettit, conservateur, Mr P Férrand) Bibliothèque municipale, Arles (Mme conservateur du fonds ancien) Bibliothèque municipale, Marseille (Mme Jacobi, conservateur du fonds ancien) Bibliothèque du Patrimoine, Paris. (Mme F. Bercé, conservateur. Mme J. Mayer documentaliste) P. Benarroche, Aix-en-Provence, expert. C. Bonnin, Montpellier, expert. Mr Choll, Aix-en-Provence, expert. M. Creusvaux, Aix-en-Provence, collectionneur. Editions P. Tacussel, Marseille. Les galeries : B. Martin-Caille, Paris. Monégier du Sorbier, Paris. Schmit, Paris. Stamégnia, Marseille. Le Musée des Alpilles, Saint Rémy de Provence Musée P. Arbaud, Aix-en-Provence (Mme M-C Rémy, conservateur) Musée d'archéologie méditerranéene, Marseille (Mme A Tarin, attachée) Muséon Arlaten (Mme D. Serena, conservateur) Musée Chabaud , Graveson (Mr Chabaud). Musée de l'Empéri, Salon-de -Provence (Mr R. Brunon, conservateur). Musée Camarguais, Arles (Mme M- H Sibille,conservateur) Musée Cantini, Marseille (Mr O. Cousinou, conservateur). Musée Granet, Aix-en-Provence (Mr B. Terlay documentaliste). Musée Grobet-Labadié, Marseille (Mme D. Maternati, conservateur) Musée d'histoire de Marseille (Mme M. Morel, conservateur). Musée d'histoire naturelle, Aix-en-Provence (Mr G. Cheyland, conservateur). Musée de la Marine, Marseille (monsieur Vaudequin) Musée de la poste, Paris. Musée des plans et reliefs, Paris (Mr C. Carlet). Musée du Petit Palais, Genève. Musée de Salon et de la Crau, Salon-de-Provence (Mme C. Roquette conservateur) Musée du Vieil Aix, Aix-en-Provence (Mme N. Martin -Vignes, conservateur) Musée du Vieux Marseille, Marseille (Mme Sportiello, conservateur). Musée F. Ziem, Martigues (Mme S. Biass-Fabiani)

Les affiches P.L.M ont été reproduites avec l'aimable autorisation de la société Accor.

Par ailleurs nous avons recherché en vain, les héritiers ou éditeurs de documents. Un compte leur est ouvert à nos éditions.

INDEX

◆ Index alphabétique

◆ D ◆

◆ E ◆

◆ F ◆

◆ G ◆

CHÂTEAUX, ◆ FORTS ◆

FÊTES, ◆ FESTIVALS ◆

PALAIS, ◆ HÔTELS ◆

◆ PARCS ◆

SITES ◆ ARCHÉOLOGIQUES ◆

600
GRAMMES
SAVON DE MARSEILLE
HUILE 72% D'OLIVE